TEACHER EDUCATION

全国百所高校规划教材
教师教育精品教材

教育研究方法

JIAOYU YANJIU FANGFA

和学新 徐文彬 主编

北京师范大学出版集团
BEIJING NORMAL UNIVERSITY PUBLISHING GROUP
北京师范大学出版社

图书在版编目（CIP）数据

教育研究方法/和学新，徐文彬主编. —北京：北京师范大学出版社，2015. 8（2023. 3重印）

ISBN 978-7-303-18329-6

Ⅰ. ①教… Ⅱ. ①和… ②徐… Ⅲ. ①教育科学—研究方法—师范大学—教材 Ⅳ. ①G40-034

中国版本图书馆CIP数据核字（2014）第310943号

图书意见反馈：gaozhifk@bnupg.com 010-58805079
营销中心电话： 010－58802755 58800035
北师大出版社教师教育分社微信公众号 京师教师教育

出版发行：北京师范大学出版社 www.bnup.com
北京市西城区新街口外大街12－3号
邮政编码：100088
印　　刷：保定市中画美凯印刷有限公司
经　　销：全国新华书店
开　　本：787 mm×1092 mm 1/16
印　　张：25.25
插　　页：1
字　　数：518 千字
版　　次：2015 年 8 月第 1 版
印　　次：2023 年 3 月第 12 次印刷
定　　价：45.00 元

策划编辑：李　志　王剑虹　　责任编辑：戴　铁　王　林
美术编辑：焦　丽　　装帧设计：焦　丽　锋尚设计
责任校对：陈　民　　责任印制：赵　龙

本书使用指南

全书栏目

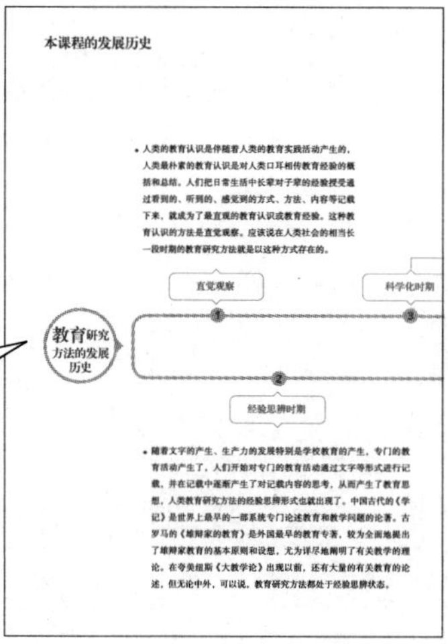

本课程的发展历史

• 人类的教育认识是伴随着人类的教育实践活动产生的，人类最朴素的教育认识是对人类口耳相传教育经验的概括和总结。人们把日常生活中长辈对子辈的经验授受通过看到的、听到的、感觉到的方式、方法、内容等记载下来，就成为了最直观的教育认识或教育经验。这种教育认识的方法是直觉观察。应该说在人类社会的相当长一段时期的教育研究方法就是以这种方式存在的。

• 随着文字的产生、生产力的发展特别是学校教育的产生，专门的教育活动产生了，人们开始对专门的教育活动通过文字等形式进行记载，并在记载中逐渐产生了对记载内容的思考，从而产生了教育思想，人类教育研究方法的经验思辨形式也就出现了。中国古代的《学记》是世界上最早的一部系统专门论述教育和教学问题的论著。古罗马的《雄辩家的教育》是外国最早的教育专著，较为全面地提出了雄辩家教育的基本原则和设想，尤为详尽地阐明了有关教学的理论。在夸美纽斯《大教学论》出现以前，还有大量的有关教育的论述，但无论中外，可以说，教育研究方法都处于经验思辨状态。

本课程的发展历史：开始本课程之前，先了解一下它的发展历程。

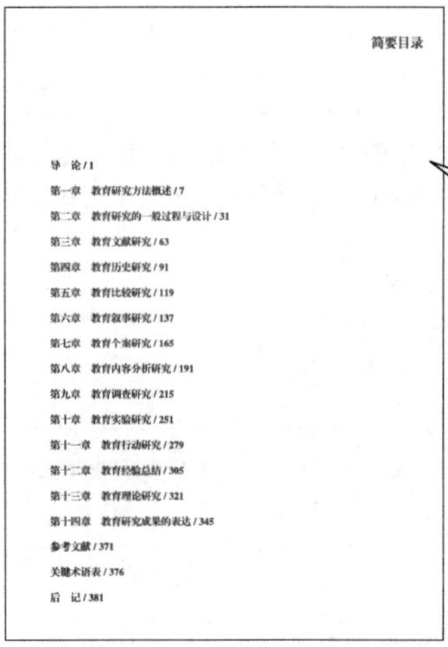

简要目录

简要目录：一个层级的简要目录让你一眼览尽全书的章目要点。

详细目录：三个层级的详细目录为你提供更具体的页码索引，并展现作者阐释每个章节的角度。

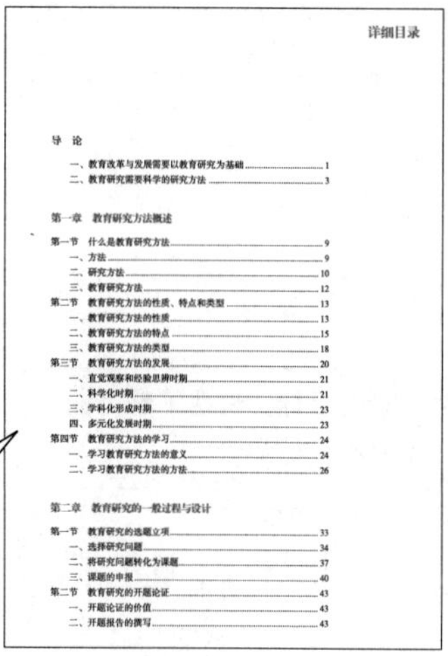

详细目录

关键术语表

比较研究	comparative study	遵循一定的标准，把彼此有某些联系的两个或两个以上事物放在一起进行考察，通过辨别其异同，以揭示事物的真相、性质、规律等的一种研究方法。
定量研究	quantitative research	对事物量的方面进行分析和研究所采用的方法。
定性研究	qualitative research	对事物质的方面的分析和研究所采用的方法。
方法	method	为完成某项任务、达成某种目标所采取的程序、技术、手段、途径、操作、规则等的综合。
访谈	interview	调查者通过与被调查者面对面地交谈，以口头形式了解某人、某事、某种行为和某种态度的调查方式。
观察	observation	人们有目的、有计划地通过感官和辅助仪器，对处于自然状态下的客观事物进行系统考察，从而获得经验事实的一种调查方式。
教育比较研究	comparative study of education	教育研究者遵循一定的标准，把彼此有某些联系的两种或两种以上的教育问题或教育现象放在一起进行考察，通过辨别其异同，以揭示教育真相、性质和规律的一种研究方法。
教育调查研究	educational survey research	在教育理论指导下，通过运用观察、问卷、访谈等方式搜集资料，从而对教育现状做出科学分析与认识，并提出具体工作建议的研究活动。
教育定量内容分析研究	content analysis study of education in quantitative	对教育文本内容的明显内容进行客观、系统和数量分析的研究方法。
教育个案研究	educational case study	对单一的研究对象进行深入细致研究的方法。
教育教学案例	education teaching case	包含有典型意义的教育问题或疑难情境在内的、真实发生的、典型性的教育事件。

关键术语表：书后会对全书的关键术语做一个整体呈现，并配上英文和解释。

章前栏目

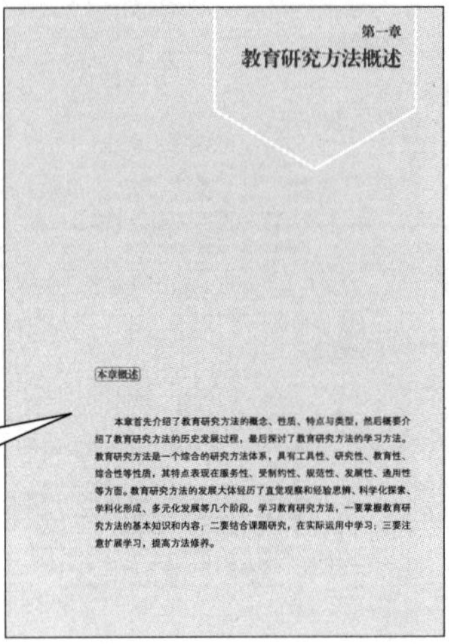

本章概述：学习每章之前，先了解一下它的内容概要。

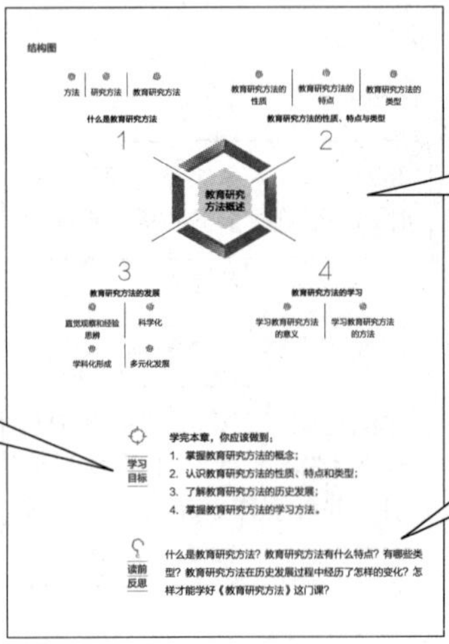

章结构图：这张“地图”助你在第一时间把握本章知识结构。

章学习目标：清楚了解目标，学习才能更高效。

读前反思：反思的问题将带你进入新的知识探索。

章内栏目

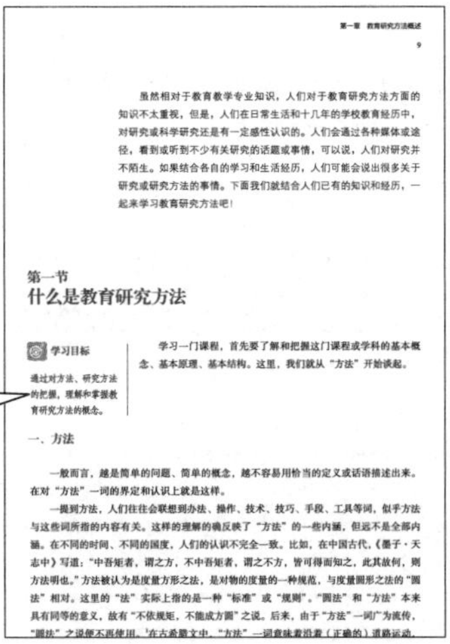
第一章 教育研究方法概述
9

虽然相对于教育教学专业知识，人们对于教育研究方法方面的知识不太重视，但是，人们在日常生活和十几年的学校教育经历中，对研究或科学研究还是有一定感性认识的。人们会通过各种媒体或途径，看到或听到不少有关研究的话题或事情，可以说，人们对研究并不陌生。如果结合各自的学习和生活经历，人们可能会说出很多关于研究或研究方法的事情。下面我们就结合人们已有的知识和经历，一起来学习教育研究方法吧！

第一节
什么是教育研究方法

学习目标
通过对方法、研究方法的把握，理解和掌握教育研究方法的概念。

学习一门课程，首先要了解和把握这门课程或学科的基本概念、基本原理、基本结构。这里，我们就从“方法”开始谈起。

一、方法

一般而言，越是简单的问题、简单的概念，越不容易用恰当的定义或话语描述出来。在对“方法”一词的界定和认识上就是这样。

一提到方法，人们往往会联想到办法、操作、技术、技巧、手段、工具等词，似乎方法与这些词所指的内容有关。这样的理解的确反映了“方法”的一些内涵，但远不是全部内涵。在不同的时间、不同的国度，人们的认识不完全一致。比如，在中国古代，《墨子·天志中》写道：“中吾矩者，谓之方，不中吾矩者，谓之不方，皆可得而知之，此其故何，则方法明也。”方法被认为是度量方形之法，是对物的度量的一种规范，与度量圆形之法的“圆法”相对。这里的“法”实际上指的是一种“标准”或“规则”。“圆法”和“方法”本来具有同等的意义，故有“不依规矩，不能成方圆”之说。后来，由于“方法”一词广为流传，“圆法”之说便不再使用。[1]在古希腊文中，“方法”一词意味着沿着（正确的）道路运动，

节学习目标：完成节学习目标，才能实现章学习目标，直至掌握全书内容。

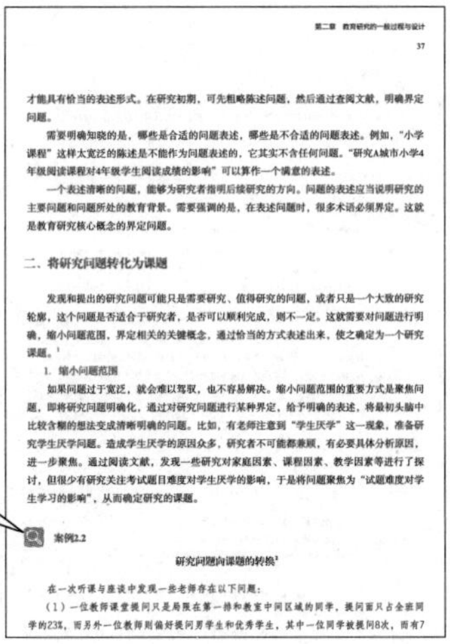
第二章 教育研究的一般过程与设计
37

才能具有恰当的表述形式。在研究初期，可先粗略陈述问题，然后通过查阅文献，明确界定问题。

需要明确知晓的是，哪些是合适的问题表述，哪些是不合适的问题表述。例如，“小学课程”这样太宽泛的陈述是不能作为问题表述的，它其实不含任何问题。“研究A城市小学4年级阅读课程对4年级学生阅读成绩的影响”可以算作一个满意的表述。

一个表述清晰的问题，能够为研究者指明后续研究的方向。问题的表述应当说明研究的主要问题和问题所处的教育背景。需要强调的是，在表述问题时，很多术语必须界定。这就是教育研究核心概念的界定问题。

二、将研究问题转化为课题

发现和提出的研究问题可能只是需要研究、值得研究的问题，或者只是一个大致的研究轮廓，这个问题是否适合于研究者，是否可以顺利完成，则不一定。这就需要对问题进行明确，缩小问题范围，界定相关的关键概念，通过恰当的方式表述出来，使之确定为一个研究课题。[1]

1. 缩小问题范围

如果问题过于宽泛，就会难以驾驭，也不容易解决。缩小问题范围的重要方式是聚焦问题，即将研究问题明确化，通过对研究问题进行某种界定，给予明确的表述，将最初头脑中比较含糊的想法变成清晰明确的问题。比如，有老师注意到“学生厌学”这一现象，准备研究学生厌学问题。造成学生厌学的原因众多，研究者不可能都兼顾，有必要具体分析原因，进一步聚焦。通过阅读文献，发现一些研究对家庭因素、课程因素、教学因素等进行了探讨，但很少有研究关注考试题目难度对学生厌学的影响，于是将问题聚焦为“试题难度对学生学习的影响”，从而确定研究的课题。

案例2.2

研究问题向课题的转换[2]

在一次听课与座谈中发现一些老师存在以下问题：

（1）一位教师课堂提问只是局限在第一排和教室中间区域的同学，提问面只占全班同学的23%，而另外一位教师则偏好提问男学生和优秀学生，其中一位同学被提问8次，而有7

案例：丰富的案例助你更好地掌握理论，并在实践中灵活运用。

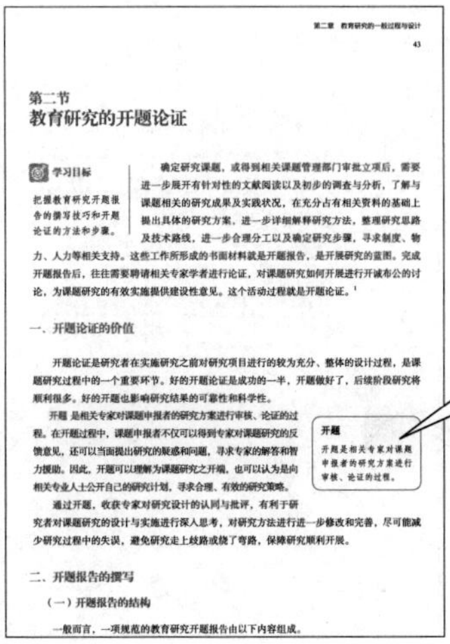
第二章 教育研究的一般过程与设计
43

第二节
教育研究的开题论证

学习目标
把握教育研究开题报告的撰写技巧和开题论证的方法和步骤。

确定研究课题，或得到相关课题管理部门审批立项后，需要进一步展开有针对性的文献阅读以及初步的调查与分析，了解与课题相关的研究成果及实践状况，在充分占有相关资料的基础上提出具体的研究方案，进一步详细解释研究方法，整理研究思路及技术路线，进一步合理分工以及确定研究步骤，寻求制度、物力、人力等相关支持。这些工作所形成的书面材料就是开题报告，是开展研究的蓝图。完成开题报告后，往往需要聘请相关专家学者进行论证，对课题研究如何开展进行开诚布公的讨论，为课题研究的有效实施提供建设性意见。这个活动过程就是开题论证。[1]

一、开题论证的价值

开题论证是研究者在实施研究之前对研究项目进行的较为充分、整体的设计过程，是课题研究过程中的一个重要环节。好的开题论证是成功的一半，开题做好了，后续阶段研究将顺利很多。好的开题也影响研究结果的可靠性和科学性。

开题 是相关专家对课题申报者的研究方案进行审核、论证的过程。在开题过程中，课题申报者不仅可以得到专家对课题研究的反馈意见，还可以当面提出研究的疑惑和问题，寻求专家的解答和智力援助。因此，开题可以理解为课题研究之开端，也可以认为是向相关专业人士公开自己的研究计划，寻求合理、有效的研究策略。

开题
开题是相关专家对课题申报者的研究方案进行审核、论证的过程。

通过开题，收获专家对研究设计的认同与批评，有利于研究者对课题研究的设计与实施进行深入思考，对研究方法进行进一步修改和完善，尽可能减少研究过程中的失误，避免研究走上歧路或绕了弯路，保障研究顺利开展。

二、开题报告的撰写

（一）开题报告的结构

一般而言，一项规范的教育研究开题报告由以下内容组成。

流动的定义：突出呈现的定义方便你一眼看到它。

章后栏目

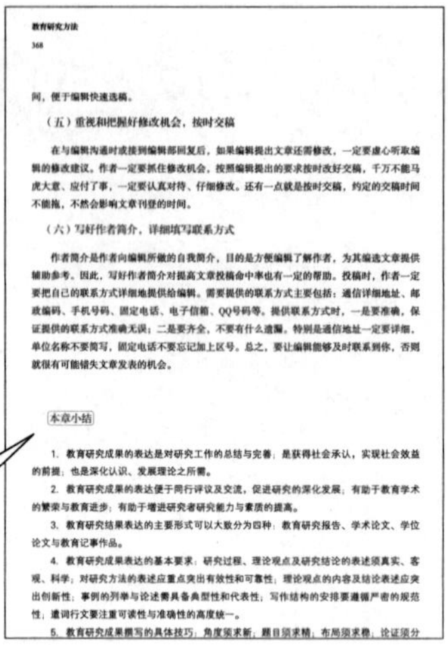

本章小结：它概述了本章的重要知识点，为你的复习和回顾提供方便。

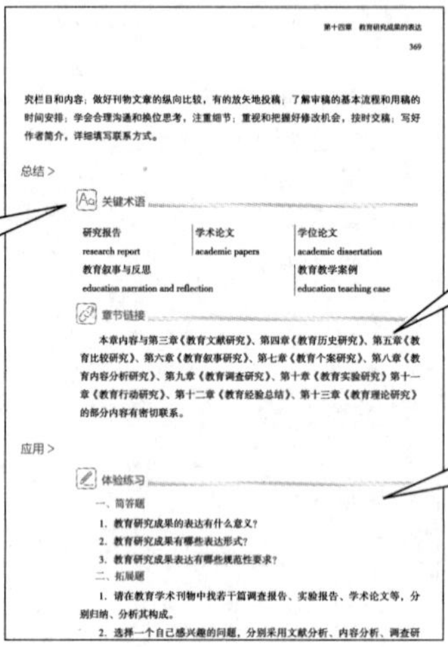

关键术语：章后为你提供了本章的关键术语，包括它的英文名称。

章节链接：知识之间是有联系的，章节链接为你提供了这种指引，它能让你的知识更加融会贯通。

体验练习：练习能深化你对知识的学习，并助你查漏补缺。

补充读物：它为你的学习提供了更广阔的阅读空间。

在线学习资源：扫一扫二维码，你就可以轻松浏览为你精心准备的在线学习资料。

简要目录

详细目录

第三章 教育文献研究

第四章 教育历史研究

第五章　教育比较研究

第六章　教育叙事研究

第七章 教育个案研究

第八章　教育内容分析研究

第九章　教育调查研究

第十章　教育实验研究

第十一章　教育行动研究

第十二章 教育经验总结

第十三章　教育理论研究

第十四章　教育研究成果的表达

导论

本书是为同学们学习“教育研究方法”这门课程编写的教材，主要介绍了教育研究的一般原理和常用的教育研究方法。这里主要从教育研究以及教育研究方法的重要性谈起，希望能激起同学们学习教育研究方法的兴趣，引导同学们逐渐走进“教育研究方法”这门课程。

一、教育改革与发展需要以教育研究为基础

众所周知，教育是培养人的社会实践活动。教育的任务就是培养人才，服务社会，满足人成长发展的需要，满足社会发展变革的需要。人与社会的发展是不断变化的，也会不断向教育提出新的要求。因而，教育也处在不断发展与变革之中。那么，教育发展与变革的基础是什么，是不是只要有人提出要求，教育就要随之而变？再者，教育发展与变革的方向是什么，如何才能保证发展与变革的方向是正确的和恰当的？教育发展与变革的措施应该是怎样的？为什么是这样的，而不是那样的？等等。要回答如此众多的问题，只有依靠教育研究才能找到合理的答案和解决办法。也就是说，教育研究是教育改革与发展的基础。

在现代社会，教育的改革与发展无不依靠科学的教育理论来指导，无不依靠科学的教育决策来实现。科学的教育理论和科学的教育决策来自科学的教育研究。这是由教育研究特有的价值所决定的。教育研究的价值总体而言在于形成教育理论、改革教育实践、促进教育从业人员的专业成长，具体又可以从五个方面来概括：描述和解释教育现象和问题，理解和阐明教育思想和观念，揭示教育规律，形成教育改革与发展的理论和对策，预测教育改革和发展的未来方向。教育研究的自身价值使其成为教育改革与发展的依靠和动力。

教育研究是描述、解释教育现象和问题的活动，这是教育研究的首要基本任务。要想解决一个问题首先就是要把这个问题或现象清晰无误地描述出来，用恰当的语言、数据、图表、音像或其他确切的方式表述出来，让人们清晰地认识到其本来面目，其产生原因以及演变过程，等等，从而为进一步的理解和找到解决办法奠定基础。无论对于置身其中的当事人还是被要求来解决问题的他人，若没有对教育现象和问题的清晰描述和表达，都是无法解决问题的，即使提出了解决办法，也可能于事无补，甚至帮倒忙。所以，对教育现象和问题的描述和解释使得教育研究为教育改革与发展提供了前提条件。

教育研究是理解和阐明教育思想和观念的活动。任何一种教育活动的背后都蕴含着丰富的教育思想观念，只是一般的大众并没有意识到这个问题。比如，对待儿童的教育态度，有的和蔼可亲，有的严肃有加，这就反映了“主动”和“被动”两种儿童观。不同的儿童观影响了他们的教育态度和行为。在一个特定的教育研究活动中，教育研究必然要阐明某一教育现象或问题背后的教育思想或观念，只有解决了这个问题，才可能对症下药，用正确的理论和方法解决实际问题。理解和阐明教育活动背后的思想和观念使得教育研究为教育改革和发展提供了基础背景。

教育研究是揭示教育规律，形成教育理论的活动。规律是事物本身内部的必然的联系。科学研究的价值就是找规律，获得一般性认识，为解释现象和解决问题提供一般性原理。教育研究也遵循这种科学研究的一般特性。与自然现象和问题相比，教育现象和问题虽然具有人为性、人文性、实践性、个体差异性、复杂性等多种特性，体现出自身的特殊性[1]，但其发展和变化仍是有规律可循的，也是可寻的。当今教育科学已形成一个大的学科群[2]，其中包含了众多学科。可以说每一学科都是教育研究的结果，都是教育学人辛苦劳作的结晶，都为人类知识的积累和发展贡献了学术资源。教育研究的这一价值和特性使得教育改革与发展有了科学依据，也使得教育研究有了存在的价值。

教育研究是形成教育改革与发展对策的活动。科学研究不只是研究“是什么”“为什么”，更重要的还要落实“怎么做”，也就是面向实践。任何研究最后都要走向人类社会的生存、生活、发展和享受的现实需要。教育研究由于其实践特性，使其对“怎么做”方面的需要或要求更为强烈。无论是宏观的教育发展战略，还是微观的课堂教学策略，抑或是教育改革的基本理论探讨，最终都要面向教育实践“怎么做”的问题。在当代，世界各国都非常重视教育研究，纷纷成立国家级教育研究机构，国际教育研究组织也不断涌现。[3]其目的都在于增强教育研究的实践性，解决教育改革与发展的决策问题，从宏观层面解决教育质量的提高问题。在实践一线，20世纪70年代以来，以英国斯滕豪斯和美国施瓦布为代表的一批学者，大力倡导让教师成为研究者，目的也是增强教育研究成果的针对性，解决教师直接面对的教育教学实际问题。无论从哪方面来说，当代教育改革与发展的实践都表明，教育改革的实践主体需要开展教育研究，掌握一定的教育理论，促进自身的专业成长，进而在改革与发展的实践活动中实现教育研究成果的转化。所以，教育改革和发展对策的形成赋予了教育研究直接的教育实践价值。

教育研究是预测教育改革和发展的未来方向的活动。所谓预测就是对尚未发生、目前还

---

1 叶澜．教育研究及其方法[M]．北京：中国科学技术出版社，1991：9-17.

2 在我国国务院学位办的学科划分中，教育学被作为一个大的学科门类，包含教育学、心理学、体育学三个一级学科。其中，教育学一级学科又划分为教育学原理、课程与教学论、教育史、比较教育等十个二级学科。

3 如联合国教科文组织（UNESCO）、国际教育局、国际开发研究中心、国际教育发展理事会、教育研究与革新中心等。参见叶澜．教育学原理[M]．北京：人民教育出版社，2007：314-316.

不明其事理的事情进行预先估计，并推测可能的发展趋向。预测是为了帮助决策者掌握事物的发展趋向，从而正确决策。当代教育事业是一项十分复杂的社会活动，影响因素也十分复杂，对其未来一个时期的教育改革与发展做出决断，不能靠拍脑袋，必须有一个科学的论证和决断过程。比如，我国2010年颁布实施的《中长期教育改革和发展规划纲要（2010—2020年）》，是党中央、国务院着眼于全面建成小康社会和现代化建设全局做出的战略决策，是对我国2010—2020年十年教育事业发展进行的全面谋划和前瞻性部署。这个纲要的制定不能简单依靠个别人、个别机构，必须综合、集中吸收各方面的研究力量才能完成。实际上，这个纲要的研制历时近两年，成立了由国务院总理为组长的领导小组以及由国务院副总理为组长、14个部门参加的工作小组，同时，组织了由500多位专家学者参加的11个重大战略专题组和100多位各领域高层次专家组成的咨询组。在境内外先后召开座谈会、研讨会1800余次，参与人员35 000余人次。研究制定工作大体分为调查研究阶段、起草论证、公开征求意见、送审完善四个阶段。[1]我国目前的教育综合改革和发展政策就是对这一规划纲要的具体落实。这一事实充分表明了教育研究在预测和把握教育改革与发展方向和具体操作中起到了重要作用。

从教育研究的价值我们可以看出，没有教育研究，就没有教育理论，就没有科学决策和实践的前提，就失去了实践变革与发展的科学依据，教育实践就可能陷入迷茫甚至误区，失去明确的方向。在当代教育改革与发展中，教育研究的作用就更重要了。一切教育实践活动都应以科学的教育研究为基础，这已成为人们的共识和行动指南。

二、教育研究需要科学的研究方法

教育研究要实现自身的价值，为教育改革和发展服务，是建立在自身获得科学、可靠的研究结果基础之上的。教育研究要获得科学可靠的研究结果，需要通过一系列科学严谨的研究过程来取得。这一系列科学严谨的研究过程，通俗地说就是研究方法。关于方法问题，毛泽东曾作过一个形象的比喻："我们不但要提出任务，而且要解决完成任务的方法问题。我们的任务是过河，但是没有桥或没有船就不能过。不解决桥或船的问题，过河就是一句空话。不解决方法问题，任务也只是瞎说一顿。"[2]在这里，毛泽东把研究方法比作"桥"和"船"，非常形象和贴切。研究方法是达到研究目的的"桥"或"船"。科学的研究方法就是如何搭建合理、有效的"桥"或"船"。合理、有效的研究方法是达成研究目的的科学保障。

教育研究需要科学的研究方法就是要搭建合理、有效的教育研究之"桥"或"船"。它

---

1 国家中长期教育改革和发展教育规划纲要（2010—2020年）工作小组办公室负责人答记者问[EB/OL]. http://www.moe.edu.cn/publicfiles/business/htmlfiles/moe/s271/201101/114581.html.

2 毛泽东. 毛泽东选集（第一卷）[M]. 北京：人民出版社，1991：140.

包含两个方面的含义：一是指要建立和遵守每一种方法的规范，二是指秉持科学的研究态度和精神。

对于研究方法，人们一般从解决具体课题而采取的手段或操作的层面来理解，把它看成为了达到某种目的而采取的措施、步骤、程序、计划、方案等的总和。[1]在人类科学研究的历史发展长河中，已探索出了多种可行、适用的研究方法，而且由于研究方法的工具性，各门科学的研究方法有时互为移植、借鉴，并且取得了不少有益的成果。“自然科学和社会科学领域的研究之间存在着大量的相同之处。……科学原则在跨学科、跨领域里是相通的，而且各个领域知识的积累也是经过大致相同的过程。在自然科学中，由于各个学科和领域研究实践的长短、研究的广度和研究手段的复杂性的不同，需要采取极为不同的研究方法和途径。社会科学和教育研究也如此，不同的研究课题，不论是个人学习各种课程，还是基本的社会模式，或者是对文化习俗的研究，决定了研究所需要的时间长短、人数多少以及研究手段的种类。”[2]但每一种研究方法都有自己的适用对象和范围。用得好，会事半功倍；用不好，则会功倍事半，甚至贻笑大方。科学的研究方法首先要求把握每一种研究方法的原理、功能、使用原则和范围，也就是其规范。

对于教育研究而言，其对象的复杂性以及研究主体的特殊性，使得科学的教育研究方法显得更为重要。从教育研究对象的层次性来看，不同层次的教育研究对象在研究方法上有不同的要求。所谓层次性是指教育活动可以分为宏观、中观和微观三个层次。宏观层次指国家的教育事业，教育政策、法规执行的教育管理活动；中观层次指各级各类学校的教育活动；微观层次指各个教师具体的教育教学活动。不同层次的教育实践活动又有不同的特点。宏观层次主要研究社会政治、经济、文化等构成的社会整体对教育发展的要求如何转化为教育内部的要求，宏观教育活动如何有效运行才能满足社会发展的需求。中观层次主要研究各级各类学校如何运行才能实现本校的教育目标，培养出合格人才，以及不同级学校之间的有效衔接。微观层次主要研究教师如何把知识、技能和伦理道德等有效地传授给学生，促进学生的全面、和谐发展。各层次研究的问题的类型、性质不同，开展研究时就必须选择与之相适应的研究策略、方法和手段。[3]由此可见，研究对象决定了研究方法的选择和使用。若选择和使用了错误的研究方法，再努力，都不可能实现研究的目的，更不用说科学研究了。“方向和目的确定之后，方法就起着决定性的作用。研究方法对头了，就可以本着正确的方向，达到研究的目的，起到辨别知识真伪、扩充知识数量与范围、获得新的发现、启发人的思想的作用。反之，如果方法不当，就会使研究工作劳而无功。达不到预期的目的。”

把握了科学的研究方法规范后，还要坚持科学的研究态度，秉持严谨求实的科学精神。

---

1 Merriam-Webster. *Webster's Third New International Dictionary*. G.C.Mcrrian Company, 1968：423.

2 [美]理查德·沙沃森，丽萨·汤. 教育的科学研究[M]. 曹晓南，等译. 北京：教育科学出版社，2007：76.

3 和学新. 教育研究的对象、方法与教育实验[J]. 现代教育论丛，1997（6）：42-45.

具体而言就是要客观、理性地进行研究，遵守研究的伦理道德。客观、理性就是要从实际或事实出发，实事求是，按照事情的本来面目开展研究，查询和搜集资料，记录研究过程，合理分析结果，根据事实得出研究结论，不抱偏见和成见，不先入为主。遵守研究的伦理道德就是教育研究要以促进学生身心发展为目的，绝对不允许损害学生身心健康发展；要遵守教育的规律，促进教育质量提高；要尽量保证研究的科学性和可行性，设计要合理，过程要规范，得出结论要谨慎。教育研究的伦理道德要求“需要教育研究者不断地反思指导研究的价值和使用价值在研究活动中具体化的方式”。没有科学的研究态度和精神做保证，不坚持研究的伦理道德，即使方法运用规范有序，得出的结论再怎么惊天动地也难以让人信服。

第一章
教育研究方法概述

本章概述

本章首先介绍了教育研究方法的概念、性质、特点与类型，然后概要介绍了教育研究方法的历史发展过程，最后探讨了教育研究方法的学习方法。教育研究方法是一个综合的研究方法体系，具有工具性、研究性、教育性、综合性等性质，其特点表现在服务性、受制约性、规范性、发展性、通用性等方面。教育研究方法的发展大体经历了直觉观察和经验思辨、科学化探索、学科化形成、多元化发展等几个阶段。学习教育研究方法，一要掌握教育研究方法的基本知识和内容；二要结合课题研究，在实际运用中学习；三要注意扩展学习，提高方法修养。

结构图

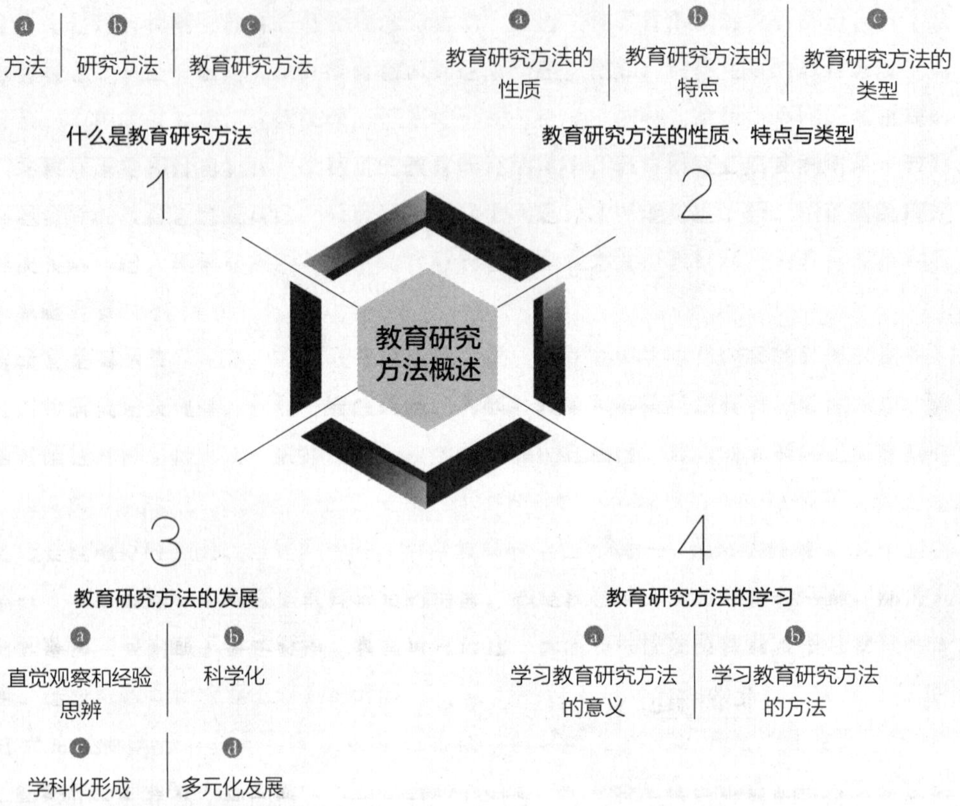

学习目标

学完本章，你应该做到：

1. 掌握教育研究方法的概念；
2. 认识教育研究方法的性质、特点和类型；
3. 了解教育研究方法的历史发展；
4. 掌握教育研究方法的学习方法。

读前反思

什么是教育研究方法？教育研究方法有什么特点？有哪些类型？教育研究方法在历史发展过程中经历了怎样的变化？怎样才能学好《教育研究方法》这门课？

虽然相对于教育教学专业知识，人们对于教育研究方法方面的知识不太重视，但是，人们在日常生活和十几年的学校教育经历中，对研究或科学研究还是有一定感性认识的。人们会通过各种媒体或途径，看到或听到不少有关研究的话题或事情，可以说，人们对研究并不陌生。如果结合各自的学习和生活经历，人们可能会说出很多关于研究或研究方法的事情。下面我们就结合人们已有的知识和经历，一起来学习教育研究方法吧！

第一节
什么是教育研究方法

学习目标

通过对方法、研究方法的把握，理解和掌握教育研究方法的概念。

学习一门课程，首先要了解和把握这门课程或学科的基本概念、基本原理、基本结构。这里，我们就从“方法”开始谈起。

一、方法

一般而言，越是简单的问题、简单的概念，越不容易用恰当的定义或话语描述出来。在对“方法”一词的界定和认识上就是这样。

一提到方法，人们往往会联想到办法、操作、技术、技巧、手段、工具等词，似乎方法与这些词所指的内容有关。这样的理解的确反映了“方法”的一些内涵，但远不是全部内涵。在不同的时间、不同的国度，人们的认识不完全一致。比如，在中国古代，《墨子·天志中》写道：“中吾矩者，谓之方，不中吾矩者，谓之不方，皆可得而知之，此其故何，则方法明也。”方法被认为是度量方形之法，是对物的度量的一种规范，与度量圆形之法的“圆法”相对。这里的“法”实际上指的是一种“标准”或“规则”。“圆法”和“方法”本来具有同等的意义，故有“不依规矩，不能成方圆”之说。后来，由于“方法”一词广为流传，“圆法”之说便不再使用。[1]在古希腊文中，“方法”一词意味着沿着（正确的）道路运动，

1 韩增禄.“方法”概念初探[J]. 自然辩证法研究，1986（4）：33-40.

意味着接近或达到其一目标的途径[1]，也含有规范的意思。与中国古代重在静态的规范认识不同，古希腊的认识重在对活动的规范，是一种动态的规范。

随着时间的推移，人们对方法的认识日益丰富起来，比如，有人认为，方法是一种工具和手段，是一种程序或结构，是一种技巧和艺术等。[2]总之，方法有着丰富的内涵。人们从把方法看作对某类静态物度量的规范到对活动的程序、途径、手段的规范，从对个别方法的理解到对方法体系的认识，从对方法功能的认识到对方法结构的认识。[3]总体而言，对**方法**的认识，应采取发展的、全面的、综合的理解，把它看成为完成某项任务、达成某种目标所采取的程序、技术、手段、途径、操作、规则等的综合。应当力求把它们有机地结合起来加以全面理解：

方法

对方法的认识，应采取发展的、全面的、综合的理解，把它看成完成某项任务、达成某种目标所采取的程序、技术、手段、途径、操作、规则等的综合。

当我们把“方法”看作一种工具和手段的时候，还要看到这种工具和手段本身又往往是某种理论知识的实际应用。当我们把“方法”看作某种程序和结构的时候，还要看到这种程序和结构既不是主观任意的东西，也不是僵死不变的东西，而是同认识规律相一致的、具体的和历史的东西，是理论知识发展中的一种自我认识。当我们把“方法”看作一种规则和标准、道路和途径的时候，还要看到在科学认识中，它并不是保证人人都能够走向胜利的一种固定的逻辑通道，也不是要人们去死记硬背的某些教条，而是一种创造性的技巧和艺术。如此等等。[4]

这里关于方法的解释已经具有研究方法的意义了。

二、研究方法

把握了方法的内涵，就比较容易把握研究方法的内涵了。一般的教育研究方法教材常常在界定了方法的内涵后，直接就过渡到教育研究方法的界定，而没有对“研究方法”进行解释。实际上，应该对“研究方法”进行解释。毕竟“方法”是一个大众概念，而“研究方法”则在科学研究工作中才会出现。“研究方法”从字面上看它强调“研究”性质。因此，这里重要的是要把握“研究”的意义和价值。

1 [苏] B. A. 什托夫. 科学认识的方法论问题[M]. 柳延延，等译. 北京：知识出版社，1981：2.
2 韩增禄. “方法”概念初探[J]. 自然辩证法研究，1986（4）：33–40.
3 叶澜. 教育研究及其方法[M]. 北京：中国科学技术出版社，1990：28.
4 韩增禄. “方法”概念初探[J]. 自然辩证法研究，1986（4）.

“研究”通常指探求事物的性质、发展规律等，也有考虑和商讨的意思。[1]它的同义或近义的词语有探讨、探究、研讨、探求、钻研、讨论、考虑、切磋、斟酌、琢磨、商讨、商量、研商、协商、商榷、商议、磋商、推敲、思考、思索、钻探、议论、摸索、探索等。汉语中，研究由“研”和“究”两字构成。“研”指审查、细磨；“究”是指穷尽、追根求底，寻求“研”所获事实的原因，主要意思是“推求”“追查”。[2]英语中对应的词有“study”“research”“go deeply into”“consider”“discuss”“deliberate”等。从词典的释义可以看出，研究是科学工作者的事情，是用以探究事情的发生发展的性质、过程、规律，是一种专门的活动。英语“research”=“re”+“search”，也就是反反复复寻找的意思。因此，“研究”指人对事物真相、性质、规律等进行的无穷尽的积极探索，由不知变为知，由知少变为知多，不但要知道事情是什么，更重要的是知道事情的来龙去脉，知道原因和结果之间的关系。简单地说，“研究”就是一个认真提出问题，并以系统的方法寻找问题答案，排除其他无关因素的干扰，细致理出事物之间彼此的关系的过程。“研究”是人类在认识客观世界以及人类自身的活动中，由于对未知世界的好奇心和求知欲等人类本身固有的品质激发起来的探索、研究欲望，并通过一定的手段、方式，达到对未知事物或事情的了解的过程。人们在日常生活中的好奇心、求知欲和尝试错误都是研究的具体表现。研究是人的一种本质力量的显现，是人的一种天性。纵观整个人类社会发展史，人类的发展史就是一部研究史，不管是在物质生活领域，还是在精神文明领域，都是人类研究的结果。个体的成长史也是个体不断对世界进行探究的过程。人类个体从出生的那一刻起，就会调用身体的各个器官去感知世界、探究世界。从儿童时期的无数个为什么，再到成年世界的发明创造，个体都是在研究和学习中不断成长和发展起来的。

综上所述，**研究方法**是科学研究采取的方法，它强调方法的研究性质。研究方法是人们从事科学认识活动的工具、技术、手段，是人们在科学认识活动中采取的一系列程序、步骤、方案、计划、规则、标准、途径等。

> **研究方法**
>
> 研究方法是科学研究采取的方法，它强调方法的研究性质。

相对于人们日常生活中的方法，研究方法是为获得科学的认识结果服务的。获得科学认识是科学研究的首要任务，研究方法首先要服务于科学认识，为理论进步做出贡献。研究方法较之一般方法更富有理论色彩和创造特征。[3]研究方法强调客观性、规律性、准确性、创造性、规范性。为了获得科学的研究结果，科学研究对研究方法非常重视，在一项科学研究的前期阶段，重要的事情是对研究方法的准备活动，在提交研究报告时，还必须对研究方法给予细致的交代。日常生活中的

1　商务印书馆辞书研究中心．新华词典[K]．北京：商务印书馆，2001：1134．
2　商务印书馆辞书研究中心．新华字典[K]．北京：商务印书馆，1980：438．
3　叶澜．教育研究及其方法[M]．北京：中国科学技术出版社，1991：29．

方法则不一定这样，它可能重在解决眼前的实际问题，既不必有理论依据，也不必交代采用的方法。研究方法更强调方法的系统性、严谨性、逻辑性、理智性、科学性。所谓系统性是指研究方法是丰富的、多样的，并且按照一定的规则和要求被组织和运行起来，是一个系统的开展过程。所谓严谨性是指研究要严肃认真，要谨慎地一步紧接着一步，环环相扣，不是随机地任意作为。所谓逻辑性是指研究要遵循逻辑规则，推理、判断、归纳、演绎等符合思维规律。所谓理智性是指研究要清醒、冷静、合乎实际，在认识、理解、思考和决断时不感情用事，要辨别是非，晓以利害。所谓科学性是强调研究要有一定的理论依据和基础，在理论指导下开展活动。所以，对于科学研究工作者而言，不但要对自己的研究对象和研究活动的程序有清醒的认识，而且要了解每一种方法的要领与基本功能。

三、教育研究方法

根据我们对方法和研究方法的认识，可以这样来界定**教育研究方法**：教育研究方法就是人们在开展教育研究时所采取的程序、技术、手段、途径、操作、规则等，是一个综合的研究方法体系。

> **教育研究方法**
> 教育研究方法就是人们在开展教育研究时所采取的程序、技术、手段、途径、操作、规则等，是一个综合的研究方法体系。

首先，教育研究方法是一种研究方法。教育研究方法要遵循研究方法的一般规则，要讲求系统性、严谨性、逻辑性、理智性、科学性、规范性，要服务于科学研究。对于教育研究而言，就是要服务于教育的科学认识，要为描述教育现象和问题，形成教育理论，发现教育规律，找到解决教育理论问题和教育现实问题的办法，预测教育未来发展趋势服务，发挥科学研究的作用。这是教育研究方法的研究性。

其次，教育研究方法是在教育研究中所采用的研究方法。在人类发展以及科学研究发展的历史长河中，已形成了不少用以科学发现的研究方法。一切可以用以研究教育现象和教育问题的程序、技术、手段、操作、途径、规则，等等，只要有助于描述教育现象和问题，形成教育理论，发现教育规律，找到解决教育理论问题和教育现实问题的办法，预测教育未来发展趋势，都是教育研究方法，这是教育研究方法的教育性。

最后，教育研究方法是一个综合的研究方法体系。教育研究的对象、内容和目的有自己的特殊性，一项严谨的教育研究常常不是某种单一研究方法就能完成的，而往往是多种研究方法的综合作用，需要经历问题确定、文献查阅、研究方案制定、研究的展开、资料的搜集、整理与分析、理论论证等多个环节和步骤，这就决定了教育研究方法不是单一方法的简单应用，而是多种方法的综合运用，体现出综合性的特征。

第二节
教育研究方法的性质、特点和类型

学习目标

认识和了解教育研究方法的多重性质、特点和类型。

在对教育研究方法的概念有了初步认识的基础上，还需要进一步深入认识其性质、特点和类型，进而在深层次上把握教育研究方法的实质。

一、教育研究方法的性质

有的研究者归纳了教育研究的几个特征：研究是经验的；研究是系统的；研究是开放的；研究是可靠的；研究可能有多种形式。[1]教育研究是以典型的经验主义方法为特征的，问题的提出，资料的搜集、组织、整理等，都是从经验感觉得来的。教育研究是一个系统的过程，包含几个基本的因素：确定问题、查阅文献、搜集资料、分析资料、推导结论。教育研究要讲求效度和信度，以保证研究的针对性与可靠性。教育研究因对象、内容、范围的不同也存在不同的形式和类型。

美国国家研究理事会认为，“教育科学研究可以有一套指导原则：提出重要的、可以进行实证研究的问题；将研究与相关理论相联系；使用能直接研究所提问题的方法；提供合理、明确的推理过程；进行各种验证性研究与推广性研究；发表研究结果以鼓励专业人员的检查和批评”。[2]还特别强调了要注意教育研究的三个特点：跨学科性质、道德准则的考虑、对教育实践人员的依赖性。[3]就跨学科而言，由于教育的多样性和复杂性，许多学科都对教育进行研究，又由于各学科研究的重点不同，就产生了多种合理的研究框架和方法，也会得出互相矛盾的结论。这种跨学科性质要求各学科要互相合作。同时，教育研究的发展在很大程度上取决于相关领域学科的发展。就道德准则的考虑而言，教育研究在研究的类型、数据的搜集和研究结果的推广等方面要顾及研究对象的身心发展，要注意保护研究对象的隐私。就对教育实践人员的依赖性而言，教育研究需要合作，需要研究人员与教育实践人员，包括教师、行政管理人员、课程设计人员等之间的合作，教育研究的兴旺发达与这些实践人员在

1　[美]威廉·维尔斯曼．教育研究方法导论[M]．袁振国，主译．北京：教育科学出版社，1997：3.

2　[美]理查德·沙沃森，丽萨·汤．教育的科学研究[M]．曹晓楠，等译．北京：教育科学出版社，2007：中文版序10.

3　[美]理查德·沙沃森，丽萨·汤．教育的科学研究[M]．曹晓楠，等译．北京：教育科学出版社，2007：85-89.

多大程度上愿意参加或支持研究密切相关。

我国有学者认为，教育研究总体上存在研究主体的复合性、研究方法的多元性、研究资源的丰富性、研究范式的人文性、研究论证的复杂性等。[1]教育研究的主体大体由两部分人员构成：专业研究人员、来自实践一线的教育管理人员和学校教师。教育工作的性质决定了他们都有开展教育研究的必要性和可能性，两者的密切合作会更有效地促进教育研究的开展。每一种教育研究方法都有它自身的优势和不足，研究者要根据研究对象或问题的特性来选择恰当的研究方法。教育研究对象的复杂性、多维性，使得人们要认识它的全部，几乎需要具备人类的全部知识。教育研究不仅需要具备不同专业背景的人联合起来，共同参与教育问题的研究，而且对单个研究者而言，也应尽可能掌握或具备相关学科的知识与素养。教育研究强烈地依赖其他相关学科的成果与方法。教育研究的人文性一方面体现在要满足一定的伦理道德要求上，另一方面则体现在教育研究者会以主体的身份与研究对象进行精神或心理的沟通、产生相互作用。教育研究论证的复杂性不仅体现在理论的不同组合部分需要运用不同的方法来论证，或者不同的教育理论需要运用不同的证明逻辑，还体现在教育理论论证的还原性与不彻底性上。[2]

虽然上述认识是学者们对教育研究性质的认识，但也反映了教育研究方法的内在本质。在我们看来，教育研究方法的性质主要体现在四个方面：一是工具性，二是研究性，三是教育性，四是综合性。

教育研究方法的工具性是所有研究方法的特性。教育研究方法的工具性在于它是为教育研究服务的，服务于教育科学认识活动，无论什么样的方法，只要对教育研究有用就可以拿来用。它是连接研究者与研究对象之间的手段和媒介。教育研究就是有意识地通过研究工具与研究对象相互作用的过程，是研究者通过掌握研究工具、手段实现与研究对象的相互作用，深入研究对象，揭示出研究对象各个要素之间的相互关系，并用一定的方式把其表示出来的过程。教育研究方法则是教育科学认识的工具。

教育研究方法的研究性在于，在教育研究过程中，所采取的手段、途径、方案、计划、规则等，都是经过详细、严格的论证的，符合科学认识的逻辑规则，目的在于揭示教育发展的规律，认清研究内容的特点，为解决问题提供依据。研究性是研究方法的核心价值所在。失去了研究性，研究方法的意义就不存在了。

教育研究方法的教育性突出表现在，它是在教育学科领域内所用的研究方法，在使用过程中要符合教育学科的实际要求，遵守教育的道德要求。也就是说，教育研究方法要有助于解决教育的理论和实践问题。研究方法所涉及的程序、规则、手段、工具、策略等具有通用

1　杨小微. 教育研究的原理与方法[M]. 上海：华东师范大学出版社，2002：39−42.
2　杨小微. 教育研究的原理与方法[M]. 上海：华东师范大学出版社，2002：42.

性，即在这个学科领域可以用，在另一个学科领域也可以用，在教育学科内也可以移植和借鉴。只是每一种研究方法当其在一个特定的学科领域内使用时往往要经过该学科的改造。教育研究方法的教育性实际上也要求在运用某一种研究方法时要进行教育学的吸收和处理，变成符合教育学要求的研究方法。此外，由于教育的对象是人这个特殊性，在开展教育研究时所采用的方法要保护教育对象的隐私和尊严，符合道德伦理要求，不能为了获得研究结果就违背研究对象的意愿，有损研究对象的身心健康。比如，教育实验研究是一种很重要的教育研究方法，在很大程度上，这种研究方法借鉴了心理学实验的方法。但在其发展演变过程中，积极结合教育的特点，形成了很多自己的方法特征。心理学实验涉及因素较少、要求实验控制严格、结论可验证等，但教育实验很难做到这些，涉及的因素往往很多、很复杂，难以严格控制无关变量，而且实验周期长，结论的可验证性难以企求。因此，教育实验研究发展中就出现了很多富有自身特点的研究类型，如教育整体改革实验研究、课程改革实验研究、中小幼衔接实验、教育体制改革实验等大规模的教育实验。教育实验对自然科学实验、心理学实验的方法进行了改造，使其教育学化了。

教育研究方法的综合性，一方面指一项教育研究的开展很难只采用单一的研究方法，需要多种研究方法的综合运用才能达到研究目的，从问题的确定、资料的搜集和整理、研究方案和计划的制订、研究数据的整理和分析等都是多种方法综合运用，很少有单一的观察法、调查法、统计法的研究项目；另一方面指由于教育研究对象本身的多样性和复杂性，使得教育研究必须是多学科研究、多学科合作。比如，关于课程编制问题，首先涉及课程目标问题，制定课程目标要从政治的、经济的、社会的、文化的、哲学的、精神的、艺术的角度来考虑，涉及的相关学科至少有政治学、经济学、哲学、社会学、心理学、艺术学，需要多学科的知识支持。在具体的研制中，行为性方法、系统—管理性方法、人本主义方法、概念重建主义方法都不同程度地发挥着作用。[1]综合性是教育研究方法的一个重要性质。

二、教育研究方法的特点

教育研究方法是教育研究达到认识目的的途径和手段。在整个教育研究乃至科学研究的历史长河中，已经形成了众多方法。通过对各种方法的考察可以发现它们有以下几个共同的特点。[2]

服务性。研究方法服务于科学研究的任务。任何一种研究方法都是在科学研究中产生和发展出来的，同时又为科学研究服务。科学研究人员要借助一定的工具、手段，通过一

1　Allan C. Ornstein & Francis P. Hunkins. *Curriculum—Foundations, Principles, and Issues, Fourth Edition.* Pearson Education, Inc. 2004, pp. 271–295.

2　和学新．教育研究的对象、方法与教育实验[J]．现代教育论丛，1997（6）：42–45.

定的途径，才能达到目的，完成研究任务。研究方法是科研人员完成研究任务的载体和桥梁、离开这一载体和桥梁，就达不到研究的目的。调查研究服务于人们对事物发生、发展现状的了解，是在对事实、现状的了解基础上形成的。调查研究的起源可追溯至公元前数千年古埃及和古代中国的人口统计，调查研究作为研究方法则是在资本主义工业化和城市化发展过程中，对人口状况和社会状况的诊断需要基础上发展而来的，通过了解人口和社会问题的现状，用于社会政策的制定。[1]教育实验研究则起源于人们对教育实践活动的探索性研究，在尝试性探索中吸收了自然科学的实验思想和方法，逐渐形成了今天的多样化教育实验研究。[2]

受制约性。研究方法的服务性派生出了它的受制约性。首先，它受制约于研究的对象和目的。研究的对象和目的是研究的前提，有了研究的对象和目的，才有可能选择合适的研究方法。如果着眼于教育基本理论的探讨，目的是发现教育规律，形成一般的教育理论认识，那么，这种研究采用的方法就可能是理论研究，运用哲学思辨、逻辑归纳和演绎的方法，甚至人文艺术理解的方法。如果目的在于探讨研究对象相关因素之间的关系，那么，最好的方法就是教育实验研究。只有教育实验研究才可以通过控制无关变量析出变量间的因果关系结果。所以说，每一种方法都有其适用的对象和内容，一项研究采用什么方法受制于研究的对象、任务和目的。其次，研究方法服务于研究是通过研究人员来完成的，只有通过研究人员的掌握和在研究中的应用，它才能发挥作用。如果研究人员不了解它，没有掌握它，即使它很有价值，也不可能服务于研究。而且一种研究方法一旦形成，它能否发展，能否发挥出更广范围的价值，也受到研究人员主体性的制约。如果研究人员勇于总结，善于创造，那么就会使研究方法不断得到发展和创新，促进研究成果的产出。因此，研究方法还受制约于研究人员的水平和主体创造性。

规范性。每一种研究方法都有自己的特点、步骤、操作要领和基本功能，有自己的要求、准则和规范。一种研究方法区别于别的研究方法，就在于它的规范性。研究方法的规范性是由科学研究的目标是客观、准确、揭示规律所决定的。当研究的方向、任务和目标都确定后，研究方法就成了研究成败的关键。研究结果是否科学和有效，如何评价，都与是否正确运用了研究方法，是否遵循了该方法的规范密切相关。比如，教育叙事研究是把叙事研究方法应用于教育问题的研究之中，对教育叙事文本进行分析的研究方法，要求研究者以故事的形式描述个体或集体的教育生活，在反思教育经验的过程中发掘潜藏于人的日常生活之中的思想意义，在此基础上对个体的教育生活和教育实践获取一种解释性理解。运用这种方法开展教育研究，就必须遵守它所特有的叙事规范、研究规范、伦理规范和价值规范。[3]研究

1　袁方. 社会调查原理与方法[M]. 北京：高等教育出版社，1990：26–27.
2　靳玉乐，和学新. 教育实验论[M]. 重庆：西南师范大学出版社，1994：21–26.
3　具体参见本书第六章内容。

过程中遵守了这些规范，获得的结果才可能有价值、有意义，否则，获得的研究结果就没有解释力，对他人也没有意义，就使研究失去了价值。

发展性。任何一种研究方法都是在研究过程中产生，又在研究过程中发展的，没有一成不变的研究方法。研究方法的发展性是由研究对象的变化和研究人员的创造性决定的，在研究某一问题过程中产生的方法，当运用于其他问题时，由于对象的改变，研究人员就不能照搬这种方法，而必须对其进行创造性改造，使之适应新的研究任务。在科学研究中，产生新的问题时，人们又会创造出新的研究策略和方法。如果考察研究方法的发展史，可以清晰地看到当今的研究方法已不同于古代和近代的方法，即使基本的研究方法的类型、层次以及规范都不能同日而语。比如，调查研究，在19世纪和20世纪初，对于了解社会现实、认识社会现象、解决社会问题起到了相当大的作用，但这时的调查研究缺乏理论指导，研究方法还不成熟，研究的结果很难上升到理论高度。但到了20世纪六七十年代，由于量化方法的迅速发展，调查研究的方法和技术获得了极大的进步，具体表现为：抽样调查的广泛应用、问卷法和访问法的精密化、态度测量方法和社会计量法的精密化、多变量统计分析和统计检验的普及、实验法和心理测验方法的引入、内容分析方法的发展、结构式观察法的发展、计算机及其他现代技术的广泛应用、研究程序的标准化、综合运用各种方法和技术情况的增加。当代调查研究已不仅仅是提供经验材料和统计数据，而是更多地、更直接地担负起理论研究和政策研究的功能。[1]教育实验研究、教育行动研究、教育历史研究等都在不断地发展进步着。[2]

通用性。虽然每一种研究方法都有其产生的特定背景，但一经形成，它就可以以独立的形态存在，可以脱离它产生的特定背景，被应用到其他背景中，在新的研究领域发挥作用。这就是研究方法的通用性。研究方法是解决问题的策略、途径、原则、工具和手段，“它是理论经过沉淀、变形、具体化的结果。在理论和方法之间还有一个很长的具体化、中介化的过程。这就使得方法对于理论具有相对独立性”，“也就是说，理论的正确不一定就能保证方法的正确，理论的错误也不一定导致方法的错误”。[3]正是由于研究方法具有通用性的特点，才使得不同的学科，不同的研究对象、研究内容可采用同样的研究策略和方法，这也是研究方法能够引进、借鉴和移植的理论依据。正如人们常说的教育研究并没有多少自己独特的研究方法，而是更多地采取拿来主义的策略，常常引进、移植和借鉴其他学科领域的研究。之所以可以这样，正是因为研究方法的通用性。当然，教育研究在应用其他学科领域的研究方法时大都做了教育学化的处理，使研究方法适合教育研究的对象、任务和内容。也正

1　袁方．社会调查原理与方法[M]．北京：高等教育出版社，1990：26-27，26-31.

2　有关教育实验研究发展的论述可参见靳玉乐，和学新．教育实验论[M]．重庆：西南师范大学出版社，1994：21-26．有关教育行动研究的发展的论述可参见刘良华．校本行动研究[M]．成都：四川教育出版社，2002．有关教育历史研究的论述可参见杜成宪，邓明言．教育史学[M]．北京：人民教育出版社，2004.

3　陈波，等．社会科学方法论[M]．北京：中国人民大学出版社，1989：137.

因如此，才称之为教育研究方法。

三、教育研究方法的类型

教育研究方法是多种多样的，在国内外有关教育研究方法的书籍中我们都可以看到，如教育实验研究、教育调查研究、教育历史研究、教育文献研究、教育内容分析研究、教育统计研究、教育测量研究、教育评价研究、教育理论研究、教育观察研究、教育叙事研究、教育比较研究、教育个案研究、教育经验总结研究、教育模型研究，等等。它们有些是常用的，有些是特殊的、不常用的。随着教育研究的深入发展，还会出现很多教育研究方法。那么，怎么看待这些研究方法之间的彼此关系呢？这就涉及教育研究方法的分类问题了。它对教育研究方法的理解、把握和正确运用也有着重要的意义。

不同的研究者有不同的分类标准。综合已有研究，大体有以下几种分类。

（一）搜集资料的方法、分析资料的方法与撰写研究报告的方法

根据教育研究过程中为完成每一阶段的任务所采用的方法为标准，可将研究方法分为搜集资料的方法、分析资料的方法和撰写研究报告的方法。

教育研究的一般过程大体可分为准备、实施和总结三个阶段。在准备阶段，主要是进行研究课题的确定和研究设计，涉及发现问题、选择问题、确定课题、设计方案、制订计划等事项。在这个阶段，要完成这些事项的任务，就要运用文献研究、历史研究、调查研究、比较研究等研究方法，进行资料的搜集和课题的设计。

在实施阶段，主要是对事实和数据资料进行积累、整理和初步分析，涉及研究过程中的研究变量的变化、无关变量的控制等事项。对研究变量，或者观察、调查，或者主动变革，或运用仪器，或运用纸笔，或运用录音、录像、问卷等及时记录下其变化情况，然后对搜集和记录下来的资料进行分类、归纳、整理、建档和录入，为进一步的分析做好准备。对研究中的主要无关变量、背景变量等也要进行相应的处理。这里运用到的方法主要有观察研究、实验研究、调查研究、统计研究、叙事研究、系统研究等方法。

在总结阶段，主要是进行事实资料和数据的分析以及研究报告的撰写工作，要对研究对象或研究变量之间的关系进行清晰的梳理和描述，得出确切的结果，或者发现了规律，或者揭示了变量间的关系，或者预测了发展方向，或者找到了解决问题的办法，或者描述了研究问题的意义和价值。这个阶段主要运用理论研究、内容分析研究、统计研究、经验总结、叙事研究、研究报告表述等方法。

从这种分类标准，我们可以看到，现实教育研究中的教育研究方法是综合的，不同的研究阶段可以运用不同的方法，有的研究方法还会在多个阶段反复使用。明确分类标准有助于

我们正确看待各种研究方法，并在实际的研究中科学地加以运用。

（二）实证研究方法、理论研究方法与应用研究方法

根据教育研究过程中对待研究对象的方式，可将研究方法分为实证研究方法、理论研究方法与应用研究方法。

教育实证研究方法是指针对研究对象特性，从经验入手，采用程序化、操作化和定量分析的手段，使研究达到精细化和准确化的水平的研究方法。按照实证主义的代表孔德的定义，所谓实证就是“现实的”“有用的”“确实的”“精确的”“积极的”“相对的”。[1]就方法论的意义而言，其中最重要的就是“确实的”和“精确的”。实证研究就是要从现象出发，从事实出发，通过观察、调查搜集经验事实来证明或说明研究现象之间的确实关系，能够精确地加以描述，科学理论或假设要经过经验事实来检验。教育观察研究、教育谈话研究、教育测验研究、教育个案研究、教育实验研究、教育内容分析研究等都属于实证研究。

教育理论研究方法主要是指运用各种逻辑和非逻辑方式对已有的客观现实材料及思想理论材料进行加工整理，对事实和资料进行去粗取精、去伪存真的理性分析，对所研究的教育现象获得系统化的理论认识的方法。通过理论研究可以简明、准确地描述研究对象的状态，可以获得对研究对象一般化的简单表达。教育理论研究主要是抽象和概括，是为了获得系统化的理论认识，揭示教育的一般规律，是教育研究中的一种重要研究方法。它大致可分为逻辑的和非逻辑的方法，逻辑的方法主要包括归纳、演绎、类比、分类、比较、分析、综合、概括等。非逻辑的方法主要指灵感、直觉、顿悟等，在已有经验和事实的基础上，通过研究者的创造性思维和想象，获得对研究对象的超出一般的理解和认识。

教育应用研究方法主要是指通过主动变革研究对象从而获得研究结果的方法。实证研究主要是获得对研究对象的描述性资料，理论研究主要是获得对研究对象的理性认识，这两类研究方法都不改变研究对象的自然状况，而应用研究则是要变革研究对象，在主动施加影响的过程中获得对研究对象的认识。教育应用研究主要包括教育实验研究、教育行动研究。实证研究和理论研究两种研究方法只能静静等待研究对象的变化，相对需要一定的研究周期，研究者有时是被动的。应用研究则可以主动诱发研究对象的变化，研究者是主动的。由此可以看出三类研究方法之间的区别。

（三）定性研究方法与定量研究方法

这是根据研究是否采用量化手段为标准的分类。

任何事物都存在质和量两个方面，是质和量两个方面的和谐统一。在认识事物时往往可

1　陈波，等．社会科学方法论[M]．北京：中国人民大学出版社，1989：393.

以根据研究的需要或者因受条件的限制，或者从质的方面进行概括，或者从量的方面进行分析，也可以将质和量结合起来进行综合研究。

定性研究方法就是对事物的质的方面的分析和研究所采用的方法。事物的质是它区别于其他事物的内部所固有的属性，它通过与其他事物的关系、通过事物之间的区别表现出来。教育定性研究方法主要包括矛盾分析、系统分析、理论研究、经验总结、文献分析等。

定量研究方法就是对事物的量的方面进行分析和研究所采用的方法。事物的量是事物存在和发展的规模、速度、程度和水平以及构成事物的要素在结构方面等可以用数量表示的规定性。教育定量研究方法主要包括教育统计、教育测量、教育实验、教育预测、教育模型分析等。

由于事物是质和量的统一，完整地认识事物需要定性研究与定量研究相互结合。一项好的研究也往往是定量研究与定性研究的有机合作的结果。“尽管在定量研究和定性研究的概念和方法上存在不同，但这种区别就实施研究来说不是两分的，而是一个定性定量的连续统一体。”[1]

教育研究方法的分类标准是多样的，我们这里只采用了三类。对教育研究方法进行分类本身不是目的，目的在于更深入地认识和把握其实质。各种分类标准各有特点，很难在一种分类标准中囊括所有的方法，也很难在一项教育研究中仅仅采用某一种方法。关键是把握每一种方法的特点、适用条件和范围。

第三节 教育研究方法的发展

学习目标

了解教育研究方法的历史发展脉络和不同时期的特点及其影响因素。

人类的教育认识与教育研究方法是相伴而生的，也随着人类社会的发展而不断发展和进步。了解教育研究方法的发展对认识和把握教育研究方法的原理、功能和操作要领以及各种研究方法之间的联系具有重要意义。纵观人类教育认识和教育研究方法的历史发展，大体经历了直觉观察和经验思辨、科学化探索、学科化形成、多元化发展等几个阶段。

---

1 [美]威廉·维尔斯曼. 教育研究方法导论[M]. 袁振国，主译. 北京：教育科学出版社，1997：14.

一、直觉观察和经验思辨时期

人类的教育认识是伴随着人类的教育实践活动产生的，人类最朴素的教育认识是对人类口耳相传教育经验的概括和总结。人们把日常生活中长辈对子辈的经验授受通过看到的、听到的、感觉到的方式、方法、内容等记载下来，就成为最直观的教育认识或教育经验。这种教育认识的方法是直觉观察。应该说在人类社会相当长一段时期的教育研究方法就是以这种方式存在的。

随着文字的产生、生产力的发展，特别是学校教育的产生，专门的教育活动产生了，人们开始通过文字等形式记载专门的教育活动，并在记载中逐渐产生了对记载内容的思考，从而产生了教育思想，人类教育研究方法的经验思辨形式也就出现了。随着人类教育活动的不断发展，人类对教育认识也不断丰富和发展，到了一定时期就出现了集大成者，如中国古代的孔子、古希腊的苏格拉底等。他们虽然没有专门的教育论述，但从其弟子们记载的《论语》《苏格拉底言行回忆录》中可以看到他们伟大的教育思想。中国古代的《学记》是世界上最早的一部系统专门论述教育和教学问题的论著。《学记》文字言简意赅，言辞生动，系统而全面地阐明了教育的目的及作用，教育和教学的制度、原则和方法，教师的地位和作用，教育过程中的师生关系以及同学之间的关系。古罗马的《雄辩家的教育》是外国最早的教育专著，系统总结了昆体良一生丰富的教育实践经验，针对罗马教育当时存在的各种弊端，较为全面地提出了雄辩家教育的基本原则和设想，尤为详尽地阐明了有关教学的理论。总之，在夸美纽斯的《大教学论》出现以前，还有大量有关教育的论述，但无论中外，可以说，大量的教育论述“停留于经验的描述，缺乏科学的理论分析”。[1]也就是说，夸美纽斯的《大教学论》出现以前，教育研究方法都处于经验思辨状态，那时的教育论述虽然很多，但都是建立在直觉观察和对教育教学活动实践的经验总结基础上的，还难以说是科学的教育学。

二、科学化时期

随着人类社会生产力的发展，人类的思维方式在发展和进步，尤其是随着自然科学技术的进步，16~17世纪，人们认识教育的方式方法也不再停留于经验总结和思辨层次了，开始尝试运用自然科学的方法研究教育问题。以弗朗西斯·培根为代表的哲学家提供了研究自然的新哲学工具，自然科学逐步从自然哲学中分化出来，相继产生了实验方法，分析、比较、归纳、演绎等逻辑方法，数学方法，假说等科学方法，这些方法给自然科学和人类社会的物

---

1 王道俊，郭文安. 教育学[M]. 北京：人民教育出版社，2011：4.

质进步带来了极大的影响。客观性、规律性、可验证性、准确性等成为科学研究的标准，社会科学研究也开始追求和模仿这种方法。

教育研究方面的代表人物是夸美纽斯，他把教育问题与自然现象相比来论证自己的教育理论，其成果《大教学论》被称为近代第一部系统的教育学论著。

夸美纽斯的教育著作是对自己教育教学经验的深刻概括，虽然他还不时从宗教中找论据，但夸美纽斯“采用了文艺复兴时期所创始的论证方式——引证自然的方式；他迷恋于那个时代在数学、力学、天文学方面所发现的很多法则，企图由此来说明自然的普遍规律性”。[1]在《大教学论》中，夸美纽斯贯穿了这样的思想，即认为所有正确的教育应该在各方面跟自然相适应。他认为人是自然的一部分，并且作为自然的一部分服从于自然的最主要的和普遍的法则。他把这些法则称为“基本原理”。这些法则无论在动物界和植物界，或在人的关系中都起着作用。他说道：“秩序是把一切事物教给一切人们的教学艺术的主导原则，这是应当、并且只能以自然的作用为借鉴的”，[2]“我们的建议是要精心地注视自然的作用，要去模仿它们”。[3]在《大教学论》第十六章、十七章、十八章对教学论原理的论述几乎都是按照“基本原理”即自然的普遍法则来加以论证的。从总体上说，夸美纽斯的教育类比研究尽管还是遵循了演绎的路线，但他演绎的大前提——哲学观发生了重大变化，使教育研究转向了可直接观察的各种自然现象的研究和对“事物本身不变的性质”的关注[4]，教育研究方法开始了科学化的进程。

在18～19世纪，自然科学的研究方法更加成熟，取得的成果也更加诱人。教育研究也有意识地吸收和借鉴相关学科的研究方法，突出的代表人物是赫尔巴特。赫尔巴特有意识地使教育学摆脱了哲学的束缚，成为一门独立的学科，使教育研究成为独立的研究领域，扩大了教育学的理论基础，突破了教育研究的思辨方法。[5]赫尔巴特是第一个运用自然科学的归纳法来研究心理现象，并把心理学的原理引用到教育研究中的人。他主张把教育当作事实来研究，呼吁那些想把教育学基础仅仅建立在经验之上的人们“对其他的实验科学做一番审慎的考虑”，去了解物理与化学的实验研究方法。他主张用系统的观察来了解每个人的可塑性。他通过自己创办的教学论研究所、教育研究所和师范研究班、附属实验学校等，来研究、实践、传播自己的教育学说。他说他的普通教育学的产生，“是出自我的哲学思想，同时也是根据我的哲学思想，利用各种机会，收集并整理了我精心安排的观察和实验的材料”。[6]由此可见赫尔巴特为引进科学方法所做出的努力。

---

1 曹孚．外国教育史[M]．北京：人民教育出版社．1979：86.
2 [捷]夸美纽斯．大教学论[M]．傅任敢，译．北京：人民教育出版社．1984：80.
3 [捷]夸美纽斯．大教学论[M]．傅任敢，译．北京：人民教育出版社．1984：81.
4 叶澜．教育研究方法论初探[M]．上海：华东师范大学出版社．1999：47.
5 叶澜．教育研究方法论初探[M]．上海：华东师范大学出版社．1999：55-60.
6 [美]博伊德·金．西方教育史[M]．任宝祥，等译．北京：人民教育出版社，1985：332.

随着冯特第一个心理学实验室的建立、艾宾浩斯关于记忆的实验、赖斯有关拼写训练的开展、比内–西蒙儿童智力量表的编制、桑代克关于学习的实验研究，心理学研究方法对教育研究方法的影响日益深刻，教育研究方法的科学化探索进入了一个新的阶段。这个阶段的代表人物杜威运用实验方法在芝加哥大学建立实验学校开展教育实验，开启了现代教育研究的先河。拉伊和梅依曼则创立了实验教育学。系统观察、调查、实验、测量、统计、评价等实证化手段成为教育研究方法科学化的标志。

三、学科化形成时期

进入20世纪，随着欧洲“新教育”运动和杜威实用主义教育理论的兴起和发展，世界性的教育改革开始了，教育研究逐步深入，教育研究方法也得到了繁荣发展，并成为一门独立的专门研究领域。

随着自然科学、数学等日益成熟，它们为社会科学乃至教育学研究提供的支持越来越多。观察、调查、实验、测量、统计等实证化研究手段在教育研究中的运用也不断发展成熟起来，并逐步发展成为专门的学科。师范院校开始开设专门的教育研究方法课程，教育研究方法方面的专著也相继出现。如美国芝加哥大学1909年后开设“教育入门”与“教学法”，以实际问题为材料，以研究方法为内容。当时有代表性的专著有古德的《教育研究法》、柯斯的《教育问卷法》、麦柯尔的《教育实验法》、士路特的《如何做研究工作》、特尔欧的《教育之科学研究》、怀特的《教育研究的方法》等。[1]教育研究方法进入了学科化时期。

四、多元化发展时期

20世纪四五十年代以来，随着以计算机、系统科学等为代表的科技革命的到来，现代科学研究在研究的视野、范围、手段、工具等方面呈现出新的态势，教育研究方法也得到了空前的更新和发展，呈现出多元、综合的局面。

第一，自觉地接受哲学的方法论指导。在整个教育研究方法的发展中哲学的方法论作用无处不在。随着时代的进步，哲学的方法论作用更是得到了重视，哲学的主题及其研究成果直接构成教育研究的前提性认识，在教育研究的方法论体系中哲学处于最高层的位置。[2]

第二，从不同学科引进、借鉴和移植研究方法，并在研究中综合运用。如从心理学引进

1　裴娣娜. 教育研究方法导论[M]. 合肥：安徽教育出版社，1995：28.
2　叶澜. 教育研究方法论初探[M]. 上海：华东师范大学出版社，1999：131.

实验方法、测量方法，从文学引进叙事方法，从社会学引进参与研究、行动研究，等等，大大丰富了教育研究的方法体系。

第三，其他学科的发展也为教育研究方法的发展提供了基础和条件。概率论与数理统计的发展为科学研究提供了多元统计和分析的数学基础，计算机的诞生与发展为复杂数据的处理与分析提供了便捷、迅速的工具，多元统计、多元分析、回归分析在教育研究中得到更为广泛的运用，教育研究的统计、测量、评价等方法得到了快速发展，专门的社会科学统计软件如SPSS等的发明为教育研究的量化方法发展和应用提供了条件。

第四，系统论、信息论、控制论、耗散结构论、突变论等横断学科的诞生与发展为科学研究提供了系统、开放的研究视野，以此为基础产生的系统网络分析法、层次分析法、中介分析法、结构功能分析法、模式分析法等也不同程度在教育研究中得到了应用。

伴随着互联网、移动互联网等现代信息技术的飞速发展，信息数据的处理与分析不断呈现出新的方法，我们已经处于一个大数据的时代。大数据不是随机样本，而是全体数据；大数据不是精确性，而是混杂性；大数据不是因果关系，而是相关关系；一切皆可“量化”；大数据取之不尽用之不竭；数据、技术与思维三足鼎立。当前，围绕着大数据的治理、管理、挖掘的讨论，将为教育研究方法提供新的工具和手段。[1]

第四节 教育研究方法的学习

学习目标

掌握教育研究方法这门课的学习方法。

通过前面几节的学习，我们已经了解了教育研究方法的大体情况，也从宏观层面了解了教育研究的重要性。那么，对于师范生个体而言，学习教育研究方法有什么重要意义，又如何来学习呢？这就是我们这一节要学习和讨论的内容。

一、学习教育研究方法的意义

（一）从事教育工作的基本要求

作为一名师范生，从培养目标来讲，将来要从事教育工作，也就是要当教师。那么，做

1 徐子沛. 大数据[M]. 桂林：广西师范大学出版社，2012. [英]维克托·迈尔—舍恩伯格，肯尼思·库克耶. 大数据时代[M]. 盛杨燕，周涛，译. 杭州：浙江人民出版社，2013.

一名合格的教师需要什么样的专业素养呢？不同的学者对此有过很多探讨，越是晚近的研究越是突出教师教育研究能力的要求。[1]倡导教师参与教育研究的国际最著名的学者是英国的斯滕豪斯和美国的施瓦布。20世纪60年代以来国际风行的教育行动研究就是典型表现。我国在20世纪90年代就开始从政策层面要求和鼓励教师开展教育研究。1993年颁布的《中国教育改革与发展规划纲要》指出，“教育理论工作者和实际工作者，要以马克思主义为指导，研究和回答建设有中国特色社会主义体系的理论与实际问题，要积极开展教育决策咨询研究，密切教育科研同教育决策、教育实践的联系，发挥教育科研对教育改革和发展的促进作用，鼓励和支持学校、教师和教育工作者进行教育改革试验”。进入21世纪，我国对教师教育研究能力的要求开始从标准的层面进一步规范化。教育部2012年正式颁发了《幼儿园教师专业标准（试行）》《小学教师专业标准（试行）》和《中学教师专业标准（试行）》，从国家层面对一名合格教师的标准做了规定，并对三个学段的教师专业能力都提出了“针对教育教学（保教）工作中的现实需要和问题，进行探索和研究”的要求。这就从国家标准的层面规定了教师从教的基本要求，即要做一名教师就必须掌握基本的教育研究方法。不掌握基本的教育研究方法很难开展科学的探索和研究活动。教育部2011年正式颁发的《教师教育课程标准（试行）》，强调教师教育课程应引导未来教师参与和研究基础教育改革，主动构建教育知识，发展实践能力。它在课程设置的“职业道德与职业发展”学习领域提出了“教育研究方法”的课程模块。在教育部颁发的初级中学、高级中学教师资格考试《教育知识与能力》考试大纲中要求“了解教育研究的基本方法”，在用于小学教师资格考试《教育教学知识与能力》考试大纲中提出要“掌握小学教育研究的基本方法”，在用于幼儿园教师资格考试《保教知识与能力》考试大纲中要求：“掌握观察、谈话、作品分析、实验等基本研究方法，能运用这些方法初步了解幼儿的发展状况和教育需求。”这里，国家从教师教育标准、教师专业标准、教师资格考试大纲三方面系统地提出了教师掌握教育研究方法的要求，掌握教育研究方法已成为一名教师的基本素养。从学者的认识和呼吁到政府政策的鼓励和支持，从政府政策的要求到具体标准、规范的规定，可以看出，学习教育研究方法、掌握教育研究方法对于一名将来要从事教育工作的人是多么重要。

（二）教育研究方法需要系统学习

在本书的导论部分，我们已经探讨了教育研究方法对于教育研究的重要意义，这里就不再赘述。这里需要强调的是仅仅认识到教育研究方法对于教育研究的重要性还不够，还要认识到掌握教育研究方法需要系统地认真学习。教育研究方法是一个方法体系，是一门学科。在实际的教育研究工作中，常常需要运用多种研究方法，这就要求研究者对每一种方法都要

1　教育部师范教育司．教师专业化的理论与实践[M]．北京：人民教育出版社，2001：31-43.

烂熟于心，对其原理、功能、操作、规范要掌握，对各种研究方法之间的关系要把握。而要做到这些，就必须系统地学习教育研究方法，了解在课题的确定和设计阶段需要什么方法，在实施阶段需要什么方法，在总结成果阶段需要什么方法，怎么处理定性研究与定量研究的关系，怎么发挥研究者的主观能动作用，等等。

（三）辨别教育认识真伪的要求

随着教育在社会发展中重要地位的提升，特别是子女教育在家庭中地位的凸显，各种教育认识、教育口号常常以教育研究成果的面目充斥于各种媒体，使得人们无所适从。比如，“再穷不能穷孩子”“穷养儿子富养女”“不能让孩子输在起跑线上”“减轻学生学习负担就是不要布置作业”“高考不改革，课程与教学改革就无法开展”……这些教育认识或教育口号是否合理，如何看待，常常会影响到我们的日常工作、学习和生活，不时会在工作、生活、学习中流露出来。掌握了科学的教育理论，把握了科学的研究方法，就会以理性的态度和方法来辨识、分析这些认识或口号，以正视听，并摆正自己的学习、生活、工作态度。没有科学的方法和理性态度，就会人云亦云，混淆视听，给生活、学习和工作带来不必要的麻烦。所以，学习教育研究方法是提高自己教育认识的重要手段。

二、学习教育研究方法的方法

（一）阅读教材，掌握教育研究方法的基本知识和内容

学习一门课程，重要的是掌握这门课程的基本概念、基本原理、基本结构。具体到教育研究方法这门课，就是要掌握其基本概念、原理、功能和操作规范。本书对每一种研究方法的内容安排大体是按照该方法的意义和作用、类型、步骤及其规范的顺序进行的，条理非常清晰。在学习中，要结合老师的讲解认真阅读教材，仔细掌握每一种方法的基本内容和要求。

（二）结合课题研究，在实际运用中学习

教育研究方法是操作性很强的科目，学习教育研究方法关键就是要学会运用。通过阅读教材和教师讲解，掌握了基本的内容后，就要结合一定的课题，在实践中锻炼和提高对研究方法的运用能力。在教学以及与历届同学的接触中，我们发现同学们存在的问题是很多的。比如，熟悉各种方法的内容，但在开题报告和研究报告中，对采用的研究方法陈述不够具体、详细，往往成了介绍该方法的概念，而对自己在研究中是如何运用该方法的却没有细致的交代。又如，文献研究是任何一项研究都要用到的，它要求对已有研究进行综述，各种观点要条分缕析，要指出已有研究的不足，为自己的研究陈述理由。但同学们的文献研究往往

是文献的罗列，没有观点的归纳；即便有归纳，也表现为论文是论文的观点、著作是著作的观点，不能把论文和著作的观点归纳到一起；文献综述要求对国内外前沿资料进行概述，但有的研究却只对国内文献进行整理；等等。教育研究方法的学习和掌握，仅靠阅读教材和文字材料是不够的，必须选择一个实际的课题，严格按照选择方法的规范，一步一步开展研究。从资料搜集、问题确定、课题确定、文献综述、研究设计、方法选择、具体实施、数据整理和分析、研究报告撰写、理论分析，从研究过程的各个环节认真要求自己。开始可以选择小的、研究内容简单的课题，采用单一的研究方法进行练习。可以几位同学合作开展研究，每个同学主要负责一项内容，采用一种方法，最后把研究成果合成，也可以参与老师的课题研究，在参与课题研究中锻炼自己对研究方法的掌握，逐步提高研究能力。

（三）注意扩展学习，提高方法修养

教材和课堂教学只是提供基本的学科知识和教学内容，对于大学生而言更是这样。除了教材学习和课堂听讲外，还要不断扩展自己的学习。首先，对于教育研究方法这门课程，我们在每章都提供了补充读物和在线学习资源，同学们可以在掌握了教材的基本内容后，大量阅读补充读物和在线学习资源，从而扩展自己的学习视野。其次，研究方法具有通用性，在层次上，还有哲学方法论的指导，因此，学习教育研究方法，不能仅局限于教育研究方法的内容，还要扩展开来，不断学习一般研究方法论和哲学方法论层次的内容。在当代科学研究中，研究方法、研究方法论是各个学科的重要内容，自然科学的、人文科学的和社会科学的研究方法，对于教育研究都有启发性和可借鉴性。在学习教育研究方法的时候，要不断向其他学科学习，扩展自己的视域。最后，学习研究方法重要的是提高研究方法的修养意识。研究方法是人来掌握的，也是为人服务的。研究方法用得好坏，与使用的人密切相关。学习研究方法，要在把握其基本内容的基础上，掌握其核心要领和实质，结合教育理论、教育实际，把研究方法学好、用好。

本章小结

1. 教育研究方法的概念：教育研究方法就是人们在开展教育研究时所采取的程序、技术、手段、途径、操作、规则等，是一个综合的研究方法体系。

2. 教育研究方法的性质：具有工具性、研究性、教育性、综合性等。工具性在于它是为教育研究服务的，服务于教育科学认识活动。研究性在于其所采取的手段、途径、方案、计划、规则等要符合科学认识的逻辑规则。教育性突出的是在使用过程中要符合教育学科的实际要求，遵守教育的道德要求。综合性是指多种研究方法的综合运用和多学科研究、多学

科合作。

3. 教育研究方法的特点：表现在服务性、受制约性、规范性、发展性、通用性等方面。服务性即服务于科学研究。受制约性即受制于研究的对象、任务和研究人员的主体能动性。规范性即研究方法自身的要求、准则和规范。发展性即研究过程中的发展与进步。通用性即可以以独立的形态被应用到其他研究领域。

4. 教育研究方法的类型：根据研究过程中完成每一阶段的任务为标准可分为搜集资料的方法、分析资料的方法与撰写研究报告的方法；根据研究过程中对待研究对象的方式可分为实证研究方法、理论研究方法与应用研究方法；根据研究是否采用量化手段为标准可分为定性研究方法和定量研究方法。

5. 教育研究方法的发展大体经历了直觉观察和经验思辨、科学化时期、学科化形成、多元化发展等几个阶段。

6. 学习教育研究方法，具有重要意义。它是从事教育工作的基本要求，是辨别教育认识真伪的要求，教育研究方法本身需要系统学习。学习教育研究方法，一要掌握教育研究方法的基本知识和内容；二要结合课题研究，在实际运用中学习；三要注意扩展学习，提高方法修养。

总结 >

Aa 关键术语

方法 method	研究方法 research method	教育研究方法 educational research method
实证研究 empirical research	理论研究 the theoretical research	应用研究 application research
定性研究 qualitative research	定量研究 quantitative research	

章节链接

本章是对教育研究方法基本概念和原理的介绍，它是学习以后各章内容的基础，与后面各章内容都有密切的联系。

应用 >

体验练习

一、名词解释

1. 教育研究方法

2. 教育实证研究方法

3. 教育理论研究方法

二、简答题

1. 教育研究方法有什么特点?

2. 教育研究方法有哪些类型?

3. 教育研究方法经历了哪几个发展阶段?

三、拓展题

1. 请结合你的生活经验和学习经历谈谈你是如何认识教育研究方法的。

2. 谈谈你打算如何学习教育研究方法。

拓展 >

补充读物

1　裴娣娜. 教育研究方法导论[M]. 合肥: 安徽教育出版社, 1995.(第1~3章)

本书对教育研究的一般原理、教育研究的构思和设计、教育研究的基本方法、教育研究结果的分析与评价等进行了全面系统的论述，通俗易懂。第1章探讨了教育研究方法的一般原理，第2章探讨了教育研究方法的历史发展，第3章探讨了现代教育研究的基本思路及方法论。

2　叶澜. 教育研究及其方法[M]. 北京: 中国科学技术出版社, 1991.(第1章，第2章)

本书以教育研究过程为线索，较为系统地介绍了不同研究阶段中采用的各种研究方法。第1章探讨了教育研究的对象及其特殊性，第2章探讨了教育研究的一般过程与方法。

3　叶澜. 教育研究方法论初探[M]. 上海: 华东师范大学出版社, 1999.(第2章，第3章)

本书是一本关于教育研究方法论方面的专著，理论性很强。第2章探讨了西方教育研究的历史演变。第3章探讨了20世纪中国教育研究的历史演变。

4　[美]理查德·沙沃森，丽萨·汤. 曹晓楠，等译. 教育的科学研究[M]. 北京: 教育科学出版社, 2007.

本书是一本从哲学层面对教育研究及其方法进行思考的论著，探讨了教育研究的特殊性、各类教育研究及其哲学基础、教育研究中的冲突及其伦理维度，很有启发性。

在线学习资源

1. 国家精品课程资源网Http：//www.jingpinke.com。《教育科学研究方法》，第二讲《教育科学研究概述》，西北师范大学，王嘉毅。

2. 国家精品课程资源网Http：//www.jingpinke.com。《教育研究概论》，第一章《引论》，首都师范大学，宁虹。

第二章

教育研究的一般过程与设计

本章概述

教育研究是一个有目的、有计划的系统过程，包括选题立项、开题论证、组织实施、总结鉴定四个基本环节。教育研究选题应遵循价值性、科学性、可行性、创新性原则。教育研究的问题来源有很多：可以从社会发展需要发现问题，可以从教育实践中发现问题，可以从与专业人员交流中发现问题，可以从已有理论中发现问题。要把研究问题转化为课题，并进行课题申报。教育研究课题确定后，要撰写开题报告并进行开题论证。在组织实施阶段，要选择研究对象、搜集资料、处理和分析资料、形成结论、表述研究成果。总结评定阶段要撰写结题报告、进行课题成果鉴定，并报送结题材料。

结构图

1 教育研究的选题立项

- a 选择研究问题
- b 将研究问题转化为课题
- c 课题的申报

2 教育研究的开题论证

- a 开题论证的价值
- b 开题报告的撰写
- c 开题的一般程序

3 教育研究的组织实施

- a 选择研究对象
- b 搜集资料
- c 处理与分析资料
- d 形成结论
- e 研究结果的表述

4 教育研究的总结鉴定

- a 结题报告的撰写
- b 课题成果的鉴定
- c 报送结题材料

学习目标

学完本章，你应该做到：

1. 了解教育研究的一般过程与设计；
2. 熟悉教育研究的选题立项；
3. 掌握教育研究的开题论证；
4. 把握教育研究的组织实施；
5. 熟悉教育研究的总结鉴定。

读前反思

开展一项教育研究要经历哪些步骤？每一步骤有一些什么样的具体要求和规范？怎样对一项教育研究进行详细的设计？需要注意哪些问题？

一般来说，**教育研究过程**包括选题立项、开题论证、组织实施、总结鉴定四个基本环节，是一个有目的、有计划的系统过程。要想取得高质量的研究结果，就需要对教育研究过程进行精心的设计。**教育研究设计**就是要对整个教育研究工作的目标、内容、方法、过程和结果等进行规划，制定出具体的研究方案。掌握教育研究的一般过程与设计，是学习教育研究方法的基本内容。

教育研究过程

教育研究过程包括选题立项、开题论证、组织实施、总结鉴定四个基本环节，是一个有目的、有计划的系统过程。

教育研究设计

教育研究设计就是要对整个教育研究工作的目标、内容、方法、过程和结果等进行规划，制定出具体的研究方案。

第一节 教育研究的选题立项

学习目标

了解和把握教育研究问题的确定及其把问题转化为研究课题的方法，掌握课题立项的过程和方法。

爱因斯坦曾指出："提出问题比解决问题更重要，因为解决问题也许仅是一个科学上的或实验上的技能而已，而提出新的问题，新的可能性，从新的角度去看待旧的问题，却需要有创造性的想象力，而且标志着科学的真正进步。"[1]对于教育研究来说，选择一个好的研究问题同样非常重要。研究问题不仅决定了研究的价值和水平，而且也在很大程度上决定了研究的方法和过程。因此，要想真正发挥教育研究的效益，首先要解决的问题是**选题**，即选择一个什么样的问题作为研究课题。

选题

要想真正发挥教育研究的效益，首先要解决的问题是选题，即选择一个什么样的问题作为研究课题。

案例2.1

一位中学教师的教研困惑

"我已经从教十几年了，一直是学校的教学能手，但是在科研方面却始终没有成果，上

1　爱因斯坦，茵菲尔．物理学的进化[M]．上海：上海科技出版社，1962：66.

报的课题往往都是审核不予通过，很大程度上是因为我的选题不符合要求，到底什么样的问题才能作为研究问题，才能符合课题申报的要求呢?”

选题是教师进行教育研究的第一步，选题的准确与否将直接决定研究的开展。

一、选择研究问题

（一）选题的原则

教育研究可选择的问题很多，但要使所选择的问题有研究价值且适合研究，在选题时就必须遵循一些基本的原则，如价值性、科学性、可行性以及创造性等。

1. 价值性

价值性是选择研究问题的首要要求，是指所选择的问题值得研究。衡量一个研究问题是否具有价值，主要看两个方面：一是所选择的问题是否具有学术价值，即能否为教育理论的发展提供新观点、新思路、新经验、新案例等；二是所选择的问题是否具有应用价值，即是否有利于解决教育改革实践中的焦点、难点与疑点问题。一个有价值的研究问题，往往兼具学术价值与应用价值。在对其进行研究后，在理论层面能丰富相关研究成果，有利于检验、修正、创新和发展教育理论；在实践层面则有利于促进教育教学的变革，促进教育教学质量的提高。

2. 科学性

选题的科学性，首先表现在要有一定的事实依据，这是选题的实践基础。即研究问题是从实践中产生的，具有很强的针对性，不是无中生有，胡编乱造的。其次，选题的科学性表现在以教育理论为依据，这是选题的理论基础。教育理论对选题起到定向、规范、选择和解释的作用。没有一定的理论依据，选定的研究问题往往起点低、盲目性大，甚至根本不具有任何研究价值。要确保选题的科学性，就必须综合考虑其实践基础和理论基础。

3. 可行性

可行性是指研究问题的选择必须考虑一定的主客观条件，从而保证研究问题能被研究，在研究过程中切实可行。有学者将其归纳为三个方面，即客观条件、主观条件和时机问题。[1]对于一个问题可不可行，研究者可以考虑如下几个问题：

① 研究这一问题，需要的材料是否充足？是否易于获得？（客观条件）

② 研究所需的费用如何?是否有可能解决？（客观条件）

③ 研究所需的时间为多少？研究时间是否能保证？（客观条件）

---

1 裴娣娜. 教育研究方法导论[M]. 合肥：安徽教育出版社，2006：77-78.

④ 研究这一问题，自己的能力、水平和志趣如何？是否有完成课题的能力和信心？（主观条件）[1]

贯彻可行性原则，要求选题时既不要好高骛远，贪大求全，也不要妄自菲薄，不敢尝试。要充分考虑各方面条件，扬长避短，善于发挥自己的优势，量力而行，选择那些既有价值又切实可行的问题进行研究。

4. 创新性

选题的创新性原则，是指所选研究问题必须具有新意，独创性和突破性。选题的创新性并不仅仅限于所选的问题前人没有研究过，它包括很多方面。如果对一个“老问题”的研究采用了新理念、新视角、新方法、新途径、新思路，生成了新经验，积累了新知识，都属于创新性。事实上，教育中的很多问题都是老问题，但随着时代的发展和变化，面临各种新的挑战，需要不断对其进行新的研究，从而创新认识和实践。因此，在研究问题的选择上，抓住前人未涉及的新问题是创新，“旧题新做”也是创新。

要使选题有创新性，首先要加强信息资料搜集工作，掌握教育发展动态，要善于发现新情况、新问题。其次要到最有希望、最需要创造性而且最能激发创造力的地方去选题，如到不同学派激烈争论的领域中去选题，到研究的空白区去选题，到学科交叉的边缘地带去选题，到实践迫切需要解决的问题中去选题。

（二）研究问题的来源

教育问题是复杂多样的，从不同的层面、不同的角度、不同的主体需要可以发现很多教育问题。

1. 从社会需要发现问题

教育是社会发展的一个重要方面，甚至是社会发展的一个重要条件，教育与社会发展紧密联系。因而，教育研究首先要从社会发展需要来发现问题，尤其要发现和提出那些迫切需要解决的重大教育问题。例如，教育现代化的评价体系及推进路径研究；学生健康素养评价指标体系研究；中华优秀传统文化教育研究；高中阶段的教育发展战略研究；信息化促进优质教育资源共享研究；国家教育体制改革试点研究；工业化、城镇化、农业现代化同步推进下的农村教育发展与改革研究；义务教育均衡发展标准研究[2]；等等。这些问题都是我国当前经济社会发展面临的重大教育理论和实践问题，迫切需要回答和解决，因而被列为国家重大攻关课题。

1 李方. 现代教育科学研究方法[M]. 广州：广东高等教育出版社，1997：64.

2 这些都是“2009—2013年国家社会科学基金教育学重点课题及教育部哲学社会科学研究教育学重大攻关课题”。全国教育科学规划领导小组办公室，http://onsgep.moe.edu.cn.

2. 从教育实践中发现问题

教育研究的基本目标，就是为了改善教育实践。因此，教育实践应该是教育研究问题的重要来源。可以通过对教育实践的调查、访谈等，寻找和发现教育研究的问题。在教育教学过程中，教师时常会遇到各种各样的疑难或困惑，如教师的设想、计划与实际效果之间的差距；教育教学情境中不同价值取向间的冲突与对立；教学中的两难情境；不同的人或群体对待同一教育教学行为的不同看法[1]，等等。如果我们能够敏锐地捕捉到这些现象或问题，对其进行深入的追问和探讨，或者有计划地对一些现象或问题进行调查，就很容易发现和找到许多值得研究的问题。

3. 从与专业人员接触中发现问题

教育专业人员长期从事某些领域的活动，对于该领域的现状、问题和趋势有较为充分、细致的了解，他们可以随时提出一些值得关注和研究的现象、问题和观点。因而，与有关的教育专业人员接触或来往，是获得教育研究问题的一个重要途径。比如，可以经常向有关教育行政管理人员、教师或研究机构的专家请教或讨论自己感兴趣的问题，进而发现一些值得研究的问题。还可以通过参加有关的学术会议、学术交流活动，来增加和专业人员接触的机会，如教育座谈会、教育思想研讨会、教育经验交流会、教育学术年会、教育专题讨论会，等等。通过参加这些活动，可以受到启发或引导，从而提高发现问题的意识和能力，获得研究的问题。

4. 从有关理论中发现问题

理论不但可以解释目前的现象，而且可以预测未来的发展。从一个良好的理论中，研究者可以推演出很多新的预测，这些新的预测就成为可研究问题的重要来源。因此，若要发现可研究的问题，研究者可以从有关的教育理论（如教学理论、德育理论、学习理论）中，使用演绎的推理方法推导出一些合乎逻辑的研究问题和假设，然后再设计研究方法加以验证。例如，在阿特金森的成就动机理论中，他主张个人追求成功的动机视个人对工作成功可能性的认知而定。当个人依据本身能力与经验认定工作成功的可能性很高或很低时，其追求成功的动机不会太强，但如果认定工作的成功概率在50%时，此种动机最强[2]。根据其理论可导出这样的研究问题：父母对子女的期望水准适中者和期望不切实际者（过高或过低），其子女追求成功的动机是否不同？由此可以确定研究的问题了。

（三）研究问题的表述

选择了一个研究问题，还要对这个问题有一个明确的陈述。一个意义明确的问题在某种程度上指明了研究的方向，所以问题的表述尤为重要。通常情况是，一个问题需要反复几次

1　郑金洲．教师如何做研究[M]．上海：华东师范大学出版社，2005：46.
2　马利文．阿特金森的成就动机实验[J]．人民教育，2000（6）：53-54.

才能具有恰当的表述形式。在研究初期，可先粗略陈述问题，然后通过查阅文献，明确界定问题。

需要明确知晓的是，哪些是合适的问题表述，哪些是不合适的问题表述。例如，“小学课程”这样太宽泛的陈述是不能作为问题表述的，它其实不含任何问题。“研究A城市小学4年级阅读课程对4年级学生阅读成绩的影响”可以算作一个满意的表述。

一个表述清晰的问题，能够为研究者指明后续研究的方向。问题的表述应当说明研究的主要问题和问题所处的教育背景。需要强调的是，在表述问题时，很多术语必须界定。这就是教育研究核心概念的界定问题。

二、将研究问题转化为课题

发现和提出的研究问题可能只是需要研究、值得研究的问题，或者只是一个大致的研究轮廓，这个问题是否适合于研究者，是否可以顺利完成，则不一定。这就需要对问题进行明确，缩小问题范围，界定相关的关键概念，通过恰当的方式表述出来，使之确定为一个研究课题。[1]

1. 缩小问题范围

如果问题过于宽泛，就会难以驾驭，也不容易解决。缩小问题范围的重要方式是聚焦问题，即将研究问题明确化，通过对研究问题进行某种界定，给予明确的表述，将最初头脑中比较含糊的想法变成清晰明确的问题。比如，有老师注意到“学生厌学”这一现象，准备研究学生厌学问题。造成学生厌学的原因众多，研究者不可能都兼顾，有必要具体分析原因，进一步聚焦。通过阅读文献，发现一些研究对家庭因素、课程因素、教学因素等进行了探讨，但很少有研究关注考试题目难度对学生厌学的影响，于是将问题聚焦为“试题难度对学生学习的影响”，从而确定研究的课题。

案例2.2

研究问题向课题的转换[2]

在一次听课与座谈中发现一些老师存在以下问题：

（1）一位教师课堂提问只是局限在第一排和教室中间区域的同学，提问面只占全班同学的23%，而另外一位教师则偏好提问男学生和优秀学生，其中一位同学被提问8次，而有7

1　李臣之．教师做科研：过程、方法与保障[M]．深圳：海天出版社，2010：14-15.
2　吕维智．教学成果是怎样炼成的[M]．重庆：重庆大学出版社，2013：179.

位内向的女学生从未举手或被提问。

（2）一位教师课堂巡视时总习惯地走向窗口一边，而走向靠门一侧的概率不足20%。听课者将他课堂移动的路线记录交给他，他看了大吃一惊。

（3）遇到学生不会回答问题时，不同的教师对学生采取的行动不同。

A类教师	B类教师
耐心等待15～30秒，重复一遍问题，换一种提问方式	教师代学生回答；马上令学生坐下；让其他学生回答

在观察和思考这些问题时，可找寻它们的共同点：它们都是有关教师课堂教学行为的，那么就进一步思考产生这种行为的原因、影响因素又是什么。找出原因，可进一步寻找解决路径，从而确定研究课题。如这类问题就可形成课题“教师在课堂上易忽略行为及其矫正研究”。

2. 梳理和界定核心概念

确定了研究的问题后，就要梳理和界定课题研究的核心概念。首先需要从聚焦的问题中提取核心概念，并对概念进行界定，避免概念泛化。概念界定通常是给概念下抽象性定义或可操作性定义。

（1）抽象性定义

抽象性定义是指从抽象的概念意义上对研究对象的本质属性进行概括的定义。抽象性定义是一种理论定义。例如，对“自我意识”下抽象性定义，可以界定为：主体对自身的认识。下抽象性定义的常用方法有经典的定义法（种差加属概念定义法）、对等式定义法、解释性定义法、自行定义法四种。

经典的定义法。经典的定义法是种差加属概念的定义法。在定义中可以通过用种差加上属概念的组合作为概念的抽象定义。一般词典释义都采用这种定义方法。例如：

	被定义者	=	种差 +	属概念
例1	教学	是	师生交往的	过程
例2	智力	是	一种在各种活动中普遍需要运用的	能力
例3	空间知觉	是	对外界物体的空间特性的	反映

对等式定义法。对等式定义法就是按同义词来定义，既可用另一个同类的概念，也可用同义词或近义词来解释变量的方法。例如：

例1　合作——就是与他人的配合。

例2　侵犯性行为——就是攻击性行为。

例3　有效的教学——就是促进学习的教学。

解释性定义法。解释性定义法是对要解释的概念进行抽象的、概括的描述或直接引用专业词典上相应词条对变量所做的解释。如果是从文献中寻找定义，应尽可能引用权威文献上的释义。

自行定义法。一般学术性的概念都有通用的定义，研究者可以从专业词典、百科全书以及相关的文献与教科书中寻找合适的定义。必要时，可根据研究问题的性质与研究目的略加修改。有时候现成的定义对所进行的研究不合适，或者根本找不到现成的定义，这时就可以采用自行定义法。自行定义须做周密的思考。

（2）可操作性定义

可操作性定义是根据可观察、可测量、可操作的特征来界定概念含义的方法，即从具体的行为、特征、指标上对概念的可操作性进行描述，将抽象的概念转换成可观测、可检验的项目。下可操作性定义的方法主要有以下三种。

条件描述法。通过陈述测量操作程序来界定一个概念，是对所解释对象的特征或可能产生的现象进行描述，对要达到某一结果的特定条件做出规定，指出用什么样的操作去引出什么样的状态，即规定某种条件，观察产生的结果。这种方法常用于给自变量下可操作性定义。例如，要给“饥饿”下一个可操作性定义，饥饿是一种自身感受，那么怎样才算饥饿呢？心理学家用条件描述法给饥饿下了一个可操作性定义：“饥饿”，指连续24小时没进食物的感受。

指标描述法。指标描述法通常是通过陈述测量操作标准来界定一个概念，是对所解释对象的测量手段、测量指标、判断标准做出规定。通常这些指标能做量化处理，常用于给因变量下可操作性定义。例如，“青少年”可以界定为“年龄在7岁以上、18岁以下的人”。

行为描述法。行为描述法通常是通过陈述测量结果来界定一个概念，是对所解释对象的动作特征进行描述，对可观测的行为结果进行描述。这种方法通常用于给因变量下定义，解释客体的行为。例如，心理学家为了用饥饿的小白鼠做实验，给“饥饿的小白鼠”下了一个行为描述的可操作性定义：一分钟内压低杠杆10次以上而获取食物的小白鼠。只有达到这样行为频率的小白鼠才属于饥饿状态。

3. 课题的表述

一般来说，课题名称包括三个部分：研究对象、研究的中心内容以及研究方法。课题表述应具有准确性、规范性和简洁性。

准确性要求指明研究的对象和研究问题，有时也可指明研究的方法。例如，“青少年网络生活状况的调查研究”，研究的对象是青少年，研究的问题是网络生活状况，研究的主要方法是调查法。总之，课题的名称一定要和研究的内容相一致，要准确地把拟研究的对象、问题概括出来。

规范性指描述要科学，一般不能使用口号式和结论式的句子，如“培养学生自主学习能力，提高课堂教学效率”“以人为本，促进义务教育公平发展”等。一般而言，课题表述常用的形式是“……的研究”。如果需要特别强调研究的范围，可以用副标题加以解释，如“以……为例”“基于……”等。例如，“改善大学生体质状况的对策研究——以江苏省为例”“城乡教育资源配置的公平与效率——基于教育收益率的分析”等。

简洁性要求课题名称不能太长，要清晰明了，无赘字，不冗长，一般不超过20个字。

三、课题的申报

课题申报主要是把研究项目申请纳入科研规划系列或获得研究基金资助，以取得法律、行政管理以及经济上的支持，保证课题顺利完成。要申报课题，必须熟悉申报课题的相关事项和要求。

（一）选择恰当的申报层级和领域

为了在制度和资金上鼓励和保障教育研究的开展，我国从国家到县建立了多级教育研究管理机构，制定教育科学规划方案，倡导通过课题申报、评审、立项、支持、中期检查、验收、推广等形式，推动和促进教育研究的开展。申报课题，必须首先了解各种科研课题的申报渠道、课题类别、申报条件和程序等。

1. 选择恰当的层级

当前，教育研究课题的管理主要有以下层级：国家级课题、省部级课题、市级课题、县级课题、学校课题等。不同级别课题的研究侧重点、申报和结题要求有一定差异。比如，国家级教育研究课题要求以社会和教育发展中的重大理论和现实问题为主攻方向，申报者应有承担省部级课题的经验，充分了解已有研究成果，研究团队成员优势互补，研究方法适当，研究技术先进，着力推出代表国家水准的教育研究成果。而市、县级或校级课题的要求则低得多，鼓励对具有普遍意义的特殊问题进行研究，突出“小、精、实、新”的特点，倡导“小题大做”，强调研究成果对改进教育实践的效用。

在选择申报课题级别的过程中，学校或教师应根据实际情况，尤其要注意相关的研究基础，如已经主持的课题、已发表的相关研究成果、研究团队等因素，有的放矢，提高申报成功的可能性。

2. 选定申报领域

课题申报要依据研究领域进行。以全国教育科学规划项目为例，根据学科分类共划分为15个领域，即：A.教育基本理论；B.教育心理；C.教育信息技术；D.比较教育；E.德育；F.教育经济与管理；G.教育发展战略；H.基础教育；I.高等教育；J.职业技术教育；K.成人教育；L.体育卫生美育；M.民族教育；N.国防军事教育；O. 教育史。在申报课题时，应结合自己的研究内容，选择恰当的申报领域。例如，“学生自主评改作文能力培养的教学体系探索与研究”属于基础教育领域，“中考体育‘恶补’现象的社会学研究”属于体育卫生美育领域，“城市化进程中武陵山片区人力资源的协同开发研究”属于民族教育领域。一般来说，中小学教师和学校申报教育研究课题，大多集中在基础教育、德育、教育信息教育、体育卫生美育等方面。

（二）申报书的结构与填写要求

申报书是课题申报的基本材料，是课题评审、研究和结题的依据。掌握课题申报书的基本结构和填写要求，是申报课题的重要环节，也是课题能否申报成功的关键。

1. 申报书的结构

一般来说，不管是哪一级别的课题申报书，其结构都是大致相同的。以全国教育科学规划课题申报书为例，课题申报书一般包括以下9个方面的内容。

① 课题名称。包括所属学科、研究类型等。

② 课题负责人及课题组成员情况。包括姓名、性别、年龄、职称、职务、工作单位、分工情况等。

③ 负责人和课题组主要成员近五年来取得的与本课题有关的研究成果、主持过的相关重要研究课题。具体包括成果名称、著作者、成果形式、发表刊物或出版单位、发表或出版时间。

④ 负责人和课题组主要成员近五年来主持的相关重要研究课题。包括主持人、课题名称、课题类别、批准时间、批准单位、完成情况。

⑤ 课题设计论证。包括本课题核心概念的界定，国内外研究现状述评、课题意义及研究价值；本课题的研究目标、研究内容、研究假设和拟创新点；本课题的研究思路、研究方法、技术路线和实施步骤。

⑥ 完成课题的可行性分析。包括已取得的相关研究成果的社会评价（引用率、转载率、获奖情况）、主要参考文献，课题负责人的主要学术经历，主要参加者的学术背景和研究经验、组成结构（如职务、专业、年龄等），完成课题的保障条件（如研究资料、实验仪器设备、配套经费、研究时间及所在单位条件等）。

⑦ 预期研究成果。包括主要阶段性成果和最终研究成果。

⑧ 经费概算与经费管理。

⑨ 推荐人意见与课题负责人所在单位意见。

2. 申报书的填写要求

填写申报书本身就是一种研究，意味着课题研究的目的、内容、方法、条件等方面已经十分清晰，了然于胸。一份好的申报书，往往能够增加课题申报成功的概率。在填写申报书时，应注意以下方面。

（1）核心概念界定清晰

对核心概念进行界定，并不是对照词典给一些词语下定义，而应该将其看成梳理和深化课题认识的过程。例如，我们要研究学校文化，对学校文化做不同的界定，就会有不同的研究思路与分析框架。如果把学校文化界定为价值观念，那么研究就会从教育哲学的视野出发；如果把学校文化理解为各种仪式，那么研究就会向教育社会学的领域迈进；如果学校文化被诠释为环境的设计，那么研究就会走向艺术与审美的视域。[1]核心概念界定后，在使用上要保持前后一致。

（2）课题组人员构成合理

应根据课题研究目标和实际条件，综合考虑性别、年龄、职称、职务、工作单位、分工情况等因素，合理安排课题组人员构成，组建一个结构合理、分工明确，能够确保课题按时按质完成的课题组。

（3）课题论证、分析充分

"课题设计论证"和"完成课题的可行性分析"这两部分内容十分重要，能否成功立项在很大程度上取决于这两部分的内容。因此，填写时应认真谨慎、周密思考、统筹兼顾、信息对称，甚至在字数要求、字体格式、匿名要求等细节方面都要注意。具体来说，国内外研究现状述评应基于对文献的充分掌握，视野开阔，评论中肯，定位准确；课题意义及研究价值清楚，无论是理论价值还是实践价值，都要立足于课题本身，不可过分夸大或泛泛而谈；研究目标明确，层次清晰；研究内容详细具体，把研究问题进一步细化为若干小课题，为研究工作的展开提供切实可行的抓手；研究假设的陈述应简明准确，切忌宽泛、冗长、模糊；研究的拟创新点应表述得具体翔实，不盲目夸大；研究思路清晰，逻辑合理；研究方法恰当，且每一种方法对应的内容与目标明确；研究步骤合理，时间安排详尽，保证研究过程有条不紊、循序渐进；可行性分析充分，详细列出完成课题已具备的各项基础和保障条件。

1 苏鸿．教师的教育研究[M]．天津：天津教育出版社，2012：83-84.

第二节
教育研究的开题论证

学习目标

把握教育研究开题报告的撰写技巧和开题论证的方法和步骤。

确定研究课题，或得到相关课题管理部门审批立项后，需要进一步展开有针对性的文献阅读以及初步的调查与分析，了解与课题相关的研究成果及实践状况，在充分占有相关资料的基础上提出具体的研究方案，进一步详细解释研究方法，整理研究思路及技术路线，进一步合理分工以及确定研究步骤，寻求制度、物力、人力等相关支持。这些工作所形成的书面材料就是开题报告，是开展研究的蓝图。完成开题报告后，往往需要聘请相关专家学者进行论证，对课题研究如何开展进行开诚布公的讨论，为课题研究的有效实施提供建设性意见。这个活动过程就是开题论证。[1]

一、开题论证的价值

开题论证是研究者在实施研究之前对研究项目进行的较为充分、整体的设计过程，是课题研究过程中的一个重要环节。好的开题论证是成功的一半，开题做好了，后续阶段研究将顺利很多。好的开题也影响研究结果的可靠性和科学性。

开题是相关专家对课题申报者的研究方案进行审核、论证的过程。在开题过程中，课题申报者不仅可以得到专家对课题研究的反馈意见，还可以当面提出研究的疑惑和问题，寻求专家的解答和智力援助。因此，开题可以理解为课题研究之开端，也可以认为是向相关专业人士公开自己的研究计划，寻求合理、有效的研究策略。

> **开题**
> 开题是相关专家对课题申报者的研究方案进行审核、论证的过程。

通过开题，收获专家对研究设计的认同与批评，有利于研究者对课题研究的设计与实施进行深入思考，对研究方法进行进一步修改和完善，尽可能减少研究过程中的失误，避免研究走上歧路或绕了弯路，保障研究顺利开展。

二、开题报告的撰写

（一）开题报告的结构

一般而言，一项规范的教育研究开题报告由以下内容组成。

1　李臣之. 教师做科研：过程、方法与保障[M]. 深圳：海天出版社，2010：27.

① 课题的名称。主要说明研究的课题是什么。

② 问题的提出。主要论述为什么要研究这个课题，一般要从理论和实践两个大的方面来进行论述。

③ 文献综述。主要是就相关问题的已有研究进行细致阐述，就别人已经做了什么，还有什么没有做，进行系统的综合描述，借以说明本课题的研究必要性以及本课题的研究打算。

④ 理论基础。主要论述本课题用什么理论指导课题的研究，说明在研究的设计、问卷的编制、结果的分析、结论的得出等方面的理论依据。

⑤ 研究目标。主要说明课题预期目标是什么。

⑥ 研究内容。主要说明本课题研究的具体内容及其操作。

⑦ 研究方法。主要说明本课题研究采用的方法和技术。

⑧ 研究步骤。主要说明课题研究的计划和阶段安排。

⑨ 预期研究成果。主要说明课题研究的阶段性成果和预期的终结成果是什么。

⑩ 课题研究的组织机构和人员分工。主要说明课题研究人员、经费、设备、图书资料等条件分析以及课题的组织管理等。

案例2.3

“天津市中小学学校课程决策的现状调查与改进研究”开题报告(节选)[1]

一、问题的提出及意义

我国21世纪课程改革最重要的一项内容是课程管理体制的变革，实行课程的三级管理，给学校一定的课程权力。从课程政策的颁定到学校具体实施，再到最终落实到学生身上，很重要的一个环节就是学校的决策。因为从课程政策到具体实施，如果没有学校层面的认同和接受，没有学校的创造性实施，没有对三级课程的有效规划和整合，学校只是一味地执行政策，课程政策的理想很可能落空。那么中小学学校在这方面的运行情况如何，即学校层面的课程决策是否真的发生了，具体的决策过程怎样，是否达到了预期的目标，存在的突出问题是什么，制约因素又有哪些，等等。这是深化基础教育课程改革，进一步推进学校层面落实新课程理念必须研究的问题，也是我们系统总结和反思十余年来我国基础教育课程改革的经验和得失必须要关注的问题。

这项研究对于推进基础教育课改的深入实施，增强实施的有效性、针对性，促进天津市学校课程决策模式或制度的形成，促进学校课程改革理论的发展，具有十分重要的意义。

二、核心概念的界定

1．课程改革：当前正在我国开展的基础教育课程变革。

1　选自天津师范大学和学新教授主持的天津市教育科学“十二五”规划课题“天津市中小学学校课程决策的现状调查与改进研究”课题结题材料，2013年2月。

2．课程实施：把课程计划或方案付诸课程实践的具体过程，是课程的具体运作过程。

3．学校课程决策：课程实施过程中学校层面对课程的有关方面做出选择和决定进而推动其实施的过程。国家课程改革计划或方案出台后，需要通过学校来具体组织实施，需要每一个学校根据本校的实际，就国家课程、地方课程和校本课程及其相互之间的关系做出选择和决定，从而整体规划出体现本校特色的具体实施方案及其创造性实施。这一选择和决定的过程即为学校课程决策。它是学校课程整体规划、学校整体特色建设的重要内容，是学校创生国家与地方课程改革方案追求最佳实施效果的过程。

三、国内外研究现状述评

关于课程决策的研究在20世纪50年代就引起了美国课程学者的关注，我国学者在20世纪80年代初给予了引介，但课程实践中并无实质探索。随着新世纪我国课程改革的推进，课程决策尤其是学校课程决策在课程实施中的地位和作用凸显出来，引起了一定的研究和实践探索，但整体而言，更多的是关于狭义校本课程开发概念下的教师参与课程决策的研究，从学校整体层面研究学校课程决策的文献还不多见。具体综述如下：

1．课程决策研究很薄弱，学校课程决策研究更为缺乏。（略）

2．介绍国外理论多，本土化反思与实证研究少。（略）

3．研究深度不够，缺乏系统性。（略）

四、研究内容

1．学校课程决策的概念及其在课程变革中的意义与价值。

2．运用实证研究的方法全面考察和了解天津市课程改革实施中学校层面课程决策的现状和存在的问题。主要运用调查、访谈、文献等方法了解天津市中小学校长对学校课程决策意义和价值的认识、当前天津市课程改革中学校课程决策的有效经验和模式、当前天津市课程改革实施中学校课程决策的现状与问题。

3．国外中小学课程决策的经验和模式。

4．有效学校课程决策的影响因素及其机制探讨。

5．有效的学校课程决策过程和策略探讨。

五、研究思路和方法

采取实证的研究范式，把量化与质性方法结合起来开展研究，遵循“质化调查—量化分析—理论概括”的研究路线。在质化调查阶段，将通过访谈、案卷查阅和分析等手段，获取关于上述研究问题的一些基本信息和模式，并有针对性地对具有典型性的中小学进行个案调查和分析。在质化调查的基础上，结合现有的研究，开发出适用于本研究的调查问卷，并将获得的调查数据运用SPSS对不同变量进行分析，寻找有效的学校课程决策影响因素及其机制和模式。最后，在质化调查与量化分析结果的基础上，从理论分析的视角，归纳这些数据所呈现出来各种问题的深层原因，进而概括出科学有效的研究结论，为深化课程改革提出可供参考和借鉴的建议和办法。

六、进度安排（略）

七、预期成果

1．研究报告:《天津市中小学学校课程决策的现状调查与改进研究》

2．论文:《学校课程决策在基础教育课程改革中的价值》《国外中小学学校课程决策的经验》

从结构来看，开题报告和课题申报书有很多相同之处。实际上，两者之间有很大差别。因为其目的是不一样的。课题申报书的目的是争取申报课题立项，其内容重点是课题选题的准确度、研究价值的大小、研究的可行性。而开题报告论证的目的不是立项，而是完成课题研究，其内容重点是如何开展课题研究。因此，开题报告比课题申报书的内容更加具体，更加具有可操作性。要清楚地弄明白每一步做什么，怎么做，有内容，有要求，有活动安排。这样，有利于课题组有目的、有步骤地安排和开展研究，也有助于研究者按期获得阶段性成果和按时完成研究任务。

（二）开题报告撰写注意事项

课题论证部分是开题报告的主要部分，包括课题的界定、文献综述、研究目标、研究内容、研究方法、研究步骤等。在撰写这些部分时，应在内容和表述上加以注意，从而提高开题报告的整体水平。

1. 课题的界定

课题界定就是对课题中的“关键词”进行明确的解说，给该课题限定准确的研究范围，提示课题研究的方向和角度。课题界定的内容包括：基本概念的界定、研究范围的界定、研究对象的界定、研究方式的界定。在进行课题界定时应注意：概念的界定要清晰、准确，在清楚的前提下简明扼要，突出本质要素；研究范围要具体、适当，不要贪大求全。可以参考有关的辞典、教育理论书籍、教学大纲、教材及国家的教育方针政策等，但不能照搬已有的概念解释，要通过概念界定提出对课题的独到见解，体现出研究者的思想和观点。

2. 研究意义

开题的重要目的是向他人证明研究者感兴趣的课题是有价值的，因此研究意义的陈述也十分重要。说明研究的意义就是说清楚为什么要研究、研究它有什么价值。一般可以先从现实需要方面去论述，指出现实中存在这个问题，本课题的研究有什么实际作用，然后，再写课题的理论和学术价值。实践价值和理论价值都要写得具体、有针对性，切忌写成“坚持党的教育方针”“实施素质教育”“提高教育质量”等口号。

3. 文献综述

文献综述是指查阅与研究问题相关的文献，综合此类问题在国内外的研究概况，并加以评述，提出自己的独特见解。文献综述在开题报告中是不可忽视的。研究工作最根本的特点就是要有创造性，熟悉、了解别人在这方面的研究情况，才不会在别人已经研究很多、很成熟的情况下，重复别人走过的路。把已有的研究成果作为自己的研究起点，并从中发现以往研究的不足，寻找有待进一步研究的问题，从而确认自己的创意，确定自己研究的特色或突破点。

4. 理论基础

课题研究的理论基础是进行课题研究的理论指导。课题研究需要在一定的理论指导下进行，理论依据一般是课题研究的指导思想。寻求已有理论的依据，可以让研究在正确理论的指导下顺利进行。这部分的陈述要求理论依据要具体，围绕课题研究的需要，有针对性地列出课题研究依据的若干具体的理论观点或政策；依据的理论要兼具科学性、先进性、时代性。研究的理论基础要基于自己的研究内容和研究视角，通常所说的理论基础有哲学、心理学、教育学、社会学等一些教育教学的权威观点和理论。它们都对课题研究具有支撑作用，可以引经据典，也可以自圆其说，但不要乱贴标签，不能为理论而理论。

5. 研究目标

一般来说，研究虽出于某种目的，但起初研究目标往往并不明晰，只是大致有个方向。不过经过文献分析和理论基础阐述之后，研究者会对研究目标有更为清晰的认识，并能对研究目标进行准确的论述。

课题研究的目标体现的是本课题研究的方向，是本课题研究最终要达到的目的。在设定研究目标时应注意以下三点。

① 研究目标的确定不要过于空泛，要紧扣课题题目。例如，有的提出要“促进学生的发展”“培养社会所需要的人”，就很空泛。

② 研究目标不能定得太高、太大。目标要实际，要结合课题组实际的工作条件与工作水平提出，最终要能实现目标，要能有成果验证，目标与成果之间要有联系。

③ 研究目标的表述中目标行为动词应该是确定的，尽可能可测量、可评价、可理解，如“通过研究，总结出……策略，建立……模式，形成……评价体系”，等等。

6. 研究内容

课题研究的主要内容陈述的是课题研究的范畴，课题研究的着力点，要讲清楚打算做什么。这部分内容是整个开题报告的核心所在。一般说来写清楚本课题的研究内容，就是写清楚本课题的研究由哪些子课题（可以具体到二级子课题）构成。在设计研究内容时应注意以下三个方面。

① 研究内容与课题要相吻合，应当紧扣研究目标。

② 研究内容表述要条款化，一般应在三条以上（含三条）。叙述要简明扼要，清晰准确。

③ 可以在每个子课题下面将该子课题的操作思路进行简要表述。

7. 研究方法

研究方法是研究得以开展并获得预期研究成果的重要保证。不同的课题由于研究目标、理论基础、研究内容、客观条件等方面的不同，选择的研究方法也不同。由于教育研究的复杂性和多样性，研究方法的选择也呈现多样性和复杂性。

要选择合适的研究方法，研究者必须从以下三个方面加以考虑：一是要考虑研究目的和内容。符合研究问题的性质，并且能达到研究目的的方法，才是适当的方法。二是要考虑研究方法的可行性。研究者具有足够时间与经费等资源，并且又能获得必要的支持与合作的方法，才是适当的方法。三是要考虑研究者本身的研究能力。研究者力所能及、能胜任的方法，才是适当的方法。也就是说，研究方法是否适当，并不在于方法本身的好坏，而在于方法与研究目的、研究资源，以及研究能力符合的程度。同时，需要考虑的是每种方法都有各自的特点和适用条件，在注意每种方法独立性的同时，要注意它们之间的联系。

开题报告的这一部分重点是要说明该项课题所采用的研究方法。要叙述清楚用什么方法，如何进行操作，要详细表述出来。

8. 研究步骤

主要是说明课题研究的主要步骤和时间安排，包括整个研究拟分为哪几个阶段；各阶段的起止时间；各阶段要完成的研究目标、任务。一般将课题研究分成准备阶段、实施阶段、总结阶段这三个阶段。

制定研究步骤应注意：研究的步骤要充分考虑研究内容的相互关系和难易程度，一般情况下，都是从基础问题开始，分阶段进行，每个阶段要达到什么要求，用多少时间，从什么时间开始，至什么时间结束都要有规定。它使得研究者一开始就心中有数，在实施研究中一环接一环、有条不紊地开展各项工作，从而保证研究能按预定要求如期完成。

9. 预期研究成果

预期研究成果是指研究工作预期要取得的阶段研究成果和终期研究成果。开题报告要就此做出说明。教育研究成果形式有很多种，包括调查报告、实验报告、研究报告、论文（集）、专著、工具书、电脑软件、测试量表、课件、课例等。开题报告要结合课题本身的特点和内容就预期的成果形式做出交代。

研究者应根据研究的类型、层级、目标、内容以及研究组成员的研究能力等，实事求是地确定预期研究成果。预期研究成果是课题向课题立项机构所做出的承诺，是课题研究必须完成的任务，也是课题成果鉴定和结题审核的重要依据。因此，预期研究成果的确定，既不能好高骛远，也不能妄自菲薄，务必做到量力而行。一般需要将阶段研究成果和终期研究成果分开填写。阶段研究成果是研究过程中得出的，终期研究成果是课题基本完成以后产生的。研究报告、专著、论文集一般都属于终期研究成果。填写好预期研究成果后，应该确定成果的承担人，做好责任分工与合作，进行进程跟踪与激励，确保圆满完成研究任务，取得预期研究成果。

三、开题的一般程序

写好了开题报告，就要请相关学者、专家对开题报告进行论证，以保证研究的科学性、可行性和有效性。参加人员包括课题负责人邀请的该研究领域的2～3名专家、课题立项单位相关联系人和上级教育主管部门的负责人，以及课题组的全体成员。开题论证会的一般程序如下。

1. 宣读课题立项通知书

一般由上级教育科研主管部门的负责人或相关领导宣读。

2. 陈述课题实施方案

一般由课题负责人陈述，时间控制在30分钟左右比较合适。陈述无须完全按照开题报告的内容依次阅读，应注意突出重点。比如，简要交代研究问题的来源和背景，重点陈述课题设计论证部分，包括研究内容、方法、步骤及其可行性等。如果有子课题，子课题的负责人也要陈述子课题的实施方案。

3. 与会专家、领导及课题组成员研讨课题实施方案

课题负责人应与参会专家、领导等充分交流，虚心听取其意见和建议，做好记录，以便吸收他们的意见和建议，改进研究方案，促进研究的顺利开展。

第三节
教育研究的组织实施

学习目标

掌握教育研究活动组织与实施的过程与方法。

确定研究课题并开题后，就基本做好了课题研究的准备工作，接下来就是组织实施了。教育研究的组织实施是课题组成员依据拟订的研究计划，通力合作将研究方案付诸实施，并取得成果的过程。组织实施是教育研究的核心环节。一般来说，教育研究的组织实施过程包括五个具体环节：选择研究对象、搜集资料、处理与分析资料、形成结论、研究结果的表述。

一、选择研究对象

在教育研究中，课题目标与内容不同，研究对象的范围也不同。如果研究对象仅是个别对象或极少数人（如在个案研究中），那么研究对象的总体基本就是研究的直接对象，也就

不存在研究对象的选择问题。然而，大多数课题涉及的对象总体比较大，不可能也没有必要研究所有对象，这时，选择研究对象，即从研究对象总体中选择一部分作为直接研究对象，就成为一个非常重要的环节。甚至可以说，严格意义上的课题研究，就是从抽样开始的。

（一）抽样的概念

抽样又称取样，就是从欲研究的全部对象（总体）中抽取一部分作为样本。抽样的基本要求是要保证所抽取的样本对总体具有充分的代表性，目的是从被抽取样本的分析、研究结果来估计和推断总体的特性。抽样合理减少了研究对象，既可节约人力、物力、时间，又可使研究力量相对集中，使研究工作更深入、细致，有利于提高研究的准确性和可靠性，是科学实验、质量检验、社会调查普遍采用的一种经济有效的工作和研究方法。

（二）抽样的基本方法

抽样方法基本分为两大类：概率抽样与非概率抽样。

1. 概率抽样

概率抽样又称随机抽样，是指依据随机原则按照一定的概率从总体中抽取一部分单元作为样本的抽样方法。概率抽样的优点在于：通过随机化程序抽取样本，不受主观因素的影响，使每一个单元都有一定的概率被抽中，保证了样本的客观性；可以按照课题所要求的精确程度，考虑样本容量和具体的抽样方法。概率抽样的主要方法有简单随机抽样、系统随机抽样、分层随机抽样和整群随机抽样等。

（1）简单随机抽样

简单随机抽样也称为单纯随机抽样、纯随机抽样，是指从总体N个单位中任意抽取n个单位作为样本，使每个可能的样本被抽中的概率相等的一种抽样方式。简单随机抽样可通过抽签法、随机数表法等具体方法来实现抽样。

抽签法：先将总体的每一个个体编上号码，每个号码做一个签，将全部的签混合后，随机从中抽取，被抽到签号的相应个体就进入样本，直到取够所需样本数目为止。

随机数表法：利用随机数表作为工具进行抽样。随机数表又称乱数表，是由许多随机组合排列的数字组成的表。查随机数表，确定从总体中所抽取个体的号码，则号码所对应的个体就进入样本。随机数表可随意从任何一区、任何一个数目开始，依次向各个方向进行。

简单随机抽样是使用广泛、简便易行的抽样方法，也是其他随机抽样方法的基础。但是，这种方法仅适用于总体单位数较少、范围不大的情形，当总体N较大、范围较广时，就显得十分费事，效率差。

（2）系统随机抽样

系统随机抽样也称为机械随机抽样或等距离随机抽样。它是先将总体中各单位按一定的标志排队，然后每隔一定的间距（间距大小视总体与样本数量的比率而定）抽取一个单位构成样本。

系统随机抽样的操作方法是：设总体容量为N，样本容量为n，则$m=N/n$（其中，m为抽取间隔），再用单纯随机抽样方法来确定第一个样本单位K（$K \leq m$），最后将K，$K+m$，…，$K+(n-1)m$等对象抽取出来，构成样本。例如，采用系统随机抽样法在某校1000名学生中选取100名作为样本，操作方法如下：将1000名学生进行数字编码；计算m值，$m=1000/100=10$；设$K=6$，则被选取的学生号码数为6，16，26，…，996。

系统随机抽样省时省力，且样本分配均衡，样本的代表性也比简单随机抽样好，实际运用较广。但系统随机抽样的最大缺点就是容易遇到周期性误差，即所选的单位在排列上和顺序上存在偏差。上例中，如果男孩是单号，女孩是双号，就有可能造成所抽取的样本只有女孩这一单个性别。

（3）分层随机抽样

分层随机抽样又称类型随机抽样，是先将总体各单位按一定标准分成各种类型（或层），然后根据各类型单位数与总体单位数的比例，确定从各类型中抽取样本单位的数量，再按照随机原则从各类型中抽取样本。

案例2.4

对某校600名学生的学习习惯研究的分层随机抽样

拟抽取1/4的学生（150人）作为样本。首先按成绩评定标准将学生分成优、良、中、差四个层次，其中优120人，良240人，中200人，差40人。然后用简单随机抽样在4层中按比例分别抽取样本，从优级中选取$120\times1/4=30$人，从中级中选取$240\times1/4=60$人，从中级中选取$200\times1/4=50$人，从差级中选取$40\times1/4=10$人。这150人就是分层随机抽样所获得的样本。

分层随机抽样的优点是，它适用于总体单位数量较多、内部差异较大的调查对象。与简单随机抽样和系统随机抽样相比较，在样本数量相同时，它的抽样误差较小；在抽样误差的要求相同时，它所需的样本数量较少。分层随机抽样的缺点是，必须对总体各单位的情况较为了解，否则无法做出科学的分类。而这一点在实际调查之前又往往难以做到。

（4）整群随机抽样

整群随机抽样，是将总体按一定标准划分成群或集体，以群或集体为单位按随机的原则从总体中抽取若干群或集体，作为总体的样本，并对抽中的各群中每一个单位都进行实际调查。例如，在南京市所有小学中随机抽取 10 所小学进行教师职业幸福感情况调查。

整群抽样样本比较集中，调查起来比较方便，且可以降低调查费用。此法优点是组织简单，且不会打乱原有的学校、班级。缺点是所获样本分布不均匀，群体间可能会存在差异，样本代表性较差。

2. 非概率抽样

非概率抽样，又称非随机抽样，就是研究者根据自己的方便或主观判断抽取样本的方法。非概率抽样难以评价样本所具有的代表性程度，不能推算出总体，所以主要用于定性研究或小范围的非正式研究中。具体的抽样方法有三种。

（1）目的抽样

目的抽样即按照研究者一定的目的去抽选样本。例如，研究者的目的是要研究特异或智障儿童的学习特点，那他就须按照特异或智障儿童的特点来抽样。

（2）任意抽样

任意抽样又称偶然抽样，指按研究者的需要和便利，利用现有的机会对偶然遇到的对象进行抽样。如在街头路口把行人作为调查对象，任选若干行人进行访问调查；在商店柜台前把购买者当作调查对象，向他们中的任何人做市场调查等。任意抽样是非概率抽样中最简便以及最节省费用和时间的一种方法。但是，如果总体中单位差异较大时，抽样误差也就较大。因此，一般说来，任意抽样多在对调查情况不甚明了时采用。

（3）定额抽样

定额抽样也称配额抽样，是研究者将研究对象总体按一定标志分类或分层，确定各类（层）单位的样本数额，在配额内任意抽选样本的抽样方法。定额抽样和分层随机抽样既有相似之处，也有很大区别。定额抽样和分层随机抽样有相似的地方，都是事先对总体中所有单位按其属性、特征分类，区别在于分层抽样是按随机原则在层内抽选样本，而定额抽样则是由调查人员在配额内主观判断选定样本。

二、搜集资料

搜集资料，是指获取课题研究最终结论所需要的文献资料、事实材料或数据。研究很重要的一点是言之有据，持之有故。如果没有资料作为研究的支撑的话，那研究就成了无本之木。所以，资料是研究得以进行的重要基础，搜集资料是课题研究的重要环节。

资料有很多种，有从文献中搜集的资料[1]，有从实践中搜集的资料。而对于实践中的资料，研究者要深入教育实践，通过观察、调查、访问、测量、实验等方式获得所需的资料。从实践中搜集的资料，主要是事实材料和数据，包括定性记录和定量数据[2]两种。

1 区别于查阅文献中的文献资料，这部分文献资料是研究者根据自己的研究假设，重点搜集与自己研究假设相关的文献，不局限于已有的研究，或者也可以说从自己的研究假设出发重新寻找支撑自己研究的文献。

2 李哉平，等. 教育研究资料的搜集与处理[J]. 教学与管理，2008（4）：26-29.

1. 定性记录

定性记录是指通过调查、访谈、观察等方法，用定性的手段记录下与研究对象有关的资料。定性记录有两种：一是客观性的，即对象活动的真实记录；二是主观性的，即带有研究者主观感觉的描述等。

案例2.5

XX课堂观察记录表

时间	被观察对象的课堂事件	观察者的个人理解和问题

注：被观察对象课堂事件一栏是关于对象活动的真实记录，观察者的个人理解和问题是研究者主观感受的记录。

2. 定量数据

定量数据指研究者通过一定的手段对研究对象进行测量所获得的数据。在教育研究中，定量数据的获得首先要有有效而可靠的量化手段。如为调查学生的创造能力进行的测验，若没有可用于对其进行量化描述的较为合理的模型，就无法获得可信的定量数据。

需要注意的是，搜集资料工作开始之前，要做一些准备工作，如物质材料的准备（包括观察表格、记录表格、调查问卷、测验题目、用具设备等），研究者之间的意见应取得一致，实施前必须与协作单位联系并征得同意等。在搜集资料的过程中，应严格遵守操作规程，做到客观、准确、规范，从而确保研究的科学性和有效性。同时，还应遵守科学研究道德，充分维护参加研究人员的（包括课题组成员、协作者、研究对象）的权利、名誉和利益，保证他们不受到任何伤害，对于个人的资料要保密。

三、处理与分析资料

单纯搜集资料不能算是科学研究，杂乱无章的资料无法判定和验证假设。因此，对于资料还需要进行筛选、整理和分析，做到去伪存真、分门别类、条分缕析。

（一）筛选资料

资料的筛选就是在阅读、分析的基础上对材料进行鉴别，只保留对本课题研究有参考价值的资料。通常，对于文献资料要求它有可靠性、正确性、权威性；对于事实数据要求它有真实性、典型性、概括性。

筛选的主要环节是鉴别，即对原始资料进行核实和评价。一要辨别真伪。从事物的总体及联系上挖掘事物本质的真实性，并结合各方面的材料进行比较，不被局部或暂时现象迷惑。比如，一份教案，应看它与课堂的实际情况是否相符，如果教案脱离实际，不能实施，格式和文字写得再好也没有用。二要区别质量。与研究目标和内容关系不密切的材料，形式凌乱芜杂、难以进行处理与分析的材料等，都属于质量不高的材料，应予以剔除。

筛选时，应尽量避免个人的主观倾向。既要选那些符合自己假设的证据，也不能忽略相悖的证据。对孤证材料要慎重。最后应把全部资料查看一遍，如有缺漏或不完整，则需要充实。

（二）整理资料

通过筛选之后的资料可能还是散乱的，不明确的。因此，还必须对这些资料继续进行整理。对于资料的整理可以分为文字资料的整理和数据资料的整理两类。[1]

1. 文字资料的整理

（1）分类

分类是指根据研究资料的性质、内容或特征，将相异的资料区别开来，将相同或相近的资料合为一类的过程。分类是否合理，取决于分类标准是否科学。分类的标准是多样化的，主要有现象分类和本质分类。现象分类是根据事物外部特征或外在联系所做的分类。例如，把研究文献资料按年代分类，把调查资料按地区分类。现象分类简便易行，便于资料的存取和查找利用，但比较肤浅，难以揭示事物的内在联系及其本质。本质分类也叫科学分类，要求按事物的内在本质或内部联系进行分类。例如，根据研究对象的经济地位、政治态度和思想觉悟等社会属性进行分类。整理资料必须从现象分类过渡到本质分类。

（2）汇编

汇编就是按照研究的目的和要求，对分类后的资料进行汇总和编辑，使之成为能反映研究对象客观情况的系统、完整、集中、简明的材料。首先，应根据研究目的和研究对象的客观情况，确定合理的逻辑结构。其次，对分类资料进行初次加工。如给各种资料加上标题，重要的部分标上各种符号，对各种资料按照一定的逻辑结构编上序号。最后，将所有采用的资料汇编在一起，大类小类井井有条，层次分明，能系统完整地反映研究对象的全貌。

2. 数据资料的整理

（1）数据分类

数据分类又称统计分类，即把搜集来的数据进行分组归类。数据分类必须根据一定的标志，即根据所具有的属性或特征。教育资料统计分组的标志，一般有品质分类和数量分类两种。品质分类是指按某种教育现象的质量属性、类别、等级分类。如按学校类别、学生性别

---

1 李方．现代教育科学研究方法[M]．广州：广东高等教育出版社，1997：316.

分类，或按学生成绩好坏、体质强弱及道德品质的优良中差分类。这种分类能直接反映教育现象性质的不同。数量分类则以数量的大小为分类的标志，有顺序排列法、等级排列法和次数分布法。

（2）编制统计表

统计表是表达数字资料的一种重要形式。它把所研究的教育现象和过程的数字资料，以简明的表格形式表现出来。它的主要作用是可以免除文字的冗长叙述；便于比较各项目之间的相互关系；便于总计、平均和其他统计值的计算；便于检查计算错误和项目遗漏。

（3）编制统计图

统计图是以几何图形或其他图形的形式表达统计数量关系的重要工具。它的作用是把统计资料直观形象、生动具体地表现出来，使人一目了然；它还能准确地表现统计资料，有助于对统计资料进行比较、对照、分析和研究。

（三）分析资料

分析资料是得到研究结果的重要步骤。分析资料是在整理资料的基础上对资料进行的进一步加工。一般来说，资料的分析方式可分为两种：一种是定性分析（质性分析），一种是定量分析（量化分析）。

1. 定性分析

定性分析主要使用分析与综合、比较与概括、抽象与具体、演绎与归纳等逻辑方法，对研究对象是否具有某种性质或确定引起某一现象的变化原因、变化过程进行分析。定性分析的根本方法是哲学方法，它以思辨的方法，比较事物的异同，概括事物的类型，把握事物的规律。[1]

定性分析的基本步骤是：① 按照研究课题的性质，确定定性分析的目标以及分析资料的范围。② 对资料进行初步的检验分析。③ 选择适当的定性分析方法和确定分析的维度。④ 对资料进行归类分析。通过归类，排列类别层次，区分不同情况下材料的差异，分析不同分类是否具有不同意义以及事情发生是否有先后次序，并进而鉴定各因素之间是否有相关或因果关系，寻求研究对象的特质规范。[2]

2. 定量分析

定量分析是赋予研究对象一种纯形式化的符号以反映事物的特征。分析的对象是具有数量关系的资料，包括数字、文字、图形或声音等，而方法则主要是数学分析的方法。对大量的、可能是杂乱无章的数据进行算术或逻辑运算，抽取并推导出对某些特定问题具有价值、有意义的数据，经过解释并赋予一定意义便成为教育研究的重要结论。[3]

1　李方．现代教育科学研究方法[M]．广州：广东高等教育出版社，1997：328.
2　裴娣娜．教育研究方法导论[M]．合肥：安徽教育出版社，2006：341-342.
3　裴娣娜．教育研究方法导论[M]．合肥：安徽教育出版社，2006：344.

定量分析的基本统计方法有以下三种。

① 描述统计：主要是描述数据集中趋势的量数，反映数据间彼此差异的程度的量数，反映原始数据在所处分布中地位的量数等以及相关程度分析用相关系数。

② 推论统计：主要有总体参数估计和假设检验。

③ 多元统计：主要有回归分析、因素分析和主成分分析以及聚类分析。

各种统计方法和公式自身的使用条件，研究问题的性质、数据类型以及研究设计都是统计方法的选用依据。上述各种统计方法都已有了计算机软件，如SPSS软件，只要输入原始数据就可以得到相关结果。

在实际的资料分析过程中，定性分析和定量分析这两种方法通常是交互使用的。

四、形成结论

材料与数据处理和分析的结论并不等同于研究的结论，还需要针对研究假设，对统计处理的结果加以提升。在形成研究结论时，应综合考虑与研究有关的多种证据，以及各方面因素的影响。应对研究的背景环境、具体条件、特殊情景等做出明确的描述和解释，并实事求是地限定该结论适用于进一步推断的范围。

五、研究结果的表述

研究结果的表述，是研究者的研究过程与成果公之于众的方式。它有利于研究成果的评价、交流和推广。教育研究成果的表现形式主要包括教育研究论文、教育研究报告等（具体参见本书第十四章）。

第四节
教育研究的总结鉴定

学习目标

了解教育研究的总结鉴定的内容和方法。

完成课题研究后，需要及时总结鉴定，即结题。结题是对研究过程的一个回顾与总结，也是对课题立项和资助机构的一个交代，同时，也为研究者提供了听取同行意见和反思自己研究过程与研究行为的机会，有利于研究者发现研究中存在的问题，为更深入的研究开辟了道路。

结题一般需撰写结题报告，并进行成果鉴定，最后将整理出的结题材料一并提交。

一、结题报告的撰写

结题报告是一种专用于研究课题结题验收的研究报告。它是研究者在课题研究结束后，对研究课题的研究过程和研究成果进行客观、全面、实事求是的描述。它不仅要详细地叙述研究工作的经过，更要引出研究和思考的观点。

（一）结题报告的结构

课题结题报告不同于课题报告。课题报告侧重于研究成果的表述，而结题报告则侧重于回顾过程和评价成果。从应用写作的角度考察，课题结题报告可以分为标题、前言、正文、结尾和附件5个部分。

第一，标题。课题名称和文种——结题报告。

第二，前言。简述课题概况，包括课题来源及级别、历时等。

第三，正文。主要包括三个部分。① 课题的一般情况。阐述课题的背景；指明课题目标、研究思路与意义；文献综述；介绍课题研究的具体内容；说明研究历时及阶段，并分析各阶段的主要工作和特点；交代使用的主要研究方法，采用的特殊工具、设备与方法。② 课题的研究成果。简要阐明本课题的基本观点及其逻辑联系；着重揭示本课题的特色和创新之处；强调本课题与实践的关联性，乃至在实践工作中应用的阶段性成果。③ 课题的评价意见。包括自我评价和专家评价。自我评价——根据国内外、所在地区和同类单位的理论研究和实际工作现状，对本课题的地位给予正确的定位，并揭示本研究成果的作用及前景。专家评价——综述专家对本课题的意见，并点明典型评语。实践工作者的评价——如果本课题在实践中已有应用，则可给出实践者的反馈意见。

第四，结题报告的结尾。可指出本课题可进一步探索的方向；对本课题的应用推广等问题，表明课题组须做出的努力。结尾的写作应视情况而定。

第五，附件。列出课题组成员名单；附上课题研究过程中已发表的论文篇目，研究成果已被采纳或开始应用的佐证材料，致谢等其他材料。

（二）撰写结题报告的注意事项

第一，重点应放在介绍研究方法和研究结果方面。结题报告的价值是以方法的科学性和可靠性为条件的，而这两者又有内在的联系，因为只有研究方法是科学的，才能保证研究结果是可靠的。人们阅读或审查结题报告，主要关心的是如何开展研究，在研究中发现了什么问题，这些问题解决了没有，是如何解决的。研究结果在现阶段达到什么程度，还有什么问题需要继续解决等。因此，写结题报告，主要精力应花在方法和结果部分，把研究方法交代清楚，使人感到该项研究在方法上无懈可击，从而不得不承认结果的可靠性。

第二，理论观点的阐述要与材料相结合。在结题报告中怎样使自己的观点得到有力的论证，是应该关心的重要问题。论点的证实除了必须依靠逻辑的力量外，还需要依靠科学事实的支撑，做到论点与事实相结合。结题报告一定要有具体材料，尊重事实，从事实中列出观点。首先在论述过程中要处理好论点与事实的关系，要求研究者选好事实。除了要注意事实的典型性、科学性以外，还要善于用正反两方面的事实来说明问题，揭示普遍规律。其次是恰当地配置事实，采用事实论证主要是用来帮助人们理解不熟悉的论点。

第三，分析讨论要实事求是。既不夸大，也不缩小。在下结论时要注意前提和条件，不要绝对化，也不要以偏概全，把局部经验说成是普遍规律。

第四，语言文字表达要规范。结题报告运用的语言应是陈述性的、报告性的，文字应当简洁流畅。在语言文字的表达中，一要注意不要使用经验总结式的语言；二要准确表达，切忌答非所问；三要简练，文字切忌累赘、重复。

二、课题成果的鉴定

无论哪一级的立项课题，结题都需要进行成果鉴定。现以教育部人文社会科学基金课题为例，谈谈课题成果的鉴定。

（一）申请鉴定需提交的材料

课题组完成课题研究并撰写结题研究报告之后，可以申请课题鉴定和结题。申请鉴定和结题需提交材料，以证明圆满完成了课题研究任务。需提交的材料包括结题报告、课题成果以及课题立项材料等。因为鉴定专家通常在5～7人，所以要准备多套材料。例如，教育部一般人文社科课题责任人提出鉴定和结项申请需要报送下列材料：① 项目《终结报告书》一式7份（含原件1份）及电子版（Word格式）；② 项目成果7套（含原件3套，未出版的书稿报送装订好的打印稿）；③ 项目《申请评审书》或《投标评审书》《计划合同书》一式7份（复印件）。如研究计划有变更，应在《终结报告书》中说明，经教育部社科司核准的《变更申请表》附于其后装订。

（二）鉴定方式与程序

成果鉴定方式分为通讯鉴定和会议鉴定。鉴定方式不同，其程序也不一样。

1. 通讯鉴定

由鉴定组织部门聘请同行专家，采取通讯评审方式进行。基本程序是：① 鉴定组织部门将被鉴定成果和有关材料寄送给鉴定专家；② 鉴定专家在详细审阅基础上，提出鉴定意见并进行通讯投票，填写并提交《鉴定意见表（个人用）》，在规定日期截止前交还所有鉴定材料；③ 鉴定组织部门回收并汇总专家鉴定意见和投票结果，形成《鉴定意见书（汇总用）》并向申请鉴定者反馈。

2. 会议鉴定

由鉴定组织部门聘请同行专家召开鉴定会，通过当面陈述、提问和答辩的方式进行。基本程序是：① 鉴定材料在会议鉴定前15天寄（送）达鉴定专家，专家预先对鉴定材料进行审阅，填写《鉴定意见表（个人用）》，提出初步鉴定意见；② 项目责任人以多媒体演示的方式汇报项目研究计划的执行情况，研究成果内容、创新性、学术价值和应用价值等；③ 鉴定专家提问，项目责任人和课题组主要成员进行答辩；④ 专家组在充分评议（申请鉴定者回避）的基础上，以一次性无记名投票的方式，决定是否通过鉴定以及鉴定等级；⑤ 鉴定专家组综合汇报和答辩、评议和投票情况形成《鉴定意见书（汇总用）》，所有鉴定专家签名认可；⑥ 鉴定组织部门向申请鉴定者反馈专家组鉴定意见。

（三）鉴定内容

鉴定的内容主要包括以下几个方面：

① 项目《申请评审书》或《投标评审书》《计划合同书》约定的研究任务完成情况；

② 研究内容的前沿性和创新性；

③ 研究成果的学术价值、应用价值或社会影响；

④ 研究方法是否正确，学风是否严谨。

（四）鉴定等级

一般的课题鉴定都要给出鉴定等级，鉴定等级大致分为优秀、合格、不合格三个等级。

优秀：出色地完成了项目《申请评审书》或《投标评审书》《计划合同书》约定的研究任务；研究成果有重大创新，具有很高的学术价值、应用价值或产生重大的社会影响。专家鉴定组4/5定性评价为“优秀”，且平均分在90分以上。

合格：较好地完成了项目《申请评审书》或《投标评审书》《计划合同书》约定的研究任务；研究成果有明显创新，具有较高的学术价值、应用价值或产生良好的社会影响。专家鉴定组4/5定性评价在“合格”以上，且平均分在65分以上。

不合格：没有完成项目《申请评审书》或《投标评审书》《计划合同书》约定的研究任务；研究成果缺乏创新性，学术价值、应用价值较低或社会影响不明显。专家鉴定组2/5定性评价为“不合格”，或平均分在65分以下，具备两者之一者，被鉴定成果均视为“不合格”。

三、报送结题材料

在完成课题成果的鉴定以后，还需要向课题立项机构报送结题材料，由其进行审核，审核通过之后存档备案。

完整的结题材料一般包括课题立项文件性材料、课题研究过程性材料、课题研究成果性材料以及成果鉴定意见等。有的课题立项机构规定结题不需要过程性材料。

课题立项文件性材料包括《课题申请书》《立项通知书》等。

课题研究过程性材料包括课题实施方案、开题报告、课题研究计划、课题研究学习活动记录等。

课题研究成果性材料包括阶段性成果和最终成果，形式有发表的研究论文、撰写的研究报告、积累的教育案例等。如果研究成果获得奖励或应用实际产生一定的社会影响，证明材料也应附上。

以教育部人文社会科学研究一般项目为例，通过鉴定的一般项目报送下列结项材料：

① 项目《终结报告书》原件1份及电子版（Word格式）。

②《鉴定意见书（汇总用）》原件1份及电子版（Word格式），《鉴定意见表（个人用）》附于其后装订。

③ 项目成果原件3套（未出版的书稿报送装订好的打印稿，正式出版后补报样书3套）。

整理完结题材料后务必做一个总的目录，有条件的最好装订成册（或装盒），这样既可以方便立项机构审核，又能避免材料丢失。

本章小结

1. 教育研究的一般过程：教育研究是一个有目的、有计划的系统过程，包括选题立项、开题论证、组织实施、总结鉴定四个基本环节。

2. 教育研究设计：就是要对整个教育研究工作的目标、内容、方法、过程和结果等进行规划，制定出具体研究方案的过程。

3. 教育研究的选题立项：教育研究的选题要坚持价值性、科学性、可行性、创新性原则。教育研究可以从社会发展需要发现问题，从教育实践中发现问题、从与专业人员交流中发现问题、从已有理论中发现问题。

4. 教育研究的开题论证：教育研究开题论证有利于研究者吸收研究智慧，有利于课题研究的顺利展开。开题论证要撰写好开题报告，要遵循一定的程序。

5. 教育研究的组织实施：就是根据课题的设计选择研究对象、搜集资料、处理和分析资料、形成结论、表述研究成果等。

6. 教育研究的总结鉴定：就是撰写结题报告、鉴定课题成果、报送结题材料等。

总结 >

关键术语

教育研究过程 process of educational research	教育研究设计 design of educational research	选题 choice question
开题 discuss question		

章节链接

本章是对教育研究过程与设计的总括性描述，是任何一项规范的教育研究的不可缺少的内容，它与第一章和后面各章的内容有密切的联系。

应用 >

体验练习

一、简答题

1. 简述教育研究的一般过程。

2. 简述开题报告的基本结构。

二、拓展题

1. 寻找一份已成功立项的课题申报书，仔细阅读，并对其进行评析。

2. 以"××市市区小学校本课程开发情况研究"为题，设计一份课题研究方案。

拓展 >

补充读物

1 [美]杰克·R.弗林克尔诺曼·E.瓦伦．蔡永红，等译．教育研究的设计与评估[M]．北京：华夏出版社，2004.

这是一本专为教育研究课程的初学者写的一本入门教材。本书附有大量的图表，以促进学生对重要概念的理解与保持。

2　陶保平．研究设计指导[M]．北京：教育科学出版社，2004.

这是国内第一本全面、系统地介绍教育研究设计的著作。它借鉴了国内外有关研究成果，从专业理论角度和实际应用角度探讨了教育研究设计，提供了研究设计的基本思路和操作方法，可以为中小学教师和教育科研人员从事教育研究提供实质性的帮助。

在线学习资源

1．国家精品课程资源网，http：//www.jingpinke.com.《教育科学研究方法》，第三讲“研究课题的选择”、第四讲“研究课题的表述”、第五讲“研究设计”，西北师范大学，王嘉毅。

2．国家精品课程资源网，http：//www.jingpinke.com.《教育科学研究方法》，第二章《研究问题的确定》、第五章《教育研究的设计》，北京师范大学，马健生。

第三章

教育文献研究

本章概述

本章介绍了教育文献研究的内涵、作用、种类、步骤和规范。教育文献研究是一种兼具基础性和广泛应用性的研究方法。它有助于教育研究者了解研究现状，确定研究课题和方向；可以为教育研究提供研究方法和论证依据；能够避免重复劳动，提高研究效益。根据教育文献的载体形式，可分为印刷型文献、缩微型文献、声像型文献和机读型文献；根据教育文献的加工程度，可分为零次文献、一次文献、二次文献和三次文献；根据教育文献的出版形式，可分为图书、期刊、报纸、会议文献、政府出版物、学位论文、档案文献等。教育文献研究的步骤主要包括前期准备、文献检索、文献阅读、梳理和分析以及研究结果表述。教育文献研究要求文献检索要全面，有代表性，要勤于积累，尽可能将间接引用，叙述和评论相结合。

结构图

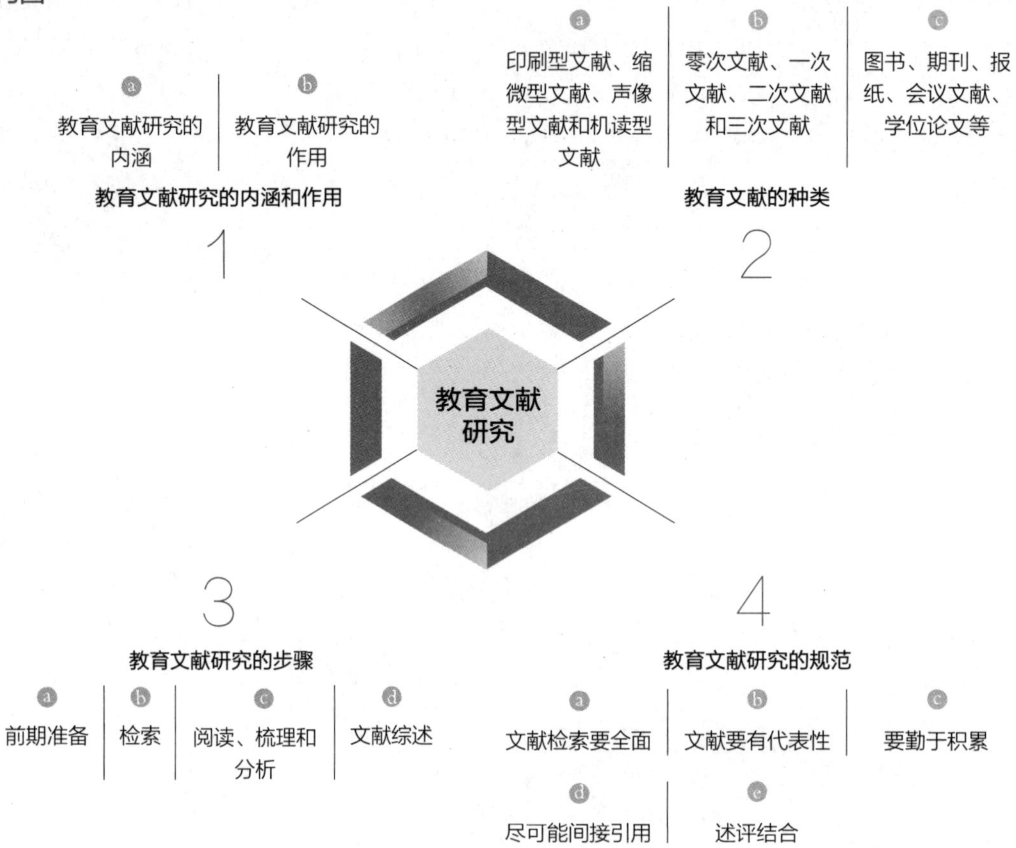

学习目标

学完本章，你应该做到：

1. 了解教育文献研究的内涵和作用；
2. 熟悉教育文献的种类；
3. 把握教育文献研究的基本步骤和方法；
4. 掌握教育文献研究的基本规范。

读前反思

什么是教育文献研究？教育文献研究在教育研究中有什么意义和作用？它有哪些操作要求和规范？

教育研究需要研究者在前人的肩膀上不断攀登，而教育文献研究正是教育研究者找到前人肩膀的基本途径。无论研究什么教育问题，采用何种具体的研究方法，都离不开对已有文献的研究。教育文献研究是教育研究中最为基本的研究方法之一。

第一节 教育文献研究的内涵和作用

一、教育文献研究的内涵

（一）文献

学习目标

了解教育文献研究的内涵和作用。

“文献”一词，最早见于《论语·八佾》。子曰：“夏礼吾能言之，杞不足徵也；殷礼吾能言之，宋不足徵也。文献不足故也。足，则吾能徵之矣。”朱熹注：“文，典籍也；献，贤也。”可见，古人以“文”为典籍记录，“献”为贤者及其学识。后来“文献”一词专指著述并进一步扩展。在《文献著录总则》中，“文献”指记录知识的一切载体，即把人类知识用文字、图形、符号、声频和视频等手段记录下来的所有资料，既包括图书、报刊、学位论文、档案、科研报告等书面印刷品，也包括文物、影片、录音带、录像带、幻灯片等实物形态的各种材料。[1]

文献

在《文献著录总则》中，“文献”指记录知识的一切载体，即把人类知识用文字、图形、符号、声频和视频等手段记录下来的所有资料，既包括图书、报刊、学位论文、档案、科研报告等书面印刷品，也包括文物、影片、录音带、录像带、幻灯片等实物形态的各种材料。

根据“文献”的定义，一切文献都包括以下四个要素：第一，记录知识，即文献的内容；第二，记录知识的符号，如文字、图像、声音等，这是文献内容的呈现形式；第三，用于记录知识的物质载体，如竹简、纸张、光盘等，这是文献的外在形式；第四，记录的方式或手段，如刀刻、笔写、印刷、拍摄、计算机录入等，通过这些方式或手段把表现知识的符号固化在物质载体之上，由此促成“文献”的诞生。[2]

1 袁振国. 教育研究方法[M]. 北京：高等教育出版社，2000：149.
2 王彦坤. 文史文献检索教程（修订本）[M]. 北京：商务印书馆，2010：5.

（二）文献研究

随着人类文明的进程，各个知识领域都积累了大量的文献。人们要全面深入地了解某个知识领域，可以通过文献研究来实现。文献研究主要是指研究者通过系统全面地搜集、查阅、分析与研究问题相关的文献资料，明晰研究现状、问题和发展趋势的一种研究方法。

文献研究

文献研究主要是指研究者通过系统全面地搜集、查阅、分析与研究问题相关的文献资料，明晰研究现状、问题和发展趋势的一种研究方法。

文献研究具有以下特点：第一，突破时间和空间的限制。我们亲身的实践和经验常常受到时间和空间的限制，譬如，我们不能直接观察、访问古人的思想和实践，也常常没有条件亲临现场了解国外的教育状况。文献研究可以突破这些限制，使研究者对难以或无法亲自接近的研究对象进行研究。第二，简便易行，费用较低。与调查、实验等研究方法相比，文献研究不受研究对象、研究情境的限制，只要能够找到与研究问题相关的文献，便可开展。而且，与其他研究方法相比，文献研究所需费用一般都较低。第三，研究效率较高。文献研究是在既有研究成果基础上进行的研究，是获取知识的捷径。它一般不需要大量研究人员，不需要特殊设备，可以用比较少的人力、财力和时间，获得比其他研究方法更多的信息。因此，它是一种高效率的研究方法。由于文献研究的以上特点，它在各学科中都是最为基本、应用最为广泛的研究方法。

（三）教育文献研究

教育文献主要指记录有关教育的知识载体，主要包括专著、研究论文、研究报告等。教育文献研究的概念有广义和狭义之分。叶澜从广义上指出，教育文献研究主要指搜集、鉴别、整理教育文献，并通过对教育文献的研究形成对事实的科学认识的方法。[1]可见，这里的教育文献不仅包括对某一领域已有教育研究成果的研究，而且包括对其他各种教育文献资料的研究。本书从狭义上界定教育文献研究，即教育文献研究主要是指研究者通过系统全面地搜集、查阅、分析与研究问题相关的教育文献资料，明晰研究现状、问题和发展趋势的一种研究方法。

教育文献

教育文献主要指记录有关教育的知识载体，主要包括专著、研究论文、研究报告等。

教育文献研究

教育文献研究主要是指研究者通过系统全面地搜集、查阅、分析与研究问题相关的教育文献资料，明晰研究现状、问题和发展趋势的一种研究方法。

教育文献研究与教育历史研究是一对需要明确区分的概

1 叶澜. 教育研究及其方法[M]. 北京：中国科学技术出版社，1990：175.

念。教育历史研究主要是指研究者通过对教育问题或教育现象的史料的搜集、鉴别和分析，揭示教育发展过程和规律的一种研究方法。教育历史研究作为以教育历史为研究对象的研究方法的总称，包括一系列的研究方法，其中文献法最为基本和常用。文献法既可以研究历史，也可以研究现状，本书中的教育文献研究主要是指对现状的研究。

二、教育文献研究的作用

（一）全面了解研究现状，确定研究课题和研究方向

对于教育研究者来说，在对某个课题进行研究之前，首先要做的就是文献研究工作，即要对与该课题相关的研究进行系统的梳理，明晰该课题研究的现状。具体包括：该课题研究的核心问题是什么；有哪些主要的研究成果；哪些问题已基本得到解决；哪些问题有待进一步修正和补充；哪些问题还存在争论，争论的缘由是什么；是否还存在一些研究的空白点。对以上问题的探讨和文献梳理有助于研究者把握课题研究的动态，找准自己研究的突破点。这样才能选定值得研究的具体课题，并明晰自己的研究在整个相关研究体系中的位置。

（二）为教育研究提供研究方法和论证依据

教育研究必须具有坚实的理论基础和规范的研究方法。创新性的教育研究成果往往建立在理论基础的创新或方法的创新上。通过教育文献研究，我们可以了解国内外最前沿的学术思想和成就。这些研究成果不仅可以启发我们的思路，扩展或转换我们看待问题的视角，使研究课题的概念、理论和操作方法具体化，而且能够为更科学地论证我们的观点提供有说服力的、丰富的事实和数据资料，使研究结论建立在可靠的材料基础上。

（三）避免重复劳动，提高研究效益

当我们翻阅教育期刊的时候，经常会发现有些论文仍在重复昨天的观点，甚至还在探讨已经基本得到解决的问题。不可否认，这些论文中有相当一部分是应付科研工作量或职称评聘的应景之作，但其中也确有许多是因不注重研究既有文献所致。从教育学术发展角度看，这些所谓的研究成果没有存在的必要。它们消耗了学者的科研精力，浪费了科研经费和期刊版面，甚至污染了学术环境。重视教育文献研究，能够使研究者充分地掌握已有的研究成果，避免研究前人已经解决了的问题，重复前人已经提出的正确观点，甚至重犯前人已经犯下的错误。

第二节
教育文献的种类

一、印刷型文献、缩微型文献、声像型文献和机读型文献

学习目标

熟悉教育文献的种类。

根据文献的载体形式，可将文献分为印刷型文献，缩微型文献，声像型文献和机读型文献。

（一）印刷型文献

印刷型文献又称纸质文献，是以手写、打印、复印等为手段，将信息记载于纸张上形成的文献。它是传统的文献形式，也是迄今为止一直占据着主导地位的一大文献类型。其优点是用途较广、阅读方便、流传广泛、不受时空限制；其缺点是存储密度低，较笨重，不便于整理、加工、收藏。当前，伴随着计算机和网络信息技术的发展，印刷型文献面临着诸多冲击。

（二）缩微型文献

缩微型文献是运用光学摄影技术，以印刷型文献为母本，把文献影像固化在感光材料上的一种文献。缩微型文献主要有缩微平片和缩微胶卷两种。其优点是体积小，重量轻，存储密度大，便于保存和传递；其缺点是阅读不够方便，必须借助阅读机或利用缩微复印机。

（三）声像型文献

声像型文献是采用磁录技术和光录技术（如录音、录像、摄像、摄影等）手段，将声音、图像等多媒体信息记录在光学材料、磁性材料上形成的文献。声像型文献主要包括唱片、录音带、录像带、电影胶片、幻灯片等。其优点是声像并茂，直观生动，表达力强，易于接受和理解，尤其适用于难以用文字、符号描述的复杂信息和自然现象；其缺点是制作和阅读都需要专门的设备，成本高且不易检索更新。

（四）机读型文献

机读型文献又称电子型文献，是通过编码和程序设计，把文字、图像转化为数字语言和机器语言，并以磁性材料为存储介质，以计算机等设备为记录手段，将信息存储在磁盘、磁

带或光盘等载体中形成的电子文献，包括电子图书、电子期刊、联机数据库、网络数据库、光盘数据库等。机读型文献的优点是存储密度高，可以融文本、图像、声音等多媒体信息于一体，存取和传递信息迅速快捷，信息共享性好、易复制，出版周期短、易更新，易于实现识别和提取的自动化；其不足是对阅读条件的要求较高，需借助计算机等技术设备才能阅读。随着信息技术的发展和普及，机读型文献是今后发展的方向。

二、零次文献、一次文献、二次文献和三次文献

根据文献的加工程度，可将文献分为零次文献，一次文献，二次文献和三次文献。

（一）零次文献

零次文献指某些事件、行为、活动的当事人所撰写的第一手资料，包括未发表付印的书信、手稿、个人日记、教师日志、笔记以及各种原始记录等。零次文献未在社会上公开，仅为个人或团体内成员使用。零次文献常常能够真实、详细且连续性地记录各种事件的过程或作者的思想认识，是进行教育科学研究的珍贵资料，常常为诸多学者所关注。不过，零次文献也大多具有零散、不系统、难以获得等问题。

（二）一次文献

一次文献也称原始文献，是作者以本人的经验、研究或研制成果为依据而撰写并公开发表或交流的文献。一次文献是文献的主体，是最基本的信息源，包括专著、期刊论文、学位论文、会议文献、研究报告、档案资料等。

一次文献具有原始性、创造性和分散性的特点。一次文献的原始性是指作者的原始创作和首次发表。一次文献的创造性是指它是作者经过搜集资料、综合分析的研究所得，其中往往蕴含着新观点、新发现或新技术，具有很高的直接参考和借鉴使用价值。一次文献的分散性是指其形式多样，且其成果都是个别形成的，在内容上比较分散，不够系统。

（三）二次文献

二次文献又称检索性文献，是对一次文献进行加工整理或摘录内容要点，并按一定原则、方法或体例编排的、系统的、便于查找的文献[1]，一般包括书目、题录、索引、提要、文摘等。二次文献具有汇编性、系统性和检索性等特点。它是对一次文献的浓缩和有序化，主要价值在于存储和报道一次文献线索、提供查找途径。作为人们打开一次文献信息宝库的钥

1　邵光华，张振新．教育研究方法[M]．北京：高等教育出版社，2012：69.

匙，二次文献极大地减少了人们查阅一次文献所费的时间，提高了科研效率。

（四）三次文献

三次文献又称参考性文献，是在利用二次文献检索的基础上，对一次文献进行系统的整理并概括论述的文献。可以分为综述研究和参考工具两类。综述研究包括动态综述、学科总结、专题述评、进展报告等；参考工具包括年鉴、手册、词典、百科全书等。三次文献具有概括性和实用性的特点。三次文献的概括性是指其既不同于一次文献的原始性，也不同于二次文献的客观报道性，而具有主观综合的特点。它对大量分散的有关文献进行搜集，并对其进行分析、综合和评价，最终以简练、概括的文字呈现出研究结果。三次文献的实用性在于他人可以通过其便捷地了解某一领域的研究进展或某方面的知识，具有很高的参考、借鉴和使用价值。

以上四种文献的关系，可以做出如下概括：零次文献是一次文献的素材，一次文献是二次、三次文献的来源和基础。[1]

三、图书、期刊、报纸、学位论文等

根据文献的出版形式，可将文献分为图书，期刊，报纸，学位论文等。

（一）图书

图书是以传播知识为目的，将文字或其他信息符号记录于纸张之上，具有一定篇幅且装订成册的印刷出版物。图书历史悠久，种类繁多，数量巨大，记载内容包罗万象，至今仍是最常见和最重要的一种文献类型。图书的类型主要有：专著、论文集、教科书、工具书等。

1. 专著

专著是就教育领域中的某一问题进行全面深入的论述，内容专深，大多是作者多年潜心研究的结晶。教育专著中的一些教育名著虽然年代久远，但仍具有历久弥新的思想价值。如卢梭的《爱弥儿》、杜威的《民主主义与教育》、苏霍姆林斯基的《把整个心灵献给孩子》等。

2. 论文集

论文集是把各种主题相似的论文集合在一起的图书。论文集往往汇集许多学者的学术论文，问题集中，论点鲜明，信息容量大，学术价值高。瞿葆奎主编的由人民教育出版社出版的26卷本《教育学文集》即属此类。

1 陈氢，陈梅花．信息检索与利用[M]．北京：清华大学出版社，2012：13.

3. 教科书

教科书是一门课程的核心教学材料，也是专业性图书。教育学教科书的主要内容包括某领域的基本问题、基本概念和基本原理。教科书的基本任务是让初学者对某个学科领域有初步的了解，重在使学习者了解该领域的基本问题、基础知识、思维方式和研究方法。优秀的教科书具有科学性、逻辑性、系统性和可读性。其不仅全面、准确地呈现了学科知识，而且结构严谨，文字通俗，可读性强。

4. 工具书

工具书是专供查找知识信息的图书。它系统汇集某方面的资料，按特定方法加以编排，以供人们按需查检。教育工具书主要包括教育手册、教育辞书、教育百科全书和教育年鉴等。

（1）教育手册

教育手册是以简明方式提供教育领域内基本的既定知识和实用资料的工具书。教育手册具有类例分明、资料具体、叙述简练、小型实用、查阅方便等特色。

（2）教育辞书

教育辞书主要提供教育科学名词术语的资料，其以条目的形式出现。辞书有一定的格式，首先是破题，后面是基本论点。如顾明远主编的《教育大辞典》。

（3）教育百科全书

教育百科全书总结和组织了人类累积的知识，是百科知识的汇总。它不仅提供定义，而且提供原理、方法、历史和现状、统计和书目等方面的资料，着力反映当代学术的最新成就。百科全书具有概述性、完备性和权威性的特点。它以准确、精练的语言来概述人类累积的知识，这些知识几乎囊括所有方面。它由众多专家学者撰稿，是供长期查检和引据的“知识标准”。如1985年出版的《中国大百科全书·教育》是我国第一部教育百科全书，收录条目800多条，反映了当时教育学科的全貌。

（4）教育年鉴

教育年鉴是逐年出版，提供相应年份内各行现行资料的工具书。《中国教育年鉴》是教育部组织编纂的按年度向国内外发布中国教育改革和发展情况的专业性年鉴。除国家级的教育年鉴外，各地方也编辑出版本地的教育年鉴，如《北京教育年鉴》《江苏教育年鉴》等。

（二）期刊

期刊是有固定刊名，按出版年月或次序分期编号，载有多位作者作品的册装连续出版物。期刊有周刊、旬刊、月刊、双月刊、季刊等。与图书出版时间长，难以及时反映最新的科研成果相比，期刊出版周期短，能够及时反映最新的学术成果和动态。教育科学领域的期刊主要有以下三类。

1. 专门杂志

教育类杂志刊载教育动态、教育科学论文、研究报告、综述、书评等。依据刊物定位、关注领域和读者群的不同，教育类杂志可以分为：综合教育类、学前教育类、基础教育类、高等教育类等。综合教育类如《教育研究》《教育学报》《教育科学》《教育理论与实践》；学前教育类如《学前教育研究》《幼儿教育》；基础教育类如《课程·教材·教法》《人民教育》《教育科学研究》《上海教育科研》；高等教育类如《高等教育研究》《中国高教研究》《学位与研究生教育》。在基础教育教学领域，还有诸多针对不同学科的杂志，如《语文教学通讯》《数学教育学报》《中小学外语教学》《中学政治教学参考》《历史教学》《中学物理教学参考》《化学教育》《中学生物教学》等。

以上杂志，有的学术性和理论性比较强，如《教育研究》《教育学报》；有的实践性和应用性比较强，如《语文教学通讯》《中学物理教学参考》；还有的介于理论和实践之间，如《教育科学研究》《上海教育科研》等。

2. 高校学报

许多大学特别是综合性大学、师范大学、师范学院的学报都有社会科学版或教育科学栏目乃至教育科学版，如《华东师范大学学报（教育科学版）》《湖南师范大学教育科学学报》《河北师范大学学报（教育科学版）》《天津师范大学学报（基础教育版）》。这些学报发表的文章基本上由专业研究人员撰写，具有较强的学术性和理论性。

3. 文摘与复印资料

文摘与复印资料是一种资料性及情报索引刊物。如《新华文摘》设教育栏目摘录具有前沿性和时代性的论文，还列出若干教育类论文的索引。中国人民大学书报资料中心编辑出版的教育类期刊在教育领域具有广泛的影响力。该系列期刊包括《教育学》《思想政治教育》《中小学教育》《中小学学校管理》《高等教育》《成人教育学刊》《职业技术教育》《幼儿教育导读（家教版）》《幼儿教育导读（幼教版）》以及多种面向中小学学科教学的期刊等，共计20余种。这些资料的内容是专门从全国各种报刊中选取的精华，能够反映教育科学的最新进展，具有较高的学术价值和应用价值。而各种期刊中分门别类列出的索引，对科研工作者检索相关研究文献也具有一定的价值。

（三）报纸

报纸是以刊载新闻和评论为主的活页定期连续出版物。教育类报纸中比较有影响的有《中国教育报》《教师报》《教育导报》《教育文摘周报》等。此外，还有《光明日报》《文汇报》等大报的教育科学版。报纸以每天出版者居多，出版周期最短，传递信息快，信息量大，涉及范围广，现实感强，是重要的社会舆论工具和情报来源。

（四）会议文献

会议文献指在学术会议上提交、宣读和交流的论文或报告以及讨论记录等资料。每个学术会议都有特定的主题，因而会议文献涉及的研究主题比较集中，专业性较强，代表了一门学科或专业领域最新的研究成果。学术会议往往具有研讨和争鸣的性质，要求论文就某一学术和学科问题有独特的见解。这有利于有关领域研究问题的深入探讨，从而促进学术和学科的发展。其中一些重要的研究成果，通常首先通过会议文献向社会发布。

（五）政府出版物

政府出版物是指政府部门及其设立的专门机构颁布、出版的文献，可以分为行政性文献和科技文献两大类。行政性文献主要包括法律、法令、规章制度、会议文件、决议报告、统计资料等。科技文献主要包括科技政策文件、专利文献等。教育领域中的政府出版物很多，其中常见的是各种教育政策与法律法规文件，如《国家中长期教育改革和发展规划纲要（2010—2020年）》《中华人民共和国义务教育法》。政府出版物具有权威性，对了解本国政治、经济、科技、教育现状及未来发展趋势具有重要的参考价值。

（六）学位论文

学位论文是高等学校、科研机构的毕业生为获得学位所撰写的论文。依照级别，可以分为学士学位论文、硕士学位论文和博士学位论文。学位论文尤其是硕士和博士学位论文的选题论证一般比较充分，文献综述较全面，探讨问题比较专深，一般具有一定的创新性。少数学位论文在期刊和图书中发表，多数不公开发表，一般由授予学位的大学或机构的图书馆负责保存，以供查阅。当前，许多硕士和博士学位论文已进入电子数据库，可以网上查阅。

（七）档案文献

档案文献是国家机构、社会组织以及个人在各种实践活动中形成的，具有保存价值并经由专门机构整理归档、集中保管的各种材料，包括人事材料、会议记录、技术文件、出版物原稿、照片、录音带、录像带以及有保存价值的各种文书等。档案文献是原始的历史记录，反映信息可靠，具有重要的凭证作用。[1]各种教育机构中保存有大量的教育档案文献，具有重要的研究价值。

1 王彦坤. 文史文献检索教程（修订本）[M]. 北京：商务印书馆，2010：8.

第三节
教育文献研究的步骤

学习目标

把握教育文献研究的步骤和文献综述的撰写方法。

作为一项科学研究工作，教育文献研究应该遵循一定的步骤。在总体上，包括教育文献研究的前期准备，教育文献的检索，教育文献的阅读、梳理、分析以及教育文献研究的结果表述。

一、前期准备

在正式实施教育文献研究之前，应该做好一些准备性工作。这些工作包括确立研究问题，就研究问题咨询相关领域的专家，阅读有关的三次文献，制订研究计划等。

（一）确立研究问题

一般来讲，开展研究最先确立的是研究主题，进而明确研究问题。研究主题的确立绝不是一日之功。它通常来源于研究者长期学习和研究过程中的思考或者长期实践中的困惑。在确定了研究主题以后，研究者还需要进一步明确要研究的问题。因为关于某一主题的研究常常浩如烟海，只有明确了问题，才能不为文献所困，在大量文献中迅速有效地找到需要的文献，提高研究效率。如关于教师专业发展的文献不计其数，如果我们不明确要研究的核心问题，就只能泛泛而谈，没有轻重。如果明确了要研究的问题，如教师专业发展的阶段是怎样的，影响教师专业发展的因素有哪些，将使研究更加紧凑、有效。当然，在文献检索过程中，我们可以遵循从宽泛到聚焦的思路。如可以广泛查阅关于教师专业发展的其他文献，但只能把它作为核心问题研究的背景。

（二）咨询相关领域的专家

专家对某一个学科或研究领域有长期的深入研究，熟悉该领域的研究历史、现状和趋势。在教育文献研究准备过程中，我们可以就具体的研究问题向专家咨询。专家凭借多年的研究经验，将解释我们的困惑并做出许多有意义的指导。譬如，研究选题是否有意义，在这个研究问题上有哪些重要的研究者和重要的著作以及如何获得这些文献，可以遵循怎样的研究思路和具体研究方法等。

（三）阅读有关三次文献

在教育文献的类型部分，我们讲到了三次文献。其中与教育文献研究直接相关的主要是动态综述、学科总结、专题述评、进展报告等综述研究。如果研究者能找到相关研究主题的综述研究，有利于迅速地把握相关研究领域的概况，也有利于将自己要研究的问题概念化和结构化。我们可以查阅的三次文献主要有：相关会议综述、教育学科年度发展报告、硕博士学位论文中的综述部分以及已发表的针对某个具体研究领域和问题的文献述评。

案例3.1

创新驱动发展：区域经济与区域教育

——中国教育发展战略学会改革与发展规划专业委员会2013年学术年会会议综述[1]（节选）

本次会议主要包括大学战略与规划、区域发展与大学变革以及高等职业教育的改革与发展等三个专题，并设三个分会场进行专题发言与研讨。现将会议的主要议题与内容综述如下：

一、大学战略与规划

（一）高等学校发展的战略选择

（二）高校学院战略实施的创新与实践

（三）地方高水平大学发展的战略

（四）创新人才培养问题

二、区域发展与大学变革

（一）高等教育资源区域协调发展的体制机制

（二）地方高校推动区域经济发展的经验研究

（三）地方区域高校的战略选择——教学服务型大学

三、高等职业教育的改革与发展

（一）相关职业教育问题

（二）应用型本科问题

（三）MOOCs与高等教育

（四）制订研究计划

在以上准备工作的基础上，需要针对研究问题制订研究计划。研究计划是研究工作的

---

1 马晓兵，崔盛. 创新驱动发展：区域经济与区域教育——中国教育发展战略学会改革与发展规划专业委员会2013年学术年会会议综述[J]. 中国人民大学教育学刊，2014（1）：172-178.

蓝图，能够指导研究者有条不紊、循序渐进地展开研究。教育文献研究的研究计划主要包括：研究的目的和意义、研究的主要内容、搜集资料的途径与方法、研究的计划进度、研究成果的表达形式等。[1]

二、检索[2]

文献检索是指利用一定的工具，通过一定的方式获得所需文献的过程。在许多时候，当研究者还没有明确自己的研究主题和问题时，可以进行尝试性的文献检索，这时的文献检索有利于研究者获得启发。而在确立了研究主题和问题以后，研究者应进一步择定与主题和问题相关的关键词。关键词是文献检索中的关键要素，为了有效地进行文献检索，研究者需要提出与主题和问题相关的3～5个关键词。在此基础上，研究者需要确定文献检索的范围和方式。文献检索的范围涉及文献类型、时间分布、语种分布等。文献检索的方式包括手工检索和计算机检索。计算机检索又包括数据库检索、搜索引擎检索等。

（一）手工检索

手工检索是指用人工来查找所需文献的检索方式，是检索者利用书本或卡片式书目、索引、文摘等检索工具，通过眼看、手翻、大脑判断来进行的检索活动，是文献检索的传统形态。它主要包括查阅图书馆的目录索引、《全国报刊索引》等工具书、教育报刊和专著等。

1. 查阅图书馆索引

查阅图书馆的“主题索引”或“著者索引”曾是文献检索的基本方式。然而，在网络技术日益发达的今天，人们可以通过图书馆网站的馆藏书目检索系统进行便捷的检索，而曾发挥重要作用的书目、卡片等已几乎无人问津。

2. 查阅工具书

查阅工具书也是文献检索的基本方式。工具书可以分为两大类：一是检索工具书，包括书目、索引、文摘等；二是参考工具书，包括字典、词典、百科全书、手册、年鉴等。无论是检索工具书还是参考工具书都是文献检索的重要工具。[3]在教育文献检索的过程中，可查阅的工具书有《中国国家书目》《全国总书目》《全国新书目》《全国报刊索引》《新华文摘》《教育文摘》等；可查阅的参考工具书有《辞海》《中国大百科全书·教育》《中国教育年鉴》等。另外，还有一些丛书、文集、总集、资料汇编等因其规模宏大，信息密集，可以被视为

1　袁振国. 教育研究方法[M]. 北京：高等教育出版社，2000：153.
2　本部分的主要参考文献为：刘良华. 教育研究方法：专题与案例[M]. 上海：华东师范大学出版社，2007.
3　王彦坤. 文史文献检索教程（修订本）[M]. 北京：商务印书馆，2010：13.

准工具书，也具有文献检索的价值，如瞿葆奎主编的《教育学文集》即属此类。手工检索比较费时费力，不如网络检索快捷方便，但权威的工具书在当前仍具有重要的价值。

3. 查阅教育期刊和专著

查阅教育期刊和专著是至今仍广为流行的手工检索方式。其基本程序为：① 选择几种与课题相关的权威专业期刊。② 从每种期刊的最新一期开始，逆向查阅近5年、10年或20年以来的文献。浏览每一期的目录、相关文章以及文后的参考文献，重点阅读比较重要的文章。③ 查阅完几种专业期刊后，找出一些重要的文章。研究者可以重点考察这些文章的参考文献，进而找出那些频繁被其他文章引用的重点文献。如果这些频繁被引用的“重点文献”是专著，研究者需要找到这些专著，再根据其参考文献去寻找更多的相关文献。

手工检索的方式虽然比较烦琐低效，但并不意味着其会被计算机检索彻底取代。手工检索至少还有补充计算机检索的遗漏、跟踪文献索引的价值。而研究者在对某个课题进行系统检索之前，也会进行一些日常的阅读和手工检索行为。

（二）数据库检索

当前国内使用较为广泛的数据库主要有知网、维普、万方以及超星数字图书馆等。

1. 知网

知网（CNKI）即中国知网，全称为中国知识基础设施工程（China National Knowledge Infrastructure）。CNKI工程由清华大学、清华同方发起，旨在实现全社会知识资源的传播、共享和增值。CNKI主要的数据库有中国学术期刊网络出版总库、中国博士学位论文全文数据库、中国优秀硕士学位论文全文数据库、中国重要会议论文全文数据库、中国重要报纸全文数据库、国际会议论文全文数据库、中国年鉴网络出版总库，等等。其中，中国学术期刊网络出版总库是目前世界上最大的中文期刊全文数据库之一，其产品分为十大专辑：基础科学、工程科技Ⅰ、工程科技Ⅱ、农业科技、医药卫生科技、哲学与人文科学、社会科学Ⅰ、社会科学Ⅱ、信息科技、经济与管理科学。教育类期刊囊括在社会科学Ⅱ中，包括教育理论与教育管理、学前教育、初等教育、中等教育、高等教育、职业教育、成人教育与特殊教育等专题。知网具有强大的检索功能，能够显示论文的下载量和引用数，目前已成为中国学者普遍使用的文献资源。个人用户可以购买知网卡享受文献查阅服务，但当前我国许多高校已经购买了使用权限，在校内上网可以免费查阅。

2. 维普和万方

“维普”是“维普期刊资源整合服务平台”的简称，由重庆维普资讯有限公司出品，包括中文科技期刊数据库、外文科技期刊数据库、中国基础教育信息服务平台等。

“万方”是“万方数据知识服务平台”的简称。万方数据由中国科技信息研究所以万方数据（集团）公司为基础，联合科技文献出版社、四川省科技信息研究所等机构建设的数据库，包括中国学术期刊数据库、中国学位论文全文数据库、中国学术会议文献数据库、外文文献数据库等。

3. 超星数字图书馆

超星数字图书馆是目前世界上最大的中文在线数字图书馆。它由北京世纪超星信息技术发展有限责任公司投资兴建，2000年1月在互联网上正式开通。其主要包括“超星读书”“超星学术视频”和“超星文献”三个部分。

读者下载超星阅览器(SSReader)之后，就可通过互联网阅读超星数字图书馆中的图书资料。读者凭购买的超星读书卡可将馆内图书下载到用户本地计算机上进行离线阅读。当前许多大学图书馆都购买了相关的权限，研究者可以在校内网上自由阅读和下载超星数字图书馆的资源。

以上介绍的主要是中文数据库，要检索外文文献，可以采用EBSCO数据库、PQDD硕士和博士学位论文数据库、JSTOR与Google图书等。[1]

（三）搜索引擎检索

搜索引擎是当前Internet上信息的主要检索工具。所谓搜索引擎，是指某些公司或机构为了方便人们查找互联网上网站或网页信息而在网站上建立的查询数据库。[2]搜索引擎也是进行教育文献检索的可能方式，比较知名的搜索引擎有谷歌（Google）、百度、雅虎（Yahoo）、搜狗等，其中使用最为广泛的是百度和搜狗。

1. 百度

百度是全球最大的中文搜索引擎，2000年1月由从美国硅谷回国的李彦宏、徐勇两人创立于北京中关村。百度二字源于宋朝词人辛弃疾的《青玉案・元夕》中的名句“众里寻他千百度”，象征着百度对中文信息检索技术的执着追求。

百度搜索引擎除网页搜索外，还提供新闻、MP3、图片、视频、地图等多样化的搜索服务，并率先创造了以贴吧、知道、百科、空间为代表的搜索社区，将无数网民的智慧融入了搜索。

2. 搜狗

目前，搜狗是我国第二大搜索引擎。搜狗搜索引擎是搜狐公司强力打造的第三代互动式搜索引擎，支持网页搜索、微信公众号和文章搜索、知乎搜索、学术搜索、英文搜索及翻译等，通过自主研发的人工智能算法为用户提供专业、精准、便捷的搜索服务。

搜狗学术搜索旨在提供能够丰富学术知识延展的、面向用户认知的升级学术搜索体验。它一方面实现了搜狗搜索中文学术内容与英文学术内容的融合，更好地为国内的学术用户提供研究资源和服务；另一方面凭借搜狗搜索用户数据、领先的意图识别及精准分发技术，可

1　刘良华．怎样做“文献检索”：学会找资料[EB/OL]．http://blog.sina.com.cn/s/blog_502e7a6d0102dtmz.html.
2　王彦坤．文史文献检索教程（修订本）[M]．北京：商务印书馆，2010：129.

以更高效链接广大学术用户群体以及优质的学术内容，提供AI驱动的文献检索、内容理解、专家画像等服务。

三、阅读、梳理和分析

通过以上各种检索方式，研究者常常会获得大量的文献。这些文献是研究的重要素材。研究者下一步要做的就是对这些文献进行阅读、梳理和分析，为最终要撰写的文献综述做好准备。

（一）阅读

对于检索到的文献，研究者没有必要对每个文献都逐字逐句阅读。这样不但费时费力，而且很可能会深陷文海，迷失方向。因此，研究者有必要掌握一些文献阅读的策略。一般来讲，文献阅读可以遵循“浏览—略读—精读”三步走的策略。

1. 浏览

浏览一般采用扫读和跳读的方式，关注书名、篇名、作者、摘要、前言、目录、大小标题、参考文献等。对教育文献浏览的目的在于从检索到的文献中筛选出与课题有关的、有价值的文献。首先，由于研究者往往以关键词的方式检索教育文献，这样检索到的一些文献可能与研究主题的相关性并不强，因此，需要将这些文献剔除出去。其次，虽然一些文献与研究主题密切相关，但这些文献质量较低，没有参考价值，也需要将其剔除出去。以上两种问题，都可以通过浏览文献的方式解决。其中，前一种问题比较容易解决，而后一种则需要研究者具有较高的分辨能力。除了审查摘要、前言、目录、大小标题的逻辑性和思想性外，作者、出版社、期刊是否知名或权威，参考文献是否权威等也是判定文献价值的参考因素。

2. 略读

对经过浏览保留下来的文献，研究者需要对其略读。略读的直接目的在于了解每个文献的基本内容和观点，而其更深远的目的在于找到重要作者和重要文献，排除雷同文献。

具体来讲，在对文献系统略读的过程中，研究者应关注每个文献的具体主题、主要内容和观点等，并注意做好标记、批注和登记工作，而尤为重要的是要发现重要作者和文献。一般来讲，那些在某一领域开拓性地提出某种观点（发现）或其研究成果被频繁引用的研究者可以被视为重要作者。在文献研究中，我们应重点参考重要作者的研究文献。

同时，在文献略读的过程中，研究者会发现鱼龙混杂的现象。许多文献都在重复重要作者或文献的观点，本身并没有多少学术价值。对于这些雷同文献，研究者需要给予剔除。

3. 精读

对于重要作者和重要文献，研究者还需认真仔细地研读，甚至是反复研读，以深入理解文献的内容和见解。与此同时，还需进一步做好文献的摘录和批注等。

教育文献的略读和精读为文献的梳理和分析奠定了基础。而在对教育文献梳理和分析的过程中，常常还需要对文献进行再次阅读。

案例3.2

焦建利的文献研读50个建议[1]（节选）

- 文献研读通常比我们想象得复杂。
- 阅读必须和批判性思考相结合，没有批判性思考的阅读，无异于用眼睛不假思索地扫描。
- 分类按主题研读文献是非常重要的；它对于你的选题极为重要。
- 文献研读本身就是一种学习，向他人学习，向有经验的人学习。
- 在研读的时候，一定要想想，如果你是作者，你会怎么处理。

（二）梳理

对教育文献的梳理，就是依据一定的逻辑或标准对大量无序的资料进行整理，使之系统化、逻辑化或类别化的过程。研究者在文献梳理的过程中，要着重考虑在横向上是否可以把文献分为几种类别，在纵向上研究是否可以呈现出不同的阶段，针对某个具体的问题是否有不同的观点。

1. 横向上的归类

根据文献的主题和内容对文献进行分类可以被视为横向上的归类。在教育文献研究中，此类研究最为普遍。例如，有研究者将我国教师专业发展的研究分为关于教师专业发展内涵研究、关于教师专业发展阶段研究和关于教师成长促进方式研究三个类别。[2]又如有研究者将教科书城市化倾向的研究分为以下四个方面：教科书城市化倾向的表现、教科书城市化倾向的原因、解决教科书城市化的策略和关于农村版教科书的争论。[3]根据文献资料的丰富程度，归类方式可以分为一次划分和连续划分两种。一些研究在一次划分的基础上，对每个类别再进行划分，甚至形成多层次的划分。

2. 纵向上的阶段

不同时代的研究者使研究显现出不同的“阶段”。后一阶段总是在某些方面改变前一阶段的形态：要么增加了新的认识，要么扭转了研究方向，要么转换了研究方法，要么从萌

1 焦建利．文献研读的50个建议 [EB/OL]． http://blog.sina.com.cn/s/blog_ 54d5684 b0100ywp0.html．2014-09-07.
2 季诚钧，陈于清．我国教师专业发展研究综述[J]．课程·教材·教法，2004（12）：68-71.
3 李长吉，肖欢．教科书城市化倾向研究综述[J]．当代教育与文化，2011（1）：72-76.

芽走向兴盛或由兴盛走向衰退。[1]研究者在跨越较长时段的某一主题的研究中，往往能梳理出比较清晰的阶段。例如，有研究者揭示了我国教育公平取向的演变，即20世纪50年代到80年代末：权利平等与机会公平渐次显现；20世纪 90年代后：纠正对教育公平的形式化认识，教育公平的实质问题得到重视；2000年后："教育均衡发展"成为教育公平之理论研究与实践的焦点。[2]

3. 针对具体问题的不同观点

针对某个具体的问题，不同的学者常常会持有不同的观点。这些不同的观点将形成有意义的分类。研究者应该具有敏锐的眼光，去捕捉潜藏在大量文献中的分歧和纷争。例如，新课改的理论基础是一个重要的研究问题，学者们进行了讨论和争鸣，有学者通过文献梳理，认为这种争论大体有三种观点：一是"指导思想说"，将马克思主义及其思想指导下生成的教育思想和理论作为新课改的理论基础；二是"理论基础说"，主张多元性博采众长，认为本次新课改的理论基础除了建构主义、后现代主义、杜威的实用主义以外，还有加德纳的多元智力理论等；三是"结合说"，认为理论基础就是坚持马克思主义一元论为指导思想与其他多样化的理论相结合的产物。[3]这样就清晰地反映了新课改理论基础的研究现状。

对不同意见的揭示能够彰显文献研究中蕴含的张力，而研究者对不同意见的分析和评论也有利于问题探讨的深入。

（三）分析

教育文献的分析主要有定性分析和定量分析两种基本类型。它们各自从不同的侧面对文献中的信息进行加工和整理。[4]

1. 定性分析

定性分析一般是对文献中所包含的信息进行分类，选取典型的例证加以重新组织，并在定性描述的基础上得出结论。定性分析不太注重文献资料的数量特征和完整程度，虽然它并不排斥在研究过程中进行一些简单必要的数量分析，但更注重对文献的性质进行分析，探索事物的特殊性和规律性。例如，有学者指出："近十年来，我国在教师实践性知识研究上取得了诸多成果，涉及教师实践性知识的定义、特征、构成要素、来源与发展路径等，深化了人们的相关认识。但相关研究也存在概念不统一、重引进轻本土化、重理论轻实践、研究视野窄化等不足。今后的研究要厘清基本问题、加强本土化研究、理论研究旨趣指向实践、结合具体学科进行整合研究。"[5]这就是从定性上对十年来我国教师实践性知识进行的分析。

---

1 刘良华. 教育研究方法：专题与案例[M]. 上海：华东师范大学出版社，2007：55.
2 武秀霞. 从权利平等到优质均衡——我国教育公平取向之演变[J]. 教育学术月刊，2012（5）：7-10，71.
3 吴永军. 我国新课改反思：成绩、局限、展望[J]. 课程·教材·教法，2009（7）：18.
4 本部分主要参考资料为：袁振国. 教育研究方法[M]. 北京：高等教育出版社，2000：150-152.
5 刘旭东，吴银银. 我国教师实践性知识研究十年：回顾与反思[J]. 教师教育研究，2011（3）：17.

在研究过程中，定性分析具有很强的灵活性，操作相对简便。正因如此，我国绝大多数教育文献研究都属于定性分析。但是，定性分析也存在一个明显的问题，那就是主观性较强。这种主观性甚至是随意性，在一定程度上影响了研究的科学性。因此，在文献研究中，我们不能仅仅满足于对文献的性质、特征和属性做出描述和分析，揭示其逻辑关系，还有必要对文献中蕴含的数量关系进行探究。

2. 定量分析

定量分析也称内容分析，是对明显的文献内容做客观而系统的量化并加以描述的一种研究方法。定量分析的实质是将言语表示的文献转换成用数量表示的资料。它借助于正式的假设、科学抽取的样本以及计算机等现代统计技术对文献进行分析。定量分析能够对大量文献进行系统的结构分析，可以弥补定性分析缺乏系统性和客观性的不足。

作为对某一主题的研究成果进行分析的教育文献研究，往往不仅要描述研究的现状，还要对研究现状进行评价，揭示研究存在的问题并预测研究的发展趋势。因此，许多以定量分析为主旨的教育文献研究，也难免要使用定性分析。将定量分析和定性分析相结合更有利于达到研究目的。例如，有研究者采用内容分析方法，从研究视角、研究主题、教师课堂语言类别和研究时间四个维度，对三十多年来我国教师语言研究的有关成果进行分类和编码，并进行比较与分析。研究发现，目前我国教师语言研究的热点问题主要集中在以下几个方面：第二语言习得研究，多视角分析教师语言，结合学科和教师层次的实证应用研究，以及教师课堂语言类别研究。教师语言研究的不足主要有：实证研究的质与量有待提高，研究理论的过度高层次化，学科偏向严重。[1]这里就采用了定量和定性相结合的分析方法。

四、文献综述

文献综述是指对某一时期内某一主题的研究进行梳理、分析，以反映该主题的研究现状和发展趋势的学术报告。文献综述是教育文献研究最终的成果表述形式，它没有固定的格式，但一般包括四个部分：前言、文献检索结果与分析、讨论和参考文献。

（一）前言

前言的主要目的在于引出要研究的问题，一般包括：研究的背景、研究的目的和意义、研究问题的范围、有关主题的研究现状或争论焦点的简介以及文献检索的方式和程序等。

---

1 彭亮，徐文彬．教师语言研究的元分析[J]．教育科学研究，2013（10）：73.

有研究者对我国小班化教学研究做了综述，其前言如下。[1]

20世纪70年代末，欧美一些发达国家开始进行小班化教学的实验研究，其中以美国的研究最具代表性。历经四十余载，欧美国家对于小班化教学尽管还存在诸多争议，然而研究取得的成绩却不容小视。从20世纪80年代末开始，北京、上海、天津、南京等多个地区在借鉴国外小班化教学理论与实践经验的基础上，结合各地实际进行小班化教学实验，如今也有了自己的研究成果。对我国三十年来的小班化教学研究进行回顾和总结，不仅是深入小班化教学研究的需要，也是创新人才培养模式、深化基础教育改革的需要。

该前言简要地陈述了研究的背景、研究主题、研究目的和意义等。

（二）文献检索结果与分析

文献检索结果与分析是文献综述的主体部分。总体来讲，可以按照定性或定量的方式来撰写。在组织形式方面，可以依照不同主题（横向）或发展阶段（纵向）来形成综述的整体结构，以针对具体问题不同观点的纷争来充实综述的具体内容。这些内容在教育文献的梳理和分析部分已做介绍，在此不再赘述。

在实际的撰写过程中，一篇文献综述可能同时包含横向和纵向两种组织形式。如《我国小班化教学研究综述》一文就从发展阶段和研究问题两方面来组织。它首先呈现了我国小班化教学研究的三个阶段：酝酿阶段（20世纪80年代末至90年代中期）、实验研究和推广阶段（20世纪90年代中期至21世纪初）、深入发展和理性反思阶段（21世纪初至今），进而陈述了我国小班化教学研究的热点问题：小班化教学意义研究、小班化教学理论基础研究、小班化教学实施策略研究。[2]

在文献综述过程中，经验不足的研究者经常会出现一些问题，譬如，简单地罗列一些文献，没有区分哪些是重要和权威文献，“有述无评”等。因此，研究者应注意提升自己筛选文献的能力、概括文献的能力以及对文献进行分析和评价的能力。

（三）讨论

在讨论部分，研究者就研究问题的知识状况做出结论并且提出建议。一般首先对已有研究取得的成绩做出概括性评价，并指出还存在的问题，进而对未来的研究进行展望。该部分内容对研究者自身以及其他读者明晰研究现状、选择有价值的研究主题具有重要的意义。

---

1 杨中枢. 我国小班化教学研究综述[J]. 教育研究，2012（4）：103.

2 杨中枢. 我国小班化教学研究综述[J]. 教育研究，2012（4）：103.

例如，《回顾与反思：小学数学教科书研究综述（2001—2010）》一文的讨论部分如下：[1]

通过对10年来小学数学教科书研究现状的分析，我们可以惊喜地看到，随着新一轮义务教育数学课程改革的实施，我国研究者对小学数学教科书的研究已经从学理层面和实践角度都进行了一些有意义的探索，在数量和质量上都取得了一定的进展，但还远远不够。

从研究的范围来看，小学数学教科书的研究已经从分散的点的研究逐渐勾勒出较为清晰的八条线索，研究范围正朝向多元化的趋势发展。但是关于小学数学教科书的政治学分析、社会学分析，教科书中的例题、习题、图表研究等还显得非常缺乏。

从研究的方法来看，研究者们突破了传统的经验总结或者单纯思辨，广泛采用比较法、调查法、文献法、内容分析法、个案法等。

从研究人员的组成来看，既有从事小学数学教科书编写的编写人员，又有在高校教师带领下从事数学学科教学论研究的研究生团队，同时还有热衷于小学数学教科书研究的小学数学教研员、小学数学教师和小学管理人员。但两者或三者结合在一起而进行研究的还不多见，还需要编写者、研究者和实践者的共同参与、协力合作。

可以看出，研究者不仅对10年来小学数学教科书研究现状进行了总体性评价，而且从研究的范围、研究的方法、研究人员的组成几个方面讨论了既有研究取得的成绩、存在的不足及改进方向。

（四）参考文献

参考文献是文献综述重要的组成部分，文献综述中所有引用的出版物都要列在参考文献中。这不仅是对文献作者知识产权的尊重，而且有利于读者进一步追踪和探究感兴趣的问题。录入参考文献需要遵循规范的格式，最常见的参考文献类型及其格式如下。

1. 专著（文献类型标识：M）

[序号]主要责任者. 题名[M]. 出版地：出版者，出版年：起止页码.

2. 期刊文章（文献类型标识：J）

[序号]主要责任者. 题名[J]. 刊名，年，卷（期）：起止页码.

3. 学位论文（文献类型标识：D）

[序号]主要责任者. 题名[D]. 出版地：出版者，出版年：起止页码.

4. 报纸（文献类型标识：N）

[序号]主要责任者. 题名[N]. 报纸名，出版日期（版次）.

---

1 魏佳，罗萍萍. 回顾与反思：小学数学教科书研究综述（2001—2010）[J]. 课程·教材·教法，2012（2）：59–60.

关于其他类型文献的格式，可以参考《中国学术期刊（光盘版）检索与评价数据规范》的修订版本（CAJ-CD B / T1-2006）。

第四节 教育文献研究的规范

一、文献检索要全面

学习目标

了解和把握教育文献研究的规范。

一般来讲，全面的文献检索是进行高质量教育文献研究的前提。在文献检索的过程中，研究者应在检索覆盖的时间段、检索文献的地理范围、查阅文献的类型、检索时个人的成见等方面加以关注，确保文献的全面性。

在检索覆盖的时间段方面，不仅要关注当前或近期的研究，而且要关注历史上可能存在的研究。许多问题在遥远的过去已有真知灼见，但常常被研究者忽视。在检索文献的地理范围方面，不仅要检索我国的研究，而且要检索外国的研究，只有这样才能全面跟踪研究前沿。在查阅文献的类型方面，不仅要查阅一手资料，还要查阅二手资料，譬如相关主题的文献综述。在一手资料方面，不能仅仅关注图书和期刊，还应关注论文集、学位论文、报纸、学术报告等。在检索时个人的成见方面，不仅要搜集与自己观点一致的文献，也要搜集与自己观点不一致，甚至与自己研究思路相左的文献。

要提升文献检索的全面性，需要研究者综合运用手工、数据库、搜索引擎等检索方式。当然，在实际的研究中，文献检索的范围广到什么程度往往要根据研究的目的和需要而定，但无论如何，持有文献检索全面性的意识是必要的。

另外，在很多文献研究中，研究者并不详细说明甚至不说明文献检索的程序。因此，读者很难判断研究者所引的研究是来自于全面的检索还是随意的选择。因此，从严谨的角度来讲，研究者应该详细说明自己的检索方式、进程和结果。

二、文献要有代表性

在全面检索的基础上，研究者要梳理出有代表性的文献以重点参考。

一般来讲，当我们准备查阅文献时，最好的做法是从近期的文献开始。这样做的理由是，许多近期的研究是以之前的研究为基础的，有利于我们理解人们对所研究的问题已经了解了多少。[1]因此，在近期的文献中往往蕴藏着有代表性的文献。

有代表性的文献往往具有一些品质，如频繁地被其他研究者引用；其中的观点虽不"先进""完整"，但很可能具有开拓性；显示出独立思想和自由精神，对主流观点构成了冲击；可能并没有提出重要观点，但比较完整地综述了该研究领域的研究进展和研究成果。[2]

以上是能帮助我们直接判断有代表性文献的主要标准。除此之外，还有一些间接的或辅助的方式来筛选有代表性的文献。譬如，论文发表在重要刊物（如全国中文核心期刊、CSSCI期刊）上；论文被重要刊物（如《新华文摘》《人大复印报刊资料》）转载或转摘；论文作者是知名学者或高级职称者；论文作者在该领域有长期的专门的研究。

三、要勤于积累

教育文献的搜集和积累是一个长期的过程，研究者并不是有了具体的研究任务后才进行这项工作。每一个研究者都要养成在平时搜集和积累各种文献的习惯并持之以恒。研究者只要明确了自己大致的研究方向，就可以广泛地收集资料。当资料聚集到一定程度，就需要对这些文献进行分门别类的保存，使之系统化。[3]研究者可以通过做题录、摘要、摘录、评论等方式来逐步系统化地保存文献。在研究者积累的资料日益丰富，思考的问题日益开阔和深入的情况下，很可能会获得有价值的研究选题。

获得研究选题后，研究者自然需要进行更系统的文献检索和积累。而在系统的文献检索之后，研究者对文献的搜集和积累并没有完全停止。在阅读、梳理和分析手头文献的过程中，研究者还常常需要追踪手头文献的一些参考文献。在有些情况下，研究中遇到的问题，会促使研究者去检索新的文献。

四、尽可能间接引用

在文献综述的撰写过程中，许多人常常照搬各种观点，致使文章杂乱无味。造成这种现象的主要原因在于研究者没有将文献读懂吃透，只能直接引用只言片语，而有效解决这一问题的途径则在于尽可能地间接引用。

---

1 [美]乔伊斯·P. 高尔，M. D. 高尔，沃尔特·R. 博格. 教育研究方法：实用指南（第5版）[M]. 屈书杰，等译. 北京：北京大学出版社，2007：32.

2 刘良华. 教育研究方法：专题与案例[M]. 上海：华东师范大学出版社，2007：53-54.

3 叶澜. 教育研究及其方法[M]. 北京：中国科学技术出版社，1990：181.

间接引用就是研究者用自己的语言表述引文的核心观点。这样做至少有两个好处。其一，重新表述需要研究者先将对方的观点吃透，然后围绕自己的核心问题和行文思路，重新加以组织，这种以自我为本位的诠释可以使论述更加紧凑有力。在这个过程中，研究者要尽可能找出不同文本之间的内在关联，他们的分歧是什么，共识是什么，将众多观点进行整合、归类，避免罗列堆砌、杂乱无章。其二，间接引用突破了原文的限制，用尽可能简洁的语言进行概括，可以有效节省篇幅，进而为分析和评论保留了足够的空间。[1]

五、述评结合

文献综述常见的问题是叙述过多，而很少评论，甚至有述无评。理想的文献综述不仅要以简练、清晰的语言概述既有的研究，而且要对这些研究进行分析评论，指出研究取得的进展，存在的问题以及未来的可能趋势。也就是说，文献综述不仅要概述已有的知识，还应从这些知识中获得新的认识。

关于这一点，英国哲学家培根的名言可以给我们一些启示。他说："经验主义者好像蚂蚁，它们只是收集起来使用。理性主义者好像蜘蛛，它们自身把网子结起来。但是，蜜蜂则采取一种中间道路，它从花园和田野里的花采集材料，但是用它自己的一种力量来改变这种材料。"这启示我们，在教育文献研究中，研究者既不能仅仅局限于对既有研究成果的呈现，也不能主观地妄加评论，而应基于对已有研究的概括、分析，提出创新性的认识。显然，这对研究者的专业知识、研究能力提出了更高的要求。

本章小结

1. 教育文献研究的内涵和作用：教育文献研究主要是指研究者通过系统全面地搜集、查阅、分析与研究问题相关的教育文献资料，明晰研究现状、问题和发展趋势的一种研究方法。教育文献研究有利于教育研究者全面了解研究现状，确定研究课题和研究方向；可以为教育研究提供研究方法和论证依据；能够避免重复劳动，提高研究效益。

2. 教育文献的种类：根据教育文献的载体形式，其可分为印刷型文献、缩微型文献、声像型文献和机读型文献。根据教育文献的加工程度，其可分为零次文献、一次文献、二次文献和三次文献。根据教育文献的出版形式，其可分为图书、期刊、报纸、会议文献、政府出版物、学位论文、档案文献等。

1　熊易寒．文献综述与学术谱系[J]．读书，2007（4）：84.

3. 教育文献研究的步骤：第一，前期准备阶段。要确立研究的问题，要就研究问题咨询相关领域的专家，阅读概括性的三次文献，制订研究计划等。第二，检索阶段。可以用手工或计算机的方式进行检索。第三，阅读、梳理和分析阶段。可以遵循“浏览—略读—精读”三步走的策略。要着重考虑在横向上是否可以把文献分为几种类别，在纵向上是否可以呈现出研究的不同阶段，针对某个具体的问题是否有不同的观点。在整体上，研究者可以以定性或定量的形式对教育文献进行分析。第四，撰写文献综述阶段。

4. 教育文献研究的规范：第一，文献检索要全面。应在检索覆盖的时间段、检索文献的地理范围、查阅文献的类型、检索时个人的成见等方面注意文献的全面性。第二，文献要有代表性。应尽可能参考权威专家发表的文献或频繁被引用的文献等。第三，要勤于积累。第四，要尽可能间接引用。应尽可能用自己的语言表述引文的核心观点。第五，述评结合。

总结 >

关键术语

文献
literature

教育文献
educational literature

教育文献研究
research of educational literature

文献综述
literature review

章节链接

本章内容是任何一项教育研究都不可缺少的步骤，它与后面各章节之间的内容有密切的联系。

应用 >

体验练习

一、名词解释

1. 文献
2. 教育文献研究
3. 文献综述

二、单项选择题

1．叶澜发表在《教育研究》1997年第9期的著名论文《让课堂焕发出生命活力——论中小学教学改革的深化》是

A．零次文献　　B．一次文献　　C．二次文献　　D．三次文献

2．在文献检索前，向专家请教有助于

A. 形成与查阅问题相关的理论

B. 在查阅文献时确定关键的一次和二次文献

C. 确立检索的可信性

D. 确定适当的引用文献形式

3．下列不属于手工检索方式的是

A．查阅图书馆索引　　B．查阅工具书

C．查阅教育期刊和专著　　D．百度搜索

4．在撰写文献综述时，说明研究问题的范围、文献检索的方式和程序等部分的是

A．前言　　B．文献检索结果与分析

C．讨论　　D．参考文献

三、简答题

1．简述教育文献研究的作用。

2．简述教育文献研究的基本步骤。

3．简述教育文献研究的基本规范。

四、拓展题

1．运用教育文献研究的原理和方法，对近期教育学术期刊发表的某篇文献综述进行分析和评价。

2．以近年来教育研究中的某个热点问题（如有效教学、课程改革、生活德育、学校文化）为主题，撰写一篇文献综述。可以通过翻阅教育学术期刊、向专家请教等方式来了解教育研究中的热点问题。在文献研究的过程中，应注意应用学到的理论和方法，遵守文献研究的规范。

拓展 >

补充读物

1　刘良华．教育研究方法：专题与案例[M]．上海：华东师范大学出版社，2007．

该书在专题2“怎样做‘文献研究’”中富有启发性地探讨了日常阅读对文献研究的意义，以及日常阅读的基本方式。专题3“怎样写‘开题报告’”中探讨了撰写文献综述应确认的几个关键问题。

2 [美]乔伊斯·P. 高尔，M. D. 高尔，沃尔特·R. 博格. 屈书杰，等译. 教育研究方法：实用指南（第5版）[M]. 北京：北京大学出版社，2007.

该书第2～4章探讨了教育文献研究相关问题。其突出特点是案例丰富，具有可操作性。

在线学习资源

1. 西南大学教育学部精品课程，http://202.202.111.163/News/jpkc/DGK.html，《教育研究方法》中的“文献的阅读与综述”部分。

2. 北京师范大学精品课程，http://course.bnu.edu.cn/course/jykxyjff/html3/3.1.html，《教育科学研究方法》第三章“教育文献的阅读与综述”。

第四章

教育历史研究

本章概述

本章主要介绍了教育历史研究的内涵和作用、特点、步骤与具体方法以及基本规范。教育历史研究是研究者通过对教育问题或教育现象的史料进行系统、周密的搜集、鉴别、分析，探求教育发展的历史过程，揭示其发展规律，指导现在、预测未来的一种研究方法。通过教育历史研究，能够把握教育发展的规律和特点，深化对教育的理解；借鉴历史经验和教训，指导教育的未来发展；不断提升教育研究人员的素质，推动教育研究的发展。教育历史研究具有历史性、以逻辑分析为主、主体性、具体性和综合性等特点。教育历史研究有三种类型：考实性研究、抽象性研究和价值性研究。教育历史研究沿着史料的搜集、史料的鉴别和史料的分析三个步骤展开研究，且每一个环节都会使用与之配套的具体方法。教育历史研究的基本规范有：注意历史研究中的资料来源及分析鉴别；坚持唯物史观，正确处理历史研究中的古与今、史与论，批判、继承与创新的关系；研究者还应具有历史感和现实感。

结构图

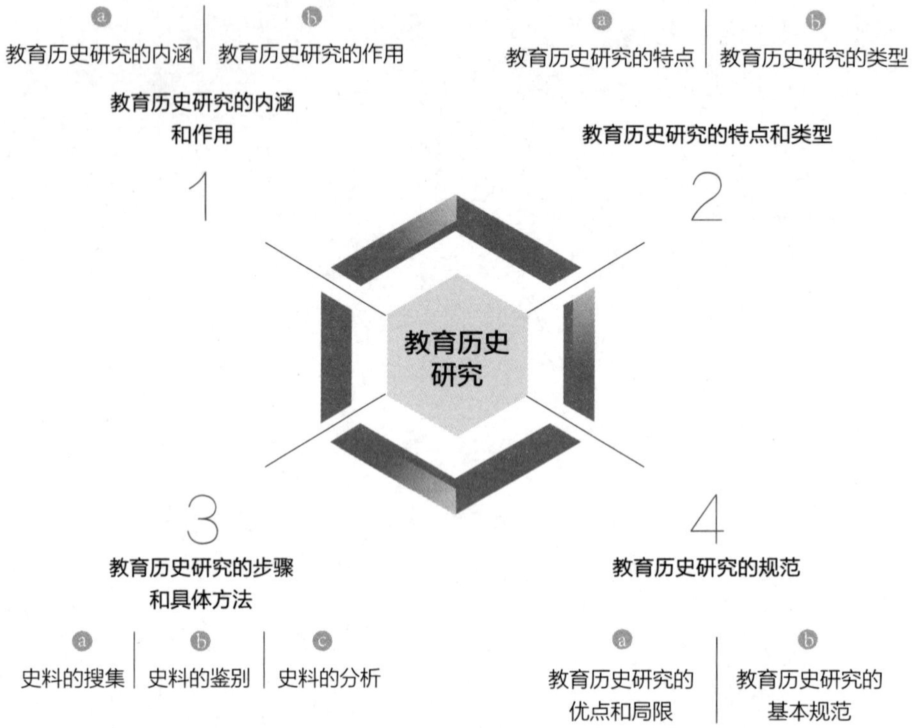

学习目标

学完本章，你应该做到：

1. 理解教育历史研究的内涵和作用；
2. 了解教育历史研究的特点，明确其适用范围；
3. 掌握教育历史研究的步骤和具体方法；
4. 把握教育历史研究的基本规范。

读前反思

什么是教育历史研究？教育历史研究有什么特点？有哪些类型？有什么特定的步骤、规范和要求？

任何事物都有一个发生、发展的过程，要正确、全面地认识一个事物，离不开对其过去与现在的全面考察，正如英国史学家爱德华·霍列特·卡尔所言："只有借助现在，我们才能理解过去，也只有借助过去，我们才能充分地理解现在。"[1]因此，要研究教育现象和教育问题，对其历史状况的把握是不容忽视的。历史研究也因此成为教育研究中一种重要的研究方法。

第一节 教育历史研究的内涵和作用

一、教育历史研究的内涵

（一）历史

学习目标

认识和了解教育历史研究的内涵和作用。

"历史"通常被理解为"发生在过去的事"。然而，对"历史"的理解却不应该止于此。在古希腊文中，"历史"意为"对真相的探究"[2]，其中既包含着"真相"，更有对真相探究后形成的认识。《现代汉语词典》对于"历史"一词，也有与之大致相同的两种解释：①过去的事实；②过去事实的记载。[3]

我国学者张元认为，"历史"应包含两个方面，它既指过去发生的事情，也指我们对过去事情的了解，而对过去事情的"了解"更重要。这是因为不对过去的存在做一些认识、了解的工作，过去的事情就不为我们所知道；不对过去下一番认识、了解的功夫，过去对于我们来说几乎是不存在的。[4]我国史学家杜维运进一步发展了对"历史"的认识。他说："一般来讲，所谓历史，不外是以往实际发生的事件（简言之为往事），或者是以往实际发生的事件的记录（往事的记录）。就前者而言，如公元前5世纪波斯入侵希腊。就后者而言，如西方历史之父希罗多德（Herodotus）所写的《历史》（*History of the Persian Wars*）。前者实际上已经过去了，以往实际发生的事件，早已消失于天地之间，谁能让希波战争再重演一次呢？所以以往实际发

1 [英]爱德华·霍列特·卡尔．历史是什么？[M]．北京：商务印书馆，1981：57.
2 张红霞．教育科学研究方法[M]．北京：教育科学出版社，2009：418.
3 现代汉语词典[Z]．北京：商务印书馆，2012：797.
4 转引自郭法奇．什么是教育史研究——以外国教育史研究为例[J]．教育学报，2005（3）：92-96.

生的事件，不等于历史。历史与往事之间，有很大的距离。后者大体上讲是正确的，古今中外的史学家，谁也无法完全否认历史是往事的记录。”但“历史不能止于是往事的记录，止于往事的记录，历史将真是‘断烂朝报’‘一堆杂乱混在一起的事实’，难言崇高的价值。历史于往事的记录以外，应是研究往事的学术。”[1]由此可见，人们大多将历史内涵理解为对人类过去所发生的活动的记录或研究，即历史是一种学术，而不是人类过去的客观活动本身。

结合学者们的观点，所谓“历史”，本意是指过去发生的事情，它是客观存在的事实。但由于“历史”对于后世的研究者来说，常常并不是历史本身，而是记载和表现历史的材料[2]，以各种形式存在的对过去发生的事情的了解和记载，是更为显性的“历史”的存在。因此，“历史”就是人们对过去发生的事情的了解和记载，是一种观念形态的东西。

历史

“历史”就是人们对过去发生的事情的了解和记载，是一种观念形态的东西。

（二）历史研究

我国学者李秉德认为，历史研究是从事物发生、发展和消亡的过程中探索其本质和规律性的方法；[3]裴娣娜认为，历史研究是探求研究对象本身的发展过程和人类认识该事物的历史发展过程，而不是单纯地描述具体的历史事件或历史人物的活动。[4]这是两个将历史研究归入研究方法的最具有代表性的认识。美国学者维尔斯曼将历史研究界定为“寻找事实，然后使用这些信息去描述、分析和解释过去的系统过程”。[5]

通过学者们对“历史研究”的界定，结合前述对“历史”的理解，可以看出，作为一种独特的研究方法，历史研究具备较为鲜明的特点：首先，历史研究在研究对象上与其他类型的研究方法之间存在明显的差异，历史研究是研究过去的人或事，而它们在当下主要是以史料形式存在的，因此历史研究的研究对象就是以各种形式存在的史料。其次，独特的研究对象决定了历史研究具备与之匹配的独特的研究程序，即对史料的搜集、鉴别、分析。最后，从研究目的的角度看，研究历史是“以研究人类过去的社会为起点，而以服务于当今的时代为归宿”[6]，即通常所言的“古为今用”。

历史研究

历史研究，即研究者通过对史料进行系统、周密的搜集、鉴别、分析，探求研究对象的历史发展过程，揭示其发展规律，指导现在、预测未来的一种研究方法。

1 杜维运. 史学方法论[M]. 北京：北京大学出版社，2006：17.
2 教育科学研究方法论的回顾与前瞻——本刊编辑部召开的座谈会发言摘登（续）[J]. 高等师范教育研究，1991（3）：76.
3 李秉德. 教育科学研究方法[M]. 北京：人民教育出版社，1986：118.
4 叶澜. 教育研究方法导论[M]. 合肥：安徽教育出版社，2000：136.
5 [美]威廉·维尔斯曼. 教育研究方法导论[M]. 袁振国，主译. 北京：教育科学出版社，1997：278.
6 姜义华，等. 史学导论[M]. 西安：陕西人民教育出版社，1989：42.

基于以上考虑，我们认为，**历史研究**，即研究者通过对史料进行系统、周密的搜集、鉴别、分析，探求研究对象的历史发展过程，揭示其发展规律，指导现在、预测未来的一种研究方法。

（三）教育历史研究

要清晰界定“教育历史研究”，需要从构词的角度先对其进行简单的分析。毫无疑问，“教育历史研究”是一个复合概念，它的分解主要有两种：一是将其分解为“教育—历史研究”，二是将其分解为“教育历史—研究”，由于“教育历史”通常被简称为“教育史”，因此它多被称为“教育史研究”。要把握“教育历史研究”的定义，首先需要弄清这二者之间的关系。

这二者之间存在很多相同之处。首先，史料是它们共同的研究对象和研究基础，二者的顺利完成都离不开各类史料。其次，二者都能达到“鉴古知今”“古为今用”的目的，这也正是教育历史研究和教育史研究共同的生命力之所在。

很显然，这二者之间也存在一些十分显著的差异。首先，二者在研究内容上存在差异。教育历史研究的研究内容为“教育”，其涵盖面相对较广，从时间维度看，它可以是一个教育历史方面的问题，也可以是一个现实的教育问题，甚至还可以是对未来教育进行预测的问题。因此，“教育历史研究”，实际上就是对所要研究的问题进行系统的、历史的考察，但历史的考察可能只是研究内容的一部分，而不是全部。然而，“教育史研究”的研究内容则直接聚焦于“教育历史”。其次，二者关涉的侧重点存在显著差异。教育历史研究本身是一种研究方法，指用历史研究的范式去研究教育，它是方法论层面的概念；而教育史研究，其侧重点在“研究什么”上，即它侧重研究的内容，而在研究教育史时，既可以使用历史研究法，也可以使用其他方法，如统计方法、计量方法等。最后，二者在研究目的上存在一定的差异。虽然教育史研究和教育历史研究都会关注以史为鉴，但相比较而言，教育史研究更加注重在有限史料的基础上还原教育历史的真实，而教育历史研究则更加关注在历史反思和在理论分析的基础上构建教育未来的理想。因此，从这个角度看，教育史研究可以为教育历史研究提供更加丰富的资料。

综上所述，两种分解之间既有交集，又存在十分明显的差异。结合对二者异同的分析可以看出，作为研究方法的“教育历史研究”，毫无疑问应该取第一种理解。因此，**教育历史研究**就是研究者通过对教育问题或教育现象的史料进行系统、周密的搜集、鉴别、分析，探求教育发展的历史过程，揭示其发展规律，指导现在、预测未来的一种研究方法。

教育历史研究

教育历史研究就是研究者通过对教育问题或教育现象的史料进行系统、周密的搜集、鉴别、分析，探求教育发展的历史过程，揭示其发展规律，指导现在、预测未来的一种研究方法。

二、教育历史研究的作用

（一）把握教育发展的规律和特点，深化对教育的理解

列宁曾经指出："为了解决社会科学问题，为了获得正确处理这个问题的本领而不被一大堆细节或各种争执意见所迷惑，为了用科学眼光观察这个问题，最可靠、最必需、最重要的就是不要忘记基本的历史联系，考察每个问题都要看某种现象在历史上怎样产生，在发展过程中经过了哪些主要阶段，并根据它的这种发展去考察这一事物现在是怎样的。"[1]因此，历史研究是解决社会科学问题必不可少的方法。通过历史研究，可以不断探索历史的"原生态"，[2]同时，由于历史研究对解释主义传统和批判主义的建设性吸收，还能重新发现被遮蔽的历史事件，重新建构对教育问题的理解。[3]因此，历史研究不仅可以努力还原历史的真相，还能够使人们对真相的理解更加深入、透彻。

教育历史研究，正是通过历史研究法还原教育的历史发展过程，揭示研究的教育现象或问题产生的历史条件、理论基础，研究教育现象或问题对当时和以后教育发展产生的影响，以及经过了几个什么样的发展阶段而不断得到改造与完善，阐释其中所蕴含的教育发展的规律和特点，这些无疑能够不断加深人们对教育的理解。由此可见，教育历史研究，对于深化人们对教育的理解，具有得天独厚的优势。例如，当我们要展开对"教育现象"这一教育理论问题的研究时，除了要关注当前社会中存在的各类教育现象，对它们进行深入的研究外，还要对其历史进行纵向考察，这是必不可少。现实总是以历史为根，通过教育历史研究，还原各个历史阶段教育现象的具体表现，解释教育现象与各历史阶段的政治、经济、文化等之间的关系，把握教育现象发展的规律和特点，从而更好地帮助我们理解当下各种教育现象及问题。

（二）借鉴历史经验和教训，指导教育的未来发展

美国历史学家乔伊斯·阿普尔比认为："历史拥有巨大的力量""在好的时代或坏的时代，在关键的时代，在转折的时代，或是在平常的时代，历史都能帮助人类更好地思考，更丰富地生活，更明智地行动"。[4]历史的这种巨大力量，实际上是透过人们对历史经验和教训的借鉴得以实现的。如一句历史格言所说："谁不了解历史上的错误，谁就注定要重蹈覆辙"；[5]同理，历史上的经验，是推动人类进步的极好动力。历史研究的生命力也正存在于"鉴古知今""古为今用"，而不仅仅是为古人唱挽歌，为逝去的岁月抒幽思，它是为启发人们汲取历史经验教训，以免重蹈历史覆辙，以更好地指导未来发展。

---

1 列宁．论国家[A]．列宁选集（4）[C]．北京：人民出版社，1972：43.
2 章开沅．商会档案的原生态与商会史研究的发展[J]．学术月刊，2006（6）：133–135.
3 黄宝权．新文化史视域下教育活动史研究的"三个转向"[J]．湖北大学学报（哲学社会科学版），2012（3）：102–105.
4 Joyce Appleby. "The Power of History". *The American Historical Review*, Vol. 103, No. 1, 1998, pp. 1–14.
5 [美]威廉·维尔斯曼．教育研究方法导论[M]．袁振国，主译．北京：教育科学出版社，1997：280.

教育的发展，离不开对教育历史经验和教训的借鉴，而教育的历史经验和教训，则需要通过系统的历史研究来把握。如人们通过对我国古代大教育家孔子的教育实践和思想的研究，总结出了很多至今依然熠熠生辉的教育经验，供我们学习借鉴；又如对我国封建科举考试的研究，让人们更加清楚地认识到，科举考试对人的思想的桎梏，这些惨痛的经验有助于引导人们反思教育评价的未来走向。总之，对教育现象或问题的历史研究，能够帮助人们总结教育发展中的历史经验和教训，以史为鉴，引导人们正确思考和解决当代教育问题，预测现在和将来教育发展的可能趋势，从而影响教育的未来发展走向。

（三）不断提升教育研究人员的素质，推动教育研究的发展

要进行历史研究，必须具备一定的史学素质和修养，即能够历史地、全面地、辩证地、发展地分析和认识问题；反过来，从事历史研究的过程，实际上也是对研究人员的史学素质和修养不断磨炼的过程，它无疑会极大地提升研究人员的素质。

首先，在对教育进行历史的考察时，要对与研究课题相关的大量史料进行搜集、鉴别和分析，这一过程对研究者搜集文献、去伪存真、分析和总结能力的提升都是十分有价值的；其次，教育历史研究离不开大量的史料，开卷有益，史料中蕴含着丰富的哲理、智慧，甚至包括教训，这都会在知识和智慧的层面极大地提升研究者的素质；最后，教育研究人员通过教育历史研究，占有了从古及今的相关教育理论研究成果，这既有利于加深他们对相关问题的理解，更能够帮助他们寻找到新的理论生长点，实现理论创新。因此，可以说，教育历史研究是最有内涵的，也是最有力量的一种研究方法，它不仅能够解决研究问题，也能够提升研究者的素质，更能够开拓很多新的研究领域，这些都是推动教育研究大发展的基础和动力。

第二节
教育历史研究的特点和类型

一、教育历史研究的特点

学习目标

把握教育历史研究的特点和类型。

教育历史研究与其他教育研究方法的区别主要体现在：研究者主体与作为被研究客体的历史事件、历史现象和历史过程之间，不是相对同步的协调关系，而是一种非共存的历史性关系。客体不是作为现实世界的客体，而是已经凝结、稳定了的过去，

是已经发生了的、不可逆转的。主体只能在其所处的时代环境中以现实为起点去认识、思考过去所发生的事件。[1]因此，教育历史研究具有鲜明的特点。

（一）历史性

教育历史研究最大的特点莫过于其历史性，而其历史性集中体现在教育历史研究所面对的研究对象上。众所周知，教育历史研究的主要研究对象就是过去发生的教育事件，教育历史研究的独特价值也正体现在通过对过去发生的教育事件的系统研究，揭示教育发生、发展、演变的客观规律，从而有效地指导今天的教育发展，即“古为今用”“以史为鉴”。另外，在对过去发生的教育事件进行研究时，往往依据的是历史事件发生、发展的历史线索，如对教育现象的历时性考察，就可以以某种社会历史阶段的划分为依据进行考察，假设以整个人类社会具有代表性的几种主要的生产方式为线索，就可以分别去考察狩猎采集社会、农业社会、工业社会和信息社会的教育，透过几个不同历史阶段教育的发展去探究教育现象发展的规律和特点。正如恩格斯所言：“历史从哪里开始，思想进程也应从哪里开始。”[2]而这也充分体现了教育历史研究的历史性特点。

（二）以逻辑分析为主

所谓逻辑分析，就是从纯粹的、抽象理论的形态上来解释对象的本质，通过概念、判断、推理等思维形式，研究事物发展过程的矛盾运动，解释历史规律并形成科学的理论体系。[3]由于教育历史研究面对的研究对象是历史上存留下来的各类史料，有学者将“历史”划分为实在的历史、记录的历史、陈述的历史、戏说的历史四种相关而不相同的形态，并且认为，记录的历史与实在的历史之间的匹配关系可以归纳为四种情形：或高度吻合，或大体相符，或不太准确，或完全错误。[4]虽然无论属于哪一种情况，这些资料都可以为揭示某些历史真相提供可靠的研究素材，但只有对这些史料进行分析、判断、归纳、推理、抽象等，才能获得对发生在过去的教育事件合乎逻辑的理解和判断，也只有经过严密的逻辑分析，才能揭示教育发展演变的历史规律，甚至对前人零散的记载、处于萌芽状态的模糊不清的认识，进行系统化整理和理论的再提升。当然，教育历史研究以逻辑分析为主，并不是排斥其他科学方法的合理使用，因此，在具体研究过程中，提升逻辑分析的质量，必要时辅之其他方法，这是提升教育历史研究质量的保证。

1　裴娣娜．教育研究方法导论[M]．合肥：安徽教育出版社，2000：138.
2　马克思恩格斯全集（第2卷）[M]．北京：人民出版社，2005：122.
3　裴娣娜．教育研究方法导论[M]．合肥：安徽教育出版社，2000：139.
4　张分田．“历史”的四种形态与“史学”的学术伦理[J]．天津师范大学学报（社会科学版），2011（2）：8-14.

（三）主体性

现代认识论研究表明，任何认识都离不开认识主体，都不可避免主体的介入，历史认识也绝不可能脱离认识主体而独立存在，不可能排斥历史认识过程中的主体性倾向。历史认识的主体性，是指历史认识的属人特性，它是主体在历史认识活动中自觉或不自觉地将其自身因素投入认识过程，融合或凝结于认识结果之中而使认识不可避免地带有的主体属性。[1]历史研究是形成历史认识的主要方式之一，研究者的主体性自然会对研究产生影响，因此，教育历史研究具有主体性的特点，主要体现在以下几个方面。

首先，如阿诺德·汤因比所言："无论研究人类世界还是研究非人类的自然界，人们都要受制于自身思想的局限。"[2]在教育历史研究中，虽然我们应该努力追求研究的客观性，但作为研究主体的研究者，从具体的研究选题、搜集资料到对历史资料的分析、历史撰述的表达和结构，深受研究者主体意识的影响，构成一个主体意识结构基本的、稳固不变的认识因素，如哲学观点、政治立场、知识基础、生活经验、情感、性格气质[3]，这些主体性因素会对研究结果产生十分明显的影响。其次，教育历史研究离不开思想、观点，而这又成为历史研究主体性的来源之一。如王家范所言，研究历史有两个基本条件不可或缺：一是材料，要熟悉过去与现在有关"人"与"社会"互动的经验材料，掌握检索和辨伪史料的技术；二是思想，要有自己的体验和心得，能言人所未言，道人所未道。[4]而要产生有价值的观点、思想，自然避免不了需要研究者做出某种判断或取舍，主体性自然寓于其中。最后，教育历史研究中搜集到的各类史料，其本身就已经深深地打上了前人主体性的烙印。历史学家伊曼钮尔·沃勒斯坦曾说：原始文献是为了当时的直接目的而写的[5]，前人在撰述历史资料时，就已经根据当时的目的进行了某些带有主体性的取舍。因此卡尔精辟地总结道："我们所接触到的历史事实，从来不是'纯粹的历史事实'，因为历史事实不以，也不能以纯粹的形式存在；历史事实总是通过记录者的头脑折射出来的。"[6]综上所述，虽然教育历史研究十分强调客观、价值中立，但其主体性也是不可避免的。

（四）具体性

首先，在进行教育历史研究时，研究对象的概念要确定，不能模棱两可、含混不清。比如，要考察我国学校的发展历史，对"学校"具体而明确的界定是本研究的关键，它是指引

1　万斌，王学川．论历史认识的主体性与客观性[J]．学术论坛，2007（11）：2–5.
2　[英]阿诺德·汤因比．历史研究[M]．刘北成，郭小凌，译．上海：上海人民出版社，2005：423.
3　李振宏，刘克辉．历史学的理论与方法[M]．开封：河南大学出版社，2008：146–155.
4　王家范．阅读历史：前现代、现代与后现代[J]．探索与争鸣，2004（9）：6–10.
5　陈启能，倪为国．书写历史[M]．上海：上海三联书店，2003：11.
6　[英]爱德华·霍列特·卡尔．历史是什么？[M]．北京：商务印书馆，1981：109.

入班级授课制后的现代学校，还是包括了我国古代以来其他类型的学校形式，不同的界定将会对研究的范围、结果等产生巨大的影响。其次，教育历史研究的展开，是建立在丰富而具体的各种史料的基础之上的，无论这些史料是来源于史书，还是各类档案文卷，抑或是考古出土的文物、民间社会的各种传说传闻，它们都是关于历史事件的具体记录。最后，教育历史研究中，对于各类史料的分析，不能离开具体的历史背景。这是因为每个教育历史事件的发生，都与当时的社会政治、经济、文化、教育等有着千丝万缕的联系，这些因素交织形成的具体、特殊的历史背景，是我们认识某个教育历史事件的发生、发展所不能脱离的。

（五）综合性

列宁曾说："要真正认识事物，就必须把握、研究它的一切方面，一切联系和'中介'"。[1]教育历史研究，要想获得对教育历史事实的准确认识，揭示研究对象发展过程中的一切历史形式、全部丰富的内容以及各种相关因素，从而探寻其基本的发展规律，就必须进行全方位的综合。首先，必须对以各种方式、途径获取的丰富的史料进行综合，形成对研究对象更加全面的认识。其次，如上文所言，教育历史事件的发生、发展，离不开特定的社会、文化等背景，因此，在教育历史研究中，还必须综合教育、社会、文化等因素，对研究对象进行全面的研究。

二、教育历史研究的类型

教育历史研究是形成对教育的历史认识的非常重要的途径。在历史认识系统中，有以下三种基本的认识形式：考实性认识、抽象性认识和价值性认识[2]，因此，根据在教育历史研究中获得的主要认识形式的不同，我们将教育历史研究划分为以下三种类型。

（一）考实性研究

所谓考实性研究，即研究的目的在于求得历史之真，弄清历史客体的客观面貌，为进一步的研究工作打下坚实基础的研究。因此，考实性研究可以说是教育历史研究中最为基础的一种研究类型。

在教育历史研究中，考实性研究有着极其重要的意义。由于考实性研究旨在弄清教育现象或问题的历史原貌，因此，它可以为更深入的研究奠定坚实的事实基础，离开这个基础，所有的教育历史研究都会成为无本之木。而只有重视考实性研究，才能展开分析、综合、判

1　李秉德. 教育科学研究方法[M]. 北京：人民教育出版社，1986：119.
2　李振宏，刘克辉. 历史学的理论与方法[M]. 开封：河南大学出版社，2008：232-246.

断等一系列研究活动，才能将研究推向纵深，使研究立于不败之地。马克思、恩格斯的历史著作，大都是以考实性研究所提供的大量可靠的考实性认识为基础的，他们也经常以依据坚实的事实基础立论而感到自豪、充满自信。[1]在教育领域，很多学者也做了大量的考实性研究，为我们还原了教育历史发展的原貌。如章小谦对教育者和受教育者的称谓——“先生”和“学生”所做的考证[2]，为我们还原了这两个称谓的历史发展脉络，以及称谓的变化与社会其他因素之间的互动关系。

案例4.1

“先生”考

当代对教育者的称谓，第二人称一般称“老师”，第三人称一般称“教师”。但是，古代各级学校包括私塾的教育者大多被称作“先生”。就是民国时期，“先生”作为教育者的称谓也还很常见。中国古代为什么会用“先生”一词来指称教育者？新中国成立以后，为什么“先生”作为教育者的称谓又会被“老师”所取代？通过对史料的分析发现，“先生”之称始于西周。此时，由于没有出现专门的文化教育机构，所以也没有专职的教育者——教师，先生承担了乡里的社会教化职责，所以“先生”在本来意义上指长辈。春秋战国时期，出现了专门化的教育机构——私学，从而也出现了最早的职业化教育者，“师”开始有了“教师”的含义，并且成为在第三人称情况下使用的对教育者的正式称谓。教师概念产生以后，由于传统的连续性和中国古代社会的宗法性，“先生”指称教育者的用法还在延续，这时的“先生”指称游离于政权系统之外的有学问的人。明朝开始出现用老师称呼座师的现象，民国年间因为科举制度被废除，“老师”成为对一般教育者的尊称，但是“先生”的称谓仍沿用不辍。新中国成立以后，因为意识形态方面的原因，“老师”几乎完全取代了“先生”，成为对教育者的第二人称。[3]

毫无疑问，考实性研究的目的在于求得历史客体之真，因此对史料真实性的考察就是考实性研究的关键。一般情况下，考实性研究分两步进行：首先，以史料客体为对象，考证史书的真伪错谬，弄清史书的原貌，这通常被称为外考证。其次，以历史客体为对象，考证史事的真实与否，弄清历史之真，这即为内考证。内考证比起外考证是更深入的工作。考证一件史实，需要掌握与此相关的尽可能全面的史料，在对大量史料进行排比、分析、归纳的基

1 李振宏，刘克辉. 历史学的理论与方法[M]. 开封：河南大学出版社，2008：234.
2 详见章小谦. “先生”考[J]. 华东师范大学学报（教育科学版），2007（4）：73-78. 蔡玉莲，章小谦. “学生”考[J]. 江西师范大学学报（哲学社会科学版），2008（4）：122-127，131.
3 章小谦. “先生”考[J]. 华东师范大学学报（教育科学版），2007（4）：73-78.

础上去认识历史的真相。这是一件认真、细致，甚至十分枯燥的工作，需要有极认真的科学态度，要仅仅从历史材料出发，反对任何主观随意性。

为保证考实性研究的质量，必须注意一些问题。首先，进行考实性研究，必须以马克思主义的世界观和方法论为指导，在占有大量丰富的历史资料的基础上鉴别分析，去伪存真，在各种材料的联系中确定真伪。其次，一定要围绕重大的历史研究课题进行考证性研究，反对为考据而考据和烦琐考证。有些研究者为着一个极不重要的历史事件或历史人物的考证而费精劳神，但对于带有关键性的历史事件却没有投入应有的热情和精力。譬如，在研究中世纪大学的发展时，将研究精力过多投入对当时教授所穿衣服的质地、样式等的考证上，这样势必影响对主要问题的研究和认识。最后，要正确看待考实性研究，不能忽视，也不宜夸大。在教育历史研究中，可能会存在两种较为极端的倾向：一是忽视考实性研究，害怕做艰苦细致的考证工作，认为考证是一种纯粹机械性的活动，枯燥无味，自己不愿意做考证工作，也不愿去看别人的考证文章，在研究活动中，忽视材料的甄别；另一个倾向是把考实性研究捧到不适当的地位，认为只有考证、辨伪、校勘，才是真学问，才显示出治学的功底、学力，其余研究都是空洞的，毫无价值的。针对这两种倾向，必须明确，考实性研究是历史研究的基础性工作，必不可少，但它也远不是历史研究的最终目的和任务。

（二）抽象性研究

抽象是人类思维通过对事物的比较、分析、综合、概括等活动，将隐藏在事物中的、内在的、本质的、共同的东西抽取出来，用概念、范畴、规律等形式固定下来的过程。[1]教育历史研究中的抽象性研究，就是研究者通过对考实性研究所获认识进行比较、分析、综合、概括等活动，将隐藏在研究对象中的内在的、本质的、共同的东西抽取出来，用概念、范畴、规律等形式固定下来的一种研究类型。抽象性研究的任务，就是要透过研究对象的表面现象，去发现其中所含的历史底蕴，发现研究对象内部及其与外部环境的必然联系，从而揭示教育的本质和规律。

抽象性研究在教育历史研究中，具有重要的意义。如果研究者的认识不深入历史的深层，不着力去认识教育现象或问题的本质和规律，就会在许多光怪陆离的历史现象面前迷惘而不知所措，无法对教育现象或问题的历史进行解释和实质性描述。因此，以考实性研究为基础，进行更深邃、更具有根本意义的抽象性研究，将标志着教育历史研究达到一定的深度，并对其他类型的历史研究产生重要影响。抽象性研究使考实性研究的作用得以发挥，使考实性且可能研究获得其意义；同时，抽象性研究又深刻制约和规定着价值性研究，可以说，抽象性研究在教育历史研究中起到承上启下的主导性作用。

---

1 李振宏，刘克辉. 历史学的理论与方法[M]. 开封：河南大学出版社，2008：238.

对于抽象性研究，还需从以下两方面加深理解。一是明确抽象性研究也是弄清教育历史事实工作的一部分。教育现象的本质联系，是教育历史现象自身的存在，虽然它需要主体去分析、去抽象才能显现出来，但它毕竟是历史客体自身所蕴含的，是客体的一部分。抽象性研究的任务，仅仅是要把历史客体所蕴含的必然性揭示出来，并予以解释和说明。而历史的解释，应该是说明历史事实的一部分。二是要避免轻视抽象性研究的思想和做法的存在。抽象性研究获得的认识，看起来似乎失去了历史事物的具体性，变得空洞了，实质上它更深刻、更准确地反映了历史事物的整体和本质联系。它使历史研究不至于陷入对历史表象那些细枝末节的纠缠之中，而是去洞察历史的深层。

（三）价值性研究

单有考实性研究和抽象性研究，还不能完成教育历史研究的全部任务，教育历史事实所负载的社会功能和伟大使命，需要价值性研究来揭示。

马克思指出："'价值'这个普遍的概念是从人们对待满足他们需要的外界物的关系中产生的"；他还说，价值"是人们所利用的并表现了对人的需要的关系的物的属性""表示物的对人有用或使人愉快等属性""实际上是表示物为人而存在。"[1]可见，价值是一种关系范畴，反映的是主体与客体之间的一种关系，表明客体能够满足主体的某种需要。教育历史研究中的价值性研究，就是指研究者通过对教育现象或问题的历史考察，揭示其能满足主体需要的属性的一种研究类型。在一般认识活动中，价值主体就是从事认识活动的主体，客体的价值就表现为能满足于认识主体的属性。而在教育历史研究中，价值主体主要表现为时代主体、历史主体和认识主体[2]，因此，价值性研究主要评价研究客体的三层价值关系：历史客体与以它所处的时代为价值主体的价值关系，与以整个历史发展为价值主体的价值关系，和以现实认识主体为价值主体的价值关系，即要努力揭示研究客体对于它所产生时代的意义，它对后世整个历史发展的作用和影响，以及它能满足研究主体的某种需要。

在进行价值性研究时，首先，需要对这三层价值关系进行具体分析。这是因为这三者虽在许多场合下并不一致，但却有很密切的联系。一般来说，研究客体只有在对它的时代、对整个历史的发展显示出价值作用的时候，也才可能对认识主体显示出一定的意义，也才可能作为研究课题被予以关注。但有时有些历史客体在它的时代显示出突出的意义，曾经显赫一时，而在后世却缺少历史价值；而有些历史客体在它的时代没有什么积极意义，或者并没有引起人们的注意，而对后世却产生了深远的影响。其次，在进行价值性研究时，研究者必须严格贯彻唯物主义认识路线，发挥主观能动性，必须避免仅以研究者自身的理解和需求进行的价值判断。

---

1 王卫东．教育价值概念的历史考察与理论分析[J]．北京师范大学学报（社会科学版），1996（2）：29-35.

2 李振宏，刘克辉．历史学的理论与方法[M]．开封：河南大学出版社，2008：244-245.

第三节 教育历史研究的步骤和具体方法

学习目标

掌握教育历史研究的步骤和具体方法。

作为一种特定的教育研究方法，教育历史研究有着独特的研究程序和步骤，且每一个环节都会使用与之配套的具体方法。对于教育历史研究的步骤及其具体方法的清晰把握，是指导人们有效使用教育历史研究的关键，对于发挥教育历史研究的作用十分重要。虽然在具体研究过程中，根据不同的研究对象，不同的研究者，可能会采取不尽相同的做法，但搜集史料、鉴别史料和对史料进行分析总结，是任何历史研究都不可或缺的。

一、史料的搜集

所谓教育史料，指能反映教育研究对象发生、发展过程及其规律性的一切文字和非文字的资料。[1]要从历史上存留下来的浩如烟海的教育历史史料中搜集资料，首先就需要明确教育史料的类型。

教育史料

所谓教育史料，指能反映教育研究对象发生、发展过程及其规律性的一切文字和非文字的资料。

（一）教育史料的类型学考察

教育史料的存在形式多种多样，从不同的视角可以对其进行不同的类型划分。目前，学界使用最多的有两种类型。

1. 文字史料、实物史料和口传史料

这是按史料存在的形式划分的。文字史料，是以文字的形式留存的史料形式，它在教育历史研究中使用最为广泛。教育发展的历史，很多都被人们有意识地记录下来。

案例4.2

我国文字史料的主要类型

（1）史部类，即关于历史的书籍。教育作为社会大系统中的一个子系统，与社会发展紧密相关，因此历史自然不会忽略对教育历史的记载。我国正史的二十四史，其中各史的《选举志》《儒林志》等有集中的教育史料；编年史、杂史、别史、诏令、奏议、传记、史

1 李秉德. 教育科学研究方法[M]. 北京：人民教育出版社，1986：120.

抄、政书、实录等书中也有丰富的教育史料；历代学案如《宋元学案》《明儒学案》、典制体史书的《十通》等，都是教育史料的渊薮。

（2）经、子、集类。“经”字本意是指纵的线，也就是订书的线。后演化为古籍的统称，凡带有原理原则性的著述，都可以称为经。我国古代最为经典的经书当数开启于孔子的六经：《诗》《书》《礼》《易》《乐》《春秋》，后来它们逐渐成为儒家所传授的经典，其中蕴含着丰富的教育史料。“子”指我国春秋战国时期的诸子百家，如儒、墨、道、法、杂家等，他们留下的作品成为重要的史料。“集”指具有文学性质的史书，虽然它们不专门记载历史，但其中却蕴含着丰富的历史资料。如集部中的总集、别集、诗文、词典等，还有历代文人的文集，以及许多优秀的文学作品，从汉赋、唐诗、宋词、元曲到明清小说等，都有对当时教育情况的描写，也是教育历史研究非常重要的资料来源。

（3）档案类，它通常是官方记录有关教育的法令、制度、规章、政策、决议、指示、规则、调查、汇报、总结、报表、统计、会议记录、学校的章程、工作计划、条例、教学计划等正式文件，由专门机构加以保管。

（4）地方志，地方志是记载地方经济、政治、文化教育、地理沿革、民族、民俗等情况的书籍。历史上流传下来的地方志，为历史研究者提供了丰富的史料，其中《教育志》中关于学校、选举、经籍、艺文、人物、风俗等部分，蕴藏着极为丰富珍贵的教育史料，是教育研究者不可忽视的一个史料来源。

此外，丛书、辑佚书和某些外国人的著述中，也会有一些极具参考价值的教育史料，也是我们在教育历史研究过程中可以参考的文献。

实物史料，顾名思义，就是以实物的形式记载历史信息的资料。在教育领域，实物史料大致分为两类：一是教育遗址，即前人从事教育活动的各种场所；二是教育遗物，如前人在教育活动中所使用的设备、教学材料、用具、教科书以及学生作品等，在17世纪的学校中使用的初级课本、20世纪20年代以来的高中毕业文凭、某个历史时期学生所写的作业等都属于此类。

在以往的历史研究中，很多研究者经常会忽略这类史料的巨大价值。如在对教育史上儿童观的研究中，我们过去主要是依据历史上教育家的著作或官方的文献进行，资料的使用和发掘缺乏想象力，而现在我们还可以通过许多关于某一时期儿童存在和生活的证据、图像、日记等实物史料来研究和说明儿童观，这对我们科学地认识儿童是十分有意义的。

口传史料，就是以故事、传说、歌谣或其他口头语言形式记录过去事件的资料。梁启超曾形象地说：“十口相传为古”，说明口传史料同样也是十分重要的史料形式。它可以通过对个人的访谈来获得，也可以通过与见证人相关的经验的记录或改编的记录来获得。目前，比较热的口述史研究正是对此类史料研究的集中体现。

2. 第一手资料和第二手资料

这是按史料的原始程度划分的。第一手资料就是对事件或经历的首次记录，它通常是由直接参与或目击所要描述的事件的人所提供的资料。在教育历史研究中，以实物形式存在的史料、亲历者的口述史以及部分文字记载，都是十分重要的、有价值的第一手资料。第一手资料是教育历史研究的生命，因此，利用逻辑推理、直觉判断以及生活的一般常识去发现、甄别和评价第一手资料是教育历史研究者应该具备的基本功。

第二手资料是没有直接目击事件，但从其他人那里获得的一些有关该事件的情况的人所提供的资料。第二手资料广泛存在于教育史料中，如有关教育研究的书籍、一篇总结孔子教育思想的文章、一本教育史的书籍等。在教育历史研究中，使用第二手资料有三方面的价值：一是有利于获取与研究问题有关的信息，如要研究美国公立学校问题，可以通过第二手资料（教育史教科书或研究专著）很容易发现哪些人研究了这一问题，提出了哪些观点，使用了哪些材料；二是有利于了解问题的背景，如要研究卢梭的教育思想，使用第二手资料帮助我们理解当时法国社会和教育的情况；三是作为一种研究问题的基本框架，可以了解别人的研究思路，第二手资料往往体现了别人研究时的一种解释框架和研究的基本途径，它通过赋予内容一定的形式，通过一定框架的解释为人们提供对问题的理解，如在研究19世纪末20世纪初欧洲新教育运动发展时，可以通过阅读相关的教育史著作，来了解别人研究的基本结构和基本观点。[1]

虽然第二手资料对于教育历史研究来说具备一定的价值，但需要注意其局限性，因为第二手资料在传递过程中容易被使用者曲解。因此，第二手资料可以使用，但要谨慎，一般在第一手资料不能得到时，第二手资料才作为第一手资料缺乏时的补充。

由上述教育史料的类型可以看出，教育史料的分布是极为广泛的，书籍、档案、报刊、期刊等，是教育史料比较集中的分布地。另外，在教育历史研究中，也不能忽视对遗址、遗物、口述等教育史料的关注。

（二）搜集教育史料的方法

教育历史研究必须建立在翔实的史料基础之上，而历史上存留下来的史料纷繁复杂、浩如烟海，掌握科学的搜集史料的方法，是搜集到较为完整的资料的有力保障。因此，搜集史料必须遵循科学的方法。

首先，充分利用各种工具书，寻求门径，按图索骥，搜集所需史料。所谓工具书，是专为读者查考字形、字音、字义、词义、字句出处和各种事实等而编纂的书籍，如字典、词

1 郭法奇. 什么是教育史研究——以外国教育史研究为例[J]. 教育学报，2005（3）：92-96.

典、索引、历史年表、年鉴、百科全书等[1]，它们是治史者的得力助手，借助工具书提供的线索，可以快捷地寻找到所需要的史料。文史工具书种类繁多，按其功用，大致有如下几种：用于解答疑难的字典、词典类，如《中国历史大辞典》《世界历史辞典》《辞源》《辞海》等；为搜集史料指引线索的目录、索引类，如《四库全书总目》《中国丛书总目》《中国史学论文索引》《教育学论文目录》以及各种报刊、专题索引等；类书等史料汇编，类书是通过摘录各种书上有关的材料并依照内容分门别类地编排以备检索的书籍，如唐代的《艺文类聚》、宋代的《太平御览》和《册府元龟》、明代的《永乐大典》以及清代的《古今图书集成》等。[2]

其次，分类阅读，提高史料搜集的效率。史料的搜集离不开阅读，但在面对纷繁复杂的史料时，要提高史料搜集的效率，就必须进行分类阅读。因此，可以将相关文献分为三类进行阅读。第一类是精读书。这类书需要逐段逐句地阅读，并且要仔细地抠文句的含义，抠它的可靠性，抠它的史料价值，发现能说明论题的、有价值的史料，对其进行圈点或摘抄，甚至可以制成卡片，这类史料是分析的主要对象和立论的主要依据。第二类是泛读书。泛读区别于精读，无须逐字逐句地阅读，而是依据需要进行快速的、有目的的、扫描式的阅读，其主要目的是为了进一步补充史料。但一定要明确，泛读是指更大的阅读范围，而不是泛泛而读，不予留心。而且，在某项历史研究中，并不存在绝对的精读书或泛读书，由于随着发掘史料质量、数量的变化，从泛读书中得到的史料，可能是更为重要、更能说明问题的，而精读得来的史料反而价值不高，它们之间的地位可能就会发生变化。第三类是查阅书。这类书主要指工具书，用于弥补史料缺漏，并对已有材料进行校勘、考证等。

最后，利用已有史料进行追踪搜寻，不断扩大史料搜集的范围。这种方法适用于手头已经搜集到一些史料，在对搜集到的史料进行阅读时，从其正文、注释、参考文献等处，发现与所需史料相关的信息，如相关史实、有价值的参考书目或文章等，然后进行追踪阅读。这种类似于滚雪球的方法，对于扩大史料搜集的范围十分高效，但还需配合其他方法，否则极易被他人研究的范围所局限。

另外，教育史料的搜集，也需平时的积累。

二、史料的鉴别

郭沫若曾说："无论做任何研究，材料的鉴别是最必要的基础阶段。材料不足，固然大成问题；而材料的真伪或时代如未规定清楚，那比缺乏材料还更加危险。因为材料缺乏，顶多得不出结论而已；而材料不正确，便会得出错误结论。这样的结论，比没有更要有害。"[3]

1　现代汉语词典[Z]．北京：商务印书馆，2012：447．
2　侯怀银．教育研究方法[M]．北京：高等教育出版社，2009：97–98．
3　郭沫若．郭沫若全集（历史编）（第二卷）[M]．北京：人民出版社，1986：3．

由此可见，史料的鉴别，是对史料进行去粗取精、去伪存真的过程，是历史研究不可缺少的环节。

史料的鉴别主要需要对史料的真实性和准确性进行考量，也即任何历史研究者都需要回答两个关键问题：第一，这个文件真的是我们假定的那个作者写的吗？（即它是真实的吗？）第二，在这个文件中的信息是真的吗？（即它是准确的吗？）[1]这就是史料鉴别的两个重要环节：外部评价（external criticism）和内部评价（internal criticism）。

（一）史料的外部评价

在历史研究中，对史料真实性的确定被称为外部评价，也称为外部评估、外在批评。在我国史学界，对史料的外部评价通常称为“辨伪”，它们之间不存在差异。外部评价关注的不是文献的内容，而是文献表面的或宣称的出处是否和它实际的出处相一致。“出处”一词在此处主要指所搜集到的史料的作者、地点、日期和出版情况这类东西。[2]

史料真实性出现问题的情况大致有以下几个方面：尽管文献的作者通常都在文献中注明，但这一信息有时可能不真实，如文献可能由别人代写而非署名作者所写；作者用化名来掩盖真实身份；一份文献有多个作者，你就无法确定与某个历史研究问题相关的部分是谁写的；还有就是将不属于自己的经历杜撰到自己名下，或者是他人冒充作者伪造文献，这都会造成文献与史实的不匹配；文献的地点和时间上存在模糊或错误的信息。另外，判断文献真实性时还可能会遇到一些变异文献，所谓变异文献（variant source）指的是对一次文献做了一些改动的文献。[3]这种改动，可能会提供给人们不同的信息，造成认识上的混乱，损害史料的真实性。尤其是打印机还不是非常普及的时代，很多文献都是手写的，其副本也是以同样的方式书写，那么它们之间是否存在出入，是否存在错误的信息就很值得深入考察。

胡适在总结清代学者的治学方法时提道：“他们用的方法，总括起来，只是两点。一是大胆的假设；二是小心的求证。假设不大胆，不能有新发现。证据不充足，不能使人信仰。”[4]“大胆假设，小心求证”这八个字，可以用于指导研究者对史料的外部评价，也即为了确定史料的真实性，研究者必须对文献出处的各个方面提出不同的假设并进行验证。对史料的真实性提出大胆的假设后，就必须对其进行验证，验证的方法多种多样。例如，对出处地点真实性的考察，可以从文献存放的地点或者从文献内部的说明中进行验证；对出处日期的考察，可以通过文献中的参考文献或者从文献在档案馆中的存放顺序进行推断；对作者的考

1 [美]杰克·R. 弗林克尔，诺曼·E. 瓦伦. 教育研究的设计与评估[M]. 蔡永红，等译. 北京：华夏出版社，2004：529.

2 [美]乔伊斯·P. 高尔，M. D. 高尔，沃尔特·R. 博格. 教育研究方法：实用指南[M]. 屈书杰，等译. 北京：北京大学出版社，2007：400.

3 同上。

4 胡适. 清代学者的治学方法[A]. 胡适文存（第一卷）[C]. 合肥：黄山书社，1996：298.

察，可以寻找相似文献进行相互印证……总之，针对不同的史料、不同的假设，验证的方法需要进行适当调整，并不存在放之四海皆准的方法。正如胡适和傅斯年所言，有几分证据说几分话。[1]在对史料进行外部评价时，也需要依据证据说话，不附会、不武断。总之，研究者必须尽最大努力来确保所使用的史料的真实性。

（二）史料的内部评价

一旦研究者对搜集到的史料的真实性感到满意，就需要去确定文献中的内容是否准确。在历史研究中，对史料准确性的确定被称为内部评价，也称为内部评估或内在批评。

内部评价的主要目的是保证数据或文献的准确性。外部评价所针对的是文献自身的特性或真实性，而内部评价是要关注文献中所讲的内容。为此，对于文献的内容，可以问这样一些问题：

① 内容是否讲得通（即根据所描述事件的特性，它们有理由像文件中所描述的那样发生吗）？

② 所描述的事件会发生在那个时候吗？

③ 人们会像所描述的那样做吗？

④ 文件的语言是否带有某种偏见？语言中是否充满了情绪化的指责，是否过于激烈或带有某种特殊的倾向性？

⑤ 是否有关于这个事件的其他说法？它们对于所发生的事情是否给出了不同的描述或解释？[2]

在进行内部评价的过程中，不仅要对文件中所包含信息的准确性进行评价，而且还要对作者的诚实程度进行评价。有学者认为，用来判断文献作者可靠性的标准可以包括：

① 文献中描述的事件发生时作者是否在场；

② 作者是事件的参与者还是观察者；

③ 作者正确描述这类事件的资格；

④ 他对事件的感情成分有多少；

⑤ 事件的结果跟作者是否可能有利害关系。[3]

史料的内部评价正是通过对以上问题的回答得以完成的，从而实现对史料的准确性追求。在我国史学界，对史料内容准确性的考察被称为“校勘”。著名史学家陈垣在其《校勘

1　宁可．从“二重证据法”说开去——漫谈历史研究与实物、文献、调查和实验的结合[J]．文史哲，2011（6）：68–76.

2　[美]杰克·R．弗林克尔，诺曼·E．瓦伦．教育研究的设计与评估[M]．蔡永红，等译．北京：华夏出版社，2004：531.

3　[美]乔伊斯·P．高尔，M．D．高尔，沃尔特·R．博格．教育研究方法：实用指南[M]．屈书杰，等译．北京：北京大学出版社，2007：401.

学释例》中提出了“校法四则”：对校法、本校法、他校法和理校法。第一种、第二种是以本书的不同版本或本书内部进行校勘，故也称“内校法”；第三种是以要校对的书以外的各种有关较为可靠的记载来校勘，故又称为“外校法”；第四种方法是在以上三种方法均不能校正的情况下，根据上下文并联系当时各种历史发展的背景和线索，运用逻辑思维来考证的一种方法，这对校勘者的学识有很高的要求。[1]

三、史料的分析

德国学者诺尔指出：“教育史并不是教育珍品的堆集或者是对风格迥异的大教育家们的有趣介绍，而是描述了教育观念和思想发生与发展的连续性过程。如果我们仅仅停留在十分有限的个人经验上，而不去对教育史做系统的分析，那么，我们就不能理解教育的本质。教育的意义正是在这种历史关联中才脱颖而出，变得清晰可见。”[2]因此，经过对史料的鉴别后，对那些真实可靠的史料进行分析就需提上日程。此处的分析是指通过对史料的分解剖析来明确史料所提供信息的性质、特点以及所能说明的问题。[3]对史料进行分析的目的，是获得对事物本质和规律的认识并以实践检验这种认识，为保证认识的科学性，就必须运用科学的分析方法，对史料进行分析。

在教育研究中，对材料的理性加工方式很多，教育历史研究中使用最多的是分析、综合、比较、抽象、概括等。各种方式的综合使用，可以实现从史料到对与史料相关的事物的理性认识，再从理性认识回归对事物未来发展的规划或指导上。

有学者认为，“历史学家的任务是不仅要确定事实，还要解释它们”，即挖掘事实之间的联系和重建事实背后的“真实结构”。[4]因此，在对史料分析的基础上，研究者如何进行解释，对教育历史研究的结论影响至深。通常，在对史料分析后进行解释的方式有两种。一种是用统计、归纳性的经验规律做解释，其解释的形式是：因为有某某经验规律，所以有某某事实出现；二是不用统计、感性的经验规律去解释，而是用“人之常情”或“常理”去解释，即面对特定的历史情境，以设身处地、以心换心的方式，进行模拟式的体验、思考，从而对之做出合理的解释。[5]

1　侯怀银．教育研究方法[M]．北京：高等教育出版社，2009：102.
2　邹进．现代德国文化教育学[M]．太原：山西教育出版社，1992：119.
3　马云鹏．教育科学研究方法导论[M]．长春：东北师范大学出版社，2002：110.
4　何平．解释在历史研究中的性质及其方式[J]．史学理论研究，1998（4）：86-99.
5　侯怀银．教育研究方法[M]．北京：高等教育出版社，2009：104-105.

第四节
教育历史研究的规范

学习目标

熟悉教育历史研究的规范和要求。

当教育历史研究成为一种较为成熟的研究方法时，自然会形成一套与之相匹配的研究规范，引领研究者群体共同遵守，以保证教育历史研究的信度和效度，最大限度地还原教育历史的真相，并为教育的未来发展提供高质量的借鉴。

教育历史研究的规范，通常会告诉研究者：为什么研究、应当研究哪些问题以及应该如何研究才能得到科学的结论。[1]一般而言，规范并不强制研究者遵循，而是用自己的价值体系影响研究者的价值观念，使研究者自愿遵循规范。研究者一般会认为只有遵循规范，研究才有科学价值，自己的才能才会被学界承认。

一、教育历史研究的优点和局限

（一）教育历史研究的优点

教育历史研究的优点主要表现在以下几个方面。

首先，它是唯一一种可以对过去保存下来的与研究问题有关的证据进行纵向研究的方法，有利于揭示教育发展的规律和特点。纵向研究最大的优点就是能够梳理出事物发展的线索、脉络，而事物发展的规律和特点就寓于这些线索和脉络之中。教育历史研究正是通过对研究对象的发展进行纵向梳理，从而揭示其发展规律和特点。因此，教育历史研究对于教育规律和特点的揭示有着得天独厚的优势。

其次，教育历史研究较之于其他研究方法，能够使用到更多历史时期、更多种类的资料。这是因为在教育发展的历史长河中，会留下各历史时期、各种与研究问题相关的、丰富而具体的资料供教育研究者使用。比如，要研究“教师参与对课程改革成败的影响”，就可以通过检索过去50年间关于课程改革的官方记载，课程改革的倡导者所写的报告或者书籍等，还可以对与此事件相关的教师日记等进行研究。另外，这些史料有以文字记载形式存在的、有以实物形式存在的，还有以口述史形式存在的，不一而足。不同历史时期累积的形式多样的各类资料，为研究提供了丰富、鲜活的资料，这将有助于研究者更加全面地了解事物的原貌，使研究者所做的判断更加精确，从为研究结论的形成提供坚实的资料基础。

最后，教育历史研究在总结教育发展的经验和教训方面，也拥有其他方法所不具备的优

1 张亦工. 中国近代史研究的规范问题[J]. 历史研究，1988（3）：51-64.

势。任何事物的发展都会经历成功或失败，教育的发展也是如此，通过教育历史研究，可以总结出前人优秀的教育思想或做法，为当代所用；而那些教训，则可以作为反面教材，让今人引以为戒。

（二）教育历史研究的局限

首先，由于历史是按年代顺序，经历了一个时间、空间错综复杂的发展过程，而历史文献常常是滞后记载，历史史料往往比较零散、不完整、不系统，而且搜集和考证、分析这些史料本身也是相当困难的，这都会影响到教育历史研究的可靠性。其次，教育历史研究的主体性特点，显示了教育历史研究深受研究者主体意识结构的影响，如研究者的哲学观点、政治立场、知识基础、生活经验、情感、性格气质、对史料的掌握程度以及方法论水平，等等。如果研究者各方面素质稍有欠缺，就会使研究结论出现偏差。最后，教育历史研究很难做到精确的、量化的分析，这可能对研究的信度、效度产生一定的影响。因此，可以说，教育历史研究是一种非常难操作的方法，在具体使用使应该考量其局限并努力去规避。

（三）教育历史研究的适用范围

综合教育历史研究的优点和局限，教育历史研究主要适用于研究人们过去的教育实践和教育思想理论。具体而言，大致包括以下几个方面：对各个时期教育发展情况的研究；对历史上教育家们的教育思想理论观点的研究；对某个时期教育流派、教育思潮的分析研究，以及对不同教育流派理论的比较研究；对特定时期教育制度，如法令、计划、政策等的评判分析；对外国教育发展状况的分析；开拓新的研究领域[1]；教育活动史研究。[2]

二、教育历史研究的基本规范

（一）注意历史研究中的资料来源及分析鉴别

史料是历史研究的出发点，研究者不仅要会搜集资料，而且要掌握鉴定和整理史料的方法，以确定资料来源的真实性和价值。

第一手资料和第二手资料是史料的两种基本类型，这在讨论史料的基本类型时已经进行过详细说明。换一个角度，它们也是史料的两个重要来源。在历史研究中，首先应该更加注重对第一手资料的搜集，因为第一手资料最原始，也最可信；其次需要明确已经搜集到的史料的来源，对第一手资料和第二手资料进行区分，并在区分的基础上对其进行鉴别和分析；

---

1 裴娣娜．教育研究方法导论[M]．合肥：安徽教育出版社，2000：140-142.
2 周洪宇．加强教育活动史研究 构筑教育史学新框架[J]．湖北大学学报（哲学社会科学版），2012（3）：96-101.

最后应充分认识并发挥第二手资料的价值。

从来源的角度把好了史料的搜集关，运用合理的方式方法对其进行内部评价和外部评价，也是教育历史研究者在研究过程中必须严格遵守的规范。前文对此已有比较详细的论述，此处不再赘述。另外，在众多学科大发展的今天，它们提供的新的科技方法，拓宽的新的研究领域，都可以为教育历史研究史料的鉴别提供帮助。梁启超提出和践行的“二重证据法”，就是将考古学的研究成果服务于历史研究的典范，是值得教育历史研究者借鉴、学习和使用的。总之，我们在研究史料时，应通过审视鉴别，尽可能地把握教育史料的总和，不要罗列一大堆不重要的史料，要描述出教育发展史的实际历程，而不是僵死的史料的堆积。

（二）坚持唯物史观，正确处理历史研究中的几个关系

唯物史观，即“唯物主义历史观”，也即“历史唯物主义”，由马克思和恩格斯共同创立。作为“唯一的科学的历史观”（列宁语）的唯物史观，与以社会生活某一局部领域、某一个别方面为对象的各门具体社会科学不同，它着眼于从总体上、全局上研究社会的一般结构和一般发展规律，它的任务就是为各门具体的社会科学提供历史观和方法论的理论基础。任何历史研究，必须以唯物史观为基础，因此，教育历史研究也必须始终坚持科学的唯物史观。同时，还必须处理好历史研究中的几个关系。

1. 古与今的关系

古今关系，即研究历史与研究现实的关系。教育历史研究，必须正确对待古与今的关系，通古今之变，尊重历史，古为今用，让历史研究成为促进当下教育发展的重要推动力。

从本质上来说，历史与现实是息息相关的。历史是过去的现实，现实是未来的历史，人类从事的每个时段的社会实践，无不需要以已经具备的历史条件作为基础，无不需要借鉴有关的历史经验。历史学的生命力就在于与现实有这样那样的关联，可以为现实提供各种各样的经验。如果教育历史研究者能够从教育的历史宝库中发掘出时代需要的教育资源、生产出现实需要的教育思想和精神，满足教育发展的需要，把隐含在教育历史中的宝藏转化为推动教育前进的动力，教育历史研究就会显示出勃勃生机，引起更多人对此研究方法的重视。

“古为今用”“历史为现实服务”是中国史学史上的一个优良传统。历史上那些有成就的史学家，在处理历史与现实的关系上，无不重视历史为当时的现实服务。如中国最早的史学家孔子在编撰《春秋》时，“详今略古，寓褒贬，别善恶，推此类以绳当世”，处处体现出为当时现实服务的政治倾向；司马迁著《史记》，“究天人之际，通古今之变”，明确表示要“居今之世，志古之道，所以自镜也”，他的这种治学宗旨充分体现了历史与现实的结合；司马光编《资治通鉴》，“叙国家之兴衰，著生民之休戚，使观者自择其善恶得失，以为劝戒”，其为当时现实服务的目的更为明确；顾炎武自称所著之书“皆以为拨乱反正，移风易俗，以驯致乎治平人之用”；梁启超则说“史学者，学问之最博大而最切要者也，国民之明

镜也，爱国心之源泉也。今日欧洲民族主义所以发达，列国所以日进文明，史学之功居其半焉”。[1]所有这些无不表明，“古为今用”“历史为现实服务”乃一切有识史学家的共同主张，它也应该成为教育历史研究者的坚持。

在教育历史研究中，实现“史”“今”转换，透过对历史的研究，解释教育科学中最富于生命力的深层结构，以此为基础，使之在实践上的延续和空间上的扩展统一起来，从而促进教育理论研究不断深化和现实化。这也就是说，在进行教育历史研究时，要有历史意识，在广泛收集史料的基础上，不断发现新的课题，并能够挖掘它们与现实的关联，将现实中最迫切需要解决的问题确定为研究的新论题。教育历史研究正是在历史与现实的良性互动中，通过对过去教育问题的研究，实现其强大的功能。

2. 史与论的关系

所谓“史”，指的是具体的历史史料，“论”指理论的概括分析。[2]在教育历史研究中，史与论分别指教育历史史料和教育理论，如何处理二者的关系，是需要每一个教育历史研究者思考的。

对于如何处理好史与论的关系，学者们给予了广泛的关注。在理论上，学者们普遍认同二者之间的相互依存关系，比较典型的观点认为：一方面应该努力做到“论从史出”，另一方面还需关注“以理论史”，以充分体现历史与逻辑的统一。[3]但在实践中，二者的关系并不是那么容易把握，因此会存在一些错误的观点和做法，如有人认为，只要收集丰富的史料，把史料考订准确，就能理所当然地得出研究结论。甚至还有人只关心收集史料，而根本不关注对史料的理论分析和提升。这些错误的认识致使很多教育历史研究仅停留在对教育史料与具体问题的研究上，且只处于经验性的概括水平，无法达到阐发教育理论的层次，从而使教育历史研究不能很好地揭示教育历史与现实的联系。另外，有人也赞同史与论的结合，可实际上却只是简单罗列史料，并美其名曰“纯客观”。殊不知，不加分析和说明的罗列，使“史”成了几乎僵化的史料的堆砌，而“论”却成了几个范畴的排序，不能真正把握研究对象的本质，揭示教育发展的规律。

毫无疑问，正确处理史与论的关系，将二者紧密结合起来，不偏废任何一方，是教育历史研究中应该坚持的。结合现实中存在的错误或不尽如人意的做法，我们认为，必须双管齐下，才能使这一规范在教育历史研究中得到更好的贯彻。首先，应该不断提升教育历史研究者的史学修养，使他们对史与论的关系有更加科学、理性的认识，继而引领其更好地践行。其次，提高教育历史研究者的理论加工能力，这也是处理好二者关系的关键。

1 萧致治. 历史研究与现实[J]. 求是，2004（3）：46-48.

2 裴娣娜. 教育研究方法导论[M]. 合肥：安徽教育出版社，2000：153.

3 潘懋元. 教育史是教育理论的源泉[J]. 河北师范大学学报（教育科学版），2013（1）：5-6.

3. 批判、继承与创新的关系

鲁迅说过："有人做一部历史，将中国历来教育儿童的方法用书，做一个明确的记录，给人明白我们的古人以至我们，是怎样被熏陶下来的，则其功德当不在禹下。"[1]教育历史的价值由此可见一斑，因此，教育历史研究非常重要的一个功能就是以研究促继承，让历史上的教育智慧能够惠及当代。很显然，历史上存留下来的未必都是精华，很多历史经验可能会在演化中失去它的价值。因此，批判应该与继承相伴，这是提高教育历史研究质量的有力保障。

继承是教育历史研究的目的之一，批判是为了更好地继承，但教育历史研究还可以走得更高、更远，即在批判、继承的基础上进行创新。我们必须不断开辟新的领域，采取新的方法，阐述新的问题，提出新的见解，做出新的总结概括。这是因为"历史本身是历史的，各个时代只能按照它自己的经验去理解，也只对它自己有用，新的经验会产生新的历史见解，又可以阐述新的问题，可以重新审查新老论据，可以从大量似乎无用的资料中挑选出颇有意义的事实来。因此，历史必须不断地加以再写，才能满足各个特定时代人们的需要。再写历史是人类为驾驭历史力量所做努力的一部分，而在历史过程中的每一转折点，这一任务都变得特别迫切。"[2]因此，社会的发展要求教育要与时俱进，对教育历史的研究也自然要与时俱进，因此教育历史研究只有不断创新，才可以满足社会发展和教育发展的要求。因此，继承与创新也是相互交织的，正确处理好二者的关系，决定着历史研究的深度和广度。

（三）研究者应具有历史感和现实感

所谓"历史感"，是指以历史事实为前提，以尊重历史的价值为基础，以历史主义精神为核心，以创造性转化历史为目的的主体意识。"现实感"指研究者本人对所处时代教育发展的高度责任感和参与意识，表现为研究者对反映时代发展要求的重大课题的高度敏感性以及对发展变化特点及趋势的深刻洞察和认识，同时也表现在借助当代认识工具和思维方式，不断扩展和深化对历史问题研究的水平上。[3]很显然，历史感和现实感是教育历史研究者必备的基本素质，缺失其中任何一个，都无法达成教育历史研究的目的。因此，作为教育历史研究者，就必须不断吸收有关哲学、社会科学、自然科学、历史学、人类学、考古学等领域的最新研究成果，开阔自己的理论思维视野，借助科学合理的认识工具，在现实和历史的双向考察中深入研究教育的历史现象和历史过程，同时不断提高自己的认识能力，提升自己的研究水平。

---

1 裴娣娜. 教育研究方法导论[M]. 合肥：安徽教育出版社，2000：154.
2 冀朝鼎. 中国历史上的基本经济区和水利事业的发展 [M]. 北京：中国社会科学出版社，1981：序言.
3 裴娣娜. 教育研究方法导论[M]. 合肥：安徽教育出版社，2000：156.

本章小结

1. 教育历史研究的内涵：研究者通过对教育问题或教育现象的史料进行系统、周密的搜集、鉴别、分析，探求教育发展的历史过程，揭示其发展规律，指导现在、预测未来的一种研究方法。

2. 教育历史研究的作用可以总结为三个方面：一是能够把握教育发展的规律和特点，深化对教育的理解；二是借鉴历史经验和教训，指导教育的未来发展；三是不断提升教育研究人员的素质，推动教育研究的发展。

3. 教育历史研究的主要特点：有历史性、以逻辑分析为主、主体性、具体性和综合性。

4. 根据在教育历史研究中获得的主要认识形式的不同，将教育历史研究划分为以下三种类型：考实性研究、抽象性研究和价值性研究。

5. 教育历史研究的基本步骤：史料的搜集、史料的鉴别和史料的分析。

6. 教育历史研究的基本规范有三个方面：一是应注意历史研究中的资料来源及分析鉴别；二是坚持唯物史观，正确处理历史研究中的古与今，史与论，批判、继承与创新的关系；三是研究者还应具有历史感和现实感。

总结 >

关键术语

历史研究	教育历史研究	教育史料
historical research	historical research of education	the historical data of education

章节链接

本章内容是任何一项教育研究都不可缺少的步骤，它与后面各章节之间的内容有密切的联系。

应用 >

体验练习

一、名词解释：

1. 教育历史研究
2. 教育史料

二、填空题

1. 教育历史研究的特点是_____、_____、_____、_____和_____。

2. 按存在的形式可以将教育史料划分为_____、_____和_____。

3. 教育历史研究可以划分为考实性研究_____、_____和_____三种基本类型。

三、简答题

1. 简述教育历史研究的作用。

2. 简述教育历史研究的适用范围。

3. 简述教育历史研究的基本规范。

四、拓展题

从教育专业杂志上挑选一篇教育历史研究的文章，仔细阅读这篇文章，重点思考如下问题：

1. 作者搜集资料、鉴别资料和分析资料的方法分别是什么？

2. 该研究都用了哪些类型的史料，文中是否交代了史料的来源，史料之间是否有不一致的地方？

3. 作者是否合理使用了假设，呈现出的证据是否足以验证或推翻假设？

拓展 >

补充读物

1 梁启超．中国历史研究法[M]．. 北京：中华书局，2009.

该书是梁启超于1921年为南开大学学生讲授"中国历史研究法"后整理成书的。全书共六章，第一章论述了历史的定义、意义和范围；第二章回顾并评价了中国的旧史学；第三章讲如何改造旧史学、建立新史学；第四、第五章谈论史料的种类、如何搜集史料以及怎样鉴别专家史料；第六章阐述如何发现史实之间纵横方面的联系。

2 刘良华．教育研究方法专题与案例[M]．上海：华东师范大学出版社，2007.

该书专题4"怎样做'历史研究'"，从介绍中西方历史研究、教育历史研究的著名个案出发，总结出教育历史研究的操作策略：(1)义理：让历史显露"意义"和"道理"；(2)考据："大胆的假设，小心的求证"；(3)辞章："文采飞动"。另外，该专题后还附了三个拓展阅读材料，可以帮助我们理论联系实际，加深对教育历史研究的理解。

在线学习资源

李开元．探索历史研究新方法，http：//www.confucianism.com.cn/zhexue/show.asp?id=25455.

第五章
教育比较研究

本章概述

本章主要介绍了教育比较研究的内涵和作用、类型、基本步骤以及研究规范。教育比较研究，是教育研究者遵循一定的标准，把彼此有某些联系的两种或两种以上的教育问题或教育现象放在一起进行考察，通过辨别其异同，以揭示教育真相、性质和规律的一种研究方法。通过教育比较研究，可以扩大研究的视域，增长教育知识，更好地揭示教育的本质和规律；获得新的认识和结论；为教育政策和法规的制定提供科学依据。教育比较研究类型多样，主要有纵向比较研究和横向比较研究、同类比较研究和异类比较研究以及定性比较研究和定量比较研究。从有效指导研究的角度出发，本章还详细介绍了教育比较研究的基本步骤、具体操作，以及教育比较研究的基本规范，以提升教育比较研究的质量。

结构图

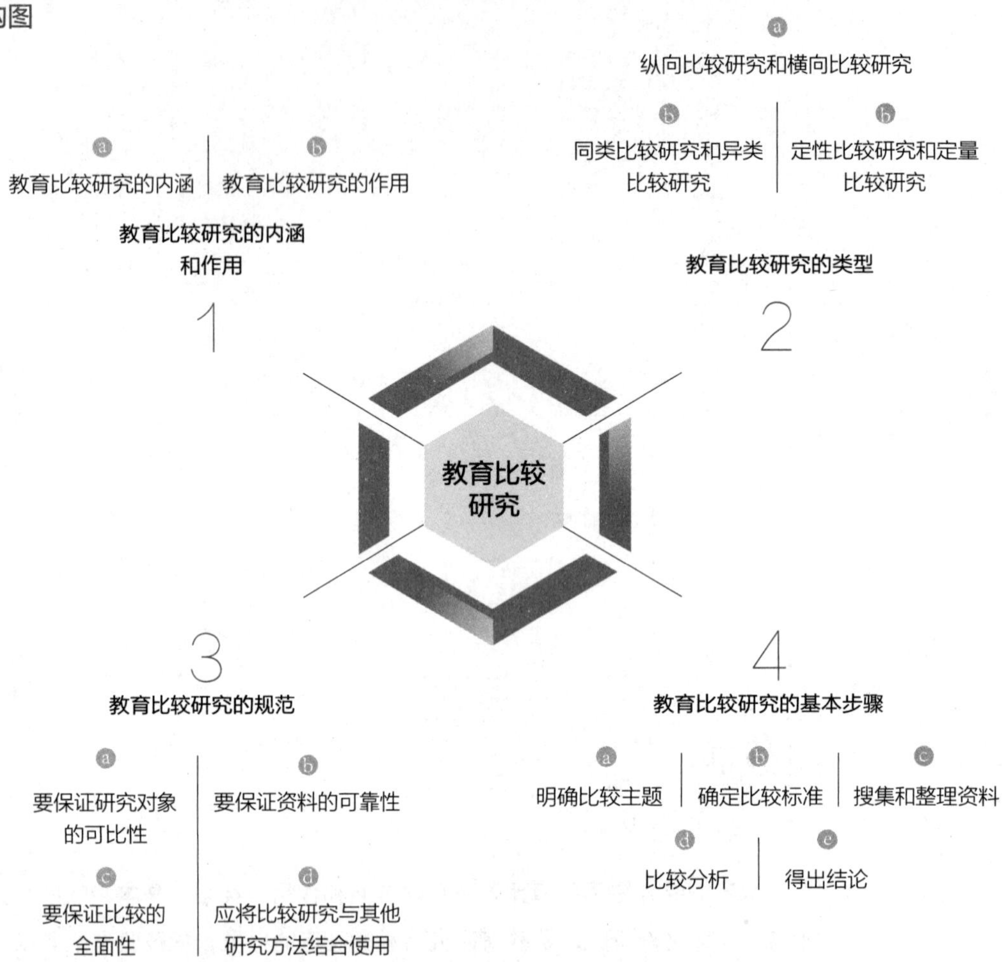

学习目标

学完本章，你应该做到：

1. 理解教育比较研究的内涵和作用；
2. 了解教育比较研究的基本类型；
3. 掌握教育比较研究的基本步骤；
4. 把握教育比较研究的基本规范。

读前反思

什么是教育比较研究？教育比较研究有什么作用？有哪些特点和类型？有什么特定的步骤、规范和要求？

古罗马著名学者塔西陀曾说："要想认识自己，就要把自己同别人进行比较。"[1]比较是认识事物的基础，在教育研究中，比较不仅被作为普遍的思维方法被广泛使用，而且是教育研究的一种十分重要的方法，对教育研究起着十分积极的作用。

第一节 教育比较研究的内涵和作用

一、教育比较研究的内涵

（一）比较

学习目标

熟悉和了解教育比较研究的内涵和作用。

《辞海》中将"比较"解释为："确定事物间相同点和相异点的方法。根据一定的标准把彼此有某种联系的事物加以对照，从而确定其相同与相异之点，便可以对事物做初步的分类。但只有在对各个事物的内部矛盾的各个方面进行比较后，才能把握事物间的内在联系，认识事物的本质。"[2]《现代汉语词典》对"比较"一词做出三种解释：① 作为动词，指就两种或两种以上同类的事物辨别异同或高下；② 作为介词，指用来比较性状和程度的差别；③ 作为副词，表示具有一定程度。[3]由此可见，从词的本义看，"比较"主要指对事物进行异同的辨别。

然而，在现代性视域下，"比较"已超越简单字面意义上的浅表含义，成为一个需要进一步科学界定的学术概念，在本质上代表着一种"现代文化需求和学术精神的方法取向"。[4]

著名的比较教育学家贝雷迪指出，"比较"是"表示两个或两个以上的同种现象间的统一性、相似性和异质性的关系概念""是观察、分析、整理等活动交织在一起的智力劳动"。[5]我国学者陈跃红认为，"比较"是确定事物同异关系的思维过程和方法，属于人类最基本的思维方式之一，因此，它顺理成章地成为人们最常用的研究方法之一。[6]

---

1 李秉德. 教育科学研究方法[M]. 北京：人民教育出版社，1986：103.
2 辞海[Z]. 上海：上海辞书出版社，1999：3834.
3 现代汉语词典[Z]. 北京：商务印书馆，2012：66.
4 陈跃红. 现代性视域与文学"比较"的多重意蕴[J]. 中国比较文学，2007（2）：1-13.
5 陈时见，袁利平. 比较教育学科视野下比较的生成逻辑[J]. 比较教育研究，2010（5）：1-6.
6 陈跃红. 现代性视域与文学"比较"的多重意蕴[J]. 中国比较文学，2007（2）：1-13.

综合以上观点，我们认为，所谓比较，本意是指对事物进行异同的辨别，但当其作为一个学术概念时，则更多被理解为是人类认识、区别和确定事物间异同关系的一种思维方法；同时，它也是确定事物之间的相似性与差异性，认识、探究事物的一种基本方法。

比较

比较本义是指对事物进行异同的辨别，但当其作为一个学术概念时，则更多被理解为是人类认识、区别和确定事物间异同关系的一种思维方法；同时，它也是确定事物之间的相似性与差异性，认识、探究事物的一种基本方法。

（二）比较研究

很显然，在“比较研究”一词中，“研究”取“方法或方法的组合”之意，因此很多学者也将“比较研究”称为“比较法”，在这个意义上，比较研究成为研究领域中一种十分重要的方法。

对于比较研究的目的，我国古代就有很多学者予以关注，如我国古代思想家王充曾经有过“两刃相割，利钝乃知；两论相订，是非乃见”[1]的论述；近代大学者梁启超也曾说：“凡天下事，必比较然后见其真，无比较则非唯不能知己之所短，并不能知己之所长”，“不知己之所长，则无以增长光大之，不知己之所短，则无以采择补正之”。[2]由此可见，比较研究的认识功能主要体现在通过对相关对象异同的比较，“异中求同”探寻普遍性或“同中求异”辨明特殊性，并发展、检验和修正理论，以及对事物现象的“共性”和“通则”进行理论论说，而“求同”与“求异”相比较，应当经由“求异”而注重“求同”。

基于此，学者们从不同的角度对“比较研究”进行了界定。吴定初认为，比较研究是通过对相关事物异同的比较，进而认识事物乃至探索其规律的方法。[3]陈时见对比较研究进行了更为详细的说明，他认为，“比较研究”是人们分析和认识事物的一种科学工具和方法，也可以说，比较研究是把两个或两类事物加以对照，从而确定它们的相同点和不同点的逻辑方法，这种比较方法，能够使人们通过把未知的事物同已知的事物进行比较而认识未知的事物，通过把一种现象同另一种现象进行比较而弄清楚这种现象。[4]

结合学者们的观点，我们认为，所谓比较研究，即遵循一定的标准，把彼此有某些联系的两个或两个以上事物放在一起进行考察，通过辨别其异同，以揭示事物的真相、性质、规律等的一种研究方法。从对事物的相互联系和差异的比较中观察

比较研究

比较研究即遵循一定的标准，把彼此有某些联系的两个或两个以上事物放在一起进行考察，通过辨别其异同，以揭示事物的真相、性质、规律等的一种研究方法。

1 王充．论衡·案书[M]．北京：中华书局，1954：279.
2 梁启超．论中国与欧洲国体异同[A]．饮冰室合集（第1册）[C]．北京：中华书局，1989：67.
3 吴定初．关于教育研究中的“比较”的若干概念辨析[J]．教育评论，1999（1）：25-27.
4 陈时见，袁利平．比较教育学科视野下比较的生成逻辑[J]．比较教育研究，2010（5）：1-6.

事物、认识事物，从而探索规律，是比较研究的本质所在。

（三）教育比较研究

> **教育比较研究**
>
> 教育比较研究就是教育研究者遵循一定的标准，把彼此有某些联系的两种或两种以上的教育问题或教育现象放在一起进行考察，通过辨别其异同，揭示教育真相、性质和规律的一种研究方法。

19世纪以后，比较研究逐渐成为教育研究中的一种重要方法；20世纪60年代以后，逐渐发展成熟。[1]比较研究在教育研究中有着广泛的运用，它主要从不同教育现象之间或各种历史形态下同一教育现象的关系入手，揭示教育现象之间深层的异同点及其内部关系，探讨教育发展的规律。

结合前述对“比较研究”的认识，我们认为，**教育比较研究就是教育研究者遵循一定的标准，把彼此有某些联系的两种或两种以上的教育问题或教育现象放在一起进行考察，通过辨别其异同，揭示教育真相、性质和规律的一种研究方法。**

教育领域存在着一个与“教育比较研究”十分相近的术语——“比较教育研究”，很多人对于二者之间的关系，认识相当模糊，甚至还有人在二者之间画上等号，认为二者没有区别，可以混用。二者之间究竟有何异同，是一个十分值得深入探讨的问题。对此问题的理性回答，将有助于深化我们对“教育比较研究”的认识。

从对这两个术语的分解看，二者存在明显的不同。很显然，无论是“比较教育研究”，还是“教育比较研究”，都是复合概念。“比较教育研究”的分解是“比较教育—研究”，意为对比较教育的研究；而“教育比较研究”则应该被分解为“教育—比较研究”，是指对教育进行比较研究。前者侧重于研究的内容，即“比较教育”，而后者更为强调研究的方法，即使用比较研究的方法进行教育研究。

正是由于“比较教育研究”与“教育比较研究”之间存在侧重点上的差异，因此二者在研究对象、研究方法以及研究目的上都存在显著差异。

首先，从研究对象的角度看，“比较教育研究”和“教育比较研究”的研究对象分别为“比较教育”和“教育”，前者是对有边界的教育的研究，即对作为一门学科的“比较教育”进行研究；而后者是对无边界的教育的认识[2]，研究范围明显要广于前者。

其次，从研究方法的角度看，“教育比较研究”主要使用比较法；而“比较教育研究”虽然也使用比较法，但正如伍尔夫松所言：“比较教育学所使用的研究方法非常多样”[3]，也主张多种研究方法的综合使用，比较法只是其中之一。因此，比较教育研究一定是宽泛于比较

1　刘忠政．论教育比较研究法[J]．海南大学学报人文社会科学版，2008（1）：112-117.

2　朱旭东．试论“教育的比较研究”和“比较教育研究”[J]．比较教育研究，2008（2）：27-33.

3　[俄]鲍·里·伍尔夫松．比较教育学——历史与现代问题[M]．肖甦，姜晓燕，译．北京：教育科学出版社，2007：47.

法的，而教育比较研究则仅仅局限于比较法。

最后，从研究目的的角度看，“比较教育研究”更加关注学科价值，即通过研究创造知识、建立理论；[1]而“教育比较研究”则更加凸显比较法的价值追求，即通过不同教育现象或问题的比较，揭示教育间联系的本质和规律。

总之，“教育比较研究”侧重在方法层面，注重比较方法的具体运用，强调微观的研究过程，而“比较教育研究”则是侧重在学科层面，注重将比较教育作为一门学科的思维过程，强调宏观的分析范式。

虽然二者存在差异，但它们之间也存在一些共通之处。如二者都会使用比较法；比较教育作为教育学科中的一个分支学科，与教育之间有着千丝万缕的联系，因此，无论是对比较教育进行研究，还是对教育进行比较研究，二者之间都会产生很多交叉点。

二、教育比较研究的作用

斯旺森（Guy Swanson）在研究世界宗教时宣称：“没有比较的思维是不可思议的。如果不进行对比，一切科学思想和所有科学研究也都是不可思议的。”[2]比较既是一种思维方法，也是一种具体的研究方法。在教育研究中，教育比较研究贯穿于教育研究的始终，“如果没有教育的比较研究就不可能有普遍的科学教育研究”，因为“所有的科学都是比较的，所有的比较教育工作都是科学的”[3]，因此，教育比较研究在教育研究中发挥着十分重要的作用。

（一）扩大研究的视域，增长教育知识

有比较，才能有鉴别；有鉴别，才能形成有价值的认识。教育是一种广泛而复杂的社会现象。每个国家、地区或民族的教育都有其自身的特点和问题。一般来说，仅靠对本国、本地区、本民族教育状况的了解，是很难真正客观而全面地认识和把握教育问题的。教育研究如果只限于对某个教育现象或教育问题的就事论事，就难逃狭隘性的窠臼。因此，教育比较研究可以克服教育研究的狭隘性，把所研究的个别教育现象或问题纳入广阔的教育理论背景和教育系统的整体之中，去思考各种教育问题，分析同类或异类问题中的因果关系。这不仅能够扩大研究者的研究视域，使他看到更多局限于一个事物之中所无法看到的真相、性质和规律，而且在对事物间的异同进行比较中，深化对问题本质的理解。如要研究教师的专业发

1　朱旭东．试论“教育的比较研究”和“比较教育研究”[J]．比较教育研究，2008（2）：27-33.

2　Swanson，Guy. Frameworks for Comparative Research: Structural Anthropology and the Theory of Action. Ixan Vallier（ed）. *Comparative Methods in Sociology: Essays on Trends and Applications*. Berkeley，CA: University of California，1971，p. 145.

3　Joseph P. Farrell. The Necessity of Comparisons in the Study of Education: The Salience of Science and the Problem of Comparability. *Comparative Education Review*，1979（1），pp. 16-27.

展，按照学者富勒和鲍恩的观点，教师专业发展可以分为四个阶段，即从教前关注阶段、早期求生阶段、关注教学情境阶段和关注学生阶段。[1]如果在研究中仅就这四个阶段做单线条、纵向的梳理，就会导致我们对教师专业发展的认识过于简单化。而假设我们能够对这四个阶段教师的表现、原因做深层的比较研究的话，我们将看到更多有价值的信息，在它们的碰撞下，我们将会形成更加全面、深入的认识，揭示出影响教师专业发展的因素及其作用机制。又如将义务教育年限的研究置于广阔的国别比较的研究之中，不仅可以扩大我们的认识，了解各国义务教育年限的基本情况，更为重要的是，通过对各国普及义务教育状况的比较研究，我们能够发现，生产力和科学技术发展的要求以及各国的经济发展水平是影响义务教育普及的最为重要的因素。因为这时的研究不仅发生在经验层面，而且也发生在理性层面，在扩展研究者知识的同时，也深化了对教育的认识，揭示了教育的本质和规律。

（二）获得新的认识和结论

从某种意义上讲，教育比较研究架起了教育现象或教育问题间对话和交流的桥梁，使各个研究在彼此的相互理解、缓和冲突中，获得自身成长的巨大动力。作为一种建立在对“他者”的想象和认识基础上寻求异同的研究方法，在与“他者”的互动比较中，可以形成新的认识和结论。比如，后进生群体的存在是一个令所有教师都头疼的事，后进生的教育问题也是理论界和实践界广为关注的话题。在相关问题的研究中，学生个体的因素、家庭因素、学校因素等都被论及，但基于对优秀生和后进生上课举手发言情况的比较研究，我们发现，课堂上教师有意无意的行为导致的教育机会的不均等，也是后进生形成的重要原因。这样的认识和结论值得每一位教师深思，这也充分体现了教育比较研究在获得新的认识和结论方面的独特价值。

（三）为教育政策和法规的制定提供科学依据

教育的发展是一个复杂的系统工程，涉及诸多因素。要使教育政策和法规的制定科学、合理，就必须对一国或某地区的教育问题有客观和全面的认识。这就需要对有关国家、地区或民族的教育进行比较与分析，对那里的教育问题及其发展前景进行探讨与研究，对研究对象国或地区在教育问题及其发展方面的正反经验进行总结与评价，从而找到影响世界教育发展的各种理论与实践因素，为正确制定本国或本地区的教育政策和法规提供科学依据。

在教育比较研究发展的记实研究阶段，很多教育比较研究正是服务于教育政策和法规的制定。如法国的维克托·库森受教育部长基佐委派赴普鲁士进行教育考察时，就考察结果向法国政府提交了《有关普鲁士公立教育状况的报告》。在其影响下，法国议会于1833年通过了关于初等教育的基本法，即《基佐教育法》。英国的马瑟·阿诺德在《欧洲大陆的学校与

1　全国十二所重点师范大学. 教育学原理[M]. 北京：教育科学出版社，2002：120.

大学》一书中，对法国、意大利、瑞士、德意志、普鲁士的中、高等教育与改革进行描述与评价，在《法国的普及教育》一文中又对英法两国的教育予以比较，他特别强调欧洲大陆教育制度的积极之处，主张英国应对此予以借鉴。美国的亨利·巴纳德连续发表文章介绍美国各州和外国教育制度的有关比较资料。日本和沙俄在改革本国教育时，也十分重视学习西方教育的先进经验。[1]时至今日，无论是宏观的国家教育决策，还是微观的教育教学方法的改革，无不需要对所决策的问题进行比较研究和分析，从而客观而全面地确定该问题的性质、意义，以及决定其发展的主要因素，为教育改革与发展决策提供认识基础，以使教育决策更加科学合理。同时，比较研究还可以帮助我们进一步验证某些教育政策的可行性与实效性，从而促进我们不断地调整方向和思路。因此，在制定教育政策和法规时采用教育比较研究，能够更加客观、全面地认识教育现象和教育问题，并有针对性地做出正确的决策。

第二节
教育比较研究的类型

学习目标

了解和把握教育比较研究的类型。

由于比较是一种多层次、多形式的复杂的认识活动，加之事物之间关系的复杂性，因此，教育比较研究有多种类型。

一、纵向比较研究和横向比较研究

这是依据研究对象历史发展和相互联系进行的分类。

（一）纵向比较研究

纵向比较研究是以时间为轴，通过对同一事物在不同时期的状况进行比较，从而揭示其发展变化规律的一种比较研究类型。纵向研究强调对一个事物在一段时期内发生变化过程的关注，并通过对这一过程的观测、记录和归纳，明白事物发展变化的来龙去脉，提高人们对事物当前状况必然性的理解。这类比较能够使我们不仅从相对稳定的状态来研究事物，而且

1 马云鹏. 教育科学研究方法导论[M]. 长春：东北师范大学出版社，2002：119.

还可以从发展变化的状态来研究事物。

纵向比较研究适合于宏观教育问题的研究。如有学者对古代中外学校制度的发展道路进行的比较研究[1]，就是通过对中外学校制度的初始、转折、定型和趋势的历史发展脉络进行梳理和比较，总结出中外学校系统的发生发展具有不同的路线，并且在官学和私学、重文和重实的发展和取舍上，也有十分显著的差异。这一研究将比较的立意置于中外古代学校系统的历史发展脉络之中，在中外学校系统的动态发展中，我们十分清晰地看到，特定的时空环境、政治、文化等对学校系统发展的深刻影响。

纵向比较研究同样适用于对学生个体的微观研究。例如，要了解一个学生的学习发展情况，就可以用他在不同学期的学习成绩进行比较，通过比较，我们可以看到，虽然同是一个人，但随着主观或客观条件发生变化，这个学生的学习状况也会随之发生变化。

（二）横向比较研究

横向比较研究是研究者对同时存在的教育现象进行比较，在事物相对静止的状态下研究事物之间的异同，把握事物本质和规律的一种比较研究的类型。它不仅适用于国与国之间、省与省之间、地区与地区之间、单位与单位之间，而且也适用于个人与个人之间的比较。通过横向比较，有利于将人们的思维从狭窄、封闭的状态中解放出来，开阔视野，增强思维的广阔性。比如，通过不同地区中等教育结构和高等教育结构的比较，可以找出教育结构与产业结构的关系；通过中、日、美儿童适应能力的跨文化比较、数学认知能力的比较、中学理科教育水平等的比较，可以掌握东西方教育模式的不同特点。[2]又如，我国当前的基础教育课程改革，在课程改革启动之前，有关部门就组织相关人员对美国、欧洲各国、日本等许多教育相对领先的国家和地区的课程标准、课程理念、课程目标等进行了广泛的比较研究，归纳了这些国家在课程改革方面的成功之处和特点。正是在比较和借鉴这些国家课程改革经验教训的基础上，相关部门提出了我国课程改革的基本理念和改革的思路。

在研究教育问题时，为了对其有更加透彻的认识和理解，往往需要纵向研究和横向研究结合使用，这样，对研究对象的历史发展脉络和当前状况就会有更加整体的认识。

二、同类比较研究和异类比较研究

这是依据研究对象之间存在差异性还是同一性进行的分类。

---

1 孙培青，任钟印. 中外教育比较史纲[M]. 济南：山东教育出版社，1997：138-181.

2 裴娣娜. 教育研究方法导论[M]. 合肥：安徽教育出版社，2000：231.

（一）同类比较研究

任何事物的存在都会显示出一些固有的属性特征，具有某些共同属性特征的事物就形成了“类”。对两种或两种以上同类事物进行比较以揭示其异同点的比较研究，即为同类比较研究。在同类比较研究中，同类相同点的比较，有利于找到事物发生发展的共同规律；同类相异点的比较，有利于认识事物发生发展的特殊性。正是对同类事物的共同规律和特殊性的共同把握，人们才更深刻而全面地认识这类事物，并有效指导实践。如对我国社会经济发展水平不同的农村地区基础教育发展的比较研究[1]、对孔子和苏格拉底教育思想所做的比较研究[2]等，都属于同类比较的范畴。

案例5.1

同类比较研究小案例：四套新课标思想品德教材的比较研究

本研究使用问卷调查的方式，选取国内影响较大的四套新课标思想品德教材，分别从教材的设计理念、教材的结构与思路、教材的呈现方式、教材的材料选择、教材中的活动设计及综合探究活动设计、教材的内容观点和语言规范、教学内容的针对性等方面进行了比较研究，辨析其特点和优劣，探寻了各版本教材编写的依据和规律，为教材的建设和发展提出了建设性意见。[3]

（二）异类比较研究

所谓异类比较研究，即比较两种或两种以上性质相反的事物或一个事物的正反两方面，通过比较表面相异的两类对象以发现异中之同，找出其中的共同规律。[4]这类比较研究的对象反差大，结论鲜明，往往能发现新问题、揭示新规律。如我国学者对国内十省份在校青少年的理想、动机和兴趣开展了调查研究，在研究中，调查者对男生和女生进行了比较，结果表明：在对不同学科的兴趣方面，男生对理科的兴趣稍大于女生，女生对文科的兴趣稍大于男生。[5]这一研究就属于异类比较研究。

正是通过“同中求异”和“异中求同”的分析比较，事物的多样性和统一性才能得以较为清晰地展现。

1　陆仁．我国普及义务教育面对的挑战和对策[J]．比较教育研究，1993（4）：1-6.

2　孙培青，任钟印．中外教育比较史纲[M]．济南：山东教育出版社，1997：38-101.

3　单晓红，许惠英，杨晓．四套新课标思想品德教材的比较研究[J]．课程・教材・教法，2011（9）：37-43.

4　裴娣娜．教育研究方法导论[M]．合肥：安徽教育出版社，2000：230.

5　徐红．教育科学研究方法[M]．武汉：华中科技大学出版社，2013：267.

三、定性比较研究和定量比较研究

任何事物都是质与量的统一体。在比较研究中，依据比较偏重于质还是量，可将其划分为定性比较研究和定量比较研究。

（一）定性比较研究

定性比较研究是指通过对事物间本质属性的比较来鉴别事物的特点、性质、归属及其发展趋势的比较研究的类型。如崔相录所做的研究《中小学教师的学历与专业水平亟待提高——关于教师标准问题的历时共时比较研究》，对我国从新中国成立到1993年间的44年教育发展历程中关于教师标准的提高和发展进行了比较，同时也与同一时期世界其他国家关于教师标准的变化进行了比较，就此提出了提高教师标准的必要性和可能性等策略。[1]此研究中，将教师标准这一定性资料作为比较分析的对象，属于典型的定性比较研究。由于教育研究中涉及很多诸如此类的定性研究对象，对其进行深入的研究，也是教育研究不可或缺的。同时，对定性资料的比较研究，也有助于人们更加深入地理解定性资料之间的异同，为深入理解教育问题提供帮助。

（二）定量比较研究

在教育研究中，数量的变化常常能有力地解释和说明事物的性质。定量比较研究就是对两种或两种以上的事物进行数量上的分析，从而把握事物的特点，判断事物的变化，预测事物发展趋势的一种教育比较研究的类型。由于定量研究能够较好地实现科学化、精确化，因此定量研究广泛地应用于教育研究之中。在教育比较研究中，对事物进行数量上的分析，会使研究较好地实现科学化和精确化。如在《不同刺激方式对小学几何教学影响的探讨》一文中，实验者对“教师演示”和“学生操作”两种不同教学方式对教学“长、正方形表面积”的效果进行定量比较分析，对实验前后学生的成绩数据进行统计、分析、检验，从而揭示出了两种不同教学方式的效果优劣。[2]这就是一项较好的定量比较研究。

由于定性比较研究和定量比较研究各有优势，但又都存在一些不足，因此在教育比较研究中，应该努力实现二者的有机结合。

1　崔相录．中小学教师的学力与专业水平亟待提高——关于教师标准问题的历时共时比较研究[J]．教育研究与实验，1994（2）：19-24.

2　钟海青．教育研究方法概论[M]．桂林：广西师范大学出版社，2011：186.

第三节 教育比较研究的步骤

学习目标

掌握教育比较研究的步骤和方法。

作为一种特定的教育研究方法，教育比较研究有着自己独特的研究程序和步骤。符合逻辑程序的比较，有利于研究者沿着思维的有序发展推进研究的进行，取得高质量的研究成果。因此，有必要清晰地把握教育比较研究的步骤。

一、明确比较主题

进行教育比较研究首先需要明确比较什么，这是进行比较研究的前提和基础。如果没有明确的比较主题，就会增加比较的难度，使比较研究失去方向，甚至偏离所需比较的轨道，使教育研究事倍功半。

在此环节，首先需要确定明确的比较主题。主题的确定为研究的进行确立了方向，要保证研究的质量，一定要注意两方面的问题：一是要对所确定的主题进行深入的分析，切实保证它是一个“真”问题。所谓“真”问题，主要体现在科学性和价值性上，即确定的主题应该是科学的、有价值的。二是需要确定比较的范围。要明确是班内比较、校内比较还是跨校甚至是跨国比较等。

二、确定比较标准

没有标准就无法进行比较，比较标准的确定对于比较研究不可或缺。所谓标准，即衡量事物的准则。[1]因此，比较标准就是事物间进行比较所应遵循的准则。确定比较研究的比较标准，实际上就是确定比较研究从哪几个方面和角度进行，找准比较的点或面，从而确保比较研究有序进行，最终获得合理和令人信服的结论。

比较标准的确定，可以通过为比较主题建立指标体系的方式实现，这可以使“如何比较”获得较为明确的回答。比如，在设计“优秀生与后进生学习机会的比较研究”时，可以将核心概念“学习机会”按照“机会的给予者”分解为“教师提供的机会”“家长提供的机会”“同伴提供的机会”和“自己争取的机会”这样四个二级指标。在具体研究中，就以这四项二级指标为标准，展开对优秀生和后进生在学习机会上的差异比较，进而获得可靠的结果。

当然比较标准的确定不是唯一的，换个角度，又会出现另一种比较标准的设计。比较标

1 现代汉语词典[Z]. 北京：商务印书馆，2012：85.

准的确定对于比较的有序进行、比较结论的质量保证都是非常重要的，因此，一定要保证标准确定的质量。在确定比较标准时，要注意标准的确定必须在一个维度下展开，否则将会导致比较的混乱和操作困难。假设在开展“优秀生与后进生学习机会的比较研究”时，确定优秀生与后进生学习机会的比较标准，将学习机会划分为“被教师提问的机会”“参与教育活动的机会”“家长提供的机会”“同伴交往的机会”和“参加各种竞赛的机会”五方面，然后进行比较，而这五方面并不是在一个维度下提出的，彼此间存在交叉点，就极易引起思维和操作上的混乱。这样的比较标准就是不恰当的，需要重新确定。另外还需注意，比较标准既要有可比性又要有稳定性，还应具备可操作性。

三、搜集和整理资料

资料是教育比较研究顺利进行的保障，如果没有充足的资料作支撑，教育比较研究就无法进行下去。因此，资料的搜集至关重要。

资料的搜集是研究者的基本功。教育比较研究中，研究者可以通过查阅文献、调查、实验等多种方法，尽可能客观、全面地搜集所要研究的教育现象或问题的相关资料，为比较研究的顺利进行准备充足的资料。另外，需要明确的是，方法是为内容和目的服务的，需要对研究内容和研究目的进行合理分析后确定适当的资料搜集方法。

对搜集到的资料进行鉴别也是十分重要的，经过鉴别，可以达到去伪存真、去粗取精的目的，保证资料的权威性和客观性。然后就需要对这些资料按比较的标准进行归类整理，为下一步的分析环节做好准备。

四、比较分析

比较分析是比较研究中最重要的一个环节。这一环节要对前期经过搜集和整理的资料，按照已经确定的比较标准进行比较，从初步分析到深入分析，分析其产生差异的原因，而且要尽可能地对其进行评价。比较分析时应以客观事实为基础，注意事物间的因果性，对所有的材料进行全面的、客观的分析，并用历史的、辩证的、联系的观点对其成因进行剖析。

五、得出结论

教育比较研究不是为了比较而比较，其最终目的在于探索教育规律并得出符合客观实际的结论。此环节，研究者在对材料做深入分析的基础上，要总结和揭示研究对象的本质规律，最后通过理论与实践论证得出比较研究的结论。这对研究者的总结概括能力、理论提升能力都有较高的要求。

以上是教育比较研究的一般步骤，这些步骤相互联系、环环相扣。明确比较的主题是教育比较研究的前提，制定比较的标准是教育比较研究的依据，资料的搜集和整理是教育比较研究的基础，比较分析是教育比较研究的重心，得出结论是教育比较研究的目的。

案例5.2

我们的教育比较研究

本研究将“西南民族学校与普通学校教育发展”确定为比较主题，以教育管理体制、课程设置、教学、师资队伍为比较的维度和标准，基于对以上各维度资料的搜集、分析、比较，发现二者既存在着共性，也各有其独特性。因此，民族学校的教学检查、教学评价、教学管理、课程设置、师资培训、教学环境等诸方面工作，都应该根据民族学校的实际情况来实施。针对分析结果，提出有效推进西南民族学校教育改革与发展的建议：（1）加大政府投入，改善办学条件；（2）设置多元文化课程；（3）重视民族学校教育特点，调整教学内容与形式；（4）提高民族学校教师的素质。[1]

第四节
教育比较研究的规范

学习目标

熟悉教育比较研究的规范和要求。

阿尔特巴赫曾说：“比较是一种有用的工具，但它是一种需要运用审慎思考与分析来使用的工具。”[2]教育比较研究，作为教育研究中一种十分重要的研究方法，同样需要研究者持审慎思考与分析的态度，依据比较研究特有的规范进行研究，才能够真正发挥它对于教育发展的作用。

一、要保证研究对象的可比性

有学者曾说：“进行比较研究的前提，就是比较研究的对象具有可比性，对没有可比性

1 陈时见，侯静．西南民族学校与普通学校教育发展之比较[J]．西南大学学报（社会科学版），2008（1）：48-53.
2 [美]菲利普·阿尔特巴赫．比较高等教育：知识、大学与发展[M]．北京：人民教育出版社，2001：3.

的东西进行比较研究，显然不能获得正确的结果和科学的结论，甚至有时会得出背离事实真相的非常荒谬的结论。”[1]因此，在任何教育研究中，拿来做比较的材料、事实、数据等必须是可比的。如果违反了可比性原则，其结论必然是虚假的。

所谓可比性，是指比较对象之间的现实性必须属于同一范畴，有一定的内在联系，并能用同一个标准去衡量和评价。[2]具体而言，研究对象的可比性，必须从如下方面予以保证：首先，必须有可比较之物，即必须存在两个或两个以上的事物，并将其转化为研究对象，这是可比性的前提。其次，从研究对象关系的角度看，研究对象还需具备两方面的因素，一是差异性和矛盾性，即事物间应该具有各自本身的特点才能进行比较；二是同一性和相似性。由此可见，只有研究对象“真正可比较”，才能对其进行比较。对存在可比性的对象进行比较研究，是比较研究的合理性前提。但研究者只能辨别是否存在可比性，而不能规定和创造可比性，这是研究者在研究过程中需要注意的。

另外还需关注，为了保证研究的可比性，必须做到比较的标准要统一，比较的范围、项目要一致，比较的客观条件要相同。

二、要保证资料的可靠性

资料是教育比较研究得以进行的基础，资料的可靠性则是保证研究质量的关键，如果不能保证资料的可靠性，得出的结论也就失去了价值和意义，甚至会将人们的认识导向错误的方向。

比较研究的资料可以通过实验、调查和观察直接获得，也可以通过查阅相关文献资料、借鉴他人观察与实验的成果间接获得。如果是以实验或调查为途径来获取资料，要认真进行调查或实验设计，使研究活动程序完备、方法科学、统计与测量准确，以保证所获得的资料真实、可靠，具有典型性，并能反映研究对象的本质；如果是借鉴他人的研究资料，就需要研究者具备较为扎实的教育理论基础以及掌握相应的工具和方法，对国内外相关资料进行广泛的查阅，并对比较材料有准确的理解，从而形成较为深刻的认识。[3]在使用他人研究成果时，还需对其研究活动进行评价和检验，在证实其科学性和有效性的基础上方可引用。

三、要保证比较的全面性

黑格尔曾说：“假如一个人能看出当即显而易见之异，譬如，能区别一支笔与一头骆驼，我们不会说这人有了不起的聪明，同样，另一方面，一个人能比较两个近似的东西，如

---

1 卢晓中．比较教育学[M]．北京：人民教育出版社，2005：99-101.
2 裴娣娜．教育研究方法导论[M]．合肥：安徽教育出版社，2000：234.
3 刘忠政．论教育比较研究法[J]．海南大学学报人文社会科学版，2008（1）：112-117.

橡树与槐树，或寺院与教堂，而知其相似，我们也不能说他有很高的比较能力。我们所要求的，是要能够看出异中之同和同中之异。”[1]要真正达到黑格尔所言的“能够看出异中之同和同中之异”，就必须保证比较的全面性。

科学的比较，不能局限于罗列一些表面的异同现象，也不能只抓一些细枝末节，而必须能够进行整体的、全面的把握，这样才能保证高屋建瓴地进行各项研究工作，最终获得高质量的研究结果。

比较的全面性，主要通过以下两种方式达成。首先，由于事物的本质一般隐藏在事物的内部，因此要从大量的、典型的材料入手，分析其内在关系，以资料的全面性和典型性保证比较的全面性。其次，由于事物的本质有一个暴露和发展的过程，因此不能隔断历史，要尽可能从社会政治体制、经济科技发展水平、历史文化传统、自然地理环境、社会风俗等多方面加以探讨。如果简单地将中国和外国的某些教育现象相比较，以己之短比人之长，就会错误地认为外国一切都好。反之，如果深入教育现象的本质中去，不仅从教育制度、教育方法进行比较，而且从教育目的、教育内容进行比较，就可以揭示其教育差异的原因和实质。这样，不仅会看到西方教育发达的一面，也会发现其不足之处。这样的比较才能称为“本质的比较”，才是有价值的比较，也是教育比较研究中所呼唤的。

四、应将比较研究与其他研究方法结合使用

毫无疑问，教育比较研究有其独特的研究价值，需要研究者在教育研究中大力发扬。但研究者还需清醒地认识到，它也无可避免地存在着某些局限性。首先，比较研究在具体运用中是有一定范围的。比较是有条件的，若超出了规定的范围，不能满足比较的基本条件，则比较是无效的。其次，比较得出的结论往往是相对的，这是因为任何比较只是拿所比较事物的一个方面或几个方面来相比，而暂时地、有条件地撇开其他方面。不仅如此，其研究结论往往是从比较分析的推论中得出的，其客观性还有待于实践来证明验证。最后，比较研究的成功除了依赖于比较材料的真实性和可靠性，还取决于研究者的理解力和洞察力。[2]

在研究中，综合使用多种研究方法，是有效发挥各种方法的优势，弥补其不足的很好的思路。因此，将比较研究与其他各种教育研究方法结合使用，也是教育比较研究中应该贯彻的，这对于真正认识和掌握教育的客观规律，促进教育的发展，能够起到十分积极的作用。

另外，从研究者的角度看，必须克服主观片面性，坚持客观的科学态度，不能仅凭一些似是而非、片面零碎的材料就轻率地下结论。

1 [德]黑格尔．小逻辑[M]．北京：商务印书馆，1980：253.
2 刘忠政．论教育比较研究法[J]．海南大学学报人文社会科学版，2008（1）：112-117.

本章小结

1. 教育比较研究的内涵：教育研究者遵循一定的标准，把彼此有某些联系的两种或两种以上的教育问题或教育现象放在一起进行考察，通过辨别其异同，以揭示教育真相、性质和规律的一种研究方法。

2. 教育比较研究的作用：扩大研究的视域，增长教育知识，更好地揭示教育的本质和规律；获得新的认识和结论；为教育政策和法规的制定提供科学依据。

3. 教育比较研究的类型：依据研究对象历史发展和相互联系可以将教育比较研究划分为纵向比较研究和横向比较研究；依据研究对象之间存在差异性还是同一性可以划分为同类比较研究和异类比较研究；依据研究比较偏重于质还是量，可将其划分为定性比较研究和定量比较研究。

4. 教育比较研究的基本步骤：明确比较主题、确定比较标准、搜集和整理资料、比较分析、得出比较结论。

5. 教育比较研究的基本规范主要有以下四方面：要保证研究对象的可比性；要保证资料的可靠性；要保证比较的全面性；应将比较研究与其他研究方法结合使用。

总结 >

关键术语

比较研究 comparative study	教育比较研究 comparative study of education

章节链接

本章内容与第三章《教育文献研究》、第四章《教育历史研究》、第六章《教育叙事研究》、第七章《教育个案研究》、第八章《教育内容分析研究》等章节的内容联系密切。

应用 >

体验练习

一、名词解释

1. 比较研究

2. 教育比较研究

二、简答

1. 简述教育比较研究在教育研究中的作用。

2. 简述教育比较研究的基本类型及各自特点。

3. 简述如何有效开展教育比较研究。

三、拓展题

从教育专业杂志上挑选一篇教育比较研究的文章，仔细阅读这篇文章，然后按照教育比较研究的基本步骤对其进行分析。

拓展 >

补充读物

1 [英]贝磊，鲍勃，[南非]梅森．李梅，译．比较教育研究：路径与方法[M]．北京：北京大学出版社，2010.

这是一部关于比较教育研究的经典之作。它集理论框架构建、方法路径阐释和教育政策实践分析于一体，是比较教育研究的新成果。虽然比较教育研究与教育比较研究之间存在差异，但二者之间也有很多交集。因此，对比较教育研究做一些了解，也有助于加深我们对教育比较研究的理解。

2 叶澜．教育研究方法论初探[M]．上海：上海教育出版社，1999.

这是教育研究方法领域的一本力作，该书上篇从方法论的高度，对教育研究的发生学进行了探索，向我们清晰展示了中西方教育研究的历史演变，是很好的中西教育研究方法发展的比较研究成果。

在线学习资源

1、金香花.中韩女性教育比较研究，
http：//www.doc88.com/p-944523637607.html.

2、伍海云.德国、澳大利亚及中国的职业教育比较研究，http：//www.doc88.com/p-092209862489.html.

第六章
教育叙事研究

本章概述

本章介绍了教育叙事研究的内涵和作用、特征和意义、步骤和规范。教育叙事研究的开展有助于沟通教育理论与教育实践之间的联系，有助于研究者面向教育事实本身，有助于表达教师的个体实践性知识。教育叙事研究具有真实性、价值性、体验性、对话性和实践性等特征，对于当代教育研究具有重要的方法论意义。其研究步骤包括：确定研究问题，选择研究对象；进入研究现场，建立合作关系；搜集研究资料，形成现场文本；分析研究资料，重新讲述故事；撰写研究文本，形成扎根理论。教育叙事研究应遵循叙事规范、研究规范、伦理规范和价值规范等基本规范。

结构图

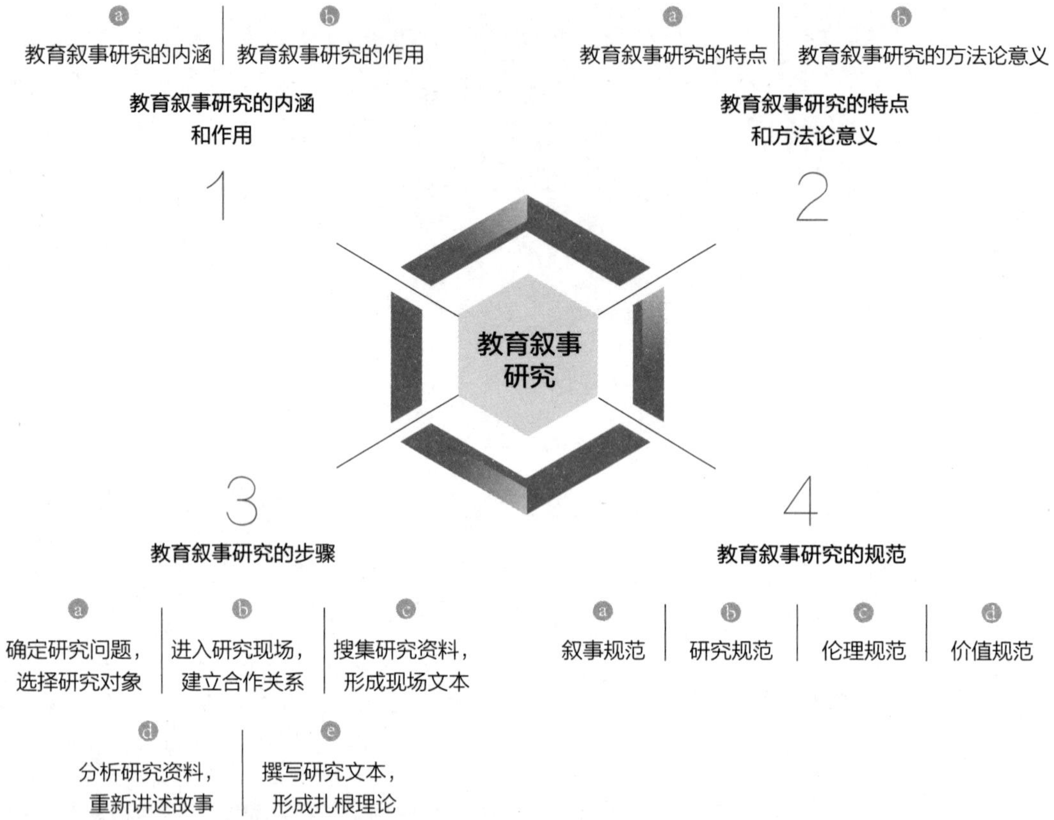

学习目标

学完本章，你应该做到：

1. 了解教育叙事研究的内涵和作用；
2. 把握教育叙事研究的特点；
3. 掌握教育叙事研究的基本步骤；
4. 了解教育叙事研究的基本规范。

读前反思

什么是教育叙事研究？教育叙事研究在教育研究中有什么作用？开展教育叙事研究有哪些步骤？需要注意什么问题？

“用嘴说出的话随风而散，用笔写出的话永不磨灭。”把文学叙事的方法引入教育研究之中，让教育研究以故事的形式呈现出来，推动了教育研究范式的变革和发展。教育叙事研究以其重真实、接地气、原汁原味的特征，重塑了当代教育研究的新形象，给当代教育研究带来了崭新的面貌。教育叙事研究以其贴近灵魂和抵达心灵的力量，给教育工作者带来了专业启迪和无限遐思，切实地促进了教师专业实践的成长和发展。

第一节 教育叙事研究的内涵和作用

一、教育叙事研究的内涵

（一）叙事

学习目标

了解和把握教育叙事研究的内涵和作用。

人类的叙事源远流长，它参与了人类历史文化的形成和社会文明的发展。可以说，没有叙事，就没有人类及其社会生活。

叙事在中西方历史、文学等人文科学中占据重要地位。在中国，“叙事”之“叙”与“序”或“绪”相通，叙事常常称作“序事”，不是现在特指的讲故事，而是表示国家重大活动中礼乐仪式的安排。此外，“序”又与“绪”同音假借。“绪”字的意思，指抽丝者得到头绪可以牵引，后来引申为凡事都有头绪可以接续和抽引。可见，叙事最早是作为一个动宾词组应用的，叙事在某种意义上就是按照顺序安排事情或寻找事情的头绪线索。到唐宋时代，“叙事”开始转变成为一种文类术语。唐代刘知几的《史通》特设《叙事》篇，南宋真德秀编选的《文章正宗》也专门列出了“叙事”这一文类，由此标志着中国叙事理论的诞生。[1]在西方，早在公元前5世纪，古希腊的哲学家和文艺家就对叙事开展了理论探讨。德谟克利特认为，荷马的天才主要表现在其惊人的各类诗歌的叙事方面。柏拉图在谈及诗人时，也把荷马当作诗歌叙事的榜样。他提出，荷马在诗中记叙了广泛的题材内容，包括战争、人类的关系、神与神之间的关系、神与人之间的关系、天上与地下发生的事情以及神和英雄们的由来。公元前四世纪，亚里士多德

1　杨义．中国叙事学[M]．北京：人民出版社，1997：10–15.

在《诗学》中结合文学艺术对叙事理论展开了系统深入的探讨，创建了西方早期的“叙事之学”。[1]

叙事

“叙事”就是“讲故事”，讲述叙事者亲身经历的事件。

在现实中，“**叙事**”就是“讲故事”，讲述叙事者亲身经历的事件。叙事与我们的日常生活世界息息相关，它不仅是人们讲述或写作事件的记录方式，而且是人类认识和理解世界的基本方式。现在，叙事正在被广泛地引入到哲学、法学、历史学、社会学、心理学、教育学等社会科学的诸多领域。叙事把抽象的理论还原为生活，把复杂的观点转化为生动的故事，把个人经历背后隐含的内心体验和生命意义展现出来。人只有在叙事中才能完成自身的文化建构和身份认同。在人类进入信息化时代的今天，叙事更加深入人们的日常生活，信息转化成故事在互联网上瞬时传递，影响着社会生活的各个领域。

（二）叙事研究

叙事研究

“叙事研究”源自文学中的“叙事学”，是对叙事作品展开理论研究，阐明叙事作品的文本意义。

“**叙事研究**”源自文学中的“叙事学”，是对叙事作品展开理论研究，阐明叙事作品的文本意义。1969年茨维坦·托多洛夫首次提出“narratology”这一概念，标志着叙事学的诞生。20世纪中期，叙事理论已经取代小说理论成为文学研究主要关心的问题。叙事学从形式出发，旨在探讨叙事文本中的模式、角色、时空等问题，揭示叙事文本的结构形态、话语表达和形式规律，使叙事文学研究走向科学化和系统化。叙事研究的最大特点在于注重探寻和解释叙事文本的意义，主张在探讨叙事作品的主题意义时，考虑作品的创作语境和阐释语境，考虑读者个人的生活体验和人生经历，这种意义解释具有强烈的独特性和个体性。正如“一千个读者有一千个哈姆雷特”，不同的读者对于同一文本亦会有不同的反应和理解。通过记述个人的生活故事和揭示真实的情感体验，叙事研究对人的现实生活和可能生活进行了重构和创造，发掘出潜藏于个体生活故事背后的价值与意义。叙事研究最初是以神话故事、民间故事和小说等文学作品为中心，后来逐渐扩展到对各种叙事文体的研究，现在它已经广泛应用于各种社会人文学科，出现了哲学叙事研究、法律叙事研究、教育叙事研究、历史叙事研究、文学叙事研究，其中，文学叙事研究又可具体划分为诗歌叙事研究、小说叙事研究、戏剧叙事研究、电影电视叙事研究等。

（三）教育叙事研究

教育叙事研究起源于北美国家。早在1968年，杰克逊就开始运用叙事方法研究学校现

1 许并生. 科学叙事学论纲[J]. 山西大学学报（哲学社会科学版），2011（3）：13-20.

场活动。1980年，伯克（Berk）提出自传是教育研究的首要方法。1988年，封·马南（Van Maanen）系统探讨了人种志故事的主要叙述形式。在北美，“狐火方案”（Foxfire Project）就是在教育中运用口述史研究的典型案例。

20世纪80年代，加拿大著名教育学者康纳利（F. Connelly）和克莱丁宁（D. Clandinin）最早把叙事作为研究方法引进教育学研究领域，他们在为胡森主编的《国际教育百科全书》中指出：“复杂撰写的故事就是叙事”，“在研究中，这些故事的创作有赖于特殊的经验方法和原则”。[1]他们先后发表了《作为课程计划者的教师：经验的叙事》《经验的故事和叙事研究》《叙事研究：质的研究中的经验与故事》等系列研究成果，标志着教育叙事研究作为一种科学的教育研究方法的形成。伴随着世界教育研究的重要转型，我国教育研究也开始向人文研究范式演进，出现了教育研究的叙事转向。20世纪90年代，教育叙事研究开始在我国兴起，并以其独特的人文品性和生活气息，日渐成为我国教育研究的流行话语和重要方法。

作为一种研究形式，**教育叙事研究**就是把叙事研究方法应用于教育问题的研究之中，对教育叙事文本进行分析的新型研究方法。作为一种理论形式，教育叙事研究就是研究者以故事的形式描述个体或集体的教育生活，在反思教育经验的过程中发掘潜藏于人类日常生活之中的思想意义，在此基础上对个体的教育生活和教育实践进行解释性理解。教育叙事研究的本质特征在于关注个体人的生活故事，探寻这些生活故事对于特定个体发展的教育意义。

> **教育叙事研究**
> 教育叙事研究就是把叙事研究方法应用于教育问题的研究之中，对教育叙事文本进行分析的新型研究方法。

根据研究主体的不同，教育叙事研究可以分为教师的叙事研究与教育学者的叙事研究。教师的叙事研究主要是由教师撰写教育故事，描述教师在日常的课堂教学、教改活动中曾经发生或正在发生的事件，展示教师的个人经验世界及其心灵成长的轨迹，表达教师在教育教学活动中的真情实感，包括教师本人撰写的个人传记、个人经验总结等各类文本，其中，教师自身既是叙说者也是记述者，既是研究者也是研究对象。教育学者的叙事研究是由教育学者撰写的基于研究对象个人生活经历的教育故事，通过搜集和分析各种经验故事、口述、现场观察、日记、访谈、传记、书信等个人的第一手的资料，重新叙说研究对象的教育生活故事，探讨这些故事之于个人的价值和意义，反映研究对象的重要生活经历与生命主题，其中，教师只是叙说者，研究者是记述者。

根据研究方式的不同，教育叙事研究可以分为自传型叙事研究与合作型叙事研究。自传型叙事研究就是教师在故事中追溯自己在教育活动中经历的教育事件、解决的实际问题和积累的个体经验，从个人生活史的角度探寻专业成长的机制和实践知识形成的过程。其中，研

1　Connelly, M.　& Clandinin, J. “Narrative Inquiry”.　in Torsten Husen & Neville Postlevhwaite, eds. *The International Encyclopedia of Education*（*2nd Edition*，*Volum 7*），Oxford：Pergmon Press，1994，pp. 4046–4051.

究者与叙事主体是同一的，研究者讲述的是自己的教育故事。合作型叙事研究是指研究者与教师建立平等合作的研究关系，研究者通过对话与反思，将教师的教育故事加以分析和重组，探寻教师的生活经历和专业发展的历程。其中，研究者与叙事主体是不同的，研究者讲述的是他人的教育故事。

二、教育叙事研究的作用

（一）沟通教育理论与教育实践之间的联系

由于教育叙事研究从教师的日常教育生活出发，以课堂生活中的真实事件和问题为研究对象，深深植根于教学实践，因此，教育叙事研究实现了研究旨趣的转向。一方面，它要求理论工作者放弃为研究而研究、为理论而研究的传统路线，改变以确定和发现“真理”为主旨的宏大叙事方式，走入中小学教育教学现场，关注活生生的教育教学经验，讲述普通中小学教师的教育故事，通过教育故事的叙述促进人们对于教育及其意义的理解。另一方面，它赋予了中小学教师研究权和话语权，教师每天都处在真实的教学情境之中，他们对其所处的环境和面临的问题具有深切的感受和潜在的认识能力，他们不仅处于最佳的研究位置，而且还拥有最佳的研究机会，他们完全可能而且应该成为研究者，使教学在自我反省和研究的基础上不断改进。教育叙事研究贴近经验和实践本身，是以叙事为基本的话语形式，以教师的教学经验和教育故事为主要内容，叙事文本的表述方式灵活多样，这种研究方式很容易被中小学教师掌握，也很容易在中小学加以推广。

在教育叙事研究中，教师不再是传声筒，不再依靠别人的思想而生活，而是开始学习倾听自己内心深处的声音，站在自己的角度反思和挖掘自我。在教育叙事研究中，教师不再把视野局限于教学内容及传授方法上，而是关注教学内容的价值和意义，了解教学活动在学生身上产生的实际效果。在教育叙事研究中，教师逐渐学会对自己教学行为及整体情境进行思考，能够把来自不同渠道的信息连接理论与实践，从多重角度分析问题，对它们进行批判反思。

教育叙事研究日渐成为教育研究中的一个重要的话语方式，它有助于在理论工作者与实践者之间构建民主化的研究关系，促进两者之间的平等对话；有助于形成沟通教育理论与教育实践之间的中间道路，推动教育理论与实践的发展。

（二）有助于研究者面向教育事实本身

教育叙事研究强调面向事实本身，倡导教育研究应回归生活世界，主张用人文科学的方法去说明和解释教育生活中的人和事，从被研究者的视角倾听他们的话语，关注他们的体验。这正如胡塞尔所指出的：“要避免科学的专门化的说话方法，采用素朴的生活世界的说话方式。因为科学的专门化说话方法掩盖了科学起源于生活世界这一事实，使用生活世界的素朴的说话方式有助于从科学的观念化的世界回归到活生生的直接经验的世界中去。”[1]

面向事实本身的教育叙事研究表现出生活化、情境化和整体化的特征。第一，研究对象的生活化。教育研究者不是局限于某一学术概念或理论体系的建构，而是对师生的个人故事、真实的课堂生活进行深入细致的描述与反思，探讨师生在教育活动中表现出来的各种意识、情感、行为，揭示出教育生活中所隐含的传统、经验、习俗、常识等不言自明的事实及其意义。第二，研究过程的情境化。教育研究者不是完全遵从确定假设、验证假设的科学主义研究路线，而是尽可能地通过研究者与被研究者之间的互动，在教育生活中进行长期深入的体验，在课堂情境中搜集资料，在“看”，在“直观”中把握教育事实本身。第三，研究内容的整体化。教育研究者不是孤立地、线性地分析问题，而是对研究对象进行整体的动态考察，即不仅要了解被研究者及其行为，而且要深入被研究者的教育生活之中，了解被研究者在学校生活中变化发展的历程、学校的社会文化背景及其相互之间的影响，原汁原味地呈现事物本身，立体地勾勒被研究者生活世界中的复杂万象。从这个角度上说，教育叙事研究是一种以“生活”为底蕴的研究活动。

案例6.1

一位“教育博士”教师的故事

郭京，1999年获得教育学硕士学位后，应聘到Z校科研室工作，并任政治教师。2000年起在职攻读教育学原理专业的博士学位。与其他中学教师相比，她本身具有与众不同的受教育经历和知识结构，那么，她个人的实践理论有何特点，与其他教师相比又有什么不同呢？

故事一：教改筹划

我（郭京）不想糊里糊涂上课，一堂课不要很痛苦地过。我想把课上得让学生喜欢，把课上得活起来。可以说，我的教改动机来源于我的教育理论素养。我强调渗透，考虑哪些点可由学生去探究。政治课的改革，教材体系改动不大，我主要从教法上做文章。我考虑教法的依据，一是学科定位：我把政治课当作社会常识课，重视学科的学术性，立足于培养反思批判思维、分析问题能力、创新精神和实践能力；二是课程论依据，主要是杜威的《儿童与课程》、施良方的《课程理论》，明确老师要在学科逻辑与儿童心理逻辑之间做桥梁，学生感兴趣的多讲。有了大的定位，具体的设计应尽量从学生身边生活入手。

1　刘放桐，等. 编著. 新编现代西方哲学[M]. 北京：人民出版社，2000：324

故事二：三位“小老师”[1]

下午一点是实验1班的课，这个班90%的课由学生主讲，这种上课形式是上学期末学生讨论决定的，每个学生主讲哪个内容，是自愿认领的。学生备完课，要给老师说课，郭京会从内容和上课方法两方面加以指导和把关。

上课铃响，郭京在黑板上有力地写下了这节课的课题——“货币和通货膨胀”，然后请主讲的小老师上台。今天主讲的小老师有三位，他们三人互相协调、分工合作：甲负责讲货币部分，乙负责讲通货膨胀，丙最后总结通货膨胀产生的原因。甲先请语文课代表朗读课本的第一自然段，然后请同学谈感想，第三步自己讲，他按照他们从大学本科教材中找来的材料念，乙帮他板书要点，三人又分工表演小品，演绎货币形成的历史，台上同学的精彩表演使得台下同学啧啧赞叹。小品之后，甲又讲了货币的作用……

（三）表达教师的个体实践性知识

在叙事研究中，教师成为研究的主体，拥有开展教育研究的自主权，教育生活和教学故事成为研究的对象，教师的个人经验、生活体验等实践性知识在研究中便拥有了“合法化”的地位。教师的实践性知识是一种动态的存在，它伴随着具体的情境建构或者消解，内隐于教师的观念之中，以习惯性思维方式影响和支配教师的教学行为。教育叙事研究是记载和表达教师实践性知识的最佳研究形式，因为叙事研究是以看似零碎的非思辨方式面向教育生活的，致力于讲述教师的个人经验和教育故事，它可以是教师“即兴创作”的艺术，可以是教师在非常态教学情境中恰到好处的灵机一动，可以是教师捕捉稍纵即逝的教育时机的“课堂事件”，也可以是教师对学生的关爱，对真、善、美的追求。好的教育故事接近经验，同时它们也接近理论，这种理论在很大程度上是一种“实际使用的理论”，一种“难以言说的知识”，这种理论包括教师的教育信念、对教学关系的认知、对教学情境的把握、对教学策略的运用以及教学反思等内容，蕴含着教师丰富的情感体验、教育机智及个人的实践性知识，对于教师的教学发挥着价值导向和行为规范的功能。

1　改编自鞠玉翠.教师个人实践理论的叙事探究[D].上海：华东师范大学，2003.

第二节 教育叙事研究的特点和方法论意义

一、教育叙事研究的特点

学习目标

熟悉和掌握教育叙事研究的特点和方法论意义。

教育叙事研究不是为了检验某种已有的教育理论，也不是要形成一套可以移植和推广到其他人身上的教育理论，而是注重微观分析，关注作为个体的人的经历故事及其背后隐藏的意义，帮助该个体反思和改进其教育教学行为，提高其教育教学质量。具体来说，教育叙事研究具有以下特点。

（一）真实性

教育叙事研究应尽力避免情节及故事的虚构，它所呈现的内容应该是真实发生的教育事件，而非教师或研究者主观想象的产物。有的叙事研究者有一种“文学”情结，力图以文学家的笔法对某种教育生活进行深描和刻画。这种情结在教育叙事研究中一方面发挥着积极作用，另一方面却产生了负面影响。其积极作用在于，研究者有了责任感和使命感，勇于面向现实的教育生活本身；而负面影响则是为了追求叙事的艺术效果，研究者在研究中自觉或不自觉地加入了个人想象或虚构的成分。

应该注意的是，教育叙事研究不是文学创作，它区别于文学作品的本质特征在于其真实性。虚构、夸张、想象这些文学创作手段是不适合于教育叙事研究的。如果说判断一般教育研究的效度标准是“客观性”和“普遍性”，那么判断教育叙事研究的效度标准则是“真实性”和“价值性”。教育叙事研究的真实性不是再现客观世界的真理，而是从被研究者的视角揭示其真实的生活体验；不是研究结果与客观真理的相符性，而是研究结果与教育生活的一致性。在考察教育叙事研究是否真实时，不仅要看研究结果，而且要考察研究过程中各种因素之间的关系，具体表现为：研究者是否准确地记录和描述了教育现象和教育故事；是否真实地表达了被研究者赋予教育生活的意义；是否归纳出了可信度和认同度较高的研究结论；是否对研究现象及结论做出了确切的价值判断。简言之，教育叙事研究的真实性是指，研究结果真实地反映了这样一种研究过程，即研究者为了研究某种教育问题而选择了恰当的对象、使用了适切的方法、达到了特定的研究日的、获得了有类似经历者的认同。

（二）价值性

从某种意义上说，教育叙事研究是一个由故事中的角色、叙述者、读者共同建构意义世界的过程。教育叙事研究致力于揭示教师的实践智慧和缄默知识，它特别关注教师的亲身经历，关注教师作为个人的体验与感受，以及对个人的影响与意义。教育叙事研究不仅把师生置于事件的场景之中，而且注重对教师和学生的行为做出解释和合理说明，探明研究过程中大量“细节”及其“情节”背后的意义。

教育叙事研究不止于寻求简单的因果关系，而且关注教师、学生等个体生活体验的复杂性，尽可能展示研究对象相互冲突的多面性和复杂交织的联系，以及事情本身对个体的生活意义。教育叙事研究强调意义的理解与建构、面向事情本身，通过记述有情节、有意义的相对完整的故事，试图把人直接体验到的种种状态展现、揭示出来，并由此领悟价值和追问意义，获得视界的敞亮和自我更新。教育叙事研究还特别强调研究者在研究过程中的自我反思，即研究者不是一个价值中立的观察者，而是一个处于某个时期、某个地区、富有人性的、课堂生活的参与者和观察者。

在叙事研究中，研究者对研究现象和被研究者充满关怀，研究者本人也变得更加开放和宽容，能够容忍更多的模糊性和不确定性，整个研究过程成为一种充满情感的意义追问和价值探寻的过程。在日常教学中，一些有意义的教育生活的点滴往往会从我们身边不经意地掠过，而以叙事的方式追问和反思教育过程，则有助于把握教育实践的实质，探寻其背后的意义，让日常生活中的教育智慧和教学艺术得以关注。

（三）体验性

相对于科学化的教育研究来说，教育叙事研究关注的是个体在教育情境中的生活体验和独特经历，揭示被研究者日常的课堂生活、特定的教育环境及其对个体思想和行为的影响。这正如马克思·范梅南所说：“教育学根本上是一门实践的学问。教育学不能从抽象的理论论文或分析系统中去寻找，而应该在生活的世界中去寻找，在母亲第一次凝视和拥抱新生儿时，在父亲静静地约束孩子盲目地横过大街时，在老师向学生眨眼睛对学生的工作表示赞赏时。”“教育学不是在可观察得到的那类事物中找得到的，而是像爱和友谊一样，存在于这种情感的亲身体验中——也就是说，在极其具体的、真实的生活情境中。”[1]

与思辨语言或实证研究不同，叙事表达不再是揭示真理或发现事实，而是通过呈现他人的教育经验及生活故事，揭示个体的生活体验，发掘教育生活中隐藏的无限丰富的意义，从而建构一个有意义的生活世界。“从某种程度上说，真正的经验叙事比教育生活本身更深刻、直接地揭示了一种教育‘真理’。”[2]

1　[加]马克思·范梅南著．教学机智——教育智慧的意蕴[M]．李树英，译．北京：教育科学出版社，2001：42–43.

2　王攀峰．试论走向生活体验的教育研究[J]．教育科学，2003（5）：15–18.

（四）对话性

教育叙事研究倡导在研究者与被研究者、与历史、与自我之间开展一种合作与对话。在对话中，研究者必须认识到，教师并不是教育研究的“工具”，而是研究的主体，并非是“缺乏”教育理论知识的人，而是需要根据教学实际和个人体验建构教育知识的人；在对话中，研究者应该站在被研究者的立场上，倾听他们对自己生活故事的描述，对他人意图和动机的解释；在对话中，研究者应对现实的教育问题和真实的生活体验保持敏感，应致力于解决教育生活世界与理论世界之间的矛盾。同时，教师必须认识到在合作与对话中所获得的不仅是新的教育理论、教学策略或方法，而更应该是养成一种自主反省的意识，建立一种批判性思考的能力，从而促进个人实践知识的生成，主动参与教育研究，成为一名“成熟”的研究者。由此，研究者与被研究者在教育叙事研究中构成了一种新的、平等互动的关系。

由于叙事研究注重研究者与被研究者之间的互动，强调从被研究者及其生活体验出发，引入一种平易、亲切的生活语言，因而，这种研究给参与研究的“人”以极大的尊重，使研究富有较强的人文精神和人文意味，这样，教育叙事研究便去掉了其“圣化”的冰冷的面目，走近了教育生活中的普通人。

（五）实践性

教育叙事研究是对教育理论研究的有益补充，它在理论驻足之处前进，在理论沉默之时畅谈。它的威力就在于其切身的实践性，它具有立足现实生活、勇于批判反思的品质。

与文学叙事的“娱乐性”“游戏性”功能不同，教育叙事具有深刻的实践性和反思性。由于教育活动在根本上是一种有目的的培养人的社会实践活动，这便决定了教育叙事研究对于教育现实具有强烈的介入性和干预性。教育叙事不应重复记录过去已有的教育生活，也不应简单地述说师生个体的日常感受，其真正功用在于促进师生的共同成长和研究者的专业拓展。教育叙事以故事的方式“告诉”人们教育生活的真谛，以故事的形式改变或重塑个体的生命感受。当听故事的人为叙事中个体的命运所感动，就有可能把叙事中传达的信念变成自己的实践行为。当一个人进入由叙事所构筑的教育时空之中，其个人的教育信念和生活实践将会发生根本性的改变，其专业发展意识和专业实践能力将获得极大的提升。恰如加拿大学者康纳利和克莱丁宁所说的，叙事研究不仅仅是讲故事和写故事，而在于“重述和重写那些能够导致觉醒和变迁的教师和学生的故事，以引起教师实践的变革”。[1]

1　Connelly. M. & Clandinin, J. “Telling Teaching Stories”. *Teacher Education Quarterly*, 1994（21）, pp. 145—158.

二、教育叙事研究的方法论意义

（一）研究领域拓展到现实的生活世界

现代教育研究一直在追寻科学化的道路上蹒跚前进，这种科学化教育研究范式往往以理性主义和实证主义作为其坚实的理论基础。20世纪90年代，随着现象学、解释学、批判理论等人文思潮的兴起，教育学研究者开始反思教育研究的方法论困境，寻求缓解教育理论与教育实践、科学世界与生活世界之间紧张关系的途径，叙事研究在教育领域应运而生。它以其浓厚的人文色彩和独特的理论形态成为连接理论与实践、科学与生活这两极之间的中间桥梁。教育叙事研究促使教育学向文学、历史研究领域汲取营养，突破了教育研究传统的学科视角和刻板的理论框架，要求教育研究拓展视野，面向感性的、具体的、真实的生活世界，着重研究教师的教学生活、学生的学习生活、校长的管理生活、学校的节日仪式等。

从某种意义上看，教育叙事研究以现实的生活世界为研究对象，以“叙事”的方式诠释和表达教育生活的真相，在更高层次上推动了教育研究的科学化。“在思辨终止的地方，在现实生活面前，正是描述人们实践活动和实际发展过程的真正的实证科学开始的地方”。[1] 真正的教育学知识应该诉诸人的生活世界的“证实”。教育研究的叙事转向让研究者真正走进教育生活，通过呈现教师和学生真实的生活，揭示出教育生活的本质与意义，推动了教育研究领域的拓展和深化。

（二）研究主题关注学校教育中的人及其情感体验

狄尔泰认为，在科学研究中存在两个世界：一个是自然世界，一个是精神世界，两者在研究对象、研究方法和研究目的上存在着明显的区别。自然科学以自然界为研究对象，关注的是事物的因果关系方面的知识，缺乏意义上的内涵，对自然界只能说明，不能理解和体验；人文科学则是以人的精神世界为研究对象，要求必须理解和体验生活的价值和意义，而不能采用自然科学的说明方法，“自然界需要解释说明，对人则必须去理解”。[2]

相对于科学化的教育研究而言，叙事研究强调与人类生活经验的联系，主张以叙事来描述人们的经验、行为及其生活方式。教育叙事研究不希望研究者扮演一个“上帝”的角色，在文本中向所有的人冷静地宣告着“圣经”，要求研究者将研究对象真正转向教育生活空间与人物上，采用现实主义的教育叙事，展示真实的教育生活。叙事采用与思辨不同的生活语言，是人类教育经验的表达方式，是教育意义生成的承载工具，通过叙事，研究者建构了我们生存的教育世界。相对于宏大叙述、逻辑实证研究而言，这种教育叙述方式凸显了教育研

1 马克思恩格斯选集（第1卷）[M]. 北京：人民出版社，1995：73.
2 殷鼎. 理解的命运——解释学初论[M]. 北京：生活·读书·新知三联书店，1988：240.

究的人文性、经验性，教育研究不仅追求逻辑上的真，而且关注生活世界中的善与美，从而把理性引入活生生的教育经验之中，并通过生活故事和经验叙事，促使人们更好地理解教育及其意义。

（三）研究风格从理论语言转变为生活语言

现代教育研究等同于教育理论研究或教育实证研究，研究成果往往是高度“简化”“抽象化”“体系化”的理论、原则和观点。这种专业化、理论化、学术化的研究风格把广大的教育工作者拒之于千里之外，进一步拉大了教育理论与教育实践之间的距离。教育是人类生活的重要活动，对于教师和学生而言，教与学是他们基本的生活方式和生存状态。因此，真正的教育问题来源于学校中“沉默的大多数”及其生活故事，真正的教育研究应当发挥其推动教育实践和促进社会变革的作用。教育叙事研究以其深刻的反思性和实践性，为教师、学生以及普通大众提供了一种共同参与和探讨研究教育问题的研究平台。“写得好的故事接近经验，因为它们是人类经验的表达，同时它们也接近理论，因为它们给出的叙事对参与者和读者有教养意义。”[1]

教育研究的叙事转向意味着，教育学要从“理性教育学”转变为“叙事教育学”[2]，研究风格则从追求“宏大叙事”的理论语言转向呈现“经验叙事”的生活语言。教育研究的叙事转向，旨在把普通教育者的生活故事“合法化”，让其在现代教育研究成果中占有“一席之地”，从而，吸引更广泛的教育实践者参与研究，弥合教育理论与教育实践之间的鸿沟。教育叙事研究的主要任务在于把具体人物、思想和事件转化成推动个体实践的文本，转化成一种生成想象力和激发创造力的力量，从而促发教育工作者对于教育生活的反思与革新，激发他们为实现教育理想而奋斗不懈。

（四）研究对象面向普通教师，倾听“沉默的声音”

20世纪70年代以来，西方教育科学领域发生了重要的范式转换和重心下移：开始从关注教育精英的思想活动转向描绘普通教师的真实人生，从弘扬教育经典转向直面教育现实，从探讨公共知识转向发掘教师的个人知识与实践智慧，从探究教育规律转向寻求教育意义。

---

1 Connelly, M. & Clandinin, J. “Narrative Inquiry” . in Torsten Husen & Neville Postlethwaite (eds) . *The International Encyclopedia of Education (2nd Edition, Volumn 7)*, Oxford: Pergamn Press, 1994, pp. 4046—4051.

2 刘小枫认为伦理学可以分为理性伦理学和叙事伦理学两种类型，他指出，“理性伦理学探究生命感觉的一般法则和人的生活应遵循的基本道德观念，进而制造出一些理则，让个人随缘而来的性情通过教育培育符合这些理则。亚里士多德和康德堪称理性伦理学的大师”；“叙事伦理学讲述个人经历的生命故事，通过个人经历的叙事提出关于生命感觉的问题，营构具体的道德意识和伦理述求。”他认为，“理性伦理学关心道德的普遍状况，叙事伦理学关心道德的特殊状况，而真实的伦理问题从来就只是在道德的特殊状况中出现的。”参见刘小枫. 沉重的肉身[M]. 北京：华夏出版社，2007：3-4.

真正的教育生活是由精英和普通人共同谱写而成的，普通人的教育生活是教育叙事研究的根本出发点，正确的教育叙事“只能从对每个时代的个人的现实生活过程和活动的研究中产生”。[1]从现实生活出发研究普通教师的课堂教学，无疑是促使教育研究走向真实丰富的重要前提。普通教师的生活史是教育叙事研究的基础，把教育问题置放在教师生活的历史关系中进行考察，不仅可以看到个体或群体教师教育生活的全部信息，而且可以从人性的角度生动展示出教育变革和发展的历程。教育叙事研究将研究资料来源扩展到师生的生活事件和生命叙事，将教育的诠释权回归普通师生和广大民众，有效地关注了广大的普通民众和基层人士，忠实地倾听了弱势群体“沉默的声音”，记录了普通师生的生活故事和生命经验，阐释了日常生活中教育事件的意义和价值。

第三节 教育叙事研究的步骤[2]

学习目标

掌握教育叙事研究的步骤和具体方法。

教育叙事研究有着自己独特的操作方法和研究步骤。一般来说，教育叙事研究的基本步骤如下。

一、确定研究问题，选择研究对象

教育叙事研究的问题起始于教育现象或教育实践中值得探究的内隐问题。研究者可以采用不断聚焦的方法，从多个教育现象和复杂的教育实践中提炼出值得探究的教育现象以及内隐的问题。在确定研究问题的时候，所探究的教育现象与内隐的研究问题应是真实的、独特的和有意义的。在此基础上，研究者采用目的抽样的方式来选择研究对象。研究对象可以是一个或几个经历了某一境遇的最具有代表性的人物，也可以是对事情产生决定性影响的关键性人物。除了目的抽样之外，研究者还可以根据研究的实际情况综合使用不同的抽样策略。

1　马克思恩格斯选集（第1卷）[M]. 北京：人民出版社，1995：74.
2　王攀峰. 行动研究的理论与方法[M]. 北京：首都师范大学出版社，2013：174-181.

案例6.2

我是如何确定合作教师的

在选择教育叙事研究的合作教师的时候，我主要考虑到了以下问题：第一，本研究需要进入研究现场进行实际的观察、访谈等，因此，选取合作教师以西安市及周边地区学校的初中初任语文教师为对象，以利于研究的实际展开。第二，本研究需要对合作教师进行至少为期一年的跟踪研究，合作教师需要接受多次访谈和研究者的课堂观察，愿意参加研究是选择合作教师的一个重要参考。第三，不同类别的学校为初任教师提供的成长要求和帮助会有所不同，因此，研究选择的合作教师来自不同的学校。第四，教师在初任阶段的成长会随着时间增加呈现不同成长的状态。因此，进场研究时所选择的三位合作教师分别处于任职0～1年、1～2年、2～3年的时间，通过一年的跟踪合作，关注他们每人一年的成长历程，同时结合访谈和实物分析方法，对有过一段初任成长历程的合作教师（完成了初任前一年、前两年的成长）的前期成长进行研究。第五，本研究的三名合作教师均毕业于同一所师范院校的汉语言文学专业，均为大学本科学历，其教学的指导教师为同一教师，接受的职前培养课程一致，这样有利于重点关注他们在职后初任阶段的成长状态。

本研究入场前和被研究者之间建立联系主要是通过两种方式实现的，一是通过中介人介绍，中介人是我的朋友，同时也是与被研究教师关系密切的教师同伴；二是由作为研究者的我直接接触，而直接接触的初中初任语文教师是我所熟识的。考虑到社会科学研究的道德规范，本研究合作教师的选择首先尊重被研究者的意愿。在研究前期一共初步接触了五所学校的六位初中初任语文教师，对他们展开了试探性访谈，在此基础上结合语文教师的初任阶段、职前学习背景、性别和所属学校实际，同时考虑到个人的研究精力，最终选择了三所学校的三位合作教师。而和“守门员”的接触则是通过中介人和合作教师来进行联系，获得他们对我的进场研究的批准。由于在每所学校进行合作研究的教师仅有一人，抽样人数少，加之合作教师有参与研究的自我意愿，且这三所学校的“守门员”都一致认为这样的研究有利于所合作的初任语文教师的职后成长，因此和“守门员”的沟通非常顺畅，该研究在现场研究中得到了他们的有力支持，他们为研究资料的搜集提供了不少便利条件。[1]

二、进入研究现场，建立合作关系

叙事研究是研究者与被研究者相互合作、相互对话的过程。专业研究者可以通过两种方式进入研究现场：一是通过正式的学校体制进入。研究者常常采用学校介绍信、熟人的推荐

1　节选自李莉．初中初任语文教师专业成长的叙事研究[D]．西安：陕西师范大学，2013.

或学校社团支教的方式，进入调查学校，认识研究对象。这种进入现场方式的优点在于能够得到研究对象管理者的认可和支持，容易获得管理者提供的相关资料。但是，其缺陷在于研究行动的开展或研究第一手资料的搜集难度较大，往往因为研究对象的疑虑或不配合而遭到拒绝。另一种进入现场的方式是通过非正式的渠道进入。研究者通过老师、朋友、熟人、同学、亲戚等个人关系进入调查点，凭借与某个研究对象之间良好的个人关系，研究者可以很快融入社区及学校生活，便于进行深入细致的研究。研究者采用这种方式容易得到研究对象的合作和信任，有利于行动的开展和研究的深入。

此外，研究者也可以研究自己熟悉的对象，如自己的家乡、自己的学校、自己的老师等，直接进入研究现场。比如，司洪昌的《嵌入村庄的学校——仁村教育的历史人类学探究》一书反映的主要内容就是作者的亲身经验、作者的家乡及家乡的学校。

三、搜集研究资料，形成现场文本

研究者进入研究现场，通过观察、访谈搜集个体的生活经历和教育故事，形成现场文本。所谓现场文本是指“由研究者和参与者创造的代表现场经验的各个方面的文本”。[1]研究者在形成现场文本时需要遵循两条基本原则：第一，处理好研究者与研究对象之间的关系。叙事研究要求研究者扮演恰当的研究角色，既要和研究对象一起全然涉入教育情境，探索、描述和解释所探究的教育事件，在研究中融入研究者和参与者的现场体验；又要和研究现场保持一定距离，从而理清研究者自己的故事、参与者的故事及研究者与参与者共同生活的场景之间的关系。第二，从整体上理解和反思教育故事。叙事研究不仅应记录现场中的只言片语或案例式的客观事实，而且要从整体上理解教育故事，建构叙事的文化历史，提供故事的意义诠释，以便为以后撰写研究文本提供充分的解释。

教育叙事研究现场文本可以通过多种途径获取：观察研究对象，记录现场笔记；搜集研究对象的日记、生活故事、自传、信件、照片、录音或录像材料，及其与他人、家庭或社会互动时形成的作品、生活记录；记录研究者与研究对象之间的讨论、对话、访谈；从亲人、学生、家长、领导等处获取研究对象的教育故事和生活经历；请研究对象用自己的方式讲述自己的故事；采集学校及相关机构的政策文献，阐释学校的历史背景与官方立场；等等。

四、分析研究资料，重新讲述故事

现场文本和资料搜集的任务结束后，研究者接下来需要开展的一项工作是，系统分析和

1　康纳利，克莱丁宁．叙事探究[J]．丁钢，译．全球教育展望，2003（4）：6-10.

讨论包含研究对象经历故事的现场文本，并重新讲述故事。这一过程包括以下几个步骤。

（一）阅读现场文本

离开现场后的资料分析首先要求研究者熟悉现场文本的内容，认真阅读资料，仔细琢磨其中的意义和联系。在分析资料前研究者要通读资料，对资料做到了如指掌。在阅读现场文本的过程中，研究者首先必须将自己对该现象事先具备的知识背景搁置，存而不论，尽量避免个人的解释或评论，让资料中存在的意义自然显现。其次，研究者还应重视在阅读中产生的反应和体验。每次阅读都是读者、作者和文本之间一次新的遭遇，都可能创生一个新的意义世界。阅读资料的过程是在资料中寻找重要讯息和意义的过程。

（二）编码与转录故事

编码和转录是分析研究资料中一项最基本的工作。在阅读原始材料、寻找原始材料意义的基础上，研究者把搜集到的现场文本按照故事所包含的基本元素进行编码、转录。编码是对资料进行解读的一种方式，是研究者对资料进行分析的基本概念框架。研究者根据自己的研究经验，提出了多种编码系统的内容和结构。伯格丹和比克兰提出，在一般情况下，编码系统可以分为以下十种类型（见表6.1）。

表6.1　编码系统类型表[1]

编码类型	说明	范例
场所/语境编码	人员、位于何处、空间如何分配	教师休息室的配置
情境定义编码	研究对象对环境所持的解释	受训者眼中的工作
研究对象的观点	研究对象单独或共有的规则、标准或一般观点	退休金制度
研究对象的思考方式	研究对象了解、定义、解释周遭环境、人、事物的思考方式	教师对时间的定义
过程编码	随着时间移动的事件	一节课
活动编码	经常、固定方式的事件	训练活动
事件编码	偶尔发生的事件	停课
策略编码	完成事件的方法	如何找答案
关系和社会结构编码	人与人之间互相的行为	友谊
方法编码	研究程序、方法、问题、困境	研究者反思

康纳利、克莱丁宁提出了另一套叙事研究的分类系统：相互作用、连续性和情境（见表6.2）。

1　Bogdan, R. C. & Biklen, S. K. *Qualitative Research for Education*. Boston: Allyn and Bacon, 1982, pp. 172–176.

表6.2 三维空间的叙事结构[1]

相互作用		连续性			情境
个人	社会	过去	现在	将来	地点
注意内部的内在条件、感觉、期望、审美反映、精神调整	注意外部的环境条件，其他人的打算、意图、设想和观点	看过去的、回忆的故事和早些时候的经验	看当前的故事和处置事件时的经验	看隐含的期望、可能的经验和情节线索	看处在自然情境或者在有个体打算、意图、不同观点情境之中的背景、时间、地点

分析资料是一个不断演化的过程，在分析过程中，一些新的码号可能出现，某些旧的码号可能需要修改或抛弃，一些下位类属和上位类属也可能会从原来的码号中分化出来，从而，需要研究者对现有的编码系统进行相应的调整。在调整编码系统时，我们不仅要检验该系统是否反映了原始资料的真实面貌，而且还要考虑这个系统是否能够在撰写研究报告时有效地为自己服务。

研究者可以参考上述编码系统分析现场文本，在资料中提炼出那些频繁出现的，或是带有感情色彩的有意义的内容，为这些意义单位设置数字或赋予字母码号，把相应码号标注在资料中有关内容旁边。这一过程是规范的叙事研究不可或缺的环节，它们是评估研究合理性与准确性的重要依据。编码完成后进入转录环节，它是将叙事的基本要素从故事之中抽取出来重新加以组织的过程，即按照码号所代表的概念、意义重新组合现场文本，将标有同种字母码号的句子按照顺序转录在一起，这样形成一个反映原始故事精神实质的压缩的精短的“骨架”型故事。

（三）重新讲述故事

研究者把已经转录出来的“骨架”型故事，按照时间顺序或研究主题重新书写成清晰的包含叙事基本元素的文本。只有按照一定的逻辑顺序组织后，研究对象所讲述的故事才能够被更好地理解。由于叙事涉及两个必要的因素，即故事与叙述者，因此，两者之间必然存在不同的关系，这便构成了不同的叙事情境。

一般来说，研究者可以采用两种不同的叙事方式：一为“讲述”的叙述方式，即叙述者外在于故事，叙述者就是讲故事的人，他与故事中的人物距离较远，作为传达信息的中介存在于文本当中，他记录、讲述、评论和解释故事，与读者交谈，恰如我国传统的艺人形象——“说书人”。在这种叙事方式中，由于有了叙述者的暗示和引导，读者很容易形成自己的明确的结论。二为“展示”的叙述方式，即所有的故事情节在反映者的视野中展开，没有一个讲述者向读者传递信息，读者亲历事件发生发展的过程。随着故事的不断发展，读者直接进

1 Creswell, J. W. *Educational Research: Planning, Conduction, and Evaluating Quantitative and Qualitative Research*. New Jersey Merrill: Prentice Hall, 2002, p. 530.

入这位人物的内心世界，感受着他的感受，思考着他的思考，领悟着他的领悟。在这种叙事方式中，读者只是随着故事人物的意识四处游走，故事中存在着大量不确定的意义空间，文本具有更多的开放性和自由性。

五、撰写研究文本，形成扎根理论

完成教育叙事研究报告的过程，就是把现场文本转换成研究文本的过程。康纳利、克莱丁宁认为："从现场文本到研究文本的主要转变是：研究文本为其他研究者和参与者而写，并超越现场文本中捕获的经验的特殊性。"[1]这就要求教育叙事研究不应仅仅停留于描述故事和再现生活，还应通过归纳分析现场文本，尝试自下而上地建构理论。[2]

例如，马佳关于一所农村学校教师合作的个案研究，就是以浙江省北部一所普通农村学校为研究对象，通过实物呈现、研究者亲历及教师言说等多个方面搜集资料，呈现出教师合作的详细图景，整理出教师合作的组织、制度、内容以及合作场景等，在分析的基础上提炼出教师合作的本土理论，并揭示出教师合作中存在的问题。透过这所农村学校教师合作的多个图景，揭示出课程改革的理想与农村学校教育现状的矛盾、教师教研组内教师求同与独立之间的冲突、农村学校中不同学科教师及同一学科教师合作的缺失。该研究对于理论做了如下建构：[3]

勘察——————事实搜集
整理——————教师合作的现场内外
提取——————教师合作的组织、制度、形式和内容
推断——————"教师合作"（本土）理论和原则
溯源——————课程改革，教研组文化，教师个人专业发展

由此我们不难发现，研究者对叙述事件之间的相互影响和相互作用关系进行了梳理，通过分析和比较搜集来的各种叙事素材，成功地将这些零散的叙事素材转换成完整的学校场

1 康纳利，克莱丁宁．叙事探究[J]．丁钢，译．全球教育展望，2003（4）：6-10.

2 有研究者认为，教育叙事研究包含如下几个方面：① 勘察。教师或教育研究者通过参与观察、访谈、实物搜集等方式有意识地尽可能多地搜集事实材料。② 整理。在勘察的基础上，研究者搜集的事实资料包括教师教育教学生活的各个方面，如课堂教学、生活经历、教育信念、人际关系等。这样复杂无序的资料必须得整理，然后才能进行有针对性的、系统性的深入研究。研究者在整理过程中可以按"类"的形式来分类，也可以按时间、空间的标准来划分。③ 提取。研究者根据研究的需要，从整理的资料中提取相关的故事或故事片段，进一步探究教师的教育教学行为"惯例"。④ 推断。指由某教师具有的各种惯例，推断其行为背后隐含的个人教育信念。⑤ 溯源。研究者通过揭示教师的个人教育信念，探究个人教育信念形成的影响，如文化对教师教学行为的影响等。参见高思超．教育叙事研究与教师专业发展[J]．河北理工大学学报（社会科学版），2010（5）：84-86.

3 马佳．新课程实施背景下一所农村学校教师合作的个案研究[D]．北京：首都师范大学硕士论文，2008.

景，生动地再现了这所学校中教师合作的现状，在此基础上，提出农村学校教师合作的“本土化理论”。

教育叙事研究中的文本不仅要讲述故事，而且要揭示某个主题，诠释其中的意义。在教育叙事研究中，故事包含着多层意义和某些主题，这些主题是故事的意义逻辑，也是叙述文本的意义所在。研究者需要做“诠释的现象学式的反思”，必须从不同的经验资料中找出有说服力的、有意义的主题，从而把握故事的深层意义。好的研究文本所揭示的主题和意义，能够引起读者的共鸣，为人们带来心灵的震撼和灵魂的激荡。

第四节
教育叙事研究的规范

学习目标

掌握教育叙事研究的规范。

教育叙事研究具有自身的研究规范和研究方法，只有了解和遵守这些规范和方法才能做有“研究品性”的叙事研究。

一、叙事规范

教育叙事研究实际上是一种典型的“经验叙述”，一种教育经验的理论方式。[1]它是以讲故事的方式展示真实的教育事件，以故事形式作为呈现教育经验的话语方式，以故事的重构揭示教育生活的意义。教育叙事研究首先需要讲故事，它所讲述的故事遵循着“叙事规范”和“实践逻辑”，具有独特性和情节性的特点。

（一）所叙之事要具有独特性

教育叙事研究所叙之事是师生生命中独特的经历和难忘的回忆，它关注的不是具有普遍意义的教育问题和教育规律，而是注重特定个体或群体的独特经历和生活体验，强调个体的内心世界和情感体验。毕希纳认为：“每个人都是一个深渊，当人们往下看的时候，会觉得

1 丁钢教授把教育叙述划分为“宏大叙述”与“经验叙述”两种类型：“宏大叙述”运用“逻辑的实践”，强调教育的规律性和科学性，以确定和发现教育真理，它试图为教育实践开处方；“经验叙述”则遵循“实践的逻辑”，强调教育与人的经验的密切联系，关注师生的内在世界和经验意义，它旨在促进理论与实践的平等对话。参见丁钢．教育经验的理论方式[J]．教育研究，2003（2）：22-27.

头晕目眩。”基斯洛夫斯基指出：“每一个人的生命都值得仔细审视，都有属于自己的秘密与梦想”。[1] 教育叙事研究就是要揭示人类隐秘世界的丰富性和独特性，触及人的内在经验，揭示意义的不同可能性。因而所叙之事是师生教育实践的凝结，是个体生命经验的呈现，是个性化、独特性境遇的揭示。

“独特性”是教育叙事的重要标志。教师在独特的教育叙事中了解和发现自己、并向他人展示真实的内心世界，阐释着“我是谁”“我从何而来”“我将向何处去”的真谛。独特的教育故事构成了教师个人发展的历史，显示出个体在教育生活中成长、磨合、创造和重生的历程。其中，可能充满着复杂的情感体验，潜藏着丰富的教育智慧，包含着深刻的教育思想，隐含着远大的教育理想，通过故事的叙说，不仅可以唤起教师尘封的记忆，再现个体的教育生活史，而且可以将个人的教育经验与他人共享，引起他人的共鸣，从而促动教师专业实践的发展和变革。

（二）所叙之事要具有情节性

教育叙事研究所叙之事不是繁杂琐碎的流水账，而是情节曲折、连续完整、富有意义的教育故事。教育叙事研究直接指向人的生活世界，通过叙事来倾听普通教师的声音，记录教育空间和时间流变中的复杂关系及发展进程，接近和表达教育生活的真相，展现教育实践的真实。如果说“宏大叙述”遵循客观化、清晰化、直线化的理性认识路线，那么“经验叙述”则是一种深受偶然的、复杂的、不确定的因素影响的文化产物。为了更好地表达和呈现生活经验，教育叙事研究必须忠实于复杂多元的教育生活，采用一种独特而复杂的思维模式和文化表达方式。叙事研究倘若一味地采用类型化、规约化、颂歌式的宏大叙事，其研究就会变质变味，丧失其特有的“叙事性”“故事性”和“真实性”。

二、研究规范

教育叙事研究不等同于“教育叙事”。“教育叙事”只是一种教育生活经验的表达方式，是把教师课堂生活中一段难忘的往事和回忆，按照时间顺序记录和描述出来，是一件较容易的事情。但是，经验的表达和故事的讲述不能代替理论的表达和研究结果的呈现。真正意义上的教育叙事研究具有较高的研究规范，不仅需要进行“教育叙事”，而且需要研究者对“教育叙事”进行专业分析和理论研讨，对“教育叙事”进行意义解释和理性反思。具有较高研究规范的叙事研究在记录和讲述故事的基础上，还要从社会学、历史学和文化学等视角对原始故事进行反思和追问，还要善于寻找研究的主题线索，按照线索重述和重组原始故事，使

1 刘小枫. 沉重的肉身[M]. 北京：华夏出版社，2004：4.

最初显得过于凌乱的原始故事变成情节曲折、脉络完整、条理清楚的故事或故事组，由此充分地展现故事中人物的生命历程、思想困惑、生存危机和人生转折，揭示个体的经验及其教育生活发展和变化的特点，提炼和诠释其中的教育意义。

从这个意义上看，教育叙事研究不限于教师日常的教学实践和工作经验，其根本目的在于揭示教育经验的本质，通过叙事研究提供一种教育经验的理论表达形式；教育叙事研究不仅要考察教育经验、深入教育实践，而且需要研究者具有独特的分析视角、适切的教育理念和深厚的专业修养，从故事的选择、叙述框架的设计、研究文本的形成到教育意义的表达都要糅合研究者的专业分析；教育叙事研究不仅是教师教育经验的总结和教育故事的汇编，而且是在讲述和重构教育故事的过程中对个体行为和经验建构开展意义性理解的活动；教育叙事研究不是一种不需要专业培训就可以任意使用的研究方法，而是具有自身独特的专业规范、操作步骤和技术的研究方法。[1]

三、伦理规范

在叙事研究过程中和发表叙事研究成果时存在着诸多伦理问题，应该高度关注。一般而言，教育叙事研究应注意以下伦理问题。

首先，教育叙事研究应保证研究对象是自愿参与研究活动的。研究者要确切地告知研究对象研究的性质、内容以及所包含的义务，取得研究对象口头或书面的同意，并确保研究对象在研究进程中有退出研究的自由。在教育叙事研究中，研究者往往需要对研究对象进行深度访谈和深入观察，这必然会介入和打扰研究对象的正常生活，为此，研究对象有权在充分知情的情况下接受并参与研究活动。教育叙事研究中可能要求研究对象讲述其个人生活故事及其真实想法，有些甚至是他们自己的亲友都不知道的经历。对此，研究者应充分尊重研究对象，并积极寻求他们的合作。研究者不能以虚假的陈述来描述自己的研究议题，也不应以隐藏的工具来获得观察和访谈的资料。

其次，教育叙事研究应通过匿名和保密等方式保护研究对象的身份。保护研究对象的权

1　关于叙事研究的结果呈现形式，封·马南提出了七种主要的叙事研究形式：① 现实主义的故事。作者通过客观准确地记叙当事人的观点，从当事人的角度真实再现研究结果，研究文本具有纪实性风格。② 忏悔的故事。作者真诚坦率地记录自己在研究过程中的思考，再现研究的具体情境以及自己与研究对象的互动关系，研究文本具有自我反省的基调。③ 印象的故事。作者详细地记录事件发生时的情境以及研究对象的反应和表情，通过大量运用比喻、想象等手法对故事细节和事件经过进行生动描绘，研究文本具有戏剧性的效果。④ 批判的故事。作者从弱势人群的视角呈现社会现实，揭示社会现实中存在的不公和丑恶现象，从社会、文化和历史等角度深入探讨研究结果，研究文本具有批判现实的特征。⑤ 规范的故事。作者希望通过自己的研究来建立和展示规范的形式理论，研究文本具有正规严谨、逻辑性强的特征。⑥ 文学的故事。作者运用文学的手法讲述个人或他人的生活故事，这种故事往往有深刻的人物刻画、富有戏剧性的情节、强烈的感情色彩、多元的叙事角度和即兴的写作风格。研究文本具有浓厚的文学色彩和个性特色。⑦ 联合讲述的故事。由研究者和研究对象一起讲述故事，共同发出声音，将两个不同的意义系统平行并置，研究文本具有对话性、多元性特点。参见陈向明. 质的研究方法与社会科学研究[M]. 北京：教育科学出版社，2000：352-365.

益最重要的是保护他们的身份，研究者在获得研究对象充分信任的情况下从事叙事研究，并获得了许多个人生活及工作资料。研究者对于研究对象提供的个人资料一定要保密，不能将研究对象的个人信息透露给他人或随意公开。因为当他们的个人信息及某些生活故事公开后，可能会使研究对象感到尴尬，甚至面临丢掉工作、家庭不和、遭受同事排挤等问题。为此，研究者通常采用匿名的办法保护研究对象的权益。

最后，教育叙事研究应保证不对研究对象造成任何伤害。叙事研究不能对研究对象构成生理或心理上的伤害。一方面，在叙事研究过程中，研究对象有可能被要求透露有损自我形象的真实经历、反常行为及情感体验、不为一般人所认同的态度、贬低身份的个人特质等。回答这些问题，或多或少会引起研究对象不舒服、不愉快的感受，甚至会伤害研究对象的自尊。这就要求研究者在研究之前告知研究对象该研究的问题及其风险，在研究对象充分知情的情况下展开研究，同时，对于敏感的调查问题研究者应精心措辞，尽量降低研究对象产生焦虑或困扰的可能性。另一方面，研究对象还可能被研究资料的分析和报道所伤害。如果研究对象在研究报告中被描述为保守顽固、固执己见等负面形象，这些可能会威胁到他们的自我形象，给他们带来伤害和困扰。为此，在研究成果即将发表或出版之时，研究者应该让研究对象先行阅读，并根据其意见调整和删除在他们看来不太恰当的内容。

四、价值规范

与科学实证主义研究范式不同，教育叙事研究与人所处的社会境遇和文化价值之间存在着密切的关系，与建构它们的社会主流意识形态有着内在的、不可分割的联系，研究者在开展叙事研究时都是带有自己的文化观点和价值立场的。根本不存在纯粹客观的教育研究，有的只是在一定价值立场指引下的研究活动；根本不存在纯粹理性的教育活动主体，有的只是存在于生活世界中的历史的、文化的、社会的人；也根本不存在价值无涉的研究成果，有的只是在一定社会文化中形成的，具有价值性、时代性乃至个性的研究成果。由于教育活动自身所具有的浓烈的价值色彩，使教育叙事研究比其他叙事研究有更强的价值倾向。在开展教育叙事研究过程中，无论是研究问题的选择，还是故事意义的诠释和研究结论的得出，都会受到研究者生活背景、价值观念等的制约。

要真正地提高教育叙事研究的文化自觉和理论水平，使教育叙事研究不仅成为一种正确价值引导下的研究活动，而且成为引领教育工作者开展价值反思和文化建构的研究活动，研究者就必须敏锐地把握新时期社会发展形势和主流价值观念，必须学会以一种批判的、对话的与反思的态度面对不同的教育观点，必须学会与研究对象展开真诚的思想对话与平等的情感交流，必须时时不忘自己作为一名知识分子的文化身份和价值立场。只有这样，教育叙事研究才能获得真正的发展，才能实现自身的社会价值，才能在推进专业实践和教育改革中发挥重要作用；也只有这样，教育叙事研究才能把教育工作者从教育生活的传统和惯习中唤醒，让其以一种新的视角来重新审视自己的教育生活，从而为教师专业成长和学校发展提供新的思想启示和可能路径。

本章小结

1. 教育叙事研究的内涵：教育叙事研究既是一种研究方法，也是一种理论形式。作为一种研究方法，教育叙事研究就是把叙事研究方法应用于教育问题的研究之中，对教育叙事文本进行分析的新型研究方法；作为一种理论形式，教育叙事研究就是研究者以故事的形式描述个体或集体的教育生活，在反思教育经验的过程中发掘潜藏于人类日常生活之中的思想意义，在此基础上对个体的教育生活和教育实践获取一种解释性理解。

教育叙事研究的作用表现在三个方面：第一，它有助于沟通教育理论与教育实践之间的联系。第二，它有助于研究者面向教育事实本身，倡导教育研究应回归生活世界。第三，它有助于表达教师的个体实践性知识，引导和规范教师的教学行为。

2. 教育叙事研究的特点：教育叙事研究具有关注生活体验、诠释意义与价值、注重对话关系、改进专业实践等特点。

教育叙事研究对于当代教育研究的方法论意义在于：推动了研究领域的拓展化，促使当代教育研究面向现实的生活世界；推动了研究主题的人本化，倡导当代教育研究关注学校教育中的人及其情感体验；推动了研究风格的生活化，促使当代教育研究的语言风格从理论语言转变为生活语言；推动了研究对象的平民化，促使当代教育研究关怀普通教师、倾听“沉默的声音”。

3. 教育叙事研究的基本步骤和方法：第一，确定研究问题，选择研究对象。第二，进入研究现场，建立合作关系。第三，搜集研究资料，形成现场文本。第四，分析研究资料，重新讲述故事。第五，撰写研究文本，形成扎根理论。

4. 教育叙事研究的基本规范：第一，叙事规范。要遵循“叙事规范”和“实践逻辑”，具有独特性和情节性。第二，研究规范。要对“教育叙事”进行专业分析和理论研讨，对“教育叙事”进行意义解释和理性反思。第三，伦理规范。保证研究对象是自愿参与研究活动的；应通过匿名和保密等方式保护研究对象的身份；应保证不对研究对象造成任何伤害。第四，价值规范。应提高研究者的文化自觉和理论水平，使该研究成为引领教育工作者开展价值反思和文化建构的研究活动。

总结 >

关键术语

叙事 narrate	叙事研究 narrative research	教育叙事研究 narrative research of education
现场文本 the scene of the text	研究文本 research text	

章节链接

本章内容与第一章《教育研究方法概述》、第二章《教育研究的一般过程与设计》、第十四章《教育研究成果的表达》的部分内容有密切联系。

应用 >

体验练习

一、名词解释

1. 教育叙事研究

2. 现场文本

3. 研究文本

二、单项选择题

1. 通过对教师生活故事的描述和分析，揭示内隐于日常事件、生活和行为背后的意义和观念，使人们从故事中体验、思考和理解教育的本质与价值的研究是指（　　）。

A. 行动研究　　B. 校本研究　　C. 叙事研究　　D. 比较研究

2. 叙事研究的过程有确定研究问题，选择研究对象；进入研究现场，建立合作关系；搜集研究资料，形成现场文本；分析研究资料，重新讲述故事和（　　）。

A. 撰写研究文本，形成扎根理论

B. 记录田野笔记，探究教育问题

C. 阅读现场文本，编码和转录故事

D. 整理田野数据，发表研究结论

3. 教育叙事研究的研究问题起始于一个值得探究的内隐研究问题的教育现象，其所探究的教育现象与内隐的研究问题应该是真实的、独特的和（　　）。

A. 有深度的　　B. 客观的　　C. 有意义的　　D. 有哲理的

4. 下列关于教育叙事研究的表述，错误的是（　　）。

A. 教育叙事研究最早由康纳利和克莱丁宁作为研究方法引进教育学研究领域。

B. 教育叙事研究推动当代教育研究从理论语言转变为生活语言。

C. 教育叙事研究应保证研究对象是自愿参与研究活动的。

D. 研究者在开展叙事研究时要遵循价值中立原则，不能带有自己的文化观点和价值立场。

5. 下面不属于教育叙事研究特征的是（　　）

A. 关注教育事件中的人及其生活体验

B. 教育叙事就是教师的工作日志

C. 推动教师专业实践的改进

D. 探讨教育实践的本质，揭示其背后的价值和意义

三、简答题

1. 简述教育叙事研究的特点。

2. 简述教育叙事研究的作用。

3. 简述教育叙事研究的基本规范。

四、拓展题

1. 通过查阅专业期刊或相关著作，寻找一份教育叙事研究的报告，理解其研究设计及主要发现，并对其进行评析。

2. 结合现实的教育问题，按照教育叙事研究的基本步骤开展研究，完成研究报告，并写出研究心得，与研究对象进行交流。

拓展 >

补充读物

1 Connelly, F.M.& Clandinin, D. J. *Teachers As Curriculum Planners: Narratives of Experience (2nd Edition)* [M]. New York: Teacher College Press, 1998.

本书运用叙事研究的方法探讨了教师如何讲述自己的教育故事和反思个体的教学经验，其内容主要包括理解课程、理解自己、理解课程的影响因素和理解自己的叙事等四个部分。本书是了解叙事研究的基本读物。

2　D.Jean Clandinin & F. Michael Connelly. *Narrative Inquiry Experience and Story in Qualitative Research[M].* San Francisco：Jossey-Bass Press，2000.

本书将经验作为经历和讲述的故事来理解，从而使叙事探究在质的研究领域获得了广泛的声誉和信任。作者通过自己二十多年的经验向我们呈现了叙事探究如何用于教育和社会科学研究领域，为指导现场工作、撰写现场笔记和呈现研究成果提供了新颖实用的观点和方法。

3　[美]瑾·克兰迪宁主编．叙事探究——原理、技术与实例[M]．鞠玉翠，等译．北京：北京师范大学出版社，2012.

本书主要探讨了“讲述”与“亲历”这两种叙事研究的原理、技术与案例。通过讲述和亲历，研究者以叙事的方式与个人相处，用活生生的故事创造着生活。本书是叙事研究方面的权威指导书。

4　傅敏、田慧生．课堂教学叙事研究：理论与实践[M]．北京：教育科学出版社，2009.

本书主要探讨了课堂教学叙事研究的概述、基本理论、设计、实施和评价等方面的内容，从课堂教学叙事研究基本理论的探讨到实践技术的介绍，对教育工作者开展课堂叙事研究给予了理论与实践的支持。

5　陈向明．质的研究方法与社会科学研究[M]．北京：教育科学出版社，2000.

本书是国内第一部系统评介“质的研究方法”的专著，对目前国际社会科学界提出的有关理论问题以及新近发展出来的操作手段进行了深入的探讨，并结合西方学者和作者自己的研究实例对其进行了生动的展示和说明，对系统、全面了解质的研究方法提供了帮助。

在线学习资源

1、马克斯·范梅南的“现象学在线”，http：//www.phenomenologyonline.com、

2、刘良华的“教育叙事研究”，http：//blog.cersp.com/index/1002266.jspx、

第七章

教育个案研究

本章概述

本章主要介绍了教育个案研究的内涵与作用、类型与特点、基本步骤、具体方法及其规范。教育个案研究是对单一的研究对象进行深入细致研究的方法。它有助于丰富相关研究成果，促进教育理论的发展；它适合教师使用，能促进教师专业成长。教育个案研究具有研究对象的个别性与典型性、研究内容的深入性和全面性、研究方法的多样性和综合性等特点。根据研究对象不同，可分为个人个案研究、机构个案研究和团体个案研究；根据研究目的和功能不同，可分为探索性个案研究、描述性个案研究、解释性个案研究和评估性个案研究。教育个案研究的基本步骤包括系统阐述研究问题、选择个案并评定其现状、搜集个案资料、整理并分析资料、个案的发展指导、追踪研究、撰写个案研究报告等。教育个案研究的具体方法包括追因法、追踪法、作品分析法、临床法、教育会诊法等。教育个案研究既有优点，也有局限，为提高研究的科学性，必须遵循相应的规范。

结构图

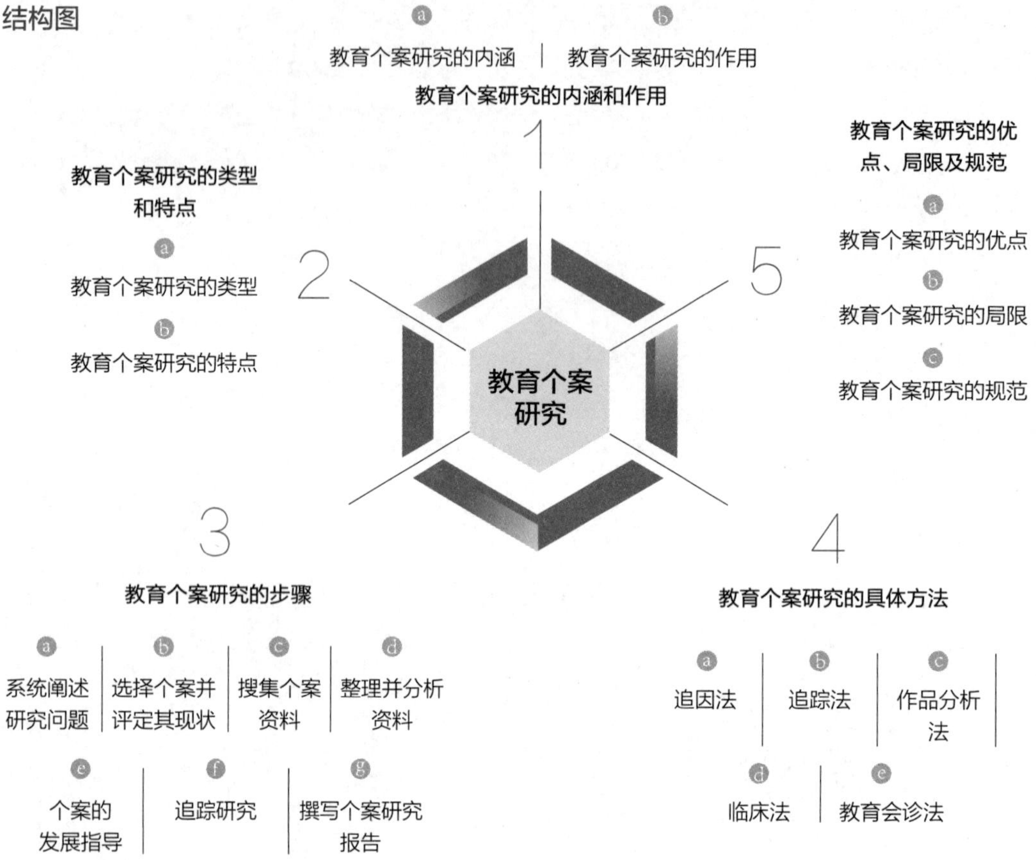

学习目标

学完本章，你应该做到：

1. 了解教育个案研究的内涵和作用；
2. 熟悉教育个案研究的类型与特点；
3. 掌握教育个案研究的基本步骤与具体方法；
4. 把握教育个案研究的规范。

读前反思

什么是教育个案研究？教育个案被研究有什么作用？它有哪些类型和特点？它的操作方法和步骤是怎样的？研究过程中需要注意什么问题？

在教育研究中，当需要深度理解研究对象的背景和当事者的意思，研究关注的重点在过程而不是结果，需要对教育问题的成因进行深入的探究和理解，对复杂的关系进行全面的关注和阐释，对动态变化的情境条件做出适当的分析和考察时，就需要用到个案研究方法了。它在教育实践中运用得比较广泛，也十分重要。

第一节
教育个案研究的内涵和作用

一、教育个案研究的内涵

（一）个案

学习目标

认识和了解教育个案研究的内涵和作用。

所谓个案，也叫案例，是一个完整的系统。按照美国学者斯塔克的看法，是一个“有界限的系统”（a bounded system）。[1]所谓有界限的系统，是指有范围的时间与空间，它可能是一个个体、机构、场域、事件、行动、问题等。个案的一个重要特征是，研究者可通过对个案的行为形态或活动性质来了解系统的复杂性及过程特性。

个案

也叫案例，是一个完整的系统。按照美国学者斯塔克的看法，是一个“有界限的系统”（a bounded system）。

（二）个案研究

所谓个案研究就是对一个有界限的系统，如一个个体、一个方案、一个团体、一个机构、一个地区等，运用多样的技术与手段，如观察、访谈、调查、实验等搜集完整的资料，以做出深入、翔实的描述、阐释与分析，呈现出系统的真实面貌与丰富背景，从而在此基础上做出判断、评价与预测的研究方法。

个案研究

就是对一个有界限的系统，如一个个体、一个方案、一个团体、一个机构、一个地区等，运用多样的技术与手段，如观察、访谈、调查、实验等搜集完整的资料，以做出深入、翔实的描述、阐释与分析，呈现出系统的真实面貌与丰富背景，从而在此基础上做出判断、评价与预测的研究方法。

1 转引自潘慧玲. 教育研究的取径：概念与应用[M]. 上海：华东师范大学出版社，2005：182.

由于个案研究一般是对研究对象的一些典型特征做全面而深入的考察与分析，以取得对一般性状况或普遍经验的认识，其过程与解剖麻雀相似，人们形象地将个案研究法称为"解剖麻雀法"。同时，由于个案研究往往需要对研究对象进行较长时间的、连续不断的追踪调查，了解其发展变化的具体经历，因此又被称为"个案追踪法"或"个案历史研究法"。

从20世纪20年代开始，个案研究成为社会科学中一种重要的研究方法，广泛运用于法律、医学、精神病学、心理学、人类学、教育学、社会学、企业管理、新闻工作以及各种咨询与指导领域。美国社会学家威廉·怀特（William F. Whyte）的《街角社会》、芝加哥大学社会学家托马斯和波兰社会学家兹纳涅茨基（Thomas & Znaniecki）的《身处欧美的波兰农民》以及我国著名社会学家费孝通的《江村经济：中国农民的生活》等，都被认为是个案研究的典范。

（三）教育个案研究

教育个案研究是个案研究方法在教育研究中的运用，是对单一的研究对象进行深入细致研究的方法。教育个案研究的对象可以是个体的人，如留守儿童、"学困生"、优秀教师、新教师、智力超常学生等；也可以是一个团体、组织或机构，如优秀学习小组、先进班集体、薄弱学校、素质教育改革示范校等；还可以是某一个别事例，如中学生犯罪、校园欺负；等等。

> **教育个案研究**
>
> 教育个案研究是个案研究方法在教育研究中的运用，是对单一的研究对象进行深入细致研究的方法。

教育个案研究可以说由来已久。早在18世纪末，德国人提德曼就用日记法对自己孩子的发展进行详细的观察记录。瑞士心理学家皮亚杰曾以"自己的孩子"为研究对象，根据其行为及认知发展，提出著名的"认知结构"的阶段理论，对教育产生重大影响。我国著名的幼儿教育家陈鹤琴先生也曾对其长子陈一鸣进行过详细的观察记录，并以之为基础写成《家庭教育》一书。这些都是教育个案研究的典型案例。

案例7.1

陈鹤琴《家庭教育》（节选）[1]

第一章　儿童的心理

六、小孩子喜欢合群的

（一）我的小孩子一鸣在47天的时候就发生乐群的心理了。在这一天，我抚摸他的下颌，他就对我说"a——ke"。这"a——ke"究作何解，我虽不得而知，但是我们推想他的意思，总是一种快乐的表示，也是一种对于我抚他下颔的反应，也是一种承认他人存在的符号。

1　陈鹤琴．家庭教育[M]．上海：华东师范大学出版社，2006：6-7.

（二）到了3个月的时候，一鸣喜欢别人同他玩讲。若你接近他，他就笑逐颜开牙牙学语了。

（三）邻人的小孩子，到了五六个月的时候，一定要别人站在他的旁边，倘使别人离开他，他就哭；一看见有人来就不哭了。

（四）我的友人有一个五岁的女儿，困为孤独的缘故，就常常有一个想象的伴侣同她游玩。后来进了幼稚园之后，这个想象的伴侣就慢慢地消没了。

小孩子的好群已如上述。做父母的正可以利用这种好群的心理教育小孩子。第一，我们要使他得着良好的小朋友；第二，我们应给他驯良的动物，如猫、狍、兔子等做他的伴侣；第三，我们再给他小娃娃之类以聊解他的寂寞。

二、教育个案研究的作用

（一）丰富相关研究成果，促进教育理论的发展

唯物辩证法原理告诉我们，个性与共性、特殊与一般是辩证统一的，个别现象或事物不仅表现出自己的特殊性，而且也反映了该类事物的普遍性。所以，个案研究的结论不仅具有个别性和特殊性，还具有一定的普遍性，因而有助于丰富我们对同类事物或事件的总体特征和趋势的了解。

第一，通过个案研究所获得的结论，可以为进一步证实某理论或假设提供依据。例如，教育研究中对于元认知的研究，借助了大量的个案研究的材料来说明其得出的一般结论。第二，验证某一种辅导策略或治疗方案的可行性和有效性，为解决某类问题提供一般性策略与操作步骤。例如，有效的“学困生”辅导策略往往是在对某一个案运用并取得较好的评价效果之后，才提出一般性的策略与操作步骤。第三，将个案研究的结论适度地推广到更广大的同类群体中去，发现或描述个体或事件的总体趋势。第四，个案研究信息的累积有助于归纳同类事物的总体情况，可以为以后的分析研究、理论概括等做准备。个案研究通过搜集丰富的个案资料，建立资料库，为以后分析同类教育现象提供借鉴。此外，个案研究的典型材料，使理论既有概括性，又有实用性，既生动又具体，有助于推动教育研究成果的广泛运用。

（二）适合教师使用，促进教师专业成长

个案研究是特别适合教师使用的一种方法。教师作为研究者，由于时间、精力以及研究兴趣和特长等方面的限制，要开展大规模的教育调查和需要严格控制条件的实验研究往往有一定的困难。个案研究的对象少，研究规模小，一般都是在没有控制的自然状态中进行的，也没有严格的时间限制，因而特别适合一般教师。通过个案研究，教师可以抓住班级中少数几个典型学生，进行个别的辅导和持续的关注，还可以及时了解整个班级或年级的情况，收集关于自己教育措施的反馈信息，从而总结积极的教育措施和有效的教育经验，反思不足之处，不断提升自己的教育教学水平，促进自身的专业成长。

第二节
教育个案研究的类型和特点

一、教育个案研究的类型

学习目标

熟悉和把握教育个案研究的类型和特点。

根据不同的分类标准，我们可以将教育个案研究划分为不同类型，以下是主要的两种分类。

（一）个人个案研究、机构个案研究和团体个案研究[1]

这是根据研究对象的不同对教育个案研究的分类。

1. 个人个案研究

个人个案研究是以个人为研究对象，对该个体特殊的历史、现状及后来的发展进行的研究。个人个案研究最初是指医学领域中对精神病患者的研究，后来扩充到法学、心理学等领域。教育领域的个人个案研究主要是指对个别学生、教师等进行的研究。例如，对某情绪障碍儿童进行个案研究，对某智力超常儿童进行个案研究，对某优秀教师的教学特点进行个案研究，对某著名校长的领导风格进行个案研究。陈鹤琴对其长子陈一鸣的成长过程进行的观察、记录和分析就属于典型的个人个案研究。

2. 机构个案研究

机构个案研究是以家庭、学校、学区等单位为研究对象进行的个案研究。机构个案研究一般涉及该机构的基本情况、机构的主要目的、任务以及为实现目的所采取的一些典型做法和改革措施，如某个学校的教育教学改革、某学区的教育改革试验等。

3. 团体个案研究

团体个案研究是以企事业团体、学术团体、群众性团体组织或地区中一定数量的成员为研究对象进行的研究。如对某乡村学校所有留守儿童进行研究，对某一类中学的校长进行研究，揭示留守儿童或这类校长的共同特征。朱源等对中国科大第三期少年班学生进行的追踪研究[2]，就属于典型的团体个案研究。

---

1 杨晓萍. 教育科学研究方法[M]. 重庆：西南师范大学出版社，2006：198.

2 朱源，等. 中国科大第三期少年班学生追踪研究[A]. 全国第五届心理学学术文摘选集[C]. 中国心理学会编印，1984：122−124.

（二）探索性、描述性、解释性和评估性个案研究

这是根据研究目的和功能的不同对教育个案研究的分类。

1. 探索性个案研究

探索性个案研究是在未确定研究问题和研究假设之前，凭借研究者的直觉线索到现场了解情况、搜集资料形成个案，然后再根据这样的个案来确定研究问题和理论假设的个案研究。由于这样的研究往往不是最终的个案研究，而且有可能被其他研究方法所替代，因此，探索性个案研究被一些学者看作其他类型个案研究或其他方法研究的前奏，而不是一种独立的研究方法。

2. 描述性个案研究

描述性个案研究即以描述为目的的个案研究。在这类研究中，研究者尽力描述一些现象并使之概念化。好的描述，是伴随情境中的固有意义和意图，尽量对内容再多创造一些情境的描述，能充分地展示现象。该研究可以使用故事讲述、图画描绘等方法。如此，可以给读者一种对情境中内在的意义的感受，从而深入理解研究对象。

3. 解释性个案研究

解释性个案研究即旨在对研究对象进行解释的个案研究。这种解释叫作模式（pattern），即将在个案研究中观察到的一种变化与另一种观察到的变化系统地联系起来。如果研究者没有表明一种变化对另一种变化有因果作用，我们可以把它作为关系模式（relational pattern）；如果表明有因果作用，那就是因果模式（causal pattern）。

4. 评估性个案研究

评估性个案研究即以评估为目的的个案研究。在这类研究中，研究者对教育事件、方案、计划、章程和制度等进行分析，判断其价值，为教育决策者和实践者提供信息，帮助他们判断政策和决策的优点和价值。

二、教育个案研究的特点

（一）研究对象的个别性与典型性

个案研究的对象是个别的，但不是完全孤立的个别，而是与其他个体相联系的，是某一整体中的个别。这种对个别对象的研究必然在一定程度上反映其他个体和整体的某些特征和规律，即“特殊的普遍性”。个案研究的目的固然是了解、把握某个个体的具体情况，但也要通过一个个案的研究，揭示出一般规律。例如，儿童心理学家皮亚杰就通过与少数儿童的个别谈话，揭示出儿童心理发展的普遍规律。当然，我们需要正确处理好个别与一般的关系。个别虽可以反映某些一般的特征，但个别毕竟不等于一般。个案研究取样较少，其研究结论的代表性也就较小，因此不宜机械地推广到一般中去，而需要谨慎地思考和分析，以免

犯以个别代替一般的错误。此外，作为个案研究对象的个别，应该具有与众不同的典型特征，不具有典型性的个别，是没有多少研究价值的。

（二）研究内容的深入性和全面性

个案研究既可以研究个案的现在，也可以研究个案的过去，还可以追踪个案的未来发展。个案研究可以做静态的分析诊断，也可以做动态的调查或跟踪。由于个案研究的对象不多，所以研究时就有较为充裕的时间，进行透彻深入、全面系统的分析与研究。例如，对一名“学困生”的研究，往往需要从多方面加以考察，如学生学习的智力因素和非智力因素、原有的知识基础和学习方法，以及教师的教学和家长的辅导情况，此外还要做一些比较。唯有如此，才有可能对该生进行比较全面而深入的了解和认识。

（三）研究方法的多样性和综合性

个案研究有自己的研究方法，如下面将要介绍的追踪法、追因法、临床法、作品分析法、教育会诊法等。但是，个案研究又不是完全独立的研究方法。为了搜集到更多的个案资料，从多角度把握研究对象的发展变化，就必须结合教育观察、教育调查、教育实验、教育测量等多种研究方法，综合运用各种研究手段。例如，美国教育研究者克劳德·戈登堡（Claude Goldenberg）在研究教师期望对学生阅读成绩的影响时，就综合运用定性与定量两种方式来搜集个案资料。在这个研究里，教师的期望值与她两位一年级学生的实际阅读成绩极不对应。戈登堡对每位学生的课堂表现进行了定性观察，又对每位学生进行了阅读成绩的标准测试[1]，从而获得了比较好的研究结果。

第三节 教育个案研究的步骤

一、系统阐述研究问题

学习目标

掌握教育个案研究的步骤。

进行个案研究的第一步就是确定并系统阐述研究问题，这是进行个案研究的基础。研究问题常与研究者的个人兴趣或经历有

1 戈登堡，C. 期望的限制：教师期望效果的个案知识[J]，美国教育研究杂志，1992（29）：517-544.

关，如罗伯特·斯泰克所指出的："个案研究被确定为一种研究形式的原因在于对一些独立个案的兴趣"。[1]研究问题一旦确立，就必须转变成清晰的问题或目的。

二、选择个案并评定其现状

一般来说，选择作为个案研究对象的个案应该考虑是否具有以下三个显著特征：第一，在某方面是否有显著的行为表现；第二，与这方面有关的某些测量评价指标是否与众不同；第三，与研究对象有关的主要关系人是否都有类似的印象和评价。比如，对某学生创造能力发展的个案研究，可以看一下他是否经常有些小发明、小创造、小制作；在创造力测验上的得分是否高于常人；教师及家长等对该学生在这方面的表现如脑子活、常提怪问题等是否有较深的印象，能否举出一些事例等。

能否根据课题正确选择个案，关系到研究结论是否有价值，所以，在个案研究中，如何选择个案是关键。适用个案研究的条件是：用小样本去说明总体；在对一个事物有了一定研究后，通过分析个案来剖析事物；有的事物并不普遍，不具有代表性，但值得关注，也可以成为个案；在对某种理论、方法的应用中，采用个案加以反馈，在实践中验证；为了不断积累材料的需要，以个案为素材为今后研究打下基础。

为了选取具有能完成研究任务的特性及功能的个案，个案研究往往采用有目的的抽样，而不是随机抽样。随机抽样的逻辑基础是所选择的样本对总体有代表性，以便推广到整个总体；目的抽样的逻辑基础是样本个体对所深入研究的情况信息掌握得多且丰富，确信那些被选中的样本个体本身就是丰富信息的提供者。

基于这一逻辑基础和研究目的，个案研究的常用抽样方法一般有：代表性个案抽样、关键个案抽样、极端型个案抽样、配额抽样（也称"定额抽样"，是指调查人员将调查总体按一定标志分类或分层，确定各类或各层单位的样本数额，在配额内任意抽选样本的抽样方式）、滚雪球式抽样（也称网络抽样或声望抽样，是从网络中辨识并抽样选择个案的方法，即从一个或少数人或个案着手，然后根据开头个案的联结而散布开来）、效标抽样（是指事先为抽样设定一个标准或一些基本条件，然后选择符合这个标准或这些条件的个案进行研究）、证实和证伪个案抽样（研究者已经在研究成果的基础上建立了一个初步的结论，希望通过抽样来验证自己的初步理论假设）、综合抽样等。

选择好个案后，要对其进行现状评定。个案现状评定要全面，除了对突出方面要有专门的测量与评定，以便正确认识个案在这些方面的特点、所处的水平，对个案的一般情况也应

1　[美]梅雷迪斯·D．高尔，沃尔特·R．博格，乔伊斯·P．高尔．教育研究方法导论（第六版）[M]．许庆豫，等译．南京：江苏教育出版社，2002：447.

有一个全面的了解与评定，因为某一方面的特殊或突出不是偶然的，往往与个案所处的现状有关。例如，学生的高创造力，不仅与其智力水平、兴趣爱好和受教育状况有关，还与他的家庭、朋友以及其他环境有关。

三、搜集个案资料

（一）个案资料的内容

个案资料不仅包括个案研究对象的现状资料，还包括个案对象的历史资料。就个人个案而言，其主要内容应该包括以下方面。

① 对象的基本情况。如个人的姓名、年龄、性别、籍贯、民族、所在学校和班级、所在班级同学的总体情况，如年龄分布、性别比例等。

② 个体身体健康资料。如既往病史、药物过敏史等。

③ 个体成长及心理发展资料。如母亲妊娠及生产情况，出生后的发育情况，人际交往、性格特征、自我态度及价值取向、品德行为情况等。如果个案是一名学生，要收集学生的历次品德评语、升学考试成绩、单元测验成绩，近几年的作业本、日记、周记等。

④ 个体家庭背景资料。如父母的姓名、年龄、职业、文化程度、健康状况，家庭经济情况及居住环境，父母教养方式，亲子关系，家庭重大生活事件，家庭病史等。

⑤ 个体当前问题资料。如目前的主要症状、行为表现特征等。

（二）个案资料的来源与搜集方式

搜集个案资料时，必须注意个案资料的来源是十分广泛的。可以来自于对研究对象本身的观察、调查，或由研究对象自己提供，也可以来自于与研究对象相关的一些人或机构。例如，对优秀教师的个案研究，可以就研究对象本人搜集相关资料，也可以通过对研究对象相应的观察、谈话等获得资料，还可以向与研究对象相关的一些人或机构搜集资料，如让家人、领导、同行、学生、学生家长及同学好友介绍其具体情况等。

所搜集的个案资料可以分为两类，即主体资料和客体资料。前者指研究对象的自传日记、写给别人的信件、著作等；后者指个人档案，社团或学校、机关的记录、照片、录音、登记表格，以及同学、同事等人提供的证明材料。

搜集资料的方式很多，既可以用定量的方法，如测量、问卷等，也可以用定性的方法，如观察、访谈、查阅个人的一切文字记录等。搜集个案资料要尽量做到客观、公正、全面、深入。

（三）个案资料的记录

个案资料的记录是研究者保存的备忘录，也是整个研究最重要的参考资料。记录的原则是保持记录资料的正确性、完整性和清晰性，易于理解和查阅。个案资料记录的方式很多，如直接描述法、半结构描述法、结构描述法、图表描述法等。[1]

（1）直接描述法

描述性记录可以比较详细地介绍个案资料，直观、生动、具体，易于理解。但记录的篇幅比较长，整理报告的时间较多，而且无法突出问题的重心，较为繁复。

（2）半结构描述法

有时研究者为了了解个案的基本资料，可以采用半结构式的个人评定记录方法来描述个案问题，即根据实际情况逐项填写个案清单中的项目内容，从而获得个案身份、人格等基本资料。

案例7.2

半结构式个人评定记录的项目内容：

① 身份和外表：姓名、居住地、职业、相貌特征等。

② 生活史：个案史、过去经验、现在发展等。

③ 目前状况：目前个人的处境、如何形成目前的处境等。

④ 未来透视：未来需掌握的是什么？环境的机会及限制为何？采取行动会导致什么结果？将来会有哪些变化？

⑤ 习惯与活动：生活习惯如何？如何支配时间和金钱？

⑥ 经济状况：经济来源和物质供应来源。

⑦ 实际事件：从实际发生事件中显示个人心理特征的是什么？

⑧ 身心健康：个人目前生理及心理健康状态，有哪些不正常的想法、感觉、行动或欲望。

⑨ 普通人格特质：平常个人表现如何？较具持久性及一致性的行为举止是什么？

⑩ 特殊人格特质：在特殊情况下的行为表现如何？

⑪ 表达能力：个人如何表达其感觉及态度？

⑫ 动机状况：个人需求、企图、欲望、惧怕、喜欢或不喜欢的东西。

⑬ 能力：个人能做些什么？不能做些什么？适应环境的能力如何？

⑭ 处事的倾向和感觉：个人对所遭遇的情景，感受如何？有何期待或想法？

⑮ 理想与价值观：个人的基本信念、价值观和道德原则。

⑯ 自我概念：个人对自己的态度如何？想法如何？如何描述自己？

⑰ 兴趣：个人认为重要的事情是什么？相关的事情是什么？如何产生影响的？

⑱ 社会地位：个人的社会地位如何？别人对他的看法如何？

1　陈李绸．个案研究[M]．中国台北：心理出版社，1996：23.

⑲ 家庭亲属：个案与谁关系最密切？行为上最像哪些人？

⑳ 友谊和忠诚：谁是他的最要好的朋友？对哪个人最忠实？

……

个案记录可以按时间顺序记录，如按年月先后顺序记录，或按研究进程的阶段（起始、调查、诊断、治疗、跟踪）记录；也可以按专题内容分项记录，如家庭状况、社区环境、文化背景、教育、娱乐活动、兴趣、健康状况、精神状态、职业、经济收入等。

（3）结构描述法

结构描述法在个案研究中运用比较普遍，即按某种框架结构（可以是大纲形式，也可以是摘要表格形式），将个案资料加以分类，然后将有关资料重新组织，形成一个比较完整的个案记录。这种记录方法便于检索有关个案的资料，可以从记录中发现资料的缺乏或遗漏之处，以便进一步搜集更详尽的资料。

除了按规定的框架内容描述个案情况之外，结构描述法有时还可以将个案资料相关部分归类，制成表格，这样就可以对个案的情况一目了然了，而且能够简便地查检到个案的有关资料，做出有效的推论。

案例7.3

个案资料记录

一、个案名称：个案B

二、记录方法：结构描述法

三、个案资料：

早期家庭关系

1．父母：父亲事业忙碌，母亲操劳家务，都无暇和个案B充分沟通及陪伴个案B。

2．弟弟：个案B有一个相差10岁的弟弟，在心理、情感上无法产生互动。

教育：个案B高三即将毕业，已获得音乐学院的入学通知。

年龄：17岁。

社交关系：

1．同伴：同学眼中的优秀学生，又肯主动帮助同学，与同学相处关系融洽，并与好友组织乐队。

2．女友：与女友仅建立生理上亲密关系，却并未能建立任何心理关系，没有也无法互相倾诉。

3．老师：个案B是老师心目中的好学生，对他的期望非常高，但无法了解他的内心世界。

4．父母：无法与双亲沟通，不能向双亲倾诉心中苦闷，而父母又很信任他，很放心地认为他是好孩子，应该没有任何问题。

自我概念：

1．对自己期望甚高，凡事力求完美，但却因无法达到自我要求而对自己的能力感到失望。

2．因为周围无人能够理解自己而异常苦闷。

3．感受到来自老师、父母、同学对他的压力，而觉得无法承受。

自杀：当舞会中众人均融入欢乐中而自己却无法融入时，遂走上自杀之路。（是在将自己的手稿寄给好朋友之后，自认为无牵挂，又无法满足自己之下，步入自杀之途。）后经抢救，自杀未遂。

（4）图表描述法

所谓图表描述法，即将个案资料的主要特征分类，以小标题的形式列表，以线条、箭头明确标示各细目之间的顺序和关系。这种方式简洁明了，突出重点，不过却难以获知一些有关个案的细节资料。

四、整理并分析资料

（一）个案资料的整理

个案资料的整理一定要分门别类，简便清晰，一般可采用表格的形式对个案资料进行整理。

表7.1　学生个案资料表

姓　名		性　别		编　号	
学校资料					
班　级		关注级别		班 主 任	
成绩状况		身体状况		性　格	
同伴关系		师生关系		爱好特长	
家庭资料					
家庭住址				紧急联系方式	
监 护 人		家庭结构		亲子关系	
教育方式		经济状况		社区环境	
关注问题及谈话记录					
主要问题					
教育时间	事因概况		内容概况		反馈及效果

（二）个案资料的分析

面对搜集到的丰富而详细的资料，如何进行分析，从哪些方面分析，将直接影响研究的质量。一般而言，分析个案资料主要从以下两个维度进行。

（1）主观—客观维度

从研究对象的主观上分析，主要是探究隐藏在个案行为背后的内在动力，如动机、态度、情感、世界观、人生观、价值观等；从客观上分析，主要是了解教育、家庭、社会环境等与儿童的生理、心理特点以及学生的成长、发展存在哪些相适应或不适应的地方，并找出它们的矛盾关键所在。

（2）现状—过程—背景维度

该维度主要是从个案当前的发展现状和水平来分析个案行为或现象的形成和发展过程与现有水平的动态关系，进而分析个案行为或现象发生的背景因素，以此来了解个案发展变化的基本特点和规律以及影响个案发展变化的各种因素。

在对所搜集的历史资料与现状资料进行比较分析的基础上，厘清个案发展变化的脉络，找出哪些因素对个案在某些方面的突出发展具有比较明显的意义，形成初步的认识后，再进行深入的分析。

五、个案的发展指导

个案的发展指导是指在对资料进行整理、分析的基础上，设计一套因材施教的方案，并加以实施。对个案的发展指导可从以下两方面进行。

1. 对学生自身内在因素加以矫正

对学生自身内在因素加以矫正，以便使其与社会环境的要求相适应。例如，通过一些医疗措施、心理咨询与矫治，提高学生的健康水平，改善和发展学生的情感、情绪、人格倾向等，使学生改变习惯性焦虑的情绪及过分孤僻的性格；通过思想教育，提高或改善学生的世界观、人生观、价值观、道德观等。

2. 改善外部条件

改善外部条件，使之适应学生发展的需要。家庭中的气氛、父母对子女的教育方式、校外教育机构的作用、学校教育措施以及学生的人际关系等因素都会对学生的发展产生影响。针对个案的实际情况，对个案提出一些要求，或采取降低家长对学生的过高期望，改变教师对个案学生的看法，给学生布置一定的工作，调整学生所在的小组或座位等措施。此外，对于那些不可能得到改善或发展的外因条件，提出防范或疏导的措施。

六、追踪研究

个案研究是一种深度研究，对于研究对象需要有一段较长时间的追踪与研究，以了解其发展变化，测定与评价用于指导其发展的教育措施的实践效果。在追踪研究中，要坚持观察和把握研究的目标，但与目标同时制订的发展指导的具体措施方案却不是一成不变的，要随着个案的发展变化、教育和环境的变化而不断修订，不断变化。

七、撰写个案研究报告

个案研究报告是个案研究成果的重要表现形式，是个案研究过程中必不可少的一环。通过个案研究报告可以了解个案的基本情况及处理的过程。

（一）个案研究报告的类型

个案研究报告的表达方式可以多种多样，大致可以分为以下几种类型。

① 描述性报告。比较详细地叙述个案资料，可以将一些片段并列或串联，不用转述而用原话，尽可能用客观描述来呈现对个案的解释，具有直观、具体等特点。但整理报告的时间较长，重心难以把握，较为繁杂。

② 分析性报告。通常对论点进行直接的论述，对论点需要提供论据，并需说明个案的各种可能表现及推理历程。分析性报告是一种企图用客观的方式呈现个案资料，但又无法全部放弃主观判断的一种呈现方式。

③ 简介性报告。着重反映个案的主要特征，比较简洁。报告整理时间较短，问题的重心突出，不过对个案的细节部分的报告不够详细。

（二）个案研究报告的内容

一份完整的个案研究报告，其基本内容包括以下方面。

① 基本资料：姓名、性别、年龄、学习程度、籍贯等。

② 个案来源：别人介绍、自己寻来或其他关系等。

③ 背景资料：

个案家庭史。父母、兄弟姐妹、其他人。

个案与家庭的关系。父母的管教态度、亲子关系、兄弟姐妹的关系等。

个案的学校生活。对学校的态度、学习能力、学业成绩等。

个案的社会关系。人际关系、与朋友的交往等。

④ 主要问题的描述。

⑤ 诊断和分析。
⑥ 指导策略。
⑦ 实施指导策略。
⑧ 实施结果。
⑨ 跟踪及检讨。

第四节 教育个案研究的具体方法

学习目标

掌握教育个案研究的具体方法。

教育个案研究可以根据研究对象、目的、内容的不同，采用追因法、追踪法、作品分析法、临床法、教育会诊法等具体的个案研究方法。

一、追因法

追因，是个案研究中经常使用的一种研究方法。追因法与实验法因果顺序恰好相反：实验法是先确立原因，然后根据原因探究结果。追因法则是先有结果，然后根据结果去追究现象产生的原因。例如，某学生的学习成绩突然下降了，我们去寻找他成绩下降的原因，这就是追因法。

追因法是先接受已经存在的事实，然后根据事实推论出此事实的原因。例如，某学校某班级某学科的教学质量特别高，某“学习后进生”最近有较大变化、学科成绩提高很快等，这些都是已存在的事实，我们可以把它们确立为研究的问题。研究人员对这些事实进行研究，探讨这些事实发生的原因实际上就是一个追因的过程，所使用的研究方法就是追因法。

二、追踪法

追踪法就是在一个较长时间内，连续跟踪研究单个的人或事，详细搜集各种相关资料，揭示其发展变化的情况和趋势的研究方法。追踪研究短则几天、数月，长达几年或更长的时间。中国科学院心理研究所曾运用追踪法对智力超常儿童进行研究，证实了这些孩子绝大多数受过良好的早期教育，遗传素质只是为这些孩子的超常发展提供了一种可能，良好的教育和环境影响才是促进这种可能性变为现实性的重要因素。这项研究为我国进行婴幼儿早期教育提供了一定的科学依据。

追踪法尤其适用于以下三种情况的个案研究。

第一，探究单个研究对象发展的连续性。因为追踪法一般对相同的对象做连续不断的研究，每个人或每件事情其自身是不断发展变化的，可进行纵向比较，研究者可以从中了解其发展的连续性。

第二，探究单个研究对象发展的稳定性。例如，研究智力测验分数的稳定性时，可以从婴幼儿时期开始测量，然后每隔一定的时间再测量，直到青年期为止。这样就可以看出个体的智力发展水平是否具有稳定性。

第三，探索早期教育对后续阶段教育的影响。例如，研究者可以选择一些接受良好早期教育的孩子，从小学一年级开始进行追踪研究，对他们的德、智、体等方面发展情况进行全面的综合考察，从而分析他们多方面的发展与早期教育的关系。

三、作品分析法

作品分析法又称活动产品分析法，是指通过对研究对象的活动产品，如作业、书稿、日志、教案、总结、自传、绘画、工艺作品等的分析，了解研究对象的能力、倾向、技能、熟练程度、情感状态和知识范围，从而对个案状况做出准确判断。运用这种方法时，不仅要研究作品，而且要研究作品制作过程本身以及有关的各种心理活动状况。如我们对学生绘画作品的研究，可以发现他们的心理特征。分析学生的绘画还可以在一定程度上判断其智力水平。研究表明，智力落后的学龄儿童所画的图画，其内容通常是原始的，而且惊人地千篇一律。儿童的绘画鲜明地表现出儿童对周围环境的态度。他们的态度既影响主题的选择，也影响绘画方式。当前国际上流行的心理分析与治疗中所使用的“沙盘游戏”，通过对来访者沙盘作品的分析，判断其心理状态和心理特质，就是运用了作品分析法。

作品分析法作为个案研究的一种方法，往往需要与实验法结合使用，设置对照组，观察作品制作的实际过程，这样便可以获得更加科学合理的结论。

四、临床法

临床法也叫临床谈话法，往往通过谈话的形式进行。这一方法适用于问题儿童和正常儿童的研究。前者旨在解决个案的问题，后者旨在由特殊个案发现儿童发展的一般规律。临床谈话的方式可以是口头谈话，也可以是问卷谈话。谈话者可以根据具体情况决定选择何种谈话方式。对于临床上的复杂个案问题，需要使用两种谈话方法，进行综合判断和分析。口头谈话是会谈双方的一种互动过程。需要注意的是，教师找学生谈话时，一定要先解除学生的紧张、戒备的心理，创造轻松自如的谈话氛围。教师要以平等的身份参与谈话，不能居高临下，要变学生被动应答为主动回答。同时，教师的提问要以封闭性和开放性问题交替进行。问卷谈话时，教师要向学生交代做问卷的具体要求和注意事项。对问卷的评分要严格按照标准进行。

五、教育会诊法

教育会诊法是指召集有关教育专家学者（尤其是教师集体）通过讨论，就个案（学生的行为）进行鉴定，做出对研究对象比较客观公正的结论的一种研究方法。其特点是集体性、公正性、简便性。它适用于问题学生和正常学生的研究。会诊主要是针对学生思想品质及学习方面的问题。

苏联教育家巴班斯基认为教育会诊通常包括六个环节：① 明确会诊目的；② 确定会诊参加者；③ 由班主任和任课教师详细说明对某一学生的看法，并列举理由；④ 组织集体讨论，广泛交换意见；⑤ 为该生做出鉴定，提出有针对性的教育措施；⑥ 根据学生的鉴定材料，教师对集体或个人的教育工作进行自我反省，加强自身修养，提高教育教学水平。教育会诊可以提供有关学生行为方面的比较全面、客观的信息，同时也是提高教师素质的过程，是一种深受广大教师喜爱的教育个案研究方法。

第五节 教育个案研究的优点、局限及规范

一、教育个案研究的优点与局限

（一）教育个案研究的优点

学习目标

熟悉和把握教育个案研究的优点、局限及规范。

1．共性和个性的结合

个案研究注重共性和个性的结合，即强调研究人员必须充分考虑研究对象的特点，并能根据研究对象的实际情况提出有针对性的建议和对策；同时，又强调研究对象的共性，任何个体都是一定背景中的个体，要把研究对象放到所在的社会文化背景中去

加以考察，注重研究对象的社会性，以保证研究的有效性。

2. 历史与现实的结合

个案研究强调历史研究与现实状况相结合的动态研究。这种动态研究能更好地揭示研究对象变化发展的历程与特点，能够提供有关个别对象发展的具体材料，丰富感性认识；同时，通过多次同类问题的个案研究，所得的“案例”不仅能为以后形成研究假设提供参考，而且也能为揭示同类事物提供依据。

3. 多种研究手段的结合

个案研究强调全方位地揭示研究对象，为达到这一目的就必须采用多种研究方法。如有关研究对象的背景资料就需要运用访谈法和问卷调查法，有关研究对象的智力、能力、性格等心理方面的资料就需要运用测量法等手段。

除此之外，个案研究还具有其他一些优点，如其结果给读者以身临其境的现实感，能够被更多的读者所接受而不局限于学术圈；个案研究有可能发现被传统的统计方法所忽视的特殊现象；个案研究适合于个体研究，无须研究小组参与，等等。

（二）教育个案研究的局限

1. 研究结果难以推广

由于个案研究的对象数量少，又多具有典型性，其代表性有限，难以从个案研究中得出具有较高普遍性的规律和结论，因而推广应用的范围受到限制，只能进行有限的普及。也正因为如此，依据个案研究得出的研究结果的适用性常常受到怀疑。

2. 研究结论主观性较强

个案研究一般只能揭示对象的典型特征，常常是定性的分析，其分析的结果也难以被量化和标准化。研究者受自身的知识结构、能力等因素的影响，容易得出主观的、不精确的结论。

3. 研究成本投入较大

个案研究往往需要采用不同的方法搜集各方面资料，对研究对象进行一定的训练或矫正，有时需要追踪研究几年甚至几十年，因而耗时较多，投入的人力、物力也较多，研究成本较大。

二、教育个案研究的规范

尽管个案研究在教育科学领域具有不可替代的优势，但是个案研究因其“定性的、经验型的”属性特征始终遭到那些从事定量研究的学者们的批判和质疑。在他们看来，数字和统计远比文字更加缜密、精确和客观。其实，个案研究缺乏规范性是其受到质疑的焦点之所在。所谓规范性，即研究的过程要遵循一系列严格的研究程序和使用科学化的工具，以确保研究结论的效度和信度。因此，要想最大限度地确保教育个案研究的效度和信度，提高研究的科学性，就必须杜绝研究过程中的随意性等错误行为，并遵循其研究规范。

（一）个案研究中易犯的错误

在个案研究过程中，研究者比较容易犯以下八类错误。[1]

① 对确立分析单位和研究中的一个或多个个案没有给予足够的重视。

② 没有从纵深处研究有兴趣的现象并对之进行充实性描述。

③ 现场工作开始时，没有尽力获取研究许可并与参与者接触、建立联系。

④ 没有考虑自己的偏见和性格可能会影响研究成果。

⑤ 过早结束资料搜集阶段。

⑥ 没有尽力检查个案研究成果的效度和信度。

⑦ 没有考虑普及研究成果的问题。

⑧ 撰写个案研究报告时，没有向读者生动地展现个案。

在研究的过程中，研究者应经常自我提醒，自我对照，以尽量减少乃至避免上述八类错误。

（二）个案研究的自我检测

从整体上来看，评价一项个案研究的质量，主要应当考虑是否提出了好的问题，是否有好的理论假设，是否有丰富多样的研究资料，是否建立了严密的逻辑框架，是否达到了理论观点同个案素材相一致，是否考虑了所有竞争性解释或观点，是否提出了有价值和有启发的结论与发现。[2] 由此可见，要想完成一项高质量的个案研究并不是一件容易的事情。

在个案研究过程中或在个案研究完成时，研究者可以运用以下问题对个案研究进行自我检测，从而加强个案研究的科学性。

① 是否界定和说明了研究问题以及个案的基本情况？

② 个案记录是否简洁明确？

③ 是否遗漏或忽略了个案的重要信息？

④ 是否用了多种手段或途径来搜集个案的资料？

---

1 [美] 梅雷迪斯·D. 高尔，沃尔特·R. 博格，乔伊斯·P. 高尔. 教育研究方法导论（第六版）[M]. 许庆豫，等译. 南京：江苏教育出版社，2002：447.

2 王金红. 案例研究法及其相关学术规范[J]. 同济大学学报（社会科学版），2007（3）：87-95.

⑤ 对个案资料数据的来源是否进行了详细说明？

⑥ 对个案特殊行为是否进行了详细描述？

⑦ 是否提供了个案家庭背景的情况说明？

⑧ 所获资料是否确实可靠？

⑨ 是否说明了个案行为发展变化的过程和经历？

⑩ 诊断是否有充分的依据？

⑪ 对行为的判断是否运用了测验或推论？

⑫ 是否考虑到了个案作弊的可能性？

⑬ 是否注意到了个案的行为动机？

⑭ 对个案的矫治计划是否做了充分考虑？

⑮ 对未来的矫治计划是否做了充分考虑？

⑯ 是否有针对性地提出了具体的矫正辅导措施、方法和过程？

⑰ 是否准确解释了矫正辅导的效果？

⑱ 个案报告的撰写格式是否规范？

⑲ 他人阅读个案报告后是否会对个案有真正的了解？

当然，不同内容的个案研究会有不同的研究方式与评价方式。一般而言，以上这些问题在进行个案研究时是必须要考虑的问题。

另外，美籍华人学者应国瑞教授还设计了一个测试个案研究的策略框架，包括构建的有效性、内在有效性、外部有效性以及可靠性。如表7.2所示。

表7.2　测试个案研究的策略框架[1]

测　　试	案例研究策略	策略运用的阶段
构建的有效性	——使用有多方来源的证据 ——建立证据链 ——让关键信息的提供者阅读案例研究报告初稿	资料搜集 资料搜集 写作
内在有效性	——做类型匹配 ——做解释构建 ——做时间序列分析	资料分析 资料分析 资料分析
外部有效性	——在多案例研究中使用重复	研究设计
可靠性	——用案例研究计划 ——发展案例研究资料库	资料搜集 资料搜集

1　王金红．案例研究法及其相关学术规范．同济大学学报（社会科学版），2007（3）：87-95.

（三）个案研究的道德规范

1. 自愿参与原则

社会研究总是不可避免地要介入他人的生活，或者影响他人的工作，如访谈、问卷调查、座谈等。因此，在选取个案资料时，必须征得相关人员的同意，使他们知晓研究的意图、意义和作用，乐意提供支持与配合。在个案研究中，不能通过强制手段迫使他人参与研究，接受研究者的访谈或填写问卷。任何非自愿的方式都可能影响个案资料的可信度和研究质量。

2. 保护隐私原则

由于个案研究需要对研究对象进行深入细致的描述，广泛展示研究问题的背景，有可能公开个案所涉及地点、人物的隐私，因此，为了保护个案所涉人员或地点的隐私以及实际利益，避免造成不必要的伤害或社会负面影响，必须尽量采用化名方式处理相关地名、人名，当事人或当地人不介意研究者使用他们的真实名称除外。

3. 平等尊重原则

研究者应当从人格上真诚对待研究对象，平等对待参与研究的人，在访谈、对话和讨论中尊重他们的意见与看法，将自己与访问对象和参与讨论的人置于平等的地位，不居高临下、盛气凌人。研究者在实地考察中要尊重当地的风俗习惯与民情，理解和接受当地的人际交往规则及禁忌。

本章小结

1. 教育个案研究的内涵与作用：教育个案研究是对单一的研究对象进行深入细致研究的方法。教育个案研究能丰富相关研究成果，促进教育理论的发展；适合教师使用，能促进教师专业成长。

2. 教育个案研究的类型与特点：根据研究对象不同可以分为个人个案研究、机构个案研究和团体个案研究，根据研究目的和功能不同可以分为探索性个案研究、描述性个案研究、解释性个案研究和评估性个案研究。教育个案研究的特点主要在于研究对象的个别性与典型性、研究内容的深入性与全面性、研究方法的多样性与综合性。

3. 教育个案研究的基本步骤：系统阐述研究问题；选择个案并评定其现状；搜集个案资料；整理并分析资料；个案的发展指导；追踪研究；撰写个案研究报告。教育个案研究的基本方法有：追因法、追踪法、作品分析法、临床法、教育会诊法。

4. 教育个案研究的规范：教育个案研究应避免一些易犯的错误，要进行自我检测。个案研究需遵循的基本道德原则包括：自愿参与原则，即被研究对象自愿参与研究，无强制迫使；保护隐私原则，即保护研究对象的个人隐私，避免造成伤害；平等尊重原则，即尊重研究对象以及当地风俗民情。

总结 >

关键术语

教育个案研究 educational case study	追因法 tracing cause method	作品分析法 product analysis method	临床法 clinical method

章节链接

本章内容与第一章《教育研究方法概述》、第二章《教育研究的一般过程与设计》、第六章《教育叙事研究》、第十四章《教育研究成果的表达》的部分内容有密切联系。

应用 >

体验练习

一、选择题

1. 我国著名的幼儿教育家陈鹤琴先生曾对其长子进行过详细的观察记录，并在此基础上写成《家庭教育》一书。他所进行的个案研究属于

A. 个体个案研究　　B. 团体个案研究

C. 机构个案研究　　D. 单位个案研究

2. 小东一向学习认真、成绩优秀，最近上课却总是心不在焉，作业也有些马虎。针对这一情况，王老师对他的各方面情况进行了深入的了解，发现原来是因为他的父母最近正在闹离婚。王老师的研究属于

A. 探索性个案研究　　B. 描述性个案研究

C. 解释性个案研究　　D. 评估性个案研究

3. 按某种框架结构（可以是大纲形式，也可以是摘要表格形式），将个案资料加以分类，然后将有关的资料重新组织，形成一个比较完整的个案记录。这种个案资料记录的方式称为

A. 直接描述法　　B. 结构描述法

C. 图表描述法　　D. 半结构描述法

4. 有研究者对某市1977年恢复高考以来的历届高考状元发展现状进行了研究，发现其中大多数表现平平。这一个案研究方法属于

A. 追因法　　B. 追踪法

C. 临床法　　D. 教育会诊法

5. 下列不属于教育个案研究局限性的是

A. 研究结果难以推广　　B. 研究结论主观性较强

C. 研究成本投入较大　　D. 研究方法复杂多样

二、简答题

1. 简述教育个案研究的作用。

2. 简述教育个案研究的特点。

3. 简述教育个案研究应遵循的基本规范。

三、拓展题

1. 通过查阅专业期刊或相关著作，寻找一份教育个案研究报告，理解其研究设计及主要发现，并对其进行评析。

2. 以一所薄弱学校的发展变化为题，尝试进行一次个案研究。

拓展 >

补充读物

1 Walcott, H.. 校长办公室里的那个人：一种民族志[M]. 中国台北：师大书苑有限公司，2001.

沃尔科特是美国著名的人类学教授，该书是他花两年的田野时光，针对美国一位小学校长进行个案研究的成果，通过对个案的描述和分析，展现了美国小学校长的典型工作和生活方式。

2 李书磊. 村落中的国家——文化变迁中的乡村学校[M]. 杭州：浙江人民出版社，1999.

该书是作者对河北省丰宁县满族自治州乡村学校进行个案研究的成果，从社会学视角阐释了文化变迁中乡村学校的真实面貌，内容丰富，语言流畅，可读性强。

在线学习资源

1. 国家级精品课程资源网，http：//www.jingpinke.com，《教育研究概论》，第四章《个案方式形成研究资料》，首都师范大学，宁虹。

2. 国家级精品课程资源网，http：//www.jingpinke.com，《教育科学研究方法》，第九讲“个案研究”，西北师范大学，王嘉毅。

第八章
教育内容分析研究

本章概述

本章介绍了教育内容分析研究的内涵、作用、特点、类型、操作程序以及规范。教育内容分析研究是综合运用定性、定量研究方法来对教育文本内容进行客观、系统的描述，获得教育事实并结合文本和解读者的背景来推断教育价值和意图的科学研究方法。教育内容分析研究可分为两类。一类是对教育文本内容的明显内容进行客观、系统和数量分析的定量内容分析法；另一类是通过对教育文本内容的系统编码、分类来确认文本内容主题、推断文本意义的质性内容分析法。教育内容分析研究可以用来描述教育文本内容的倾向特征、发展趋势与差异，推断其传播意图与效果。教育内容分析研究的操作程序包括：明确研究问题、取样、编码、检查编码的信效度、分析资料、撰写研究报告。

结构图

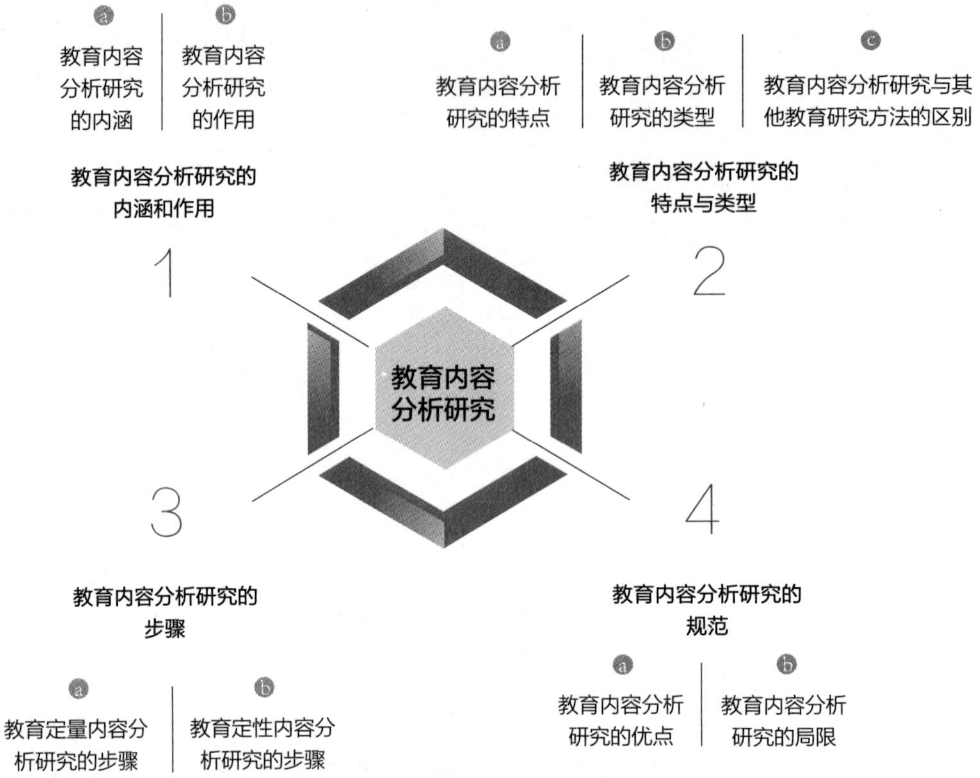

学习目标

学完本章，你应该做到：

1. 理解教育内容分析研究的内涵和作用；
2. 把握教育内容分析研究的特点与类型，区分教育内容分析研究与其他教育科学研究方法；
3. 掌握教育内容分析研究的操作程序；
4. 把握教育内容分析研究的规范。

读前反思

什么是教育内容分析研究？教育内容分析研究对教育研究有什么作用？它有什么特点？有哪些类型？具体方法和步骤是怎样的？运用过程中需要遵循哪些规范？

在教育生活中，我们时常看到一些媒体对教师形象的负面报道。社会公众如果长期接受这种报道，可能会导致对教师形象的错误认知。那么，从总体上看，到底有哪些媒体在对教师形象进行报道？它们报道的是教师哪些方面的形象？是正面的还是负面的形象？随着时间的变化，媒体对教师形象的报道有没有变化？体现了怎样的变化？不同的媒体报道教师形象的真实意图是什么？具体到教师群体，又如何认识自身的形象？对上述问题的回答，如果我们无法通过对当事人的访谈、问卷调查和观察来获取第一手资料，我们是否还能通过其他方法得到答案？我们的回答是肯定的，教育内容分析研究就是一种通过对现有的文本资料的分析来帮助我们描述和解释教育现象的认识方法。

第一节
教育内容分析研究的内涵和作用

学习目标

认识和把握教育内容分析研究的内涵和作用。

内容分析研究作为社会科学的研究方法，最早产生于新闻传播学领域。20世纪初，有人采用一些半定量的统计方法对文献的主题进行深入分析，借以发现社会历史文化变化的趋势。第二次世界大战期间，美国著名传播学家哈罗德·拉斯韦尔等人在美国国会图书馆组织了一项名为“战时通讯研究”的工作，他们在不能到现场搜集资料的情况下，以德国公开出版的报纸为研究对象，通过内容分析法获取重要的军政机密情报，取得了出乎意料的成功。这项工作所采用的方法和所取得的效果，为战后内容分析法的发展和应用奠定了基础。[1]在近一百年的发展历程中，内容分析法已经被广泛运用到新闻传播、图书情报、政治军事、社会学、心理学等社会科学各领域中，取得了显著成效。与此同时，内容分析研究在教育研究中也得到了比较广泛的应用。

一、教育内容分析研究的内涵

从社会科学研究中内容分析研究产生发展的历史来看，随着人们对分析资料的内容、目

1　邱均平，邹菲．关于内容分析法的研究[J]．中国图书馆学报．2004（2）：12-17；B Devi Prasad. “Content Analysis A method in Social Science Research.From: Lal Das, D.K and Bhaskaran” , *Research methods for Social Work,* New Delhi: Rawat, 2008, pp.173-193.

的、方法与工具认识的变化，对内容分析的定义也处于不断变化之中。学者们对内容分析研究概念的认识大体上经历了以下四个历史阶段。

第一，前概念时期（20世纪初期）。这一时期，随着书籍、报纸等媒体成为人们表达思想和进行交流的重要工具，人们产生了对文本进行深入解读分析的需要。但是，这一时期的学者们把内容分析等同于对文本内容的主观分析和精神解释，没有建立内容分析的科学标准。学者们对文本内容分析的代表性认识成果有韦伯的《新教伦理与资本主义精神》、弗洛伊德的《梦的解析》等。

第二，自然科学概念时期（20世纪40—50年代）。这一时期，随着报纸、电影、收音机等大众传媒和科学技术在社会生活中的广泛运用，社会上产生了对大量的大众媒体进行科学分析的需要。受自然科学的影响，一些研究者开始探讨内容分析研究的科学标准，主张把科学的内容分析研究与对文本内容的主观臆测区分开来，突出对客观内容的系统的、定量的分析。1952年美国传播学家伯纳德·贝雷尔森（Bernard Berelson）在《传播研究的内容分析》一书中将内容分析研究定义为“一种对具有明确特性的传播内容进行的客观、系统和定量的描述的研究技术”。这个定义突出了内容分析的客观性（对明显的内容进行分析）、系统性（要遵循假设的提出与验证的科学认识过程）和定量性（对文本内容出现的频次做统计分析）。这一定义在社会科学的内容分析研究中得到了广泛的认同和使用。

第三，人文社会科学概念时期（20世纪70—80年代）。基于对定量内容分析研究的不满，受解释学哲学和人文科学质性研究方法的影响，以克里本道夫为代表的一些研究者认为，内容分析的对象是文本，文本不是客观的物质，而是需要读者进行解读的内容。离开了读者，文本不存在任何意义。文本的意义是相对于特定的背景、话语和意图而言的。因此，以克里本道夫为代表的质性内容分析者认为，内容分析不是对具有明确特性的传播内容进行客观、系统和定量的分析，而是一种对文本与文本使用者背景进行可重复和有效推断的研究技术。[1]这一定义强调内容分析不仅要分析传播媒体的明显内容（谁对谁说了什么、怎么说），而且要推断传播媒体的潜在内容（信息传播者的意图、背景和可能的后果）。在内容分析研究特征的理解上，质性内容分析者突出了文本内容的潜在性和分析的主观性。

第四，概念综合化时期（20世纪90年代以来）。早在20世纪60年代，霍尔斯蒂等学者就提出，内容分析研究应注意定量和定性方法的结合。[2]到了20世纪90年代，一些研究者开始了定量内容分析与质性内容分析相结合的具体尝试。倡导者们认为，内容分析不仅包括对文本显性内容的分析，而且还包括对文本潜在内容的分析，分析方法不仅包括定量的统计分析，而且还应包括对文本意义的推断和解释。韦伯等人认为，最好的内容分析研究是质性与

---

1 Krippendorff, K. *Content analysis. An Introduction to its Methodology.* Beverly Hills: Sage.1980，p. 99.

2 Holsti, O.R. *Content Analysis for the Social Sciences and Humanities.* Reading, Mass.: Addison-Wesley. 1969，p. 11.

量性分析的综合运用。[1]

不同历史时期的内容分析研究定义的共识在于，都认为内容分析研究是一种科学方法，不同于对文本内容的主观随意的分析，需要有科学的研究程序、手段和标准。其分歧在于对内容的性质和分析对象与方法的理解不同。定量内容分析者把内容理解成容器，认为内容里面有客观不变的东西，可以通过观察测量和统计分析来描述其特点；质性内容分析者认为，内容是由不同人解读的文本，文本不是客观普遍的物质，而是由人赋予的意义，对意义的解读需要结合文本的背景和读者的背景来进行。其趋势在于把定量内容分析和定性内容分析结合起来，进一步明确内容分析的科学程序、工具与标准。

在教育研究中，尽管内容分析研究得到了比较广泛的运用，但是，国内外的教育论著很少专门讨论教育内容分析研究的方法论问题，更谈不上对教育内容分析研究定义特征的思考。就少数提到教育内容分析研究的著作来看，国内教育学者对教育内容分析研究的认识，主要受贝雷尔森定义的影响，未能反映出内容分析研究概念认识的变化。

例如，中国大陆学者李秉德主编的《教育科学研究方法》一书提出，内容分析研究就是对于明显的传播内容，做客观而系统的量化，并加以描述的一种研究方法。[2]董奇主编的《心理与教育研究方法》中指出，内容分析是对各种材料、记录的内容、形式、心理含义及其重要性进行客观、系统和数量化描述的一种研究方法。[3]国外教育学者和中国台湾的教育学者则根据内容分析法后来的发展趋势对内容分析研究做出界定。如弗林克尔等编的《教育研究的设计与评估》一书将内容分析界定为“一种可以使研究者通过间接的方式来研究人类的行为、通过分析有关这些行为的信息来进行研究的技巧”。[4]科恩主编的《教育研究方法》著作把内容分析研究和扎根理论并列作为一个章节，其内容分析法的定义主要采纳了克里本道夫的内容分析法定义。[5]中国台湾学者欧用生在总结了内容分析研究发展趋势后，给内容分析研究下了如下定义：内容分析是指透过量化的技巧以及质的分析，以客观及系统的态度，对文件内容进行研究与分析，借以推论产生该项文件内容的环境背景及其意义的一种研究方法。[6]总体来看，教育学者对内容分析研究的理解受到了社会科学研究中的内容分析定义的影响，把教育内容分析研究看作传播学或其他社会科学内容分析法在教育中的具体应用，尚未反映出教育内容分析研究的特殊性要求。

综合社会科学中内容分析研究的历史发展趋势，结合教育研究的特点，我们可以给教育

---

1 Weber, R.P. *Basic Content Analysis.* Newbury Park, CA: Sage Publications，1990.

2 李秉德，檀仁梅编．教育科学研究方法[M]．北京：人民教育出版社，1986：229.

3 董奇．心理与教育研究方法[M]．广州：广东教育出版社，1992：391.

4 [美]杰克·R．弗林克尔，诺曼·E．瓦伦．教育研究的设计与评估[M]．蔡永红，等译．北京：华夏出版社，2004：429.

5 Cohen, L., Manion, L. and Morrison. *Research Methods in Education (6th ed.).* London：Routledge Falmer，2007，pp. 475–476.

6 黄光雄，简茂发．教育研究法[M]．中国台北：师大书苑有限公司，2003：230.

内容分析研究做出如下界定：**教育内容分析研究**是综合运用定性、定量研究方法来对教育文本内容进行客观系统的描述，获得教育事实并结合文本和解读者的背景来推断教育价值意图的研究方法。

> **教育内容分析研究**
> 教育内容分析研究是综合运用定性、定量研究方法来对教育文本内容进行客观系统的描述，获得教育事实并结合文本和解读者的背景来推断教育价值意图的研究方法。

二、教育内容分析研究的作用

为什么要通过对教育文本的内容分析来认识教育现象？内容分析的倡导者认为，我们所认识的世界，不是纯粹的客观实在，而是人类思想和行动的产物，人类的思想和行动受到具体的社会文化背景的影响，通过语言文字图像等媒介来进行传播。在信息社会，信息是社会存在的基本方式。因此，通过教育文本信息的内容分析，可以分析文本作者的思想与行动涉及的具体内容，推断作者思想行动背后的社会文化背景。对人们的教育思想行动的内容与意图的真实理解，有助于我们正确地解释教育现象，在教育实践中进行合理的沟通与交往。具体地说，教育内容分析具有以下作用。

（一）描述教育文本传播内容的倾向特征与变化趋势

对教育文本内容的描述性分析主要关注文本传播者说了什么和怎么说的。通过对教育文本内容反映的关键词或主题进行频次统计，可以描述出教育文本传播者重视什么、忽视什么。通过对教育文本传播内容的历史分析，可以看出教育文本传播内容在一定历史阶段中的变化特征。

例如，黄靖惠等以内容分析法探讨我国台湾九年一贯课程教科书中有关“全球暖化概念”的单元内容。根据文献分析，研究者将全球暖化分为天气与气候、人类活动与环境、全球暖化的原因与影响、能源使用与管理和绿色生活5个子概念。通过对176册教科书，共1365单元的内容分析，得出教科书传播的全球暖化概念呈现如下特征：① 全球暖化概念的单元数总计225个（占总单元数16.5%）。不同学习领域出现“全球暖化概念”的单元数差异悬殊，由多到少分别为：自然与生活科技（99个）、社会（76个）、综合活动（29个）、生活课程（16个）、健康与体育（5个）。② 教科书中出现全球暖化概念的单元，以绿色生活子概念出现的单元最多（67个），能源使用与管理子概念次之（48个），全球暖化的原因与影响子概念最少（20个）。研究者进而通过比较分析，得出全球暖化概念出现频率随着学习阶段增长而递增，且单元内容涉及的子概念呈现增多的趋势。[1]

1 黄靖惠，洪志诚，许瑛玿．九年一贯教科书“全球暖化概念”内容分析[J]．中国台湾：教科书研究，2012（3）：27−57.

又如，刘宝存等通过对中国知网上1981年至2012年期间刊载的非洲教育研究相关论文从核心作者群体、研究对象国和地区、研究主题、研究方法以及论文所刊载期刊等维度进行内容分析。结果发现，中国非洲教育研究取得了很大的进展，呈现出研究队伍逐渐壮大、研究对象国不断增加、研究主题日渐丰富和研究方法日益多样等特点。但是与对欧美发达国家的教育研究相比，非洲教育研究仍存在诸如研究力量相对不足、研究领域和国别数量有限；研究主题过于宏观、研究方法相对单一等不足。[1]

（二）比较不同教育文本传播内容特征的差异

运用教育内容分析法还可以对反映同一主题的不同文本内容进行比较，发现异同，为教育文本内容的改进提供建议。

如徐贵亮对中国三个版本的高中历史实验教科书（这三个版本分别由人民教育出版社、人民出版社、岳麓出版社出版）的栏目的整体设计、栏目设置的特点进行比较分析，结果发现：三个版本中，人民版没有后记，岳麓版没有前言和后记，岳麓版的“导读”只是对该模块内容的导入，并不全面。从目录上看，人教版和岳麓版的内容未按课标专题中外历史相分的方式编排，而是将中外历史结合，依时序来编排，并采用“单元—课”的形式，比较灵动。三个版本都设有体现新课程理念的探究课，从数量上看，人教版每个模块一个，人民版每个模块两个，岳麓版每个模块两个；从名称上看，人教版称“探究活动”，人民版称“学习与探究”，岳麓版称“综合探究”。此外，人民版的探究课放在教科书的最后，人教版和岳麓版的探究课都根据教科书的内容安排，插入其中。从附录来看，三个版本都设有附录，人教版和人民版的附录内容丰富，而岳麓版附录内容相对单一，人民版附录未设“大事年表”，这是一个明显的缺陷。相比较而言，三个版本中人教版附录最为完整。研究者又根据利于学生学习的标准对各版本栏目设置的合理性进行了评价。在此基础上，研究者对历史教科书的栏目设置提出如下建议：应结合历史学科的特点、高中学生的认知水平和阅读心理，以及中学历史教科书的特点而设置，并在具体的操作环节注意整体设置的逻辑性和内容的延展性。[2]

（三）推断教育文本内容传播者的意图

教育内容分析的目的不仅仅在于通过频次统计来描述教育文本的内容特征和变化趋势，描述事实的最终目的在于解释。因此，教育内容分析在对文本传播内容进行描述分析后，需要将教育文本传播的信息内容与教育现实进行比较，进而推断传播者描述的教育事实与真实的教育现实之间是否一致，是否歪曲地反映了教育现实，教育文本传播者的价值意图是否受

1 刘宝存，蓝晓霞，黄亚婷．我国非洲教育研究进展与特点———基于对中国知网1981—2012年非洲教育研究相关论文的内容分析[J]．比较教育研究，2013（6）：34-41.

2 徐贵亮．高中历史课标实验教科书栏目设置的比较研究[J]．课程·教材·教法，2013（1）：61-66.

到了意识形态偏见的影响。

例如，史利特等人对美国教科书是怎样选择各种各样关于美国各种族、社会阶层、性别和残疾人的知识的问题研究就采用了内容分析研究。他们研究了47本1～8年级学生使用的社会科学、阅读、语言艺术、自然科学和数学方面的教科书，出版日期是1980—1988年。他们运用了六种不同的教科书分析工具：图片分析法、文选分析法、人物研究法、语言分析法、故事情节分析法和其他分析法。图片分析法就是记录每张图片中的人物，从性别、种族（亚裔美国人、美籍黑人、美籍拉丁美洲人、美籍土著人、白种美国人、种族模糊人种和混血人种）和生理是否健全来给他们分类。文选分析法用来分析读者所读到的每一个故事，要求记录下故事中主角和配角的种族、性别和残疾情况。人物分析法要求记录下教科书中所提到的每一个人物的种族和性别。语言分析法就是要考察教科书中有无性别歧视的语言，记录包含性别或种族刻板印象的文字等。故事情节法分析教科书在讲述哪些群体的故事，哪些群体在解决问题，其他群体是如何出现的。

他们得到的研究结果以社会科学为例：① 种族。从图片来看，10本教科书中，亚裔美国人的图片不到4%，其余四本中，亚裔美国人在图片中出现的比例分别为18%、12%、7%和6%。从人物分析来看，书中描绘的亚裔美国人中，大约80%为男性，他们被描绘成蓝领工人。在故事情节分析中，教科书只是简略地提到亚裔美国人，多数情况下，他们只被看成开发铁路的移民，为了逃避灾难来到美国，没有揭示美籍华人对美国的贡献以及生活的艰辛。② 性别。尽管现实生活中妇女占总人口的一半以上，但是在教科书中所占比例不到一半。③ 阶层与残疾人。残疾人占学校总人口的12%，但在教科书中所占比例远远不足12%，对下层阶级的人民只字未提。最终得出研究结论：任何不受重视的种族，不管他们在人口中所占比例是多少，教科书总是在肤浅并且零碎地描述他们。[1]

从中我们可以推断出，教材编写者传播的种族、阶级、性别和残疾人知识没有反映客观真实的状况，教材编写者存在白人、男性、上层和健全人的意识形态偏见。

（四）推断教育文本内容的传播效果

教育文本的传播过程是文本传播者、传播内容和接受者三要素之间互动的结果。人们通过文本信息来感知理解世界，长期接触某种文本内容，人们的世界观、人生观、价值观与知识就会受到其影响。因此，教育文本的内容分析除了要推断教育文本传播者的意图外，还要推断教育文本传播内容产生的传播效果。如对教材的性别、种族等意识形态的分析，不仅要分析教材编写者传递的是何种性别、种族身份的意识形态观念，还需要推断学生的性别种族观念在多大程度上受到教材中宣传的性别种族意识形态的影响。

1　[美]迈克尔·W. 阿普尔，等. 教科书政治学[M]. 侯定凯，译. 上海：华东师范大学出版社，2005：92-104.

第二节
教育内容分析研究的特点和类型

一、教育内容分析研究的特点

（一）有科学的程序、手段和标准

学习目标

了解教育内容分析研究的特点和类型。

内容分析研究作为科学研究方法，区别于依赖研究者个人权威和经验对文本内容进行主观臆测，它有科学的程序、手段和标准。

科学的程序体现在内容分析不仅仅是搜集文本资料的活动，而且是一个提出问题与假设、搜集分析资料并验证假设的系统认识过程。科学的方法体现在内容分析需要通过对文本内容进行客观的编码和分析。科学的手段体现在内容分析可以借助计算机分析软件来对文本内容进行量与质的分析。

科学的标准体现在内容分析的结论要遵循三个重要的标准：① 客观性。面对同样的材料，不同的研究者在不同的时间、地点运用相同的编码分类可以得出同样的结论。② 系统性。内容分析研究要遵循问题与假设的提出到假设的验证的系统认识过程，不是简单的搜集和描述资料。③ 可推广性。运用内容分析研究得出的结论可以在相似的情境中得到推广。

比如，对于改革开放30年来教学论学科取得的进展，不同的学者有不同的看法，有的认为进步很大，有的认为根本谈不上什么进展。这些认识主要依据个人的研究经历和经验得出，缺乏可靠的证据，以至于谁也无法说服谁。这说明，靠经验认识无法准确反映客观事实。教学论研究的进展反映在教学论群体的认识成果上，要分析教学论学科是否取得了显著进展，可以通过对发表在教育研究核心刊物上的文章的内容分析来描述教学论研究主题、方法等方面的特征，以此来推断教学论研究的进展和趋势。

有研究者运用内容分析研究，对1978—2007年发表在教育核心期刊上，题名为教学目标的论文的数量、质量、研究目的、理论基础、主题、研究方法和研究的主体进行了定量分析。在分析过程中，通过抽样、编码和运用SPSS统计分析软件对编码资料进行频次统计、交互分类统计和卡方检验。结果发现：① 研究文献数量呈显著上升趋势，但发表在有影响的教育刊物上的较少；② 研究的目的偏重应用，忽视理论研究；③ 研究的理论自觉化和本土化程度较低；④ 研究的主题过于集中；⑤ 研究的方法以经验总结、文献述评和理论思辨为主，科学化、规范化程度亟待提高；⑥ 研究的主体以一线教师为主，专业化程度不够。[1]

---

1 胡定荣，徐昌．改革开放30年中国教学论的进展——基于教学目标研究的内容分析[J]．上海教育科研，2010（2）：16-20.

（二）综合运用定量和定性研究方法与手段

内容分析法在产生和发展过程中受到了社会科学研究的定量和定性研究方法的影响，可以说，内容分析法是社会科学中的定量与定性方法在文本资料分析中的具体运用。这体现了内容分析法综合性和灵活性的特点。

（三）对教育文本内容进行分析

不同于观察、调查、实验等通过直接经验获取资料的科学认识方法，内容分析的资料来自现有的文本资料。所谓文本，是人们的思想和实践活动的产物，是以文字、图像、声音等为载体的有意义的资料。从文本的载体形式来看，文本资料可分为：书面文字文本，如报纸杂志、网站中的文字、访谈文字记录等；录音文本；录像文本。从文本承载的意义来看，文本可分为：传递给私人的文本，如私人日记、信件、照片等；传递给公众的文本，如公开发行的报纸杂志、网站、电影、电视等。文本作为有意义的材料，包含着传递者、传递的信息和读者或听众等内容要素。研究者对文本资料的内容分析，需要描述文本传递了何种信息，如何传递信息，传递给谁等内容特征，从中推断文本传递者要表达何种意图、收到何种传递效果。由于内容分析的资料主要是报纸杂志、个人信件等二手的文本资料，这使得内容分析研究的运用具有非介入性和隐蔽性的特点。

内容分析研究产生于传播学研究，在传播学中主要用来分析大众传媒，如电视、报纸等，以及私人物件，包括个人的书信、日记、相片等。内容分析法作为一种教育研究方法，它所分析的材料应该是教育文本，是教育实践活动的内容与产物和教育认识活动的产物。如反映教育认识成果的专著、学术期刊以及通过教育观察、访谈得到的研究记录，反映教育实践活动的文件记录。具体包括：① 正式文件，如法规、档案、记录、条约、报告书、宣言、判决书、公报、教科书、作业簿、考卷、杂志、传单、印刷文件等；② 私人文件，如个人的自传、信函、日记、回忆录、遗嘱、契约、游记、著述；③ 数量记录，如统计调查资料、学校预算、出缺席记录、成绩、入学率、升学率、次数分配等；④ 其他，如问卷、照片、视听媒介，如录音带、电视等。[1]内容分析法在教育研究中适用的材料广泛，这使得教育内容分析研究具有普遍适用性的特点。

（四）描述教育事实和解释教育价值意图

一般科学研究的目的在于描述事实、解释原因和寻找干预对策。对于教育内容分析研究而言，教育内容分析的主要目的在于描述教育文本传递内容和方式的特点，推断教育文本信息传递者的意图和效果。

---

1 黄光雄，简茂发. 教育研究法[M]. 中国台北：师大书苑有限公司，2003：230.

二、教育内容分析研究的类型

对教育内容分析研究的认识还需要弄清教育内容分析研究的类型，以便在运用过程中选择恰当的教育内容分析方法。在对内容分析法的类型认识中，国外学者主要从内容分析运用的方法来分，把内容分析法分为定量内容分析和定性内容分析。国内有学者把内容分析分为解读式内容分析、实验式内容分析、计算机辅助内容分析。[1]对内容分析法的分类可以从内容分析的目的、方法、材料和工具等角度进行分类，但是，分类的标准必须统一，必须结合内容分析法的本质特征。根据我们对教育内容分析研究特征的认识，内容分析是综合运用定量、定性研究方法对教育文本内容进行的科学分析，运用科学方法进行分析是内容分析法的最根本的特征。因此，我们把教育内容分析研究分为教育定量内容分析和教育定性内容分析。

所谓教育定量内容分析，是指对教育文本内容的明显内容进行客观、系统和数量分析的研究方法。所谓教育定性内容分析，是指通过对教育文本内容的系统编码、分类来确认文本内容主题、推断文本意义的研究方法。二者在本体论、认识论、方法的来源以及内容分析的目的、程序、单位、对象、工具、手段等方面存在差异。[2]具体见表8.1。

表8.1　教育定量与定性内容分析法的差异比较表

	定量内容分析	定性内容分析
本体论	文本有客观内容，是社会现实的真实反映	文本是主观的建构，是社会现实的虚假反映
认识论	实证主义	自然主义、解释学
方法来源	传播学	人类学、社会学
分析目的	描述文本信息内容的特征	推断文本传播者的意图和传播效果
分析程序	演绎逻辑，运用理论提出与验证假设	归纳逻辑，扎根理论
分析单位	侧重分析文本中的单词，句子等，明显内容（侧重内容说了什么、怎么说）	侧重分析文本的主题，潜在内容（侧重谁说、为什么说、效果如何）
分析对象	按照文本的时间、地域等分布特征进行随机取样	目的取样
分析工具	根据理论预先确定内容分类编码工具和统计表	在阅读文本的过程中形成编码分析工具
分析手段	根据预先确定的编码对内容出现的频次进行百分比统计，对内容出现的频次差异进行卡方检验	确立主题之间的逻辑关系

鉴于教育定量内容分析与定性内容分析的上述区别，教育研究者在选择运用教育内容分析研究时，可以根据自己的立场、目的选择采用教育定量内容分析或教育定性内容分析。当然，这两种方法不是截然对立的，研究者也可以对其加以综合运用。

1　邱均平，邹菲．关于内容分析法的研究[J]．中国图书馆学报，2004（2）：12-17.

2　参 见White, Marilyn Domas; Marsh, Emily E. “Content Analysis：A Flexible Methodology”. *Library Trends* 55（1）Summer 2006，pp. 22-45.

三、教育内容分析研究与其他教育研究方法的区别

在运用内容分析法的过程中，一些研究者时常把内容分析研究与文献分析法、话语分析法、扎根理论研究、叙事分析和案例研究等以第二手资料或质性资料作为证据的研究方法混同起来。这也影响到教育内容分析研究的正确使用。因此，有必要把教育内容分析研究与一些其他相关的教育研究方法区别开来。

就教育内容分析研究与教育文献分析法的关系来看，尽管教育内容分析和教育文献分析都以所研究的文献作为研究证据，但是，教育内容分析研究的资料除了文献外，还包括图像、声音资料以及访谈得到的文本资料等，教育文献计量分析的目的在于发现研究的进展趋势，教育内容分析的目的在于描述教育文本传播了何种内容、体现了何种意图和产生了何种效果。

就教育内容分析研究与教育话语分析法的关系来看，尽管二者都需要分析教育文本中的语言，但是，教育内容分析对文本内容的分析不局限于语言分析，还包括符号、图像、声音资料的分析。另外，二者的研究目的也不一样。话语分析主要通过话语的表达方式、语气等去揭示现实中存在的权力关系，内容分析主要对各种文本资料传播内容和方式特点的描述去推断传播者的意图和效果。

就教育内容分析研究与扎根理论、个案研究等其他质性研究方法的关系来看，尽管它们在分析的材料上有一致之处，都需要运用访谈法、实物资料和参与观察，但是，内容分析研究的取材更为广泛，不局限于文字资料，还包括图像声音资料。另外，内容分析研究不仅要对资料做质性分析，还可以对资料做量性分析，是综合运用量性和质性研究方法对文本资料进行分析推断的科学方法。

第三节
教育内容分析研究的步骤

学习目标

把握教育内容分析研究的步骤。

教育内容分析分为教育定量内容分析和教育定性内容分析。对于教育定量研究的程序，以往的教育研究方法著作讨论得比较多，对于教育定性内容分析的程序，鲜有学者进行专门的阐述。近些年来，随着定性内容分析在社会科学中的广泛运用，一些研究者开始讨论定性内容分析程序的规范性与科学标准，在与定量内容分析程序进行比较的过程中，逐步明确了定性内容分析的程序与规范。结合社会科学中内容分析程序的认识成果，

这里，我们从定量和定性的角度来分别阐述教育内容分析研究的步骤。

一、教育定量内容分析研究的步骤

教育定量内容分析是指对教育文本内容的明显内容进行客观、系统和定量分析的过程。教育定量内容分析的过程是一个提出假设和验证假设的过程。

综合国内外学者对教育定量内容分析程序的认识，可以把教育定量内容分析的过程分为以下步骤。

（一）明确研究问题、目的，建立研究假设

明确研究的问题、目的与假设有助于克服搜集资料的主观随意性，提高研究效率。教育内容分析的目的在于通过文本内容的分析来描述和解释传播内容的特征及其传播意图。对于教育定量内容分析来说，研究的目的主要是通过对文本内容的定量描述来揭示传播内容的特征，推断传播内容特征在时间、空间和人群中的分布差异。

案例8.1

值得研究的问题

20世纪以来全球地面平均温度逐渐增加的暖化现象已经引起科学家的重视，并产生了大量的科学研究成果。教科书是否以正确的、学生能接受的方式选择和呈现了全球暖化科学认识的成果，值得研究。黄靖惠等对台湾教科书中的全球暖化概念进行了内容分析，提出了如下研究目的：（1）描述九年一贯的生活课程、综合活动、社会、自然与生活科技、健康与体育等学习领域教科书全球暖化概念出现的频次；（2）比较不同领域与不同学习阶段“全球暖化概念”出现比例的差异。[1]

（二）选择内容分析的资料，决定抽样方法并抽取样本

内容分析的资料来源广泛，包括书籍、期刊等文字资料以及录像、图片等声音、图像资料，这些资料分布在不同的时间、地点，资料的内容是由各个部分组成的整体。教育定量内容分析需要从总体上去描述文本内容的倾向特征，当内容分析资料的总体相当大时，研究者不可能也没有必要对全部资料进行分析，可以采取抽样的方式从总体资料中抽取部分文本资

---

1 黄靖惠，洪志诚，许瑛玿．九年一贯教科书“全球暖化概念”内容分析[J]．中国台湾：教科书研究，2012（3）：27-57.

料进行分析。这就是内容分析的抽样。

根据抽样的内容，可以把教育定量内容分析的抽样方式分为以下三种。

① 来源抽样。指对资料的来源进行取样，如选择哪些期刊、书本或电视节目等来进行分析。

② 日期抽样。指对资料的时间分布进行抽样。如教育研究杂志连续30年登载了教学论方面的论文，研究者由于时间、精力有限，可以选取部分年份的杂志进行分析。

③ 分析单位抽样。指对资料的某一部分进行分析。如教材由目录、章、节、单元、段落、句子、字词等内容组成，如果对全部内容进行分析，就会费时费力和琐碎。研究者可以选取某一部分内容进行分析。

教育定量内容分析的抽样只有遵循科学的原则、程序和方法才能保证抽样的质量。抽样的原则是要有代表性，样本资料应该代表总体资料。抽样的科学程序包括：确定总体；确定样本量；确定抽样方法；检核抽样质量。抽样的方法与一般调查研究的抽样方法一致，包括：简单随机抽样、系统抽样、分层抽样（比较不同地域、时间的文本内容差异）、整群抽样与多阶段抽样（先抽取来源、再抽取时间和分析单位）。

案例8.2

教育定量内容分析研究抽样要求

来源抽样："全球暖化"概念分布的课程范围甚广，研究者选取了九年一贯教科书中生活课程、自然与生活科技、社会、综合活动、健康与体育等5个内容与全球暖化概念直接相关的学习领域为主，未将语文领域、数学领域、艺文领域列入研究范围。

时间抽样：由于全球暖化概念是近年来教科书关注的话题，研究者选定了台湾编译馆审定的最新教科书版本（2010年6月以前）。

分析单位抽样：由于教科书内容包括章节、单元、段落、字句等部分，全部分析会显得烦琐。研究者以各科、各年级、各版本教科书的"单元"为分析单位，挑选出教学目标涵盖"全球暖化概念分析架构"内容的单元。

抽样结果：一年级至二年级生活课程12册、三年级至九年级社会课程42册、三年级至九年级自然与生活科技50册、一年级至九年级综合活动54册、七年级至九年级健康与体育18册，共计176册。[1]

在总体情况下难以获知或者是在时间、精力、经费有限的条件下，也可以采取非概率抽

1 黄靖惠，洪志诚，许瑛玿. 九年一贯教科书"全球暖化概念"内容分析[J]. 中国台湾：教科书研究，2012（3）：27-57.

样，如根据文本资料的可获取性进行方便抽样。这种抽样研究虽然对总体的代表性较低，但可以为后续研究积累资料，并且，大量重复的非随机抽样研究成果之间也可以相互印证。在总体数量不大的情况下，还可以采取全部抽样的方式来分析资料。

（三）确立内容编码的框架并进行编码

教育定量内容分析是验证假设的过程，因此，应对分析的概念预先有明确的操作定义，并用它来对文本资料进行编码。编码的过程就是对文本资料进行归类的过程。

内容分析的归类侧重在内容说了什么（说的主题、来源、出处等）和怎么说（说的方式、语气的强度或态度等）。编码的归类或者来源于已有的理论，或者来源于研究者自己的建构。但不管哪一种编码依据，归类都需要遵循穷尽、相互排斥和独立性原则。

如在“全球暖化”概念的教材内容分析研究中，研究者依据“全球暖化”研究的文献，将“全球暖化”所涵盖的主要概念分为“天气与气候”“人类活动与环境”“全球暖化的原因与影响”“能源的使用与管理”与“绿色生活”5个子概念与其所属的概念细项和关键词。[1]

（四）检查编码的信度、效度与调整编码

教育定量内容分析的编码是对文本资料的归类过程。如何确定这种归类是否准确地反映了内容的特征，就需要考虑编码的效度问题。编码的效度就是编码反映内容特征的准确性程度。一般可以通过请多位专家各自提出编码标准，然后通过专家编码一致性程度来判断。如“全球暖化”教材内容分析研究中，研究者先依据理论发展出“全球暖化”概念及其维度，然后邀请5位相关领域专业学者进行内容效度的审查，最后确定“全球暖化”概念的编码维度。

内容分析的编码完成后，需要运用编码标准来进行评判记录。如果由一个人来完成，可能会存在主观性。要使内容分析的结果不受研究者本人的影响，在不同的时间、地点进行重复研究可以得到相同的结果，就需要请不同的人来进行评判记录，保证不同评判记录人使用同样的编码标准得出结论的一致性。不同的编码人员使用相同的编码标准对内容进行评判记录的一致性程度，就是内容分析的信度。

研究者获取内容分析的信度需要经过以下程序：① 抽取样本；② 约请对材料熟悉的人作为评分员；③ 请评分员根据研究人员提供的编码分类表独自进行评判记录；④ 根据不同评分人员的评分的一致性程度计算编码信度。

计算信度的公式如下：

（1）求互评者同意度（P）

$$P=2M/(N_1+N_2)$$

---

1 黄晴惠，洪志诚，许瑛玿．九年一贯教科书“全球暖化概念”内容分析[J]．中国台湾：教科书研究，2012（3）：27−57.

M：两人共同同意的项目数，N：每位评分员评定的项目数

Kab =（2×9）/（10+10）=0.90（ab两位研究者评了10个项目，在9个项目上一致）

同理，

Kac =（2×8）/（10+10）=0.80（ac两位研究者评了10个项目，在8个项目上一致）

Kbc =（2×7）/（10+10）=0.70（bc两位研究者评了10个项目，在7个项目上一致）

（2）求平均相互同意度值

如果只有两位评分人员，只需要考虑二者之间的相互同意度。如果有三位及以上的评分人员，则需要计算三人的平均相互同意度。

例如，K（平均）=（Kab+Kac+Kbc）/3=0.80

（3）求信度

R = nP/1+［（n−1）P］

n：评定员人数，P：互评者同意度

例如：R=3× 0.80/1+［（3−1）×0.80］= 0.92

教育定量内容分析的信度值达到多少才算是合适的？对此，学者们比较一致的看法是，80%及以上的一致性或0.8及以上值是可以接受的信度值。

下面，以全球暖化教材内容分析研究的信度分析为例来说明如何进行定量内容分析的信度分析。[1]

表8.2　评分员背景描述

	单位	职位	学历	评分项目
研究者	台湾大学	研究助理	台湾师范大学地理系	一年级至九年级教科书内容（各领域）
评分员甲	台北市国语实小	小学教师（自然与生活科技领域）	台北市立教育大学科教所	一年级至六年级教科书内容（各领域）
评分员乙	台北市大直中学	中学教师（社会领域——地理科）	台湾师范大学地理系	七年级至九年级教科书内容（综合活动、社会领域）
评分员丙	台北市丽山中学	中学教师（自然与生活科技领域——理化科）	“中央大学”天文学研究所	七年级至九年级教科书内容（自然与生活科技领域）

注：研究者、评分员甲、乙、丙为“国民全球暖化／气候变迁核心素养之养成”计划研究团队成员。

1　黄靖惠，洪志诚，许瑛玿．九年一贯教科书“全球暖化”概念内容分析[J]．中国台湾：教科书研究，2012（3）：27−57.

表8.3　研究信度一览表

学习阶段	项目	综合活动（一至二）	生活课程（一至二）	自然与生活科技（三至六）	社会（三至六）
小学	评分员	研究者／甲	研究者／甲	研究者／甲	研究者／甲
	互评者同意度（P）	0.97	0.93	0.93	0.95
	信度（R）	0.98	0.96	0.96	0.97
中学	评分员	研究者／乙		研究者／丙	研究者／乙
	互评者同意度（P）	1.00		0.99	0.97
	信度（R）	1.00		0.99	0.98

从表8.2和表8.3可以看出，研究者聘请了对资料熟悉的人作为评分员，并且请评分员运用编码标准进行独立评分，求得信度值均在0.9以上，这保证了内容分析编码的一致性。

有时，由于不容易请到他人来对内容分析的编码进行信度分析，内容分析的编码和评判记录往往由研究者一人完成。这无疑会降低内容分析的效度和信度。在这种情况下，研究者可以通过对编码的逻辑性进行反复推敲来提高内容效度，通过自身多次评判记录结果的一致性来提高内容分析的信度。

（五）分析编码资料，做统计分析与检验

研究者依据客观的编码对文本进行评判记录后，需要准确描述文本内容的倾向特征、推断文本内容特征在时空分布上的差异性，这就需要对记录的结果进行统计分析。一般来说，在内容分析中运用的比较多的统计为频次统计和卡方检验。研究者通过计算不同内容出现的频次，可以看出文本内容传播者的倾向特征。研究者通过对频次出现的时间、地点差异的卡方检验，可以看出内容特征是否因时间、地点等因素的不同产生显著差异。

以“全球暖化”概念教材内容分析为例，研究者对“全球暖化”概念在各领域课程单元中出现的频次比例做了统计（见表8.4）。[1]

表8.4　各学习领域占“全球暖化”概念教学的单元数比例

单元数	九年一贯学习领域					
概念	生活课程	综合活动	自然与生活科技	社会	健康与体育	合计
概念1 天气与气候	8 (3.6%)	1 (0.4%)	25 (11.1%)	9 (4%)	0 (0%)	43 (19.1%)

1　黄靖惠，洪志诚，许瑛玿．九年一贯教科书“全球暖化”概念内容分析[J]．中国台湾：教科书研究，2012（3）：27−57.

续表

单元数	九年一贯学习领域					
概念	生活课程	综合活动	自然与生活科技	社会	健康与体育	合计
概念2 人类活动与环境	1 (0.4%)	8 (3.5%)	16 (7.1%)	20 (8.9%)	2 (0.9%)	47 (20.8%)
概念3 全球暖化的原因与影响	0 (0%)	0 (0%)	9 (4%)	10 (4.4%)	1 (0.4%)	20 (8.8%)
概念4 能源使用与管理	3 (1.3%)	0 (0%)	33 (14.7%)	12 (5.3%)	0 (0%)	48 (21.3%)
概念5 绿色生活	4 (1.7%)	20 (8.9%)	16 (7.1%)	25 (11.1%)	2 (0.9%)	67 (29.7%)
合计	16 (7.0%)	29 (12.8%)	99 (44%)	76 (33.7%)	5 (2.2%)	225 (99.7%)

从表8.4中可以看出，九年一贯制课程有关“全球暖化”概念单元数最多的学习领域为自然与生活科技，占整体比例的44%，其次为社会占33.7%，而综合活动与生活课程等所占比例相对较少。从各子概念所占比例而言，“概念5：绿色生活”所占比例最高（29.7%），其内容分布于各领域；其次为“概念4：能源使用与管理”，（21.3%），主要内容出现在自然与生活科技及社会领域；“概念1：天气与气候”（19.1%）与“概念2：人类活动与环境”（20.8%）所占比例相当，其内容分布于各学习领域，但以自然、生活科技与社会领域居多；而“概念3：全球暖化的原因与影响”因涉及较深的科学概念，所占比例最少（8.8%），其内容主要分布于社会、自然与生活科技领域。

此外，研究者还对“全球暖化”概念在不同学习阶段教科书中出现频次比例的差异性进行比较，但未进行卡方检验，未说明这种差异是否达到了统计意义上的显著性。

（六）报告分析结果

教育定量内容分析的结果报告需要遵循提出问题、分析问题和解决问题的逻辑过程。参照一般教育定量内容分析的具体内容，这里把教育定量内容分析报告的具体要求分为：标题、作者信息、摘要、关键词、引言或问题的提出、文献回顾、研究设计与方法（取样、编码、计算信度与资料的分析处理）、研究结果、结果的分析讨论、结论与建议、参考文献。

二、教育定性内容分析研究的步骤

所谓教育定性内容分析是指通过对教育文本内容的系统编码、分类来确认文本内容主题、推断文本意义的研究方法。教育定性内容分析的程序与教育定量内容分析的程序大体一致。二者都是基于经验证据的发现过程，都需要经过明确研究问题、抽取样本、编码、计算编码的信效度、分析资料和报告结果的步骤。不同的是，教育定性内容分析遵循的是归纳逻辑。因此，在内容分析的具体环节上的要求与教育定量内容分析存在差异。

（一）明确研究的问题

教育定量内容分析的目的在于从总体上描述内容的倾向性特征和变化趋势，教育定性内容分析的目的在于理解文本反映的主题，推断背后的意义和社会现实。教育定量内容分析的目的在于验证理论，而教育定性内容分析的目的在于形成理论。

教育定量内容分析主要询问文本内容中明显的内容（如关键词）出现的频次和分布的差异，教育定性内容分析主要询问文本内容反映的是何种主题，主题背后的意义是什么以及意义所反映的社会现实是什么。相比教育定量内容分析，教育定性内容分析的问题更为开放，在研究之前，没有明确假设。

（二）选取样本

教育定量内容分析的目的在于从总体上描述文本内容的倾向特征与发展趋势，为了确保统计推断的有效性，其取样主要遵循代表性原则，取样方法主要是随机取样。教育定性内容分析的目的不是追求结论的普遍性，而是为了准确描述文本的主题，理解文本的独特意义，迁移到类似的情境。因此，其取样主要遵循可迁移性原则，取样的方法主要是理论抽样和目的抽样，选取适合检验理论的独特样本（理论抽样）或能够为研究提供丰富信息的样本（目的取样）。

教育定量内容分析主要是对文本明显内容的编码分析，分析单位是文中明显的单词、段落和句子。教育定性内容分析是对文本潜在内容和意义的分析，分析单位主要是潜在的主题，需要通过一个单词、一句话、一个段落或整篇文章去提炼主题。

（三）资料编码

教育定量内容分析的编码主要借助已有的理论或研究成果来进行，教育定性内容分析把主题作为编码单位，编码主要是基于原始资料来进行。研究者需要反复阅读和不断比较原始资料来归纳主题。

案例8.3

建立编码的方式

有关编码系统的内容和结构，一些研究者提出了自己的经验之谈。比如，波格丹和比克兰（1982：157-162）提出，在一般情况下，登录系统可以包括如下11个方面：①场景/情境；②被研究者对事情的定义；③被研究者看问题的角度；④被研究者看待人和事的方式；⑤有关事情的过程；⑥活动；⑦事件；⑧策略；⑨人际关系和社会结构；⑩研究者使用的方法；⑪研究者事先设定的编码系统。斯伯莱德里（1980：78）提供了另外一套实地笔记的分类系统，其中包括九个方面的内容：①空间（地点的物质环境）；②行动者（参与事件的人）；③活动（有关人员从事的一系列相关行为）；④实物（在场的物品）；⑤行为（有关人员的单一行为）；⑥事件（有关人员从事的一系列相关活动；⑦时间（事件发生的前后序列）；⑧目标（有关人员希望完成的事情）；⑨感受（人们所感受到的和表现出来的情绪）。

上面介绍的两个编码系统只是这几位研究老手的经验之谈，而且针对的是实地研究的一般情况。在我们自己的研究中，我们还必须考虑到自己的研究问题的特殊要求以及自己所关心的事情，建立自己的编码系统。比如，如果我们对中小学生课业负担重这一现象进行调查，我们的登录系统很可能包括：时间的安排（上课时间、课外活动时间、家庭作业时间、课外辅导时间、睡眠时间）、作业量（课堂作业、家庭作业、课外辅导）、作业难度、考试频率和类型，等等。因此，登录的时候必须考虑到自己研究的目的和问题，不必机械地套用别人的模式。[1]

（四）编码的信度分析

在教育定量内容分析中，信度指不同的评判记录人员之间的一致性程度。在教育定性内容分析中，编码的质量可通过以下四个质量标准来体现：① 可信性或确实性，指编码确实与其反映的社会现实之间的一致性，可通过研究者的持续观察、三角互证和同伴审查来提高。② 可转移性，指研究者的结论可推广到相似情境的程度。研究者需要提供对文本内容的详细描述，以便其他研究者判断是否可以把研究结论运用到其他类似的情境中。③ 可靠性，指研究的内部过程和研究者说明的外部现象变化条件之间的一致性。④ 可证实性，指研究者提到的资料特征被同行研究者证实的程度。

（五）资料的分析讨论

教育定量内容分析对结果的分析主要是通过编码记录后的数据资料进行频次统计或卡方检验。教育定性内容分析得到的资料主要是文字资料，对文字资料的分析，主要通过归纳来形成类型或主题，然后通过分析、比较和综合来揭示不同主题之间的关系，形成因果解释。

---

1 陈向明．质的研究方法与社会科学研究[M]．北京：教育科学出版社，2000：286-287.

（六）报告结果

教育定性内容分析结果的报告与教育定量内容分析的报告大体一致，都需要包括问题的提出、相关文献、研究过程、研究结果与结论。不过，教育定性内容分析主要是在描述的基础上归纳主题、推断意义，详细准确的描述是意义推断的前提。因此，在教育定性内容分析报告撰写的过程中，应注意描述与解释部分的平衡。

第四节
教育内容分析研究的规范

学习目标

掌握教育内容分析研究的规范。

内容分析研究作为一种灵活的研究方法在社会科学和教育科学中得到广泛的应用，但是，任何方法都不是万能的，内容分析法有其特定的适用范围与条件，同时，它也有特定的局限。认识到这一点，有助于我们正确地选择、运用内容分析研究。

一、教育内容分析研究的优点

与观察、调查和实验等以第一手资料为证据的研究方法相比较，教育内容分析研究有以下优势。

（一）非介入性

在不能通过观察、调查和实验干预来接触研究对象、获得第一手资料进行研究的情况下，研究者可以通过分析研究对象留下的图像、声音与文字资料来开展研究。

（二）不受时空局限

内容分析研究以第二手资料为证据，这种证据贮存在书籍、杂志等纸质或电子媒体中，不同的时间、空间的研究者都可以对同样的资料开展研究。这使得研究超越了时空的局限。

（三）经济可行

相比观察、调查或实验需要到现场付出大量人力、物力和财力才能获取资料，内容分析所用的二手资料可以在图书馆或电子媒体中找到，研究所需成本较低。这也使得内容分析研究为初学研究者广泛使用。

（四）资料真实、不易受研究者影响

内容分析研究所用的资料是研究对象在自然状态下完成的。研究对象并没有意识到他留下的资料会被研究者作为资料使用。这在一定程度上使得通过文本内容分析得出的结论更为真实可信。

（五）灵活多样

内容分析法的资料来源广泛，综合运用定量、定性分析来分析多种资料，这使得内容分析法成为社会科学中最为灵活的研究方法。

二、教育内容分析研究的局限

教育内容分析研究有以下局限。

（一）受资料的限制

内容分析研究以二手资料为证据。资料的全面性、真实性和可获取性决定了能否进行内容分析研究或进行高质量的内容分析研究。

（二）信效度难以保证

内容分析研究通过编码来对文本内容进行定量和定性的描述与推断。尽管研究者试图准确理解内容的意义、意图，但是，信息的发出者和接收者不是同一个人，二者对信息的表达与理解必然存在不一致性。因此，对内容分析的推断结论需要慎重使用。

（三）难以得到因果关系

内容分析研究侧重回答传播者说了什么、怎么说的问题，而不是为什么的问题。如内容分析研究可以用来揭示内容变化的趋势，但不能回答内容变化的原因。因此，内容分析研究结果的解释性比较弱。

本章小结

1. 教育内容分析研究是综合运用定性、定量研究方法来对教育文本内容进行客观系统的描述，获得教育事实并结合文本和解读者的背景来推断教育价值意图的科学研究方法。

2. 教育内容分析的作用在于：描述教育文本传播内容的倾向特征与变化趋势；比较不同教育文本传播内容特征的差异；推断教育文本内容传播者的意图；推断教育文本内容的传播效果。

3. 教育内容分析研究的特征在于：它是一种科学研究方法，综合运用定量和定性研究方法与手段对教育文本内容进行分析，用以描述教育事实和解释教育价值意图。

4. 教育内容分析研究可分为对教育文本内容的明显内容进行客观、系统和数量分析的定量内容分析法与通过对教育文本内容的系统编码、分类来确认文本内容主题、推断文本意义的质性内容分析法。

5. 教育内容分析研究一般要经过以下程序：① 明确研究的问题、目的，建立研究假设；② 选择内容分析的资料，决定取样方法与单位并抽取样本；③ 确立内容编码的框架并进行编码；④ 检查编码的信效度与调整编码；⑤ 分析编码资料，做统计检验；⑥ 报告分析结果。

6. 教育内容分析研究的优点在于：非介入性；不受时空局限；经济可行；资料真实、不易受研究者影响；灵活多样。教育内容分析研究的局限在于：受资料的限制；信效度难以保证；难以得到因果关系。

总结 >

关键术语

教育内容分析研究	教育定量内容分析研究	教育质性内容分析研究
content analysis study of education	content analysis study of education in quantitative	content analysis study of education in qualitative

章节链接

本章内容与第一章《教育研究方法概述》、第二章《教育研究的一般过程与设计》、第十三章《教育理论研究》、第十四章《教育研究成果的表达》的部分内容有密切联系。

应用 >

体验练习

一、名词解释

1. 教育内容分析研究

2. 教育定量内容分析法

3. 教育定性内容分析法

二、简答题

1. 简述教育内容分析法的操作程序

2. 简述教育内容分析法的功能与局限

三、拓展题

设想一个适合教育内容分析研究的主题，设计出内容分析的程序并进行研究。

拓展 >

补充读物

1 黄光雄，简茂发主编. 教育研究法[M]. 中国台北：师大书苑有限公司，2003.

本书内容分析法一章系统阐述了内容分析法的意义与特性、研究步骤以及内容分析法的批判与应用。在内容分析法如何运用于教科书分析方面做了系统和可操作的论述。

2 Krippendorff, K. *Content analysis. An Introduction to its Methodology[M].* Thousand Oaks, CA: Sage.

该书反映了内容分析法的最新进展，在社会科学的内容分析法中具有广泛的理论与实践影响。该书系统阐述了内容分析的原理（历史、概念基础与功能）、操作程序（如设计的逻辑、确定分析单位、取样、编码记录与分析等）和计算机内容分析工具的使用，提供了可操作的学习案例。

在线学习资源

国家精品课程资源网，http://www.jingpinke.com.《教育研究概论》，第九章《非介入性研究》，首都师范大学，宁虹。

第九章
教育调查研究

本章概述

本章主要介绍了教育调查研究的内涵、作用、类型、步骤和要求以及几种重要的教育调查研究方式。教育调查研究是在教育理论指导下，运用观察、问卷、访谈等方式搜集资料，从而科学分析与认识教育现状，并提出具体工作建议的研究活动。教育调查研究有助于了解教育现状，获得感性认识；有助于发现教育问题，总结教育经验；有助于为教育管理和预测提供依据。教育调查研究类型多样，按调查对象的选择范围不同，可分为典型调查、普遍调查、抽样调查、个案调查和专家调查；按调查的目的不同，可分为现状调查、相关调查、发展调查和预测调查。教育调查研究的基本步骤为：明确调查课题、确定调查对象、选择调查方法、编制和选用调查工具、拟订调查计划、实施调查、处理调查材料与数据、撰写调查报告。教育调查问卷的编制和发放、教育访谈、教育观察等应遵循基本的研究程序与规范。

结构图

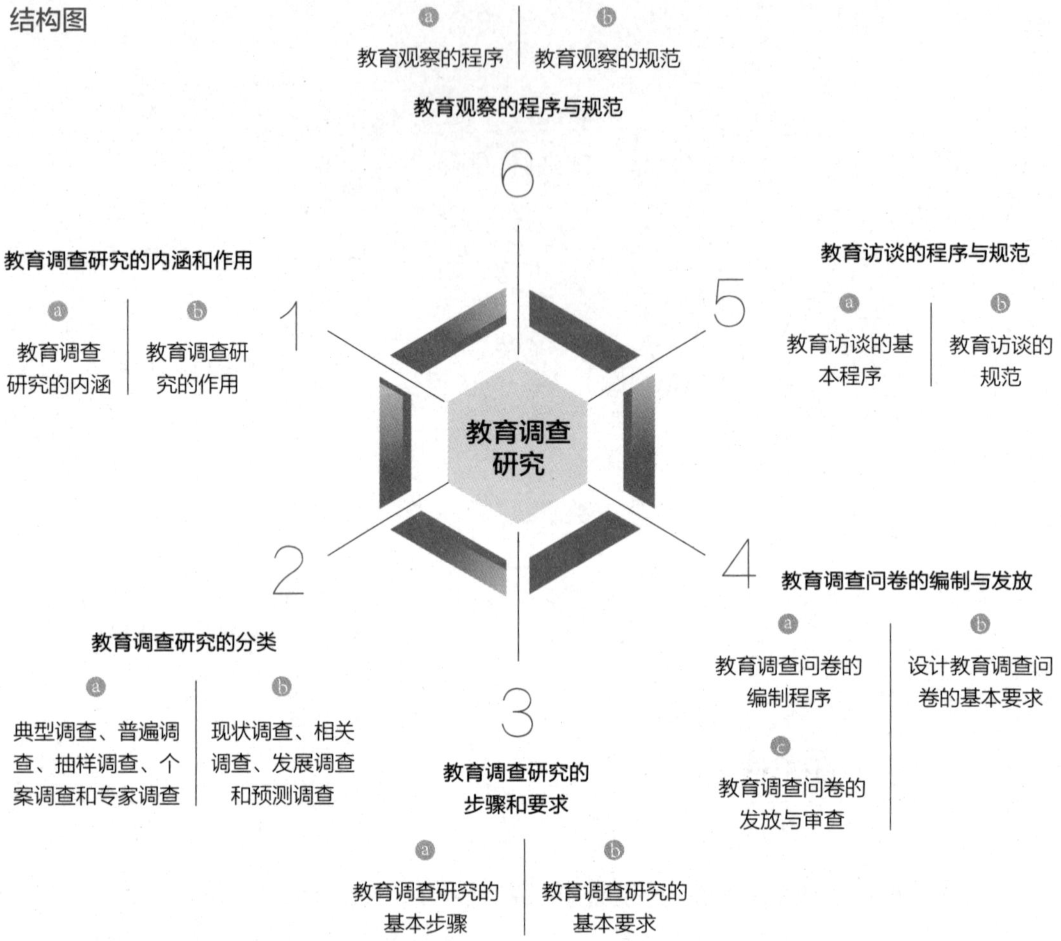

学习目标

学完本章，你应该做到：

1. 了解教育调查研究的内涵和作用；
2. 熟悉教育调查研究的基本类型；
3. 掌握教育调查研究的基本步骤与要求；
4. 把握教育调查研究中问卷调查、访谈与观察的基本程序与规范。

读前反思

什么是教育调查研究？教育调查研究有什么作用？它有哪些类型？研究过程的具体方法有哪些？研究中需注意哪些问题？

如果要了解教育发展的现状，发现教育存在的问题，提出解决问题的办法，就要运用教育调查研究了。教育调查研究是教育研究常用的研究方法之一，在教育工作和教育研究工作中发挥着重要作用。

第一节 教育调查研究的内涵和作用

一、教育调查研究的内涵

（一）调查

学习目标

认识和把握教育调查研究的内涵和作用。

“调”，具有计算、算度的意思。“查”，指查究、查核、考查。因此，“调查”就是对客观事物进行考察、查核和计算。[1]调查作为一种自觉的认识活动，起源于奴隶社会初期，是在奴隶主阶级治理国家中产生并发展起来的。据史书记载，古巴比伦、古印度、古希腊、古罗马、古埃及以及古代中国都做过关于人口、土地、财产的调查。例如，古埃及早在公元前3000年第一、第二王朝时期，法老每两年就派人清查一次全国的人口、土地、牲畜等一切财富，以确定租税数额。据《后汉书》记载，在大禹治水划九州时，就开展了人口和土地的调查。

调查

“调查”就是对客观事物进行考察、查核和计算。调查作为一种自觉的认识活动，起源于奴隶社会初期，是在奴隶主阶级治理国家中产生并发展起来的。

（二）调查研究

调查研究就是人们有目的、有意识地通过对社会现象的了解、考察和分析，从而形成科学认识的一种研究方法。调查研究属于经验性研究方法，它以直接的方式来研究客观事物，通过问卷、访谈、观察等方式在自然进程中搜集科学事实，获取经验材料，并在此基础上进行研究。如恩格斯1845年出版的

调查研究

调查研究就是人们有目的、有意识地通过对社会现象的了解、考察和分析，从而形成科学认识的一种研究方法。

1　张性秀，常艳娥. 调查研究理论与方法[M]. 长沙：国防科技大学出版社，2001：1.

《英国工人阶级状况》一书就是他根据自己1842年11月至1844年8月在英国居住期间的直接观察和各种官方及非官方文件的材料写成的一部重要著作，其中包含了当时英国教会学校和英国工人阶级子女受教育情况的调查结果。迪尔凯姆的《自杀论》也是社会学研究中运用调查研究的典范。在书中，迪尔凯姆运用了社会调查和统计的方法，特别是以统计交互表格的形式，展现了大量的经验资料，用以说明自杀现象受到民族、自然环境、性别、婚姻状况、宗教信仰、社会的稳定和繁荣程度等社会事实的影响，从而建立起社会事实之间的因果关系。

（三）教育调查研究

教育调查研究是在教育理论指导下，运用观察、问卷、访谈等方式搜集资料，从而科学分析与认识教育现状，并提出具体工作建议的研究活动。教育调查研究以当前的教育问题为研究对象，为认识某一教育现象、过程或者解决某个实际问题而进行。

> **教育调查研究**
>
> 教育调查研究是在教育理论指导下，运用观察、问卷、访谈等方式搜集资料，从而科学分析与认识教育现状，并提出具体工作建议的研究活动。

教育调查研究着重研究的是教育现实情况，区别于以过去发生的教育历史事实为对象的教育历史研究。教育调查研究在自然状态下搜集反映教育实际情况的材料，对研究对象不加任何干涉，因而也区别于以控制研究对象为主的实验研究。

二、教育调查研究的作用

（一）了解教育现状，获得感性认识

通过教育调查，可以掌握研究对象的第一手材料，作为了解现状、分析问题的依据。人们了解教育情况，形成对教育的客观认识有多种途径，如听取别人的讲述，阅读报刊、书籍、观看电视新闻，等等。这些都是必要的，但仅仅靠第一手材料获得的认识可能是片面的。要获得可靠的认识，还需要教育调查，通过第一手材料，真实感受教育的现状。“没有调查就没有发言权”“要了解情况，唯一的方法是向社会做调查”。[1]

（二）发现教育问题，总结教育经验

教育发展具有复杂性、多样性，有的现象反映了教育发展的实质和规律，有的反映了教育的独特性，有的反映了教育的普遍性。通过调查，搜集与分析材料，可以敏锐地发现教育发展存在的问题，同时还可以发现先进的教育思想或经验。例如，新世纪以来我国推进的基

1　毛泽东．毛泽东选集（第三卷）[Z]．北京：人民出版社，1953：789.

础教育课程改革，就进行了多次调查研究，既有对国外基础教育课程改革经验的调查，也有对我国课程发展现状的调查，还有对推进过程中存在的问题的调查。在调查中，既发现了问题，也总结了经验，使得我国的课程改革既有国际先进经验的借鉴，也有我国已有经验的积累和对比，不断推进了改革的发展和进步，比较好地发挥了教育调查的作用。

（三）为教育管理和教育预测服务

教育发展离不开科学的管理和决策。教育的科学管理和决策需要以方针、政策、措施为依据。教育方针、教育政策、教育措施不是凭借臆测就可以制定出来的，它们需要以客观教育事实和教育现实发展的需要为依托。对客观教育事实和教育现实发展需求的了解需要通过教育调查来实现。因此，通过教育调查，通过搜集教育现象的事实材料，可以为各级教育行政主管部门制定政策、法令法规和教育发展大计提供依据。

第二节 教育调查研究的分类

一、典型调查、普遍调查、抽样调查、个案调查和专家调查

学习目标

熟悉教育调查研究的各种类型。

按调查对象的选择范围可以将教育调查研究分为典型调查、普遍调查、抽样调查、个案调查和专家调查。

典型调查是根据调查目的和要求，在对调查对象进行初步分析的基础上，有意识地选取少数具有代表性的典型单位进行深入细致的调查研究，借以认识同类事物的发展变化规律的一种非全面调查。典型调查的优点在于调查范围小，调查单位少，灵活机动，具体深入，节省人力、财力和物力等。其不足是在实际操作中选择真正有代表性的典型单位比较困难，而且还容易受人为因素的干扰，从而可能会导致调查的结论有一定的倾向性，且典型调查的结果在一般情况下不易用以推算全面情况。

普遍调查又称全面调查、全体调查，简称普查。所谓普遍调查就是对调查总体所包括的每个部分、每个分子毫无遗漏地进行逐个调查。普查的主要优点是调查资料具有全面性和准确性。由于普查是对调查范围内的全部对象进行逐个调查，因此，所得到的资料精确度较高。其局限性，一是工作量大，耗资大，组织工作复杂，时效性差；二是调查项目有限，无

法了解事物深层的变化，只能做一般了解。

抽样调查是从全部调查研究对象中，抽选一部分单位进行调查，并据以对全部调查研究对象做出估计和推断的一种调查类型。抽样调查的优点是经济性好、实效性强、适应面广、准确性高。与其他调查一样，抽样调查也会遇到调查的误差和偏误问题。通常抽样调查的误差有两种：一种是工作误差（也称登记误差或调查误差），一种是代表性误差（也称抽样误差）。抽样调查可以通过抽样设计，通过计算并采用一系列科学的方法，把代表性误差控制在允许的范围之内；另外，由于调查单位少，代表性强，所需调查人员少，工作误差比全面调查要小。特别是在总体包括的调查单位较多的情况下，抽样调查结果的准确性一般高于全面调查。因此，抽样调查的结果是非常可靠的。

个案调查是对一个人、一个群体、一件事、一个社会集团或一个社区所进行的深入而全面的调查。个案调查的优点是形式灵活多样、方法不拘一格，既可以运用问卷、访谈、观察的调查方法，也可以运用作品分析等调查方法。另外，个案调查还可以对调查对象进行全面的、深入的、系统的调查研究，既可历史地，也可现实地弄清楚调查对象的来龙去脉，还可以追踪其发展变化的情况，掌握其规律，全面、具体、深入地把握个案的全貌。个案调查的局限是对调研人员要求高和缺乏代表性。

专家调查法又称德尔斐（Delphi）法，是以专家作为索取信息的对象，依靠专家的知识和经验，由专家通过调查研究对问题做出判断、评估和预测的一种方法。它是在专家个人判断和专家会议方法的基础上发展起来的一种直观预测方法，特别适用于客观资料或数据缺乏情况下的长期预测，或其他方法难以进行的技术预测。专家调查法的步骤包括：把咨询内容写成若干条含义明确的问题，分发给不同的专家；专家们在互不通气的情况下对问题做出书面回答，送交组织者；对回收的专家意见进行定量的统计归纳；将结果反馈给专家们，每个专家根据结果修订自己的意见，再送交给组织者；如此经过三四轮的反馈过程，从而得到比较集中的意见。

二、现状调查、相关调查、发展调查和预测调查

按照调查目的可以将教育调查研究分为现状调查、相关调查、发展调查和预测调查。

现状调查是指对被调查对象的当前状况进行调查。其目的是对教育现象的真实情况做出具体的描述，以便了解情况，发现问题，改进工作。例如，少年儿童体质状况的调查，关于实施新的课程计划的调查等。这种类型的调查有利于全面系统地了解当前状况，为制定相关政策或具体对策提供现实依据。

相关调查是指调查两种或两种以上教育现象之间是否存在相关关系，是否互为变量，目的是寻找某一教育现象的相关因素，以探索解决问题的办法。如教师的教学观与学生学习方

式关系的调查，学生的家庭背景与学习成绩关系的调查等，都可以应用相关调查。

发展调查是对某一被调查对象在一个较长时间内的特征变化进行调查，目的是了解研究对象前后的变化和差异情况。例如，教育事业的发展如何随着社会和经济的发展而变化，学生的学习成绩如何随着教师教学行为的变化而发展等，都可以运用发展调查。

预测调查主要调查某一教育现象随着时间变化而表现出的特征和规律，从而推断未来某一时期的教育发展趋势和动向。例如，通过对当前高校毕业生就业状况的调查研究，对今后我国高校专业调整情况进行前景分析。

第三节 教育调查研究的步骤和要求

一、教育调查研究的步骤

通常而言，教育调查研究从明确调查课题开始，以提交调研报告结束，共包括八个阶段。

（一）明确调查课题

学习目标

了解和掌握教育调查研究的步骤和要求。

教育工作中充满各种矛盾，存在各种问题，可以调查的东西很多。但我们不可能调查所有的问题，而只能选择其中的某些问题进行调查。至于选择什么问题作为教育调查的课题，可以考虑"新""热""实"这几个因素。所谓"新"，即选题应把握教育发展的新形式、新成果以及存在的新问题，把握新生事物，角度应有新意；"热"，指选题应关注那些社会生活、教育实践或教育研究领域的争鸣话题、热点问题，以事实为证，分析推理，寻找解决问题的答案；"实"，指选题要考虑调查者的实际条件，量力而行，忌不切实际，选题太大。[1]

当我们对某一问题进行调查，这一问题就成了调查的课题。调查课题必须清晰明确，否则调查就无从下手，或失之混乱。明确课题常用的方法是逐步界定范围，即研究者从一个模糊的意向范围入手，不断地加限定词，直至认为范围已经明确为止。例如，研究者想要研究一个有关学生学习负担情况的问题，其明确课题的过程如下：

1 尚国营．如何开展教育调查研究[J]．师范教育，2002（3）：29-30.

第一步：学生学习负担情况调查；

第二步：学生课业负担情况调查；

第三步：小学生课业负担情况调查；

第四步：城市小学生课业负担情况调查。

随着限定词的逐渐增多，研究的内容也不断明确。上例中，当限定到第四步时，可以说确定了一个调查研究的课题。如果研究者想要研究得更具体一些，还可以进行进一步的限定。

（二）确定调查对象

明确调查课题之后，接着应对调查的对象进行限定。调查对象主要由调查的课题决定。例如，上述的研究课题，调查的对象是城市小学生，它就不包含农村学生，也不包含城市中学生。如果调查研究的人力和财力充足，那么可以在全国范围内选择若干城市的若干小学进行调查，从而全面了解一般状况；如果条件不允许，研究者可能会觉得原先确定的课题还需进一步确定，以使调查研究更加切实可行。比如，可以将“城市”进一步限定为“北京市”，这样调查对象就更好确定了。

（三）选择调查方法

不同的调查课题应采用不同的调查方式。访谈调查和问卷调查是最常用的两种调查方法。这两种方法的特点与适用范围各不相同。一般来说，问卷调查适应面广，既适合于大样本的调查，也适合于小样本的调查，而访谈调查只适合于小样本的调查。问卷调查一般采用不记名方式进行，调查对象不用担心别人知道自己答题的情况，因此相对于访谈调查来说，问卷调查更容易获得真实的材料。但是由于问卷调查采用的是事先编制好的问题表格，其灵活性较低，可能无法了解调查对象的一些具体想法；而访谈调查较为灵活，其进程由调查者掌握，可以根据访谈的实际情况及时调整，以便掌握最新的情况和材料。研究者应根据课题选用适当的调查方式。

（四）编制和选用调查工具

确定调查方法以后，应编制和选用相应的调查工具。访谈调查要有访谈提纲，问卷调查要有调查问卷。如果研究课题已有较成熟的相关调查工具，可以直接选用，反之，则需要研究者进行编制。编制问卷和访谈提纲的基本步骤与要求见本章第四节和第五节。

（五）拟订调查计划

调查研究往往要通过团队合作的方式进行。为使参与课题研究的成员都能够准确无误地开展调查研究活动，应拟订一个详细的调查计划。调查计划是对调查研究工作及其过程所做的具体规划和安排，其目的是确保调查研究工作有计划、系统地进行，以提高研究工作的实效。

调查计划主要包括以下内容：调查的目的和意义；调查对象的总体、样本数量及抽样的方法；调查中使用的方法、手段及工具的说明；调查工作的步骤及日程安排；调查的组织、领导、人员分工以及调查人员的培训；调查资料的汇总方式、分析处理方法；调查报告及其完成时间；调查经费的使用安排等。

（六）实施调查

实施调查是指按照调查计划开展调查活动，即运用调查工具对调查对象进行调查并搜集资料。这是整个调查工作的中心环节，它直接关系到调查资料的丰富程度、可靠程度和可分析程度，从而决定了整个调查工作的质量。实施调查应严格按照调查提纲的规定进行操作，避免随意性，力争使调查材料具有真实性、客观性和典型性。

（七）处理调查材料及数据

通过调查得到的材料可分为两种类型，第一种是文字型材料，第二种是数字型材料。无论属于哪种类型，收集而来的原始资料往往都是零散的、杂乱无章的，研究者应对其进行汇总和分类处理。对于文字型材料，要进行合理而全面的概括，行文简洁，内容周全。对于数字型材料，应进行计算、观察和分析，掌握数量特征和数量变化，并以直观的形式，如统计图表来表示，让人一目了然。

经过定性分析与定量计算处理，研究者可以对调查课题确定的研究项目逐一进行比较、推断，得出结论。

（八）撰写调查报告

调查研究的最后一步是撰写调查报告。调查报告是以文字形式反映调查研究的过程和结果。一般而言，调查报告应就研究背景、选题价值、调查工具、方法、对象及过程、结果及提出的有关对策建议等内容做出交代。写调查报告时，观点和结论要从材料中来，要用材料说明观点和结论，切忌主观性、片面性、随意性。

二、教育调查研究的基本要求

（一）对调查者基本素质的要求

首先，调查者要为人正直、谦虚、诚恳，待人热情，能关心、理解、尊重人，富有同情心，仪态端庄大方，避免生硬、苛求和盛气凌人；其次，教育思想端正，具有正确的教育观、人才观、学生观，教育方法正确、知识渊博、视野开阔、经验丰富；最后，具有组织座谈会和访谈的引导能力、记录能力和交往应对能力。

（二）对调查者的工作要求

首先，调查者要能够透彻了解调查的目标和计划，熟悉问卷、量表及有关资料，以认真负责的态度实施调查研究计划；其次，遵守教育调查的工作（职业）道德和伦理，如避免不必要的打扰，尊重被调查人的人格、隐私权，尊重被调查人的保密要求，不刺激和欺骗被调查者，不因个人嗜好或暂时兴趣而打探被调查者的隐秘；最后，完整、客观地运用调查材料，不断章取义、穿凿附会，不假借别人之口说自己要说的话。

（三）必须注意影响调查工作的若干因素

为了保证教育调查工作的顺利进行，必须注意影响调查工作的若干因素。

1. 地点与环境因素

选择进行调查的地点与环境，要避免对被调查者的回答产生直接的影响。如在进行访谈或座谈的过程中，一定要回避第三者或调查对象的直接领导者，以免对被调查者产生不必要的影响，给被调查者带来不快。

2. 性别与年龄因素

在调查过程中，性别上的差异往往会引起拘束，一般来说，同性之间较容易建立非正式关系；年轻的调查者一般不宜采访上年岁的被调查对象，题目比较严肃和重要的调查，最好选派年岁稍大的调查者进行。

3. 调查记录因素

调查者的记录方法必须因题、因人而异。根据不同的题目与调查对象，采取不同的记录方法，无论是采取笔录、录音机记录还是记忆追录，都应避免带有诱导性。

4. 人际地位因素

调查对象的职业、文化素养、个性特点、社会地位都有不同。因此，调查者除了在外貌、服饰和风度上要加以注意外，还要特别注意使调查者与被调查者间的社会地位与职业因素较为接近，以便增加彼此间的信任、融洽，形成一种共同探讨、研究的气氛。

第四节
教育调查问卷的编制和发放

学习目标

熟悉和掌握教育调查问卷的编制和发放。

教育问卷调查

教育问卷调查是以书面提出问题的方式搜集资料的一种调查研究方法。

教育问卷调查是以书面提出问题的方式搜集资料的一种调查研究方法。问卷是问卷调查中使用的基本调查工具，是根据研究课题的需要而编制成的一套问题表格，由调查对象自己填写回答。问卷还可以作为测量个体行为和态度倾向的测量手段。

问卷调查的优点在于：调查的范围广，能在短时间内搜集大样本信息资料，效率高；调查过程标准化、匿名化，研究结论比较真实客观，结果便于整理归类，能做量的统计处理。局限性在于：问卷中的问题和大部分答案由问卷设计者预先设定，篇幅有限且缺乏弹性，使得调查对象的作答受到限制，可能遗漏一些更为深层、细致的信息；如果调查对象不合作，出现漏答、不答的现象，就会影响结论的代表性；邮寄发出的问卷的回收率往往不高，对样本所要求的数量可能造成一定影响。教育研究中问卷调查法的运用，关键在于问卷的编制和发放。

一、教育调查问卷的结构

一份完整的问卷，一般包括标题、指导语、问题与选择答案、结束语四部分。

1. 标题

标题是调查内容的高度概括，要与研究内容一致。

2. 指导语

指导语是对问卷填写方法的说明，起着沟通调查者与调查对象的作用。主要用来指导调查对象如何填写问卷、提示注意事项，并做些必要的说明，以消除调查对象的思想顾虑。有时还附有例题，以帮助调查对象理解填写问卷的方法和要求。指导语要简洁、明了，用词恰当，便于理解。

案例9.1

“学校课程决策情况问卷调查”指导语

学校课程决策是参与学校课程事务并做出判断和选择的过程。本问卷是针对中小学学校课程决策情况的调查，调查结果仅用于科研，对您的工作不会有任何影响，请根据学校的实际情况按要求如实填写。填答时请在符合的选项上打“√”，有的是单选，有的可多选。个别题目若选择了“其他”选项，请在横线处写明您认为恰当的内容。

谢谢您的合作！

3. 问题与选择答案

问题与选择答案是问卷的主体。问题分为特征问题、行为问题和态度问题三类。特征问题用以测量被调查者的基本情况；行为问题测量的是调查者过去发生的或正在进行的某些行为和事件。特征问题与行为问题统称为事实问题，它们是有关被调查者的客观事实。态度问题用以测量被调查者对某一事物的看法、认识、意愿等主观因素，如学习目的、理想、兴趣爱好等。一个问卷中不一定必须同时具备三种类型的问题。

案例9.2

“学校课程决策情况问卷调查”行为问题

1. 您所在学校地域：

A 乡村　　B 城镇

2. 您的性别：

A 男　　B 女

3. 您所在学校类别是：

A 初中　　B 完全中学　　C 高中　　D 小学　　E 九年一贯制

4. 您的职务是：

A 校长　　B 副校长

5. 您在学校主要负责管理的工作是：

A 全面　　B 教学　　C 德育　　D 科研　　E 后勤　　F 其他

6. 您已在校级岗位工作：

A 3年以下　　B 3～5年　　C 5～8年　　D 8年以上

案例9.3

“学校课程决策情况问卷调查”特征问题

7. 您学校由谁来负责制订学校的课程计划或方案？

A 教务处　　B 教科室

C 校级领导　　D 按照区县教研室下发的年度课程计划执行

8．您学校参与制订课程计划或方案的人员主要有哪些？
A 学校领导 B 教务处人员 C 教师 D 学生
E 家长 F 校外专家 G 社区代表

问题有开放式和封闭式两种，开放式只提出问题不提供答案，被调查对象可以根据题意自由作答；封闭式不仅要提出问题，还要提供备选答案。封闭式问题所提供的答案要准确，符合实际，便于被调查者进行选择。

4. 结束语

结束语一般包括两方面的内容：一是答谢词，即对调查对象的合作表示感谢；二是对问卷回收方法的说明，即填答者填答完毕后，如何将问卷返还给调查者。而结束语的具体内容则应根据问卷的需要来确定。

二、教育调查问卷的类型

根据问题形式的不同，可将问卷分为非结构型、结构型和综合型三大类。

1. 非结构型问卷

非结构型问卷又称无结构型问卷或开放式问卷，它的特点是在问题的设置和安排上没有严格的结构形式，调查对象可以根据本人的意愿自由作答。非结构型问卷结构较松懈或较少，但并非完全没有结构。这种形式的问卷多半用在探索性研究中，一般被访问的人数较少，不用将资料量化，也不需要向有关人士询问相同的问题。对于被访问人来说，没有固定的回答格式与要求，可以与其他被访问的人回答相同，也可以完全不相同。

例如，关于中学生理想信念的调查问卷，可以使用如下问题展开调查：

您的理想是什么？

您认为中学生应树立怎样的理想？（如理想应具有哪些特征，与哪些方面相联系等）

2. 结构型问卷

结构型问卷又称封闭式问卷，它的特点是，问题的设置和安排具有结构化形式，问卷提供有限量的答案，调查对象者只能选择作答。

结构型问卷根据答案的不同形式还可划分为以下三种。

（1）选择式

将问题的几种可能答案统统列出，让答卷者选择一个或几个符合自己情况的答案。

例如，关于中学生理想的调查问卷，使用如下问题与选择答案：

1．你是否有理想？（　　）

A. 有　　　　B. 没有　　　　C: 时有时无

2. 你认为理想对个人的影响如何?(　　)

A. 对人生有重要影响，激励自己不断进取，实现人生目标

B. 对人生有些影响，有时会使自己努力奋斗

C. 对人生影响不大，平时很少提及

D. 对人生基本没有影响，感觉有与没有差不多

（2）排列式

答卷者对问题的多种答案，依实际情况或喜欢程度、满意程度排序。

例如，关于大学生消费情况的调查问卷，使用如下问题与选择答案：

请将您每月各项消费额，按1~5从多到少排列：

(　　)生活费　　(　　)学习费用　　(　　)休闲娱乐费用

(　　)服装鞋帽、化妆品等费用　　(　　)人情消费

又如，关于大学生电影消费习惯的调查问卷，使用如下问题与选择答案。

您喜欢哪些类型的电影？可多选，请按喜欢程度从1~8排序：

(　　)喜剧　　(　　)爱情　　(　　)悬疑惊悚

(　　)警匪　　(　　)文艺　　(　　)科幻

(　　)动画　　(　　)其他

（3）划记式

按同意或不同意，在答案上分别做记号“√”或“×”。

例如，关于社会公德的调查，使用如下问题与选择答案：

请将你的日常表现，在适当的选项下打“√”

	做不到	偶尔做	做得一般	做得好
1. 在任何公共场所都不随地吐痰				
2. 在任何公共场所都不乱扔垃圾				
3. 随手关灯，人走灯灭				
4. 过马路时走斑马线				
5. 不在公共场所大声喧哗				
6. 礼貌待人，不讲脏话粗话				
7. 不破坏花草树木				

3. 综合型问卷

综合型问卷也叫半结构型问卷，兼有结构型和非结构型的特点，一般情况下，以封闭性问题为主，根据需要加上若干开放性问题。也就是说，将研究者比较清楚、有把握的问题作为封闭性问题提出，而对那些调查者尚不十分明了或答案较多、无法一一列举的问题，作为开放性问题提出，由调查对象自由作答。

三、教育调查问卷的编制程序

问卷的编制是研究者根据调查研究的目的和需要，编写问题和形成问卷的过程。问卷编制程序一般包括下列步骤。

① 明确调查研究课题和调查对象。

② 根据研究目的，把研究课题分解成一系列研究问题。

③ 确定所要搜集的信息和问卷类型。

④ 以研究课题为中心，进一步分解研究问题，并草拟出问卷试题和答案。

⑤ 把草拟的问卷问题按照一定的标准进行排列，并草拟出问卷指导语。

⑥ 征求有关人员、专家的意见，对问卷进行修订。

⑦ 试测。从总体样本中抽取一小部分作为测试样本在小范围内进行一次试测，以检查问卷表述的方式、内容能否被调查对象所理解，所列举的限制性答案是否完善，并求出问卷的信度、效度。

⑧ 再修订。根据测试结果，对指导语、问题内容、备选答案、提问方式，以及问题排列方式等加以改进。

完成上述程序后，问卷的编制工作完成，可以按计划打印并发放试卷，进行正式调查。

下面以中国社会科学院社会心理研究所几位学者进行的“关于大学生学习动机”的调查研究为例，说明问卷的编制过程。

该调查研究的问题：（1）大学生学习动机特点，包括总体层次特点，具体内容特点，系科特点，年级特点和性别特点等；（2）大学生学习动机的影响因素，广泛涉及内外部因素及动机本身因素；（3）大学生学习动机的培养和激发。

调查形式：结构型问卷调查。

按照研究目的、问题以及所掌握的初步材料，根据小范围座谈会搜集的有关材料，整理出大学生学习动机的几个层次，具体包括：（1）奉献；（2）作为；（3）完善；（4）充实；（5）丰富；（6）社会提高；（7）社会相符；（8）性爱与生活；（9）社会安全。每个层次又具体分为若干个项目，每个项目内容尽可能选用访谈搜集的原始资料。如奉献层次，列举六项：“努力学习才无愧于时代的要求”“以知识为人类造福，才能实现大学生的价值”“学习是为了对人类进步有所贡献”“作为一个大学生，就应该为振兴中华、实现四化而学习”“努力学习，为祖国争光”“实现共产主义理想，是我们学习的最终目的”。

在以上工作基础上着手设计问卷，然后在小范围内试查。将试查结果进行分析整理，找出主要项目，合并相近项目，对问卷项目进行修订。最后形成35个题目的问卷以测查大学生的学习动机。

四、设计教育问卷的基本要求

问卷中问题的设计是问卷编制的关键环节，关系到问卷的科学水平。要提高问卷的科学性，在设计问卷问题时应注意以下方面。

1. 问题内容的要求

要考虑所列项目是否覆盖了所有研究问题，体现了研究目的；答案要全面，且相互之间不重叠、不交叉。

2. 问题数量的要求

要考虑问题的数量是否适度。所谓适度是指通过控制时间以保持被调查者对应答问卷的兴趣和认真的态度。一份问卷作答时间一般以30分钟左右为宜。问题太多，作答者易产生厌倦情绪，导致敷衍塞责或不予回答；问题太少，则很难保证问题的覆盖面，从而影响研究结论。

3. 问题文字表达的要求

问卷问题的文字表达应简明扼要，通俗易懂，容易回答。具体来说，应符合以下要求。

① 问题的语言要尽量简单明确，避免冷僻或专业性太强的术语；

② 问题的陈述要尽量简短，一个问题只含一个疑问；

③ 问题要避免带有双重或多重含义，切忌意义含混；

④ 问题不能带有倾向性，避免诱导作答者；

⑤ 不用否定形式提问，避免繁杂和误解；

⑥ 不问调查对象不知道的问题；

⑦ 不直接询问敏感性问题；

⑧ 避免与社会规范有关或有情绪压力的问题；

⑨ 措辞礼貌。

4. 问题的排列顺序[1]

问题的排列与组合方式，是问卷设计中的一个重要问题。为了形成合理的结构，通常要注意两个方面：一要方便被调查者顺利地回答问题，二要便于调查后的资料整理和分析。问卷问题的顺序排列方式有多种，常见的有以下几种。

---

1 陈伙平，王东宇，丁革民，等. 教育科学研究方法[M]. 福州：福建教育出版社，2008：98.

（1）类别性顺序

即把同类性质的问题尽量安排在一起，这样可以便于被调查者按照问题的顺序，回答完一类问题后再回答另一类问题，避免思路经常中断或来回跳动。最常见的类别顺序形式是先填答有关个人特征资料和事实性问题，再回答态度性问题。

（2）时间性顺序

即将问题按时间顺序安排。一般应根据历史的线索，由过去到现在，再到将来，这样可以使历史与逻辑统一起来。

（3）内容性顺序

即把问题按照其复杂和困难程度排列，先易后难，由浅入深，先一般性质问题，后特殊性质问题。对于敏感性强、威胁性大的问题，更应该放在各类问题的后面。这样有利于增强调查对象的信心，并把其思路逐步引向深入，而不至于使被试一开头便被难住。

（4）逻辑性顺序

即研究者有意识地将自变量问题放在前面，因变量问题放在后面，以便于研究者进行资料分析。

五、教育调查问卷的发放与审查

（一）教育调查问卷的发放

问卷发放有不同形式，且各有利弊。研究者可根据研究目的和条件，权衡其利弊，选择合适的问卷发放形式。

1. 邮寄

即通过邮局向被选定的调查对象寄送问卷，并要求被调查者按照要求和时间填答问卷，然后再寄回给研究者。邮寄简便易行，省时省力，但回收率往往难以保证。

2. 专门递送

即研究者派专人将问卷递送给选定的调查对象，待调查对象填答完毕后，再由专人收回问卷。这种方式最适合有组织的集体调查对象，如参加会议的代表，某一部门的成员，某一学校或班级的学生等。这种发放方式时间短，回收率高，便于汇集和整理，但由于过于集中，调查对象之间可以相互询问，相互影响，回答结果容易失真，从而影响研究结论。

3. 集中填答

即研究者亲自到被调查对象的单位，把调查对象集中起来，由研究者直接向调查对象说明调查的目的和填答问卷的方法，调查对象即时填答后，再由研究者收集。这一问卷发放方式回收率高，常达到100%，调查对象可与调查者即时沟通，因而有效率也高，但人力和财力花费较大，且取样范围数量有限。

4. 网络发布

随着网络技术的发展和普及，很多研究单位或研究者把问卷发布到网站上。作答者在线答题，即时提交。这一问卷发放方式回收率较高，但作答者主要是有上网条件的用户，其代表性受到限制。

（二）对回收问卷的审查

要保证调查的有效性，必须对回收的问卷进行认真的审查。回答不完整、不按要求回答和回答不正确的问卷都应视为无效问卷，予以剔除。在对问卷数据进行整理加工时，不计入无效问卷的数据。

（三）对问卷回收率和有效率的计算

问卷的回收率即实际收回的问卷数和发出的问卷总数之间的比率。问卷的有效率，是指剔除无效问卷之后的有效问卷与实际回收的问卷总数之间的比率。二者一般都用百分比表示。

一般来说，问卷有效率达到70%～75%及以上时，方可作为研究结论的依据。

第五节 教育访谈的程序和规范

一、教育访谈及其特点

学习目标

熟悉和掌握教育访谈的程序和规范。

教育访谈就是在教育研究过程中，调查者通过与调查对象面对面的交谈，以口头形式了解某人、某事、某种行为和某种态度的调查方式。一般情况下，访谈是调查者探访调查对象，把要调查的问题逐一向调查对象提问，由调查对象根据要求一一回答，同时，调查者及时将调查对象的观点、意见和看法记录下来，然后对所做记录进行汇总、分析，从而得出调查结论。

教育访谈

教育访谈就是在教育研究过程中，调查者通过与调查对象面对面的交谈，以口头形式了解某人、某事、某种行为和某种态度的调查方式。

作为教育调查的一种方法，教育访谈既有其自身的优点，但也有其无法克服的局限。

1. 优点

（1）灵活性强，可靠性高

调查者可以根据访谈过程的具体情况，采取灵活措施，如可以对调查对象理解不清楚的问题做详细的解释，就某一问题做进一步的补充提问等，引导交谈，获得可靠、有效的资料。调查者还能在与调查对象的交谈中，观察、判断调查对象的回答是否可信，并及时采取相应的措施，提高访谈的有效性。

（2）不受书面语言文字限制，适应性强

访谈调查以口头交流为基本手段，可以不受书面文字的限制，适用于对文化程度较低的人，甚至文盲展开调查，也可对特殊群体，如幼儿进行调查。

（3）有利于进行深入调查

调查者通过与调查对象面对面的交谈，采取多种措施，运用多种技巧，引导调查对象进行全面而深入的思考并作答，因此，常常能搜集到较深层次的观点和意见，从而使调查更加深入。

2. 局限

（1）样本小，效率低

访谈调查在单位时间内所能调查的样本较小，特别是在调查对象居住比较分散的情况下，调查过程需要较多的人力、物力和财力，调查时间也较长，使访谈调查的效率较低，应用范围受到一定限制。

（2）资料分析处理的难度大

访谈调查具有较大灵活性，预先拟定的访谈提纲往往会随具体访谈情境的变化而进行一定程度的调整和修改，记录的方式也可能因调查对象的情况而不同，有文字资料，也可能有录音资料、录像资料，这样所得的资料就较为杂乱，标准化程度低，分析、整理较为困难。

（3）调查过程容易产生偏差

访谈调查是调查者与调查对象的言语交往和互动的过程，从访谈双方来说，都可能产生偏差。双方的个人特征，如性别、年龄、文化水平、社会地位以及服装、外貌、谈话中的表情和语调等，都可能会对对方产生影响。调查者的速记能力、访谈经验等也会对调查结果产生影响，导致访谈结果的偏差。另外，缺乏足够的时间让调查对象深思熟虑、不能保证调查对象的匿名、易受环境干扰等因素，也容易导致访谈结果出现偏差。

二、教育访谈的类型

依据不同的标准，可以把教育访谈分为不同的类型。

（一）结构性访谈和非结构性访谈

根据是否对访谈过程进行控制和访谈过程是否使用经过严格设计的访谈提纲，可以把教育访谈分为结构性访谈和非结构性访谈。

结构性访谈又称标准化访谈，是指访谈者按照统一的、事先设计好的访谈提纲依次向访谈对象提问，并要求访谈对象按一定要求回答的正式访谈。这种访谈可以把随意性降到最低，便于对搜集到的资料进行统计处理，对于不同的访谈对象的回答易于进行比较和分析，但比较呆板，也容易失去访谈调查所具有的灵活性强的优点。

非结构性访谈是指只根据一个粗略的访谈提纲或某一题目，由访谈者和访谈对象自由交谈以获取资料的访谈方法。这种访谈几乎无任何限制，访谈者可根据情境随时调整访谈的内容、深度和广度，有利于访谈者和访谈对象充分发挥主动性、创造性，便于全面而深入地搜集资料，拓宽和加深对问题的研究，但较难进行资料的整理和分析。

（二）个别访谈和团体访谈

根据访谈者一次访谈对象的多少，可以把教育访谈分为个别访谈和团体访谈。

个别访谈是指访谈者对每一个访谈对象逐个进行的访谈。在个别访谈中访谈者一次只与一个访谈对象进行访谈，有利于访谈者与访谈对象之间的心理沟通，对某些敏感性问题可以进行一定深度的交流和探讨。这种访谈方式灵活，适应性强，具有一定的保密性，所获资料相对真实、细致、全面，对问题的研究比较深入。但由于访谈效率较低，获得的资料有限，故常常用在个案研究中。

团体访谈又称集体访谈，是类似于公众座谈会的一种集中搜集资料的方法。一般由一名或几名访谈者与一定数量的访谈对象就调查主题进行座谈，以了解他们的意见和看法。团体访谈具有访谈对象相对较多、了解情况快、工作效率高、经费投入少的优点，但对访谈者组织会议能力的要求很高，如果运用不当，容易导致形式主义和走过场。另外，它也不适合调查某些涉及保密、隐私的敏感性问题。

（三）一次性访谈和重复性访谈[1]

根据对同一访谈对象进行访谈的次数，可以把教育访谈划分为一次性访谈和重复性访谈。

一次性访谈也称横向型访谈，是指对人们在某一生活时刻或某段时期内的思想、态度或行为等方面的情况进行一次性完成的调查工作。一次性访谈所得到的结果多为静态信息，适用于某个特殊问题或事情发生后人们的看法的调查。

1　陈伙平，王东宇，丁革民，等. 教育科学研究方法[M]. 福州：福建教育出版社，2008：105.

重复性访谈也称跟踪访谈或纵向型访谈，是指在一个较长的时间内，经过多次访谈才能完成的调查。这种类型的访谈主要用于随着时间的推移和环境条件的变化，人们在思想、态度和行为等方面所发生的变化的调查研究。重复性访谈是一种深度访谈，具有较强的科学研究性质，而且得到的结果更加深入并具有动态性特征，但一般耗时较长、花费较高，对研究者的素质也有较高的要求，因此多用于小范围的调查研究。

三、教育访谈的基本程序

一般而言，教育访谈包含以下几个环节。

（一）制订访谈计划

制订访谈计划是保证访谈能够顺利进行的前提，访谈计划应对访谈中涉及的问题做出明确的规定。如要对访谈的目的、访谈的类型、访谈的内容、访谈的对象、访谈的时间等做出明确的规定，还要编写好访谈的提纲、进行组织分工，等等。

访谈计划首先要确定用什么类型的访谈方式。一般来说，访谈方式要依据调查研究的目的来选择和确定。如果是探索性研究，通常选择非结构性访谈；如果是要验证某个假设或者需要较快获得较多人的态度，通常选择结构性访谈。访谈类型的选择除了与调查研究目的和性质有关外，还与人员、时间、经费的充裕与否直接相关。

访谈计划中还要准备访谈所需的工具，如访谈提纲、访谈记录表、各种证明材料、证件、采访机、录音机等。

（二）编制访谈提纲

无论什么类型的访谈调查，都要事先准备访谈提纲。访谈提纲就是调查者依据研究课题确定的准备交谈的问题。访谈提纲的内容一般包括以下方面。

① 访谈的目的；

② 访谈的类型；

③ 访谈的主题；

④ 访谈的具体问题；

⑤ 访谈的时间、地点、访谈者、访谈对象和参与访谈的其他相关人员；

⑥ 访谈的资料记录和分类方法等。

在拟定访谈提纲时应注意以下两个问题：一是问题的表述要口语化，以便于访谈者提问和访谈对象回答；二是合理安排问题的顺序，以便访谈时能自然地从一个问题过渡到另一个问题。

（三）选择访谈对象

在访谈调查中，被访者的选择是重要的一环，因为访谈调查的信息资料是由被访者提供的，因此，它对访谈最终成功与否有直接的关系。在选择访谈对象时，需要注意以下几个方面。

1. 访谈对象的人数

访谈样本的大小，多半由调查研究的目的和性质决定，当然也必须考虑调查研究的人员及时间、经费等条件。集体访谈时，一般以6～12人为宜，人数太多或太少都会降低访谈的效率。

2. 访谈对象的典型性和代表性

如果是个别访谈，在选择访谈对象时，应事先了解访谈对象的经历、地位和个性特征，以确定访谈对象能否提供有价值的事实材料，是否乐于回答所提出的问题。如果是集体访谈，应确保所访谈的对象既具有代表性，又熟悉情况。

3. 访谈对象之间的关系

在集体访谈中，应使访谈对象在学历、经验等方面尽可能相似，让他们相互之间感到地位平等，防止其中有个别权威出现，影响其畅所欲言。还要注意访谈对象之间是否有矛盾，以免他们担心访谈结果对自己的切身利益造成影响而保留意见和态度。

（四）试谈与修改访谈提纲

在拟定了访谈提纲后，正式进行访谈之前一般要安排一次试谈。试谈的目的是检查设计的问题和提问的方式是否恰当，访谈对象的回答能否与希望获取的信息资料比较吻合；试谈的对象不应与正式访谈相同，但两者的情况应该尽可能相似；试谈要做详尽的记录，以便发现设计问题的不足；如果需要，可以追问一些补充问题，以了解访谈对象较为真实的想法。

（五）正式访谈

在各项工作准备妥当后，就可以进行正式访谈。在正式访谈中，访谈者要尽快接近访谈对象，尽可能主动、友好、健谈，努力营造一个轻松和谐的访谈氛围，消除访谈对象的疑虑，让其感到无拘无束，然后很自然地按照预定计划进行访谈。谈话过程中，访谈者要友好自然，诚恳谦虚，热情礼貌，鼓励访谈对象畅所欲言。

（六）结束访谈

按照访谈计划访谈过所有问题后，访谈就可以结束了。在访谈时，访谈者应把握好时间，干脆利落，不拖泥带水，同时要注意行为和语言，应礼貌地向访谈对象表示感谢。如果是重复性访谈，还可以跟访谈对象商量好下一次访谈的时间。

四、教育访谈的规范

要增强教育访谈的有效性，就必须对其进行一定的规范，减少随意性。以下方面的规范是做好教育访谈所必需的。

（一）访谈邀请的规范

① 事先约定，不做不速之客；
② 穿着干净整洁，称呼恰如其分；
③ 自我介绍简洁明了，不卑不亢；
④ 发出邀请时热情礼貌，语气是肯定和正面的；
⑤ 主动出示身份证件，佩戴身份标识，以消除访谈对象的戒备心理。

（二）应对拒绝访谈的规范

① 耐心解释访谈目的和性质；
② 若访谈对象坚持拒绝，则礼貌告辞；
③ 若访谈对象时间不便，则另约时间。

（三）实施访谈的规范

① 主动热情，使访谈对象有轻松愉快的心情；
② 善于引导，创设恰当的谈话情境；
③ 亲切自然，不使访谈对象感到有社会压力；
④ 对访谈过程中各种可能的突发情况做好预案；
⑤ 按照访谈大纲谈话，不漫无边际地交谈；
⑥ 不对访谈对象进行暗示或诱导，不带主观偏向；
⑦ 从不同的角度对相同的事情提问；
⑧ 如实准确地记录访谈资料，不曲解访谈对象的回答。

第六节 教育观察的程序和规范

一、教育观察及其特点

学习目标

熟悉和掌握教育观察的程序和规范。

如果说访谈是一种“听其言”的方法，那么，观察就是一种“观其行”的方法。观察是日常生活和工作中经常进行的一项活动，也是人们搜集信息的基本方法。教育观察作为一种研究方法，并不同于日常生活中的观察，即不仅仅是对观察对象“仔细观看”，而且需要借助一定的科学仪器，是有目的、有计划的观察。

所谓**教育观察**是指在教育研究过程中，人们有目的、有计划地通过感官和辅助仪器，对自然状态下的客观事物进行系统考察，从而获得经验事实的一种研究方法。教育观察属于科学观察，有别于日常经验观察和其他方法，它具有以下特点。

教育观察

所谓教育观察是指在教育研究过程中，人们有目的、有计划地通过感官和辅助仪器，对自然状态下的客观事物进行系统考察，从而获得经验事实的一种研究方法。

1. 观察的目的性

教育观察是根据研究课题的需要，为解决某一问题而进行的。因此，观察前有明确的观察目的，并确定了观察的范围、形式和方法；观察中，尽量排除无关刺激的干扰，搜集能够回答观察任务的事实材料。

2. 观察的非干预性

在自然状态条件下，不改变对象的自然条件和发展过程，直接观察某教育现象的发生发展过程，综合运用各种途径和方式，对观察结果做明确、详细、周密的记录。研究人员不干预研究对象的活动，从而能较客观真实地搜集第一手材料。

3. 观察的选择性

教育观察不是笼统的观察，不是眉毛胡子一把抓。作为研究手段的教育观察是按事先制定的提纲和程序进行，同时规定了观察的时间和内容，是从大量教育现象中选择典型对象、典型条件，力求全面地把握研究对象的各种属性并以科学理论去分析、判断和理解观察结果。

4. 观察的客观性

由于观察是非干预性的，同时借助于工具进行，这有助于保证观察结果的精确性、客观性。要确保观察结果的客观性，就要如实记录和反映客观情况，力求避免主观偏见，防止个人偏好和猜测臆断。另外，训练观察者的观察能力、增加观察的次数也可以提高观察结果的客观性。

二、教育观察的类型与途径

（一）教育观察的类型

根据不同的分类标准，可以把教育观察划分为不同的类型，如表9.1所示。

表9.1　观察的类型

划分类型 / 划分标准	观察类型	
按观察的情境条件	自然观察	实验室观察
按观察是否借助技术手段	直接观察	间接观察
按观察者是否参与观察对象的活动	参与性观察	非参与性观察
按观察实施的严密程度	结构式观察	非结构式观察

1. 自然观察与实验室观察

按观察的情境条件，可分为自然观察与实验室观察。自然观察包括自然行为的偶然现象观察和系统的现象观察，能搜集到客观真实的材料，但材料往往限于观察对象的外部行为表现。实验室观察，由实验法特点所决定，这种观察有严密的计划，有利于探讨事物的内在因果联系。

2. 直接观察与间接观察

按观察是否借助技术手段，可分为直接观察和间接观察。直接观察是凭借人的感官，在现场直接对观察对象进行感知和描述，因此直观具体。间接观察是利用一定的仪器或其他技术手段作为中介对观察对象进行考察，这类观察突破了直接观察中人的主观能力的局限，扩展了观察的深度和广度。

3. 参与性观察与非参与性观察

按观察者是否直接参与观察对象所从事的活动，分为参与性观察与非参与性观察。参与性观察是研究者直接参加到观察对象的群体和活动当中去，不暴露研究者的真正身份，在参与活动中进行隐蔽性的研究观察。非参与性观察，不要求研究人员站到与观察对象同一地位上，而是以“旁观者”身份进行观察，可采取公开的，也可采取秘密的方式进行。

4. 结构式观察与非结构式观察

按观察实施的严密程度，可分为结构式观察与非结构式观察。结构式观察是有明确目标、问题和范围，有详细的观察计划、步骤和合理设计的可控性观察，常用于对研究对象有较充分了解的情况中。非结构式观察则是对研究问题的范围目标采取弹性态度，观察内容项目与观察步骤不预先确定，亦无具体记录要求的非控制性观察，多用于探索性研究，用于对观察对象不甚了解的情况中。

（二）教育观察的途径

教育观察的途径有很多种，因人而异。教育科学研究人员可以根据搜集资料的需要选择某一种途径开展研究。一般来说，教育观察有以下几种途径。

1. 参观

外来人员或领导到学校参观：从大的方面来说可观察学校的自然环境、卫生状况、仪器设备配置、学风教风、管理制度等各个环节的情况；从小的方面来说参观学生的作品，去学生的家里进行访问，了解学生成长环境等。以上均是常用的教育观察形式。

2. 在实际工作中观察

指在自己的教育教学活动中，随时观察学生们的反应。教师可以利用上课之便进行长年累月的观察，反思自己的教育教学行为，深入了解学生的心理。同时，学校里的升旗仪式、义务劳动、班队会、晚会等教育活动也是了解学生的好机会。

3. 听课

以旁观者的身份，观察课堂上教师的教和学生的学、师生互动情况，学生的课堂反应及学习的主动性、教师维持课堂状况等情况。这是最经常、最基本的一种教育观察形式。

4. 出席学校各种会议

教育科研人员可以通过出席学校的各种会议，倾听学校校领导、中层干部、班主任、教研组长、学生的发言，观察会场气氛和与会者的情绪。

5. 查看资料

教育科研人员可以查看学校最近一段时间的资料，如教学计划、教师档案、教学反思、学生工作等，开展观察研究。

6. 访谈

结合个别谈话、召开座谈会等形式的调查等方法进行观察。

三、教育观察的作用与局限

（一）教育观察的作用

1. 可以积累资料，是获取原始材料最基本的方法

教育观察通过有目的、有计划地对某一教育现象进行细致深入的观察，能获得该现象较翔实、客观的事实材料。著名的儿童教育家蒙台梭利在治疗白痴儿童时发现一个有趣的现象，吃饱饭的儿童仍然在地板上乱爬乱抓，仿佛在寻找什么。蒙台梭利为深入研究该现象搜

集了大量的第一手材料，探索出活动对于满足儿童本能的意义。[1]

2. 有助于做出判断，是解决问题的基础

通过对某一教育现象或问题进行了细致深入的观察研究之后，可以科学地分析、研究该教育现象的内在本质和影响因素，并对观察对象的行为特征做出全面而正确的判断，在此基础上进一步提出解决问题的有效措施。可以说，善于观察是善于解决问题的基础。

3. 有助于发现问题，是课题选择的重要来源

通过观察能发现教育中的新现象、新问题，从中受到启示，形成教育科研课题；通过观察还能寻找教育研究的灵感，产生某些新观点、新理论，成为教育研究开拓新方向的指明灯。皮亚杰在观察儿童测验的正确和错误答案时发现，儿童的智力不仅存在个体间量的差异，而且在个体的发展过程中还可能存在质的差异，这一发现促使他开始研究儿童的思维过程，由此产生了著名的儿童智力结构说。

4. 可以验证假说，是检验教育科学理论的重要手段

教育研究所推导出来的关于未知事实的结论，只有通过观察到的科学事实加以检验时才是科学的、有价值的。正如爱因斯坦所说，“理论之所以能够成立，其根源就在于它同大量的单个观察关联着，而理论的‘真理性’也正在此”。[2]

因为教育观察具有上述重要作用，且便于实施、客观性强，资料的可靠性高，因此是教育科学研究中常用的方法，可以单独设计运用，也可以配合其他调查研究法一起运用，还是实验研究、行动研究等不可缺少的重要方法。

（二）教育观察的局限

1. 取样范围小

研究者在观察时受时间和空间的限制，在有限的感官和仪器下观察的范围不大。观察取样少，使得观察研究只适用于小样本的研究，研究结果的代表性和可推广性也受到局限。

2. 所获材料琐碎、不系统

通过观察获得的材料往往比较繁杂琐碎，罗列较多，缺乏系统性，整理分析起来难度较大。

3. 难以确定因果关系

观察采集的是处于自然状态下的教育现象，不对观察对象进行干预和控制，使得研究者不容易把握影响观察对象变化的内在因素和外部条件，较难确定事物之间的因果关系。

4. 观察对象易受观察者的影响

尽管观察过程是非干预性和非控制性的，但观察者的存在仍然会对观察对象造成一定的

---

1 陈伙平，王东宇，丁革民，等. 教育科学研究方法[M]. 福州：福建教育出版社，2008：48.

2 爱因斯坦. 爱因斯坦文集（第1卷）[M]. 北京：商务印书馆：1976：115.

影响。一方面，观察对象可能会有意识地调整自己的行为和状态以获得更好的印象和评价；另一方面，观察者的个人意识、价值观念、感情色彩甚至表情姿势等都可能影响到观察对象的态度和行为，这都会影响观察结果的客观性。

四、教育观察的基本程序

（一）界定研究问题，明确观察目的

这是教育观察的第一环节，即对观察所要解决的问题，所要获取的资料，有预先明确的决定，并对所要观察的问题或变量做出明确的操作定义。研究问题和观察目的回答了教育观察“观察什么”和“为什么观察”两个问题。只有弄清楚这两个问题，即明确界定研究问题和观察目的，才能对整个观察进行设计，根据研究问题和观察目的进一步明确观察需要搜集哪方面的资料、什么时间观察、观察范围应该定在哪里、需要用到哪些观察手段和方法等问题。在这一阶段，研究者应广泛搜集有关文献资料，进行阅读分析，还可以向相关领域的专家进行咨询。

（二）制订观察计划，做好观察准备

确定了研究问题和观察目的之后，研究者还必须制订一份详尽的、可操作的观察计划，才能使观察有计划、有步骤、全面、系统地进行。观察计划一般包括如下内容。

观察题目。即进行观察研究的课题名称，通过题目阐明想要探索和解决的问题。

观察对象、观察时间和观察地点。观察对象包括观察对象的总体和研究者确定的总体范围内观察重点对象的数量，应根据研究的任务和观察的目的以及研究条件来综合考虑确定。确定观察对象的同时，还应明确观察的时间和地点。

观察提纲。编制观察提纲是研究者拟定观察的具体项目，分解观察的具体项目，为自己的观察理清思路的过程。观察提纲能够增强观察的针对性，提高观察研究的科学性和有效性。一般来说，观察提纲至少应该回答如下六个方面的问题。

① Who。有谁在场？多少人在场？其角色、身份、地位是什么？等等。

② What。发生了什么事情？在场的人有什么行为表现？其语调和形体动作如何？等等。

③ When。有关的行为或事件何时发生？持续时间多少？发生的频率如何？等等。

④ Where。有关行为或事件在哪里发生？地点有什么特点？地点与行为或事件的关联？等等。

⑤ How。事件是如何发生的？事件各方面相互之间的关系是什么？事件的特殊性体现在哪里？等等。

⑥ Why。事件或行为为什么会发生？有哪些原因？行为的目的、动机和态度是什么？等等。

为了观察记录和材料整理的方便，有的研究者在观察提纲之外还设计一份观察表格，在

观察的现场按照项目进行填写。一般来说，观察表格的项目不宜太多，以10个以下为宜，尽量按某种逻辑顺序合理排列，表格项目的答案确定且没有歧义。比如，在记录教师对学生的回答做出的反应时可以设计一个观察记录表，见表9.2。

表9.2　教师反应记录表[1]

问题序号	反　应				
	口头反应	非口头反应	肯定反应	没有反应	否定反应
1	√		√		
2	√		√		
3		√	√		
4	√				√
5		√		√	
6	√		√		
7	√		√		
8	√			√	
9		√	√		
10		√		√	
总计	6	4	6	3	1

4. 观察记录方法

记录在观察中占有十分重要的位置，直接关系到观察结果的准确性和研究的有效性。一般来说，记录观察材料有四种方法。

① 连续记录法。研究者用笔记录的方法在观察现场做连续记录，也可以运用录音机、摄像机将观察到的情况摄录下来，回来后再转记到笔记本上。

② 行为核对记录法。研究者将所要观察的研究对象的项目预先制成表格，一旦观察对象出现某一行为，就在表格的相应框格内打上记号，记录行为出现的次数。

③ 符号记录法。在对某种活动或事件进行连续观察、记录中，因涉及的对象多，用言语记录比较困难，可用预先规定好的符号系统进行记录，如速记法。

④ 等级评定法。研究者对观察对象的特质和行为评定等级，在预先印好的表格上按等级画圈。比如，在上课时研究对象回答问题的情况，可以分为从不、很少、有时、经常、总是五个等级，根据其实际表现选择其一。

5. 观察次数

研究者根据研究的目的、精确度要求和观察对象本身的复杂程度决定观察的次数，选择

1　陈瑶．课堂观察指导[M]．北京：教育科学出版社，2002：50.

一次性观察或重复性观察。根据研究需要，还可以由多名观察者对某一观察对象各做一次观察，以相互印证，增强观察材料的可信度。

6. 观察的类型

根据研究目的，选择适用的观察类型。

7. 观察的组织、分工

对较复杂的观察任务宜进行人员分工，以小组的形式分头观察。应明确小组内每个成员的具体任务。小组内宜采用统一的记录方式或使用同一观察表格，以便观察材料的后期整理与分析。

编制好观察计划后，还应根据观察计划做好相关准备。如对观察人员进行培训、印制观察记录表格、检查和安装观察仪器等。

（三）实施观察，搜集、记录资料

准备工作就绪以后，就可以开始实施观察了。研究者获准进入现场以后，应选择最佳的观察角度，使观察在保持观察对象的常态下自然进行。要使观察顺利进行、提高观察研究的准确性，研究者在观察时应注意以下事项。

1. 合理放置观察工具

在观察前应填好记录表格的常规部分，将记录的纸笔、表格和器材放在最顺手的位置，以提高观察的效率。

2. 与观察对象建立良好的关系

研究者如果突然闯入观察对象的视线，会使观察对象紧张或激发其表现欲，使其表现出不自然的行为。研究者可通过以下行为消除观察对象的种种顾虑：真诚地向观察对象说明观察目的，并保证不做出任何对观察对象不利的事情；安排观察预备期，以消除观察对象对观察者的陌生感；遵从观察对象的生活习惯和生活方式；热情帮助观察对象。良好的关系有利于保持观察对象的正常状态，为研究者提供真实的材料。

3. 抓住引起各种现象的原因

每一种现象的出现，都要能找到引起该现象出现的原因，使获得的观察材料具有科研价值。对特殊情况的出现有思想准备，万一出现始料不及的情况，观察者应忠实地进行记录。

4. 坚持观察的目的性和计划性

观察应尽量按计划进行，不要轻易更换观察的重点、超出原定的范围，致使其离开原定的观察目的。如果原定计划确实不妥，或观察现象有所变更，则应按计划中的应变措施或实际的变化情况随机应变，但目的只有一个，即力求妥善地完成原定任务，尽可能取得最好的成果。

5. 适当记录观察思考

如果观察的现象引起了自己的某种思考，或对观察结果有看法，观察者可以言简意赅地在观察记录的旁边注明，这种记录在今后对资料进行分析时可以提供有意义的分析角度和观点。

（四）分析资料，得出研究结论

观察结束后，观察者及时整理材料，利用统计技术对大量分散材料汇总加工，删去错误材料，然后对典型材料进行分析。整理、分析资料要力求符合以下基本要求。

① 正确。详细检查所有记录的材料，看分类是否恰当；如有遗漏，及时纠正，对反映特殊情况的材料另行处理。

② 完整。整理完观察记录后若发现所需资料没有搜集齐全，可以延长观察时间继续观察或增加观察次数，直到材料齐全为止。

③ 有序。如果观察记录的材料数量少，按观察记录的时间顺序存放即可；如果观察记录的项目多，材料数量多，最好进行分类存放以便查阅。

④ 明晰。记录材料整理后，需要加以说明的事项应该及时说明，以免时间久了忘记或产生疑问。

科学的观察不仅仅是被动地搜集事实，更重要的是对事实进行分析研究，找出各种教育现象间的相互联系，得出观察研究的结论并解释结论。按照观察对象的本来面目提出问题，进行分析，在不断的分析研究中把观察引向更深的层次。如此循环往复，才能得到高质量的观察结论或者从中引出新的研究课题。

（五）撰写观察报告

研究者在分析观察材料的基础上提出自己的认识，把观察材料与其他研究方法获得的资料相结合，写出具有一定理论水平的观察研究报告。

五、教育观察的规范

要确保教育观察的科学性和有效性，必须遵循一定的规范要求。

（一）安排观察预备期，选择典型观察对象

一般而言，观察者最好在观察前用一段时间和观察对象相互熟悉，对其情况有个大致了解，等观察对象对观察者的陌生感消失后，才开始正式观察。这种预备期的时间长短视观察的实际情况而定，一般约半天或十几分钟不等。安排观察预备期除了可以消除观察对象的陌生感，还可了解观察对象的情况，选择典型的观察对象，这样研究出来的结论，才能加以推广，产生教育科学研究的效果。

（二）不干预活动

正式观察时，观察者应尽可能避免与观察对象直接交流意见或参与活动。对观察对象的表现不做赞同或否定的评价，不鼓励、不批评，目的在于不影响观察对象的自然行为表现，保持观察对象的常态，只有这样才有可能观察到最真实的行为原型。

（三）全面观察与重点观察相结合

要注意全面观察，同时也要重点观察。没有全面观察，不能正确地认识事物之间的互相联系；没有重点观察，不能深入所研究问题的本质。在观察中要辨别重要的和次要的因素。

（四）如实记录

观察的对象反映的是什么，就记录什么，不要掺杂个人的任何成见或偏见，更不要把个人主观的推测和客观的事实相混淆，这样观察所得到的材料才是真实可靠的。为了增加客观性，可以利用仪器进行观察，或者采取几个人同时观察一个研究对象并同时记录，观察结束后互相核对记录的方法来提高客观性。

（五）统一观察与记录的标准

为了便于衡量和评价观察对象，使观察结果核对、比较、统计和综合时有所依据，必须事先全面考虑观察时可能涉及的各种因素，对每一因素规定出统一标准，同时，还应规定出统一的观察记录方法。不同的研究项目会涉及不同性质的标准：有的涉及定义问题，如怎样才算违反纪律；有的涉及计算方式问题，如怎样记录表示学生之间矛盾的频率；有的涉及单位问题，如怎样衡量学生掌握的知识量等。

本章小结

1. 教育调查研究的内涵和作用：教育调查研究是在教育理论指导下，通过运用观察、问卷、访谈等方式搜集资料，从而科学分析与认识教育现状，并提出具体工作建议的研究活动。它的作用在于了解教育现状，获得感性认识；发现教育问题，总结教育经验；为教育管理和教育预测服务。

2. 教育调查研究的类型：按调查对象的选择范围可分为典型调查、普遍调查、抽样调查、个案调查和专家调查；按调查目的可分为现状调查、相关调查、发展调查和预测调查。

3. 教育调查研究的基本程序包括：明确调查课题；确定调查对象；选择调查方法；编

制和选用调查工具；拟订调查计划；实施调查；处理调查材料与数据；撰写调查报告等。

4. 教育调查问卷的编制程序：明确调查研究课题和调查对象；根据研究目的，把研究课题分解成一系列的研究问题；确定所要搜集的信息和问卷类型；以研究课题为中心，进一步分解研究问题，并草拟出构成问卷的问题及答案；把草拟的问卷问题按照一定的标准排列，并草拟出问卷指导语；征求有关人员、专家的意见，对问卷进行修订；试测；再修订。

5. 教育访谈的基本程序：制订访谈计划；编制访谈提纲；选择访谈对象；试谈与修改访谈提纲；正式访谈；结束访谈。

6. 教育观察的基本程序：界定研究问题，明确观察目的；制订观察计划，做好观察准备；实施访谈，搜集、记录资料；分析资料，得出研究结论；撰写观察报告。

总结 >

关键术语

教育调查研究 educational survey research	问卷 questionnaire	访谈 interview	观察 observation

章节链接

本章内容与第一章《教育研究方法概述》、第二章《教育研究的一般过程与设计》、第十四章《教育研究成果的表达》的部分内容有密切联系。

应用 >

体验练习

一、选择题

1. 调查不同年代大学生消费观的变化，这种调查属于（　　）

A. 现状调查　　B. 发展调查

C. 相关调查　　D. 普遍调查

2. 问卷调查中不为回答者提供具体的参考答题，而由作答者自由回答的问题是（　　）

A. 开放式问题　　B. 事实性问题

C. 态度性问题　　D. 封闭式问题

3. 对人们在某一生活时刻或某段时间内的某一现象或问题进行一次性搜集资料的访谈研究是（　　）

A. 结构性访谈调查　　B. 非结构性访谈调查

C. 重复性访谈调查　　D. 一次性访谈调查

4. 根据观察方式的不同，我们可将教育观察研究划分为（　　）

A. 直接观察与间接观察　　B. 参与性观察与非参与性观察

C. 自然观察与实验室观察　　D. 结构式观察与非结构式观察

5. 能够对观察资料进行定量分析和对比研究的观察是（　　）

A. 自然观察　　B. 实验室观察

C. 结构式观察　　D. 非结构式观察

二、简述题

1. 简述教育调查研究的作用。

2. 简述教育访谈研究的基本要求。

3. 简述教育问卷调查的基本步骤。

三、拓展题

1. 请设计一份小学教师继续教育需求调查问卷，并进行调查。

2. 请以“校长的学校文化发展目标”为题，设计一份教育访谈提纲并试着进行一次教育访谈活动。

3. 请以“‘后进生’的课堂参与”为题，设计一次教育观察活动。

拓展 >

补充读物

1 James Samuel Coleman. *Equality of Educational Opportunity[M]*. http：//wenku. baidu.com, 1996. view/1ed21725e2bd 960590c67743.html, 1996.

《科尔曼报告》，原名《教育机会均等调查研究报告》，1966年科尔曼等人向美国国会提交了该报告。这是教育领域所做的最大规模的调研，其研究结论为美国“平权行动”铺平了道路，被公认为是20世纪社会问题研究的最重要的报告之一。

2 [日]林光江．国家·独生子女·儿童观——对北京市儿童生活的调查研究[M]．北京：新华出版社，2009.

林光江，女，日本人，社会学博士，日本东京大学特任教授。1989年曾到北京大学留学。本书是作者根据其在北京市所进行的较大规模的抽样问卷调查和颇为深入的社会学观察与人类学访谈，所获取的翔实资料和统计数据基础上所展开的，关于城市独生子女的教养环境和当代中国社会转型过程中“儿童观”的变迁的论述，并因此为中国的儿童社会学和有关儿童问题的人类学研究拓展了一个值得重视的新视角。

在线学习资源

1．国家精品课程资源网，http：//www.jingpinke.com，《教育科学研究方法》，第七讲“调查法概述”、第八讲“观察法的运用”，西北师范大学，王嘉毅。

2．国家精品课程资源网，http：//www.jingpinke.com，《教育科学研究方法》，第六章《教育调查法》。

第十章

教育实验研究

本章概述

本章主要介绍了教育实验研究的内涵和作用、类型和特点、一般过程和规范。教育实验研究就是针对一定的研究假设，主动操纵研究变量，干预研究对象的变化，进而揭示研究变量之间的因果关系的教育研究活动。教育实验研究是教育理论形成和发展的重要途径，是联系教育理论和教育实践的中介，对提高教育质量有重要作用。教育实验研究有很多种类型。以理论假设为前提条件、变革性、控制性、明确的归因性是教育实验研究的特点。一个完整的教育实验程序包括四个环节：确定实验课题，设计实验方案，实施实验方案，评价总结实验。开展教育实验研究应遵循的基本规范有：实验假设要清晰，实验变量要具体，实验设计模式要恰当，实验控制要严格，实验过程要坚持伦理性原则。

结构图

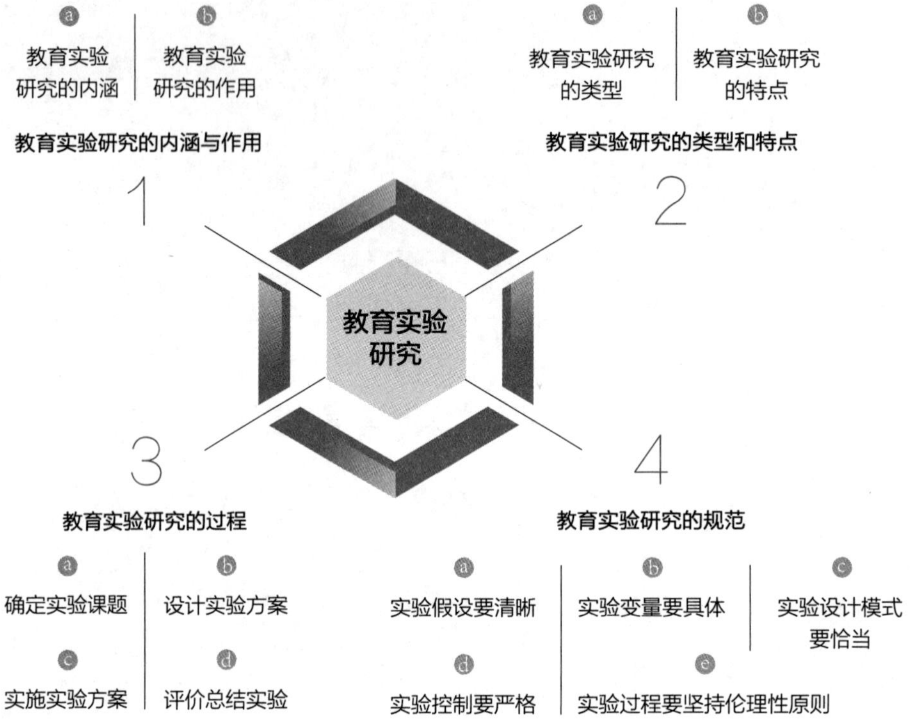

学习目标

学完本章，你应该做到：

1. 理解教育实验研究的内涵和作用；
2. 了解教育实验研究的基本类型和特点；
3. 掌握教育实验研究的基本步骤；
4. 把握教育实验研究的基本规范。

读前反思

什么是教育实验研究？教育实验研究有什么作用？它有哪些类型和特点？开展教育实验研究应遵循哪些规范？

与个案研究、调查研究、叙事研究、历史研究、比较研究、理论研究等研究方法相比，教育实验研究能够主动地操纵研究变量，干预研究对象的变化，直接探讨研究变量之间的因果关系。教育实验研究是十分重要的教育研究方法之一，并在当今世界教育改革与发展中发挥着重要作用。

第一节 教育实验研究的内涵和作用

一、教育实验研究的内涵

（一）实验

学习目标

认识和把握教育实验研究的内涵和作用。

英语中“实验”一词为experiment，它来源于拉丁语experimentum，意思是指为了研究所发生的事情以获得新的知识而进行的细致试验或尝试活动（test or trial carried out carefully in order to study what happens and gain new knowledge）。[1]在中国古代语言中“实”与“验”是两个独立的词。《说文解字》讲“实”是财富，“验”是马匹的名字。其词源意义与现代含义相去甚远。但后来含义有了变化，在东汉以后的一些用法中，“实”已作实际、实地讲，“验”已作效验、验证讲。但这种讲法究竟自何时起，据清代学者段玉裁说，已不可确考。所以从辞源意义及早期用法来看，**实验是指验证某种说法或做法的尝试性活动**。[2]

实验

实验是指验证某种说法或做法的尝试性活动。

（二）实验研究

从严格的科学研究意义上，“实验”一词首先出现于自然科学的研究活动中。12世纪，“十字军东征加强了与东方的文化接触，建立了学习和学术中心，使东方丰富的文化宝藏对西方有用”“欧洲学者找到希腊科学和哲学的宝藏、印度的数学……还发现了观察的学习方

1 牛津现代高级英汉双解辞典[K]. 香港：牛津大学出版社，1984：409.

2 王策三. 教学实验论[M]. 北京：人民教育出版社，1998：23—24.

法”。[1]这可能使当时的学者打破中世纪经院哲学的只知引证权威和宗教圣经的传统做法，而出现了“自觉的实验风气”。[2]罗吉尔·培根是这一运动的最杰出人物。他做过光学实验，研究过平凸镜的放大效果。他曾明确地指出：实验的本领胜过一切思辨的知识和方法，实验科学是科学之王。他在其《大著作》中还专章论述了实验科学。

十五六世纪，经伽利略、牛顿、弗朗西斯·培根等一大批自然科学家和哲学家的大力倡导和研究，实验作为一种研究方法，得到了发展和完善。弗朗西斯·培根认为：“真正地理解自然就是正确地进行实验，进行有计划的实验。”[3]他认为，只有通过实验，有意地干扰、控制自然条件，逼迫自然“招供”，显示出自然规律，才能达到对自然的深刻认识。弗朗西斯·培根虽然不是自然科学家，但他推崇实验，并从哲学的角度研究了当时的实验方法，并对整理实验数据、分析实验事实的归纳法做了系统的总结。而真正将实验方法运用于科学研究，引起科学领域内一次深刻革命并进而产生了近代实验科学的人是伽利略。伽利略不仅大力提倡科学实验，还进行了一系列精心设计的重大实验，并且在研究过程中，将实验与数据相结合，控制次要因素，进行详细、科学的测量，预先提出理论假设等。由此可见，伽利略对实验方法的成熟做出了卓越贡献。

现代科学意义上，**实验研究**就是为了实现预期的目的，运用一定的物质手段，在人为控制或模拟自然现象的条件下，使研究现象和过程以纯粹和典型的形式表现出来，以便揭示出事物间因果关系的研究方法。实验的本质特征是假设、控制和重复验证。

> **实验研究**
>
> 实验研究就是为了实现预期的目的，运用一定的物质手段，在人为控制或模拟自然现象的条件下，使研究现象和过程以纯粹和典型的形式表现出来，以便揭示出事物间因果关系的研究方法。

所谓假设，就是在实验研究的开始，提出一个假设，然后从这个假设出发进行推论，构成一定的演绎体系，并通实验来验证。所谓控制，就是“纯化”和“简化”实验过程，使非实验变量和无关变量得到有效控制，使实验变量间的关系外化出来，以便精确地、及时地发现和抓住研究对象的内在本质和规律。所谓重复验证，就是利用各种手段和措施创造特定的研究情境，使得研究对象重复出现，便于长期观察、反复比较，进而揭示出研究对象的因果关系。在一项实验研究中，这三个要素是缺一不可的。

（三）教育实验研究

正是在自然科学实验研究不断取得成果的背景下，教育研究才开始有意识地吸取自然科学实验的思想和精神，并应用于教育活动中。如意大利文艺复兴时期维多利诺在其学校开展

1 [美]弗罗斯特．西方教育的历史和哲学基础[M]．吴元训，等译．北京：华夏出版社，1987：155.
2 林定夷．科学研究方法论概论[M]．杭州：浙江人民出版社，1986：329.
3 陈昌曙．自然科学的发展与认识论[M]．北京：人民出版社，1983：78—79.

的教育活动就是有意识地检验他的教育原则，这一做法实际上就是自然科学实验研究思想在其教育活动中的渗透。到了19世纪末20世纪初，随着实验思想和技术手段的成熟以及与教育研究活动密切相关的心理学实验的发展与成熟，教育研究者开始在教育领域运用实验手段、技术等开展教育实验活动，甚至有所创新[1]，并取得了相当丰厚的成果。比如，梅伊曼和拉依提出实验教育学理论，并出版了《实验教育学》；杜威在芝加哥大学实验学校的实验取得了惊人的成绩和学术成果；等等。教育实验研究活动已不同于自然科学实验研究，也不同于心理学实验研究，教育实验研究已形成了自己独特的研究范式。自然科学实验以物为研究对象，一般脱离生产实践。心理学实验以人为研究对象，多脱离社会实践，具有伦理性。教育实验以人为研究对象，一般不脱离教育实践，具有教育性。[2]

在总结已有认识的基础上，在与自然科学实验研究、心理学实验研究的比较中，我们认为**教育实验研究**就是针对一定的研究假设，主动操纵研究变量，干预研究对象的变化，进而揭示研究变量之间因果关系的教育研究活动。也就是说，教育研究者根据一定的理论依据，针对现实的教育教学问题，提出解决问题的假设，然后在研究过程中主动变革研究的对象或变量，控制与研究无关的因素，最后根据结果得出研究变量之间的因果关系，获得理论上的认识，这样的一种研究活动就是教育实验研究。

教育实验研究

教育实验研究就是针对一定的研究假设，主动操纵研究变量，干预研究对象的变化，进而揭示研究变量之间因果关系的教育研究活动。

在教育理论研究工作和教育实践工作中，经常可以看到或听到教育改革与教育改革实验这样的提法。因此，要真正地认识和把握教育实验研究还需就其与教育改革的关系做一番梳理和辨别。

改革与实验既相互区别又相互联系，改革要主动变革对象，注重变革的实效。实验也要主动变革对象，也注重实效，但它还注重过程，而且更注重认识的成果，它要探求变革措施与实验结果之间的因果性。而改革更注重实效，不注重过程和结果与措施之间的因果性。

就教育实验与教育改革而言，无论从历史上还是从现实情况来看，它们都是有密切联系的。从历史上看，如果把“实验”理解为“尝试”的话，那么，历史上的教育改革可以说就是教育实验。现实中的许多教育改革也可以说是教育实验。因为就其共性来看，它们都包含“尝试”的成分，是富有创造性的探究性活动。

而就教育实验而言，它包含改革、变革的意义，在这个层次上，教育实验也就是教育改革，所以二者有时是难以区分的。但是，二者又有实质上的区别。这种区别表现在，首先，

1　和学新．教育研究的对象、方法与教育实验[J]．现代教育论丛，1997（6）：42-45.
2　靳玉乐，和学新．教育实验论[M]．重庆：西南师范大学出版社，1994：146.

教育实验是一种研究性活动，要探索教育诸变量之间的因果关系和规律，而教育改革更多关注的是变革，关注取得的实际效果，而不是研究实验变量之间的关系和规律，二者在目标上有所区别；其次，为获得规律和因果关系，教育实验的开展要求规范、有序，要求对无关变量进行有目的的控制，而教育改革则不大注重这些方面，它往往更强调变革措施，更关注变革措施的操作和执行；最后，教育实验的结果要进行严格的分析和归因，要验证实验假设的合理性、有效性，注重研究结果的科学性、有效性和解释的合理性，而教育改革则不同，它更注重效果，注重结果的经验总结，不关注产生效果的原因和条件，在结果的解释上较弱。

在实际的教育改革或实验中，人们往往把教育改革和实验笼统地称为教育改革实验，严格地说这是不确切的。改革就是改革，实验就是实验，二者不能混同。如果一项教育改革实验，有较强的研究性，有对无关变量的控制，在结果解释时能较合理地归因，那么，这种教育改革实验就可称为教育实验。相反，如果一项教育改革实验，只追求效果，没有采取什么控制措施，那么这项教育改革实验，只能称为教育改革。教育实验与教育改革各有其自身不同的功用和目的，但两者也有密切的联系。有时一项严格规范的教育实验需要以教育改革为基础，进行初步的探索，当时机成熟后，教育改革又可发展为教育实验。

二、教育实验研究的作用

（一）教育理论形成和发展的重要途径

由于教育实验研究是一种实证性的研究方法，具有明确的归因性，能检验理论的正确与否，因此，教育实验研究就成为教育理论形成和发展的重要途径。19世纪末，美国资本主义经济迅速崛起，脱离儿童和社会实际的传统学校难以适应经济、社会和教育的发展，同时科学技术的突飞猛进，知识的增长和学科的分化，也对学校教育内容造成冲击，现实呼唤适合美国国情和教育实际的教育理论，用以指导新的教育活动和实践。顺应这种潮流，杜威等人以实用主义教育哲学为基础，提出了进步主义教育思想，并创办实验学校，直接投身于教育实验和教育改革之中，对传统教育思想和实践提出了挑战，最后形成了影响至今的儿童中心教育思想。美国教育史上著名的“八年研究”是美国进步教育协会在1933 ~ 1941年进行的一项综合性课程实验。这次课程实验的宗旨是打破学科界限，建立综合课程以适应学生和社会的实际需要，强调因材施教，鼓励学生独立探索。通过八年研究，拉尔夫 · 泰勒作为这一研究的主持者，创立并形成了一个比较完整的课程编制理论体系，即泰勒原理。“八年研究”作为运用课程研究的成果进行课程改革和实验的典范，在课程论的发展史上起到了承上启下的作用。[1]

1　张廷凯. 课程研究要推进课程改革[J]. 课程 · 教材 · 教法，1993（6）：52-55.

20世纪50年代以来席卷世界的教育改革运动无不是通过教育实验来推动的。苏联著名教育家赞科夫的“小学教学新体系”理论是经过长达20年的教育实验形成的，这个理论促使苏联将小学学制由4年改为3年。美国斯金纳的程序教学理论、布鲁纳的发现学习理论、布鲁姆的掌握学习理论等都是经过长期的教育实验之后成熟起来的，并有力地推动了美国的教育改革实践。

20世纪80年代以来，我国形成了历史上的第二次教育实验研究的高潮，一度曾有“教育科学的生命在于教育实验”的认识[1]，还涌现出了大量教育教学实验。李吉林的小学语文情境教学理论、上海育才中学的“读读、议议、讲讲、练练”八字教学法、北京师范大学教育系裴娣娜主持的主体性教育实验研究、华东师范大学教育系叶澜主持的新基础教育实验研究等，都极大地丰富了我国的教育教学理论。最具影响的是新世纪以来由教育部主导的新一轮基础教育课程改革（实验），它给我国课程理论乃至教育理论带来了深刻的影响，教育观、知识观、课程观、教学观、评价观、教师观等方面都因此发生了极大的变化。所有这些都充分说明了教育实验研究对教育理论形成和发展的贡献和作用。

（二）联系教育理论和教育实践的中介

通过各种研究途径获得的理论一般来说是不可能直接用于教育实践的，它必须首先通过验证，看其对实践是否真正有效，之后才能大面积地推广并指导实践。相比其他研究方法，教育实验研究有其得天独厚的优势。通过其他研究方法获得的结果只能说是理论或假设，究竟能否成为真理，需要通过实验才能得到检验。教育理论是教育研究者的教育思想科学化的结果，当把一种教育理论变为教育现实，或者把一种教育理论转化为大规模、大范围的教育实践时，往往需要通过教育实验这一中介。因为教育改革涉及因素众多，特别是其结果将影响到一代或几代人的发展，教育改革依据的理论正确与否，实施过程中的条件是什么，需要注意哪些问题等，都需要通过实验验证，才能得出可靠和有效的结论，然后才能大面积推广。同时，通过实验还可以检验理论的现实性、可行性及其应用的条件，避免推广中可能出现的问题，减少浪费和损失。所以，教育实践必须以教育实验为前提和基础。如果不通过教育实验这一中介环节，匆匆忙忙地将一种理论或方案大规模地推广开来，就很有可能给教育实践带来可怕的后果。

（三）有利于教育质量的提高

由于教育实验研究是在理论指导下，针对教育教学过程中存在的实际问题进行的，它通过对存在的问题的深入研究，借助已有的理论和经验，提出变革现实的措施，经过实验逐渐找出解决问题的办法、策略和途径，使学生得到较好的发展，从而使教育质量得到提高。具

1 刘松涛. 努力开展教育科学实验[J]. 教育研究，1980（2）：21-32.

体而言，教育实验与教育实践是天然地联系在一起的。它在发挥理论的认识功能的同时，还能深化教育改革，提高实际的教育质量。一般的教育实践活动，主要是完成教育教学的任务，没有明确的理论假设，对教育教学活动的分析无须严密，不必刻意追求研究变量的效应。但在教育实验研究中，它不仅要完成培养人的活动，还要进行研究，要对整个教育教学活动进行人为的加工，进行一系列称之为实验处理的特殊处理，追求尽可能高的内外效度。[1]

换句话说，教育实验研究是把研究与实践融为一体进行的，在开展研究的同时，必须培养学生，顾及教育的实际效果，要兼顾研究结论的获得和教育实践效果的取得，不能因为研究而忽视了现实的教育效果。而且对于以学生为对象的教育活动来说，教育实验只能取得好的教育效果，不能因为研究的需要而伤害学生的发展和成长。这是教育实验研究的教育性原则和伦理性原则的要求。所以，教育实验研究应是有利于教育质量提高的。

第二节 教育实验研究的类型和特点

一、教育实验研究的类型

学习目标

了解教育实验研究的类型和特点。

从不同的角度或按不同的标准可以把教育实验研究划分成不同的类型，并有助于进一步加深对教育实验研究的把握和认识。

（一）探索性教育实验和验证性教育实验

按照实验目的和任务可将教育实验研究分为探索性教育实验和验证性教育实验。

探索性教育实验是指在教育实验之初，对教育的有关问题的认识还不够明晰、具体，处于模糊朦胧状态，没有形成明确的理论假设时，通过实验使认识逐渐明晰，从而形成理论性认识的实验。探索性教育实验的主要目的和任务在于形成明晰的理论认识，找出解决问题的办法和措施。比如，一项关于课程结构改革的实验，研究者如果在实验之初对课程的整体结构的认识还停留于表层，对课程系统的结构是怎样的，层次是怎样划分的，彼此之间关系是

1 王策三．教学实验论[M]．北京：人民教育出版社，1998：326.

什么等问题还没有非常明确的认识，那么实验的开展就只能是在系统论的指导下，在实验过程中逐步探索，通过实验使认识明晰，这类课程实验即是探索性教育实验。

验证性教育实验是指在实验之初即有明确的理论假设，实验的目的和任务在于检验这一个或一系列理论假设是否正确，以形成科学的认识，丰富教育理论。比如，“集中识字”和“注音识字”这两项实验，在实验前都有自己明确的理论假设，一个是为了检验“集中识字”的效果，一个是为了检验“注音识字”的效果，实验的结果都证明了它们的有效性，从而检验了自身理论的正确性，这样的实验就是验证性教育实验。

（二）单项教育实验和多项综合教育实验

根据实验内容可将教育实验研究分为单项教育实验和多项综合教育实验。

单项教育实验是指以某一项教育教学活动为内容的实验。该项内容可以是德育、智育、体育、美育或劳动技术教育中的一种；也可以是语文、数学、自然、音乐等学科中的一种；还可以是某一学科中的某一内容，如语文中的阅读、识字、写作中的一种；或某一种教材改革、教育教学方法改革等。

多项综合教育实验是指同时以多项教育教学活动为研究内容的实验，它同时综合考虑多项教育活动之间的关系。如“集中识字、大量阅读、分步习作”实验就是把识字、阅读、写作三项因素同时作为实验内容的一个语文多项改革实验。再如“综合构建数学教学”改革实验，它不仅涉及数学的算术、几何、代数，还涉及音乐、美术等多个学科，因而也是一个多项综合实验。我国新世纪的基础教育课程改革（实验），涉及课程目标、课程内容、课程结构、课程实施、课程管理、课程评价、教师成长、地区和学校的适应性等多种复杂的因素，也属于多项综合实验。

（三）前科学教育实验、准科学教育实验和科学教育实验

根据实验控制程度可将教育实验研究分为前科学教育实验、准科学教育实验和科学教育实验。

前科学教育实验是指对实验被试没有给以随机分配，对实验中的无关变量缺乏控制的实验。这类实验只适用于短期的小型教育实验。如一位教师要检验一种教学方法对学生识记效果的影响，他可以在一节课的教学中就完成实验。上课前进行一次前测，教学后马上施以后测，比较前后测验成绩，即可判断该教学方法对学生识记效果的影响。这项实验没有随机挑选被试，几乎没有控制无关变量，只是进行了观察和结果的比较，这样的实验就是前科学教育实验。

准科学教育实验是指不是随机分配被试，没有完全控制实验中无关变量的实验。我国大多数中小学开展的教育实验都是此类实验。

科学教育实验是指随机分配被试，完全控制无关变量的影响的实验。这类实验的控制比较严格。比如，卢仲衡主持开展的中学数学自学辅导教学实验，实验对象是新入学的学生，选取的学校是优、中、差三类。在每个实验学校都设实验班、对照班，并力求实验班、对照班学生

语文、数学成绩均等。实验教师以自愿原则挑选，在全国不同地区、不同类型的学校进行大面积的实验和多次重复。还具体规定了九条自学辅导教材编写原则、七条自学辅导教学原则。这样做的目的就是保证实验条件的严格控制。由此可见，该项实验当属科学教育实验。

（四）单组实验、等组实验和轮组实验

根据实验变量分配方法可将教育实验研究分为单组实验、等组实验和轮组实验。

单组实验是指只设一个实验组，不设对照组，对实验组施加变量，然后比较实验组前后结果的实验。

等组实验是指设置两个情况相同的组，一个为实验组，一个为对照组，对实验组施加实验变量，对照组保持原来的状态，然后比较实验前后两组效果的实验。

轮组实验是指将各个实验变量（不管是多少个），轮换施加于各个实验组（各组不必等同），然后根据每个实验变量所发生变化的总和来决定实验结果的实验。

（五）实验室实验和自然实验

根据实验开展的场所和情境可将教育实验研究分为实验室实验和自然实验。

实验室实验是指在专门的实验室中，利用专门的仪器设备进行的实验，这种实验控制性强，结论比较准确，但由于脱离实际情境，结论的推广价值受到限制，它更多应用于基础性理论研究。

自然实验是指在实际的教育教学活动中，在自然状态下进行的实验研究。研究人员重在实验的设计、观察和结果分析。实验的操作主要是由实验教师来完成。教育教学的状态除实验变量外，其他均与常态一致。由于教育现象极其复杂性，目前我国所开展的大量的教育实验都属于自然实验。相比于实验室实验而言，自然实验比较容易开展，而且其实验结果的推广价值也较高。

二、教育实验研究的特点

（一）以理论假设为前提条件

教育实验研究的理论假设是研究者对要解决问题的假定性说明，是一种猜测或设想。研究者假定这种设想能用来解决或解释教育教学实践或理论中遇到的问题或现象，但是这种设想是否正确，能否揭示出研究变量之间的因果关系，则需要通过实验来探索或验证。教育实验研究与其他研究方法的一个主要不同在于，它首先要在文献研究、理论研究的基础上，对所要解决或探索的问题有一个预先的假定，然后通过一定的措施来证明这个假定。

理论假设是教育实验研究的前提条件。教育实验研究的基本功能是认识真理，这一功能的实现是通过验证理论假设来达成的。教育实验假设是实验的前提，实验的一切工作都是围

绕探索或验证这个假设而进行的。离开了实验假设，教育实验研究就无所谓实验，而混同于一般的教育实践。有理论假设是教育实验研究的首要先决条件，“研究者必须有一个关于解决某一问题的设想或初步的待证的理论。”“如果根本没有一个对解决问题的设想或方案，那么教育实验就无从谈起”，就是“探索性实验，也必须有一个接一个的设想”。[1]无论从教育实验的历史发展来看，还是从现实的教育教学实验活动来审视，任何一个可称得上是教育实验的研究都有理论假设。教育实验的理论假设规定了实验研究的范围，确保了实验研究的方向，并可以推动教育实验研究和教育理论的深入发展。

（二）具有变革性

教育实验研究的变革性表现在教育实验的理论与操作上。之所以开展教育实验研究就是因为教育实践中遇到了不能解释、不能解决的问题，从而客观上要求提出新的理论、变革原有的理论。在实验过程中，研究者要把新的理论具体化，转变为可操作的因素，如教材、教法、教学组织形式、教学环境等，研究者要主动操纵新的因素，变革原来的因素，观察实验对象在新的条件下的变化。

教育调查研究、教育经验总结研究、教育理论研究、教育叙事研究等是在不改变研究对象的情况下，在自然状态下开展研究的，它们是“被动”地了解自然发生和发展的教育现象和问题，没有操作和控制研究变量。而教育实验研究则是主动地操作、变革和改变研究对象的状态，迫使现实做出回答。比如，新世纪以来我国开展的基础教育课程改革（实验），就是因为原有的课程体系不能实现创新人才的培养，不能适应新世纪国际竞争人才质量的要求而开展的。这一实验在综合吸收相关理论的基础上，对课程的目标、课程内容、课程结构、课程实施、课程管理、课程评价等方面进行了全面改革，每一方面都有很具体的要求，相比原来的课程体系，实现了较大的变革。经过探索和验证，取得了较好的效果，现已在全国全面推开。由此可见，变革性是教育实验研究的根本特征。

（三）具有控制性

教育实验研究的周期往往较长，有的长达五六年。教育现象本身又是极其复杂的，实验研究中涉及的变量更是繁多。比如，在一项关于教材编排方式对学生学业成绩影响的实验研究中，教师的知识、能力、教学态度和情感，学生已有的知识经验、智力水平、年龄、家庭背景，教学方式方法，教材版本，学校环境，等等，都是可能影响实验结果的因素。这么多的变量，研究者是不可能全都拿来作为研究变量的。研究中只能对研究关注的变量——教材的编排方式加以研究，而对其他变量采取各种措施加以控制。比如，随机挑选实验教师，随

1　李秉德．教育科学研究方法[M]．北京：人民教育出版社，1986：23.

机选择实验班，实验班、对照班均采用相同的教学方式，等等，使实验班和对照班除教材不同外，其他方面均保持大体相同的条件。只有这样才能使研究的变量——教材的编排方式与学生学业成绩之间的关系外显出来，从而揭示出它们之间的因果关系。

没有控制的教育实验，研究变量与无关变量混杂在一起，实验结果的归因解释只能是模糊和不具体的，达不到实验归因明确化的目的。这就失去了实验研究认识价值的优势。因此，没有控制的实验研究就其本质而言是不能称为实验研究的。

（四）具有明确的归因性

所谓归因性是指教育实验研究能确切地揭示出实验研究变量之间的因果关系。教育研究引入实验研究的最主要原因就是实验研究的明确归因性。在实验研究中，研究者根据逻辑规则，通过严格的设计和实施，控制实验中的无关变量，使研究变量间的关系外化出来，从而证实或证伪实验变量间的因果关系。教育个案研究、教育调查研究、教育经验总结研究、教育叙事研究、教育理论研究等虽然也能得出研究变量间的关系，但这些关系是不是因果关系，它们本身是无法回答的。只有教育实验研究才具有这种“明确的归因性”特征。

第三节 教育实验研究的过程

学习目标

熟悉和把握教育实验研究的过程。

一个完整的教育实验程序应包括四个环节：确定实验课题，设计实验方案，实施实验方案，评价总结实验。

一、确定实验课题

确定实验课题是教育实验研究的第一步。能提出和形成一个有科学意义的实验课题，其本身就具有重大意义。[1]因此，开展教育实验研究首先就是要确定实验课题。确定实验课题与研究者的实践经验、科学素养有很大关系，同时还要考虑必要性和可行性。

1　吴岱明．科学研究方法学[M]．长沙：湖南人民出版社，1989：119.

（一）提出问题

任何研究都始于问题，教育实验研究也不例外。只有有了问题，研究才会有目的性和针对性。发现和提出问题有很多途径。可以从教育实践中迫切需要解决的问题中提出；可以从教育实践的困惑中提出；可以在经验筛选、调查研究的基础上提出；也可以在教育理论研究的基础上提出；还可以在教育理论和教育实践的结合点上提出。提出问题后，就要查阅大量的有关文献，了解前人和别人是否遇到过同样的问题，哪些问题已经解决了，哪些问题还没有解决，哪些是有争议的问题，等等。然后结合自身的研究，站在较高的层次和背景上进行理性思考，从理论上获得解释和说明，找到问题存在的症结，从而对研究的问题有一个全面、系统的了解。最后确定自己的研究方向，提出解决办法，形成研究课题。

提出问题的关键是提出有价值的问题。有价值的问题决定了研究成果的大小和实验的成败。一般而言，有价值的问题应该是教育理论与实践中迫切需要解决的问题。问题的价值主要体现在三个方面：第一，基础性，即该问题研究所确定的课题对教育科学有关领域的发展具有决定性意义，能为这一领域其他问题的解决奠定基础。第二，创新性，即该问题的研究对原有的理论框架将有所突破、更新和再创造。这种创新性绝不是那种单纯从事实中简单归纳或从理论中凭空思辨演绎，而是要改变原有理论的基本概念和原理，突破和超越原有理论并能够解释原有理论所不能解释的现象。第三，变异性，即该问题的研究不仅能引发一系列有内在联系的、逐渐深化发展的研究课题，而且对相邻科学的研究将产生重要影响，有较好的外部价值。[1]

（二）提出实验假设

所谓实验假设就是指研究者对实验课题的推测性说明或假定，是对实验课题的具体化和操作化表述，是实验课题的进一步展开。实验假设更明确具体地说明和规定了实验课题，对课题中涉及的变量及其相互作用关系做出了陈述性表达。

案例10.1

“现代少年”课程实验的假设

在初级中学阶段，以青春期个体身心发展中的主要变化和矛盾为线索，选择并确定相应的内容，采用专门课程的形式，可以比较充分地满足和适应青春期受教育者成长的需求，有助于他们顺利度过青春期，有利于他们形成健康的心理，从而为受教育者的全面发展打下良好的基础。[2]

1　裴娣娜．关于提高我国教育实验科学水平的几点思考[J]．教育研究，1992（7）：55-58.
2　丛立新，靳忠良．青春期教育探索——“现代少年”课程实验[J]．教育研究，1994（11）：56-62.

案例10.2

天津市上海道小学“大课程实验”的假设

实施包括学科课、活动课和隐性课在内的大课程，比原来的常规课程在实现目标上效果更好，假说中反映的实验自变量是“大课程”，因变量是前述的实验目标，大课程与实验目标之间可能有一定的因果关系。[1]

理论假设的提出要大胆而合理。所谓“提出理论假设要大胆”就是要敢于创新，摆脱习惯思维的束缚，敢于提出新见解、新设想。当然这种创新是建立在合理基础上的。所谓“提出理论假设应合理”就是必须以一定的事实依据，以一定的科学理论为基础，经得起逻辑分析、科学论证。例如，顾泠沅主持的“尝试指导，效果回授”数学教改实验的理论假设是：运用“尝试指导，效果回授”的方法进行教学，能够培养学生获得和运用知识的能力，大面积提高中学数学教学质量。林崇德主持的“教学与发展”实验的理论假设是：教学应把思维品质发展与培养放在首位，而良好思维品质培养又必须从语文、数学基本能力的训练入手，同时注重非智力因素的作用。这些都是一些大胆而合理的实验假设。

提出了实验假设，还应用恰当的方式表述出来。假设一般以命题形式表述，大体有三种方式：条件式陈述，格式为“如果A，则B”；差异式陈述，格式为“A和B之间存在（或不存在）差异”；函数式陈述，格式为“随着A的改变，B则按其规律变化”。无论以何种形式出现，都应确切表达出自变量与因变量之间的关系。[2]比如，中学自学辅导教学实验的实验假设是“采用自学辅导的教材和教学方法能够提高学生的自学能力”，这一假设清晰地陈述了“中学自学辅导教学实验”的研究变量及其关系，使研究的问题具体化和可操作化了。

二、设计实验方案

设计实验方案是教育实验实施前的准备工作，是研究者对整个实验过程所做的周密详细的安排计划。实验方案是教育实验的蓝图和指针，是教育实验最重要、最为关键的环节。它确保了实验工作有计划、有步骤地开展。它主要包括分析实验变量、选择实验对象与分组、选择实验设计模式、制订实验研究方案等。

1　李学琴，张武升，王洪仁．大课程的实验研究[J]．教育研究，1995（8）：69–74.
2　靳玉乐，和学新．教育实验论[M]．重庆：西南师范大学出版社，1994：232.

（一）分析实验变量

一项教育实验涉及的变量是很多的，只有明确了实验中的变量组成及其性质，才能正确地操纵实验，并确保实验的顺利开展。教育实验中的变量根据其与研究目的的关系，可以划分为自变量、因变量和无关变量。

自变量是指在实验中由实验者操纵其变化的量。如一项教材实验，准备考察某种教材的效果，则教材就是自变量。因变量是指实验中随自变量变化而变化的量。在教育实验中，一般来说，学生的学习成绩、学习能力等都属因变量。无关变量是指实验中不是研究者研究的变量，即自变量和因变量以外的变量。如在“自学辅导教学与学生学业成绩的关系”这一实验研究中，“自学辅导教学法”是自变量，“学生学业成绩”是因变量，而这二者之外的变量如“学生的知识水平、性别”“教师的教学经验、年龄”等都是无关变量。不同的实验课题，实验的变量组成各不相同，应根据具体课题具体分析。

分析了实验变量后，要对自变量做出准确界定。主要根据实验课题、自变量的意义和特点而确定，包括：第一，实验自变量数量的确定。实验自变量的数量与实验课题紧密相关，不同的实验课题，不同的实验目的，其数量就不同。例如，小学语文教学中，要比较集中识字教材和统编教材的优劣。这个教育实验，由于实验因素都是“教材”，因此只有一个实验因素。一次实验可能有一个实验因素，也可能有两个或多个实验因素，其数量的多少应根据研究课题与实验目的来确定。第二，各实验自变量水平的确定。实验自变量的水平是指每一实验因素所处的状态或等级，即实验自变量这个变量所取的“值”。如采用甲、乙、丙、丁四种教材做实验，则可说教材这个实验自变量有四种水平；如采用35分钟、45分钟、55分钟三种教学时间做实验，则可说教学时间有三个水平。一般来说，在一项实验中，每一个实验自变量至少应有两个水平（否则就是常量了）。

在实验方案中，要详细规定出自变量的操作要领，明确界定其出现的次数、程度、水平等各种状态，因变量的测量指标，测量的手段和方法也要有明确具体的规定，对主要的无关变量也要一一列出。这样才能便于实验者正确地操纵自变量，有效地测量因变量，合理地控制无关变量。

（二）选择实验对象与分组

1. 主试的选择与分组

设计实验方案的一项重要工作就是确定实验人员和确定实验的被试。主试是实验中实验变量的主要操纵者和执行者，它是实验成败与否的一个重要因素。实验中，“主试”一般应由专业人员和实验教师组成。对实验教师的挑选，只要他们能理解实验设计的意图，能够按照实验方案中的规定操纵和执行实验，并与研究者积极配合，就可以作为被选对象。实验教师的分组应按随机化原则分配到实验班与对照班。

2. 被试的选择与分组

选择适当的实验对象并把他们分配到适当的实验组中是设计实验方案的重要内容，也是进行实验控制的重要范畴。教育实验的被试指实验学生。实验中，被试主要通过抽样的方法选择，根据实验内容和研究条件的要求而定。抽样的方法很多，最常用的是随机抽样法和分层抽样法。无论采取随机抽样法还是分层抽样法，被抽取的学生必须满足三个条件：其一，代表性，被选学生应能代表学生总体特征；其二，随机性，学生被选的概率均等，每人都有被选的可能；其三，样本容量适当，样本过小，不具代表性和随机性；样本过大，又不便统计、计算。当然，代表性、随机性、样本容量适中是进行抽样的依据，采用合理的随机抽样和分层抽样是使样本具有代表性、随机性、适度性的根本保障。实验对象选出后，按照“相等”原则进行分组。所谓相等原则是指，每组实验被试在所要控制的因素整体上平均水平相等，以便保持实验组与对照组间的可比性，分组多采取随机分组法、测量选择分组法、匹配分组法等。

（三）选择实验设计模式

实验设计模式是指，在实验中把实验变量安排到被试上去的方法，即实验变量的组合配置方法。实验能否获得确切的归因主要取决于此。实验变量组合配置得当，系统误差、随机误差就能够得到较好的控制，实验内在效度、外在效度也较高。实验变量组合配置不当，系统误差、随机误差得不到有效控制，实验内在效度、外在效度就很低，便达不到实验的目的。实验设计模式有很多，这里只简单介绍以下五种。

1. 完全随机化设计

完全随机化设计是指用随机化的方法将实验对象分配为若干组，然后又将每一种实验处理随机分配给实验对象组的实验设计。其基本模式为：

$$\begin{matrix} R & X_1 & O_1 \\ R & X_2 & O_2 \\ & \cdots & \\ R & X_n & O_n \end{matrix}$$

（“X”表示实验处理，即研究者操纵的实验变量；“O”表示实验前后的观察；“R”表示随机化处理被试；空白或“—”表示控制。下同）

① 当实验是单因素双水平时，即实验只有一个因素，只有一个实验组，没有控制组。这时模式为：

$$R \quad X \quad O$$

该模式被称为单组后测设计。这种设计模式没有对照比较，难以说明实验因素是否发生作用，历史、成熟、选择、实验对象流失等都可能影响实验结果，外在效度极低。

加上前测，这一模式变为：

$$R \quad O_1 \quad X \quad O_2$$

该模式被称为单组前后测设计。虽然有了实验前后测的对照比较，但仍难以说明实验前后测的变化是由于实验处理造成的。历史、成熟、选择，甚至“前测”等的影响仍没有得到有效控制。

② 当实验是单因素双水平时，需要两个等组。如一个组施加实验处理，作为实验组，一个组保持原来的状态，作为控制组，则其模式为：

$$\begin{matrix} R & X & O_1 \\ R & - & O_2 \end{matrix}$$

该模式被称为实验组控制组后测设计。这是一个比较完美的设计。采用这种设计的实验具有较高的内、外在效度。

为了避免随机分组的两组不相等，可在实验前分别进行前侧，这时该模式就变为：

$$\begin{matrix} R & O_1 & X & O_2 \\ R & O_3 & - & O_4 \end{matrix}$$

该模式被称为实验组控制组前测后测设计。由于施加了前测，前测与实验处理发生交互作用，可能对后测发生影响，便会降低实验的外在效度。

③ 当实验是双因素双水平时，如果说这两个因素分别为A、B，所处的状态分别是A_1、A_2、B_1、B_2，则这时实验处理数是4，即分别为A_1B_1、A_1B_2、A_2B_1、A_2B_2。采用完全随机化设计就是随机地把实验对象分为4个等组，再随机地把每一种实验处理安排到每一组中。其模式为：

$$\begin{matrix} R & X_1\,(A_1B_1) & O_1 \\ R & X_2\,(A_1B_2) & O_2 \\ R & X_3\,(A_2B_1) & O_3 \\ R & X_4\,(A_2B_2) & O_4 \end{matrix}$$

通过方差分析和多重比较，可以检验出多个实验处理的效应及其因素之间的交互作用。

2. 随机化区组设计

完全随机化设计并不能完全保证随机分配到各组的实验对象等同，分成的各组也并不一定相等，因此，得到的实验结果既有随机误差，又有系统误差。随机误差一般不易控制，系统误差则可以有效控制。据此原理，可以采用随机化区组设计，以控制系统误差，使各实验对象保持均衡。

在实验设计中一个区相当于接受处理的单位，许多区聚合在一起就组成区组，配对组、班级、学校、城市、国家等均可称为区组。随机化区组设计的目的在于使区组内实验对象之间尽量同质，并使区组间尽量异质。

教育实验中，要使区组内尽量保持同质的方法有两种。一是配对法，即把在某些因素（如智力、学习成绩、年龄、家庭文化背景等）相同的多个对象加以配对，这时每个配对组就是一个区组。给予配对组内的这多个实验对象的实验处理采用随机分配的方法来决定。二是区组内的基本单位不是单个实验对象而是由多个实验对象组成的团体，例如，同一年级的几个班为一个区组，通过随机分配来安排每个班的实验处理。

以何种因素为配对或分组标准？主要考虑以下几方面。第一，要根据实验中该种因素与实验因变量之间的关系来确定。如果该因素与实验因变量关系密切，对实验因变量影响较大，就可以此因素为配对或分组标准。第二，要考虑该因素与实验自变量之间是否彼此独立。如果它与实验自变量无直接关系，即可确定。第三，确定的区组要适当。随机化区组设计区组数与实验处理数、实验条件（如教学方法、教师水平、教学管理）以及要求实验结果的精确度有关。区组数越多，需要的实验点就越多，相应的人力、物力和财力也越多，教育现实中有时难以找到这么多的实验点，而且也不是区组数越多，实验结果就越精确。

① 当实验是单因素双水平时，可通过匹配分组法把实验对象分成匹配的两组，用随机的办法确定一组为实验组，一组为控制组。其模式是：

$$\begin{array}{ll} X & O_1 \\ M & O_2 \end{array}$$

该模式被称为实验组控制组配对设计（其中的“M”表示把实验对象配对或区组化）。

② 当实验是双因素双水平时，设两个因素为A、B，各自的两个水平分别为A_1、A_2，B_1、B_2，则这时有四个实验处理A_1B_1、A_1B_2、A_2B_1、A_2B_2。如果选三个区组，那么其模式为：

表10.1

区组 \ 实验处理	（1）A_1B_1	（2）A_1B_2	（3）A_2B_1	（4）A_2B_2
I	O_{11}	O_{12}	O_{13}	O_{14}
II	O_{21}	O_{22}	O_{23}	O_{24}
III	O_{31}	O_{32}	O_{33}	O_{34}

3. 多因素实验设计

多因素实验设计也称析因设计，是指在同一个实验里可以同时施加多个实验因素的设计。完全随机化设计通过随机化控制无关因素的影响，随机化区组设计通过设置区组控制主要无关因素的影响，多因素实验设计则是把影响系统误差的无关因素纳入实验，直接检验其影响，同时分析各实验因素的主效应及其相互作用。多因素实验设计，如果有A、B两个自变量，叫作二项析因设计；如果有三个自变量，叫作三项析因设计。多因素实验设计中，每一个自变量可以有多个水平。如果两个自变量各有两个水平，称为2×2析因设计。如果一个自变量有两个水平，一个自变量有三个水平，称为2×3析因设计。

多因素实验设计中不设控制组，全为实验组或互为对照组、实验组，实验组数的多少根据各实验因素的水平的多少确定，实验组数等于各实验因素的水平数之积。如我们要研究两种教材、两种教法由三种不同风格的教师任教时所产生的教学效果，该实验需要的实验组数为12（2×2×3），各实验变量的组合（实验处理）方式见表10.2。

表10.2

教材		A_1		A_2	
教法		B_1	B_2	B_1	B_2
教师教学风格	C_1	$A_1B_1C_1$	$A_1B_2C_1$	$A_2B_1C_1$	$A_2B_2C_1$
	C_2	$A_1B_1C_2$	$A_1B_2C_2$	$A_2B_1C_2$	$A_2B_2C_2$
	C_3	$A_1B_1C_3$	$A_1B_2C_3$	$A_2B_1C_3$	$A_2B_2C_3$

4. 不等组实验组控制组前后测设计

前述实验组控制组前后测设计，如果由于不能打破班级界限，无法随机抽样、随机分派，也无法匹配分组，那么它就成了不等组实验组控制组前后测设计，即

$$
\begin{array}{ccc}
O_1 & X & O_2 \\
 & \cdots & \\
O_3 & — & O_4
\end{array}
$$

它与实验组控制组前后测设计相比，缺点在于两个组不等，选择与成熟的交互作用对结果产生影响，同时，实验组控制组前后测设计的缺点同样在它身上表现出来，实验的内外在效度都不如实验组控制组前后测设计。

5. 时间系列设计

教育实验的效果，有的长效，有的短效，有的迟效，有的速效，仅通过一次测量，有时并不能真实反映实验效果，这时就需要采用时间系列设计。时间系列设计是指对一个实验组做一系列的定期测量，并在这一时间系列中施加实验处理，然后观测呈现实验处理后的一系列分数是否发生间断跳跃性现象，从而推断实验处理是否产生效果。其基本模式为：

$$O_1 \quad O_2 \quad O_3 \quad O_4 \quad X \quad O_5 \quad O_6 \quad O_7 \quad O_8$$

时间系列设计能够克服一次测验的局限，也能够控制成熟的影响，更能够把历史的影响减小到最低程度。其缺点是由于没有控制组，不能控制偶发事件的影响，不能排除与自变量同时出现的附加变量，多次的反复观测容易导致实验对象的疲劳、厌烦或敏感，从而影响实验效果。

（四）制订实验研究方案

这是对实验方案设计这一阶段工作的总结，它用书面的方式系统表述出实验准备的全部过程和内容，便于实验者在实验过程中对照执行。

实验设计的所有内容均需反映在方案中，内容与项目包括：① 问题的提出。简述课题产生的背景、名称、实验的意义（价值）和必要性。总课题包括哪些子课题，研究的大致范围和采用何种性质的实验（如探索性、验证性）。② 实验的理论构想。从解决所面临的课题的理论和实践问题出发，拟定实验假设并加以科学论证，制定实验原则，确定实验的指导思想和目的。③ 实验设计模式。从实验假设的要求出发，在条件控制上预先考虑采用何种模式的实验设计。④ 实验的组织管理。实验方案的格式一般如下。

标题（实验课题名称）
研究单位名称（或研究人员名称）
一、问题的提出
1．教育现实发展的需要
2．教育理论发展的需要
二、实验假设和理论依据
1．实验假设及其内涵
2．实验的理论依据
三、实验目标和实验原则
1．实验目标
2．实验原则
四、实验内容和措施
1．实验自变量及其操作
2．实验对象的选择和分组
3．实验的观测项和指标
4．实验数据、资料的搜集和指标
五、实验的组织管理
1．实验时间、场所、材料、范围
2．实验参加人员的分工
3．实验中的规章制度
六、参考文献

三、实施实验方案

实验方案制订以后，可进入实验的正式实施阶段。在实验过程中，研究人员包括实验教师要认真严格执行实验方案中的规定，把实验方案落到实处。但若发现方案不周密，也应及时做出调整。在这个阶段，最为重要的是要做好实验的管理工作。

教育实验是一项复杂的系统工程，把众多的人员组织起来，思想统一、步调一致地行动，是实验取得成功的保证。所以，必须安排好实验的组织管理。其工作主要包括以下方面。

（一）建立、健全组织机构

一项大型的教育实验要设计建立一个由教育行政主管部门、教育研究部门、学校三方共同组成的课题领导小组，并进行分工合作。目前，我国的教育实验中，大多由实验学校的校长亲自抓实验的管理工作，并设立科研处（室）具体负责实验的组织实施。

（二）确定实验的物质条件

实验的组织机构及工作人员一般要制定规章制度，确定实验的时间、场所、范围、材料等工作。实验时间一般是指从实验开始到实验结束时所需要的时间，需要根据实验课题的内容、规模来确定。实验场所是指什么地方，如学校、班级、小组等，一般需要根据实验的性质，针对单科、单项实验和整体性实验而有所不同。实验范围是指在多大地区、多少学校、多少班级进行实验，实验范围应根据实验课题的要求和实验的主客观条件而定，一般是先搞实验点，进而扩展到实验区、实验网，由小到大，由点到面，逐步扩大。实验材料包括实验仪器、实验量表、直观教具和技术手段、实验表格、实验教材等，这些都要专人负责，准备到位，妥善保管。

（三）建立实验队伍，并组织培训

要建立以实验学校校长和教师为主体的，有教育行政干部、研究人员参与的“三结合”实验队伍，要围绕实验方案，组织学习课题研究的相关理论，提高研究的素养。

（四）搜集、整理与分析实验资料

详细、全面地占有资料是实验成功的重要保证。无论何种类型的教育实验，都要用实验、实践事实来说话，这就要求实验人员能有效地运用分析、比较、综合的思维方法，科学地搜集、整理、分析实验资料，包括实验实施之前的文献资料搜集、整理与分析，从而为实验设计提供可靠的理论依据；也包括实验中实验资料的搜集、整理、分析，以保证资料翔实、全面、客观，并对资料具体分析，保证实验结论可靠。

在实验的实施中还应坚持以下两个基本原则。

第一，教育性原则。实验过程中实验教师操纵的自变量不管是教材、教法，还是管理的方式，任何一种变革措施的施行，都不允许有害于学生身心的健康发展。教育实验是研究活动与教育活动融为一体的实践活动，研究活动的进行必须首先保证教育性。

第二，客观性原则。所谓客观性就是指，实验的实施要严格按照实验方案的规定进行，遵循实验的规范。研究者必须对实验课题、实验对象不抱偏见或成见，排除各种不利的心理效应；对观察和搜集来的事实材料、数据要如实记录，按照要求处理材料；绝对不允许篡改实验数据和材料。凡参加实验工作的人员，都要坚持客观性。

四、评价总结实验

这一阶段的主要工作是对实验的全部资料和数据进行整理和统计，得出实验的结论，对实验做出评价，具体包括资料的整理和处理、得出结论和撰写实验研究报告。

（一）资料的整理和处理

一项实验完成之后得到的资料和数据往往是既丰富又无序的，难以看出其中的规律，因此，必须对它们进行整理和统计处理。整理资料时要按类归档，能定量的尽量定量，做到清晰有序。统计处理数据时，要依据数据的特征采用合适的统计手段，注意它们的适用条件和范围，防止因误用而造成结论错误。

（二）做出结论

做出结论就是要根据实验统计数据来说明实验结果。实验的结论可能有多种情况：证实假设、证伪假设、部分证实假设或部分证伪假设。无论出现哪种情况，无论是证实假设还是证伪假设，对于实验者来说都是收获，都达到了实验的认识目的。因为它帮助实验者弄清了某个问题，或者为实验者思考某个问题提供了新的思路或办法。

（三）撰写实验研究报告

撰写实验研究报告是教育实验的最后一项工作。它以研究报告的形式把实验的结果公布于众，供他人学习、借鉴和探讨，以期产生社会价值。

实验研究报告是实验研究工作的总结，集中反映了实验研究的过程和结果，是实验研究的经验结晶。实验研究报告写得好坏，直接影响着实验成果的反映。因此，撰写实验研究报告是教育实验研究的重要一环，应该予以足够的重视。实验研究报告要陈述确凿的事实数据、材料、实验过程和结果，既不能夸大其词，也不能弄虚作假，相反需要谨小慎微。实验报告形式要规范，用词要恰当，语言要通俗易懂，表达要精确简练。

第四节 教育实验研究的规范

学习目标

掌握教育实验研究的规范。

教育实验研究是科学性要求很高的研究方法，同时又是与教育实践活动紧密联系在一起的研究活动，因此，要完成一项教育实验研究就需要严格遵循有关的要求，从而实现研究的目的。

一、实验假设应清晰

任何教育实验都应有假设，即便探索性实验也应有一个初步的假定性设想。教育实验研究就是要有根据地判断这个假设是否成立。因此，教育实验研究的这个假设一定要清晰、明确。教育实验假设以命题的形式出现，是对实验各个变量间关系的判断。如果这个假设不能对各个变量间的关系做出明确的表述或陈述，存在模棱两可、含糊其词的问题，那么实验研究就无从下手。

当提出一项研究课题时，应尽可能地做出充分的科学论证。要从有关教育理论、教育事实、教育经验等多方面出发，对研究的问题进行仔细斟酌，逐步形成有依据的研究假设，并用确切的命题表述出来。

二、实验变量要具体

教育实验中，实验变量的意义要明确，并能进行操作和检查。无法进行意义界定，没有检查标准的变量，如“自我”“良心”“幸福”“权威”等，不宜作为实验变量。[1]自变量的确定要依据自变量的特点和意义、实验课题要求对自变量的数目、自变量的水平数进行明确规定，并将自变量的因素水平具体化，具体明确地规定每一自变量的每一种水平的操作规范、程序、实施步骤等。因变量要根据实验课题、实验目的来确定，因为因变量往往是一些抽象

1 王汉澜. 教育实验学[M]. 开封：河南大学出版社，2000：20.

的概念，一般要通过具体化的、可观测的项目和指标予以体现。这些项目和指标不仅应明确、具体，易于把握，而且要便于观察和测量，便于定量分析，便于统计处理。实验中，如果没有确定的实验因素，实验变量不明确具体，就无法揭示事物间的因果关系，也就根本达不到实验研究的目的。

三、实验设计模式要恰当

实验设计模式有很多种，各有其特定的适用对象和条件，不能乱用。选用恰当的实验设计模式，一方面是为了有效地控制实验中无关变量对实验结果可能产生的干扰，把各个实验变量的效应分离出来，归因明确具体，以获得科学的理论认识。另一方面是为了使实验有序进行，同时也便于他人对实验进行评价。面对各种实验设计模式，实验研究者应结合实验目的、内容等做出恰当的选择。

第一，要思量实验的目的。实验目的是整个实验的方向和灵魂，实验目的是制约实验设计模式或选择的重要因素，目的不同，选择出的设计模式则不同，例如，如果实验的目的是要检验一个新的课程结构体系，可以选择现代综合性的课程整体改革模式；如果实验的目的在于探索不同水平的自变量的不同效果，则可以选择各种分析性的实验模式。[1]

第二，要考虑实验的内容。不同的实验内容，理论假设不一样，实验变量的数目和实验水平不一样，实验设计的模式便不一样。比如，根据实验课题，完全随机化分配被试更好，就不必采用随机化完全区组设计；采用组间设计更适切，就不必采用组内设计或混合设计。这便是实验设计中的“问题适切性原则”。[2]实验设计首要的和最重要的标准是适用，应选择适用于检验研究假说的实验模式，如果实验设计模式不适用，那么研究结果也就不值得认真考虑。

第三，要能有效地控制无关变量。一个良好的实验设计模式必须能适当地控制无关变量，防止自变量混淆现象发生，同时尽可能最大限度地提高自变量的效应，最大限度地降低误差变量。也就是说，要求自变量达到最大，误差变量达到最小，额外变量变异保持恒定。实验中，随机化完全区组设计、完全随机化设计、拉丁方设计、所罗门设计等都可以有效地控制各种无关变量。随机化完全区组设计是通过对影响实验效果的主要无关变量在各个区组之间的平衡以达到控制的目的；完全随机化设计是通过随机抽样、随机编班、随机安排实验变量、随机安排实验次序，使各个实验组除实验处理外在其他各个方面都均衡的方法，以达到控制无关变量的目的；拉丁方设计是通过实验次数轮换、实验内容轮换，使各个实验组实

1　王策三. 教学实验论[M]. 北京：人民教育出版社，2000：287.
2　王才康. 从Solomon设计谈实验设计评鉴的效益原则[J]. 教育研究与实验，1993（1）：52-56.

验条件、机会均等，以达到实验控制的目的。[1]

第四，要有可行性。设计模式再好，但实验条件跟不上，也只能变成“纸上谈兵”。实验条件因素很多，包括实验进行的场所、时间、被试范围、材料、设备、经费等。如果经费有限，则只能开展小规模的实验研究；若实验的技术手段只能是简单的统计处理，那么就要选择单组或双组后测设计模式。如果实验队伍人员素质、实验经验有待提高，选择“高、大、全”的实验，则往往会事与愿违，半途而废。所以，实验设计模式的选择必须考虑现实条件。

第五，要考虑实验的效益。在可行性前提下，还得坚持效益原则，即实验设计应力求用最少的人力、物力、财力、时间、实验次数来取得有效的实验结果。同样一个课题可选择的实验模式有很多种，不同的实验模式所消耗的人力、物力、财力、时间等教育资源不一样，实验的效益可能也会不一样。因此，实验要追求用最少的人力、物力、时间和实验次数来取得最有效的实验结果。

四、实验控制要严格

实验控制是对整个实验的监控，保证其按实验方案中规定的方向与方式运行。在实验过程上，包括实验设计中的控制、方案实施中的控制、实施之后的统计控制；在内容上，包括自变量的控制、因变量的控制、无关变量的控制。严格地说，实验控制既包括对实验变量的控制，又包括对无关变量的控制，通常意义上实验控制是指对无关变量的控制。可以按照全面性原则、整体性原则、动态性原则、可行性原则，采用消除法、恒定法、平衡法、随机化、双盲法控制、代表性策略、统计控制、重复实验等方法开展一定的实验控制。[2]当然，严密的类似于自然科学实验室的实验控制几乎是不存在的，也是办不到的。虽然在实验中的确很难实现完全掌握和严格控制与实验有关的一切变量，包括实验变量，但是不能因此就放弃实验控制或粗略地进行实验控制。因为放弃了实验控制就等于放弃了实验研究的科学性。

五、实验过程要坚持伦理性原则

教育实验的对象是学生，是活生生的“人”。以“人”为对象的实验研究，不能对人的尊严、健康和发展有任何的消极作用和不良影响。实验必须坚持伦理性原则。对此，

1　靳玉乐，和学新. 教育实验论[M]. 重庆：西南师范大学出版社，1994：305.
2　靳玉乐，和学新. 教育实验论[M]. 重庆：西南师范大学出版社，1994：329-334.

国外学者提出了研究人员要遵循相应的五个步骤：① 公平地选择被试对象；② 获得被研究人员接受研究的认可通知；③ 保护个人隐私，信守诺言；④ 评估风险—效益比值；⑤ 对欺瞒行为提供防范措施。[1]

教育实验作为与教育实践活动相统一的研究活动，不坚持伦理性原则就不能开展研究。坚持伦理性原则是教育实验理论的要求和现实的需要。坚持伦理性原则，要求实验人员必须以高度严谨的科学态度提出实验假设和实验设计，要把促进学生的身心发展作为判断实验价值的基本尺度，绝对不允许有损学生的身心健康发展。要充分尊重学生的意愿和自尊，要避免给学生带来压力和负担。必须本着高度的责任感来保证实验研究的科学性和预见性，要科学、全面地解释实验结果，保证实验结论不被滥用。

本章小结

1. 教育实验研究的内涵：教育实验研究就是针对一定的研究假设，主动操纵研究变量，干预研究对象的变化，进而揭示研究变量之间的因果关系的教育研究活动。

2. 教育实验研究的作用：教育实验研究是教育理论形成和发展的重要途径，是教育理论和教育实践联系的中介，有利于教育质量的提高。

3. 教育实验研究的类型：按照实验目的和任务的不同可划分为探索性教育实验和验证性教育实验；根据实验内容之不同可划分为单项教育实验和多项综合教育实验；根据实验控制程度之不同可划分为前科学教育实验、准科学教育实验和科学教育实验；根据实验变量分配方法不同可划分为单组实验、等组实验和轮组实验；根据实验开展的场所和情境之不同可划分为实验室实验和自然实验。

4. 教育实验研究的特点：以理论假设为前提条件，具有变革性、控制性、明确的归因性等。

5. 教育实验研究的基本程序包括四个环节：确定实验课题，设计实验方案，实施实验方案，评价总结实验。

6. 教育实验研究应遵循的基本规范是：实验假设要清晰，实验变量要具体，实验设计模式要恰当，实验控制要严格，实验过程要坚持伦理性原则。

1 [美]梅雷迪斯·D. 高尔，沃尔特·R·博格，乔伊斯·P·高尔. 教育研究方法导论[M]. 南京：江苏教育出版社，2002：77.

总结 >

关键术语

实验研究 experimental research	教育实验研究 educational experiment research

章节链接

本章内容与第一章《教育研究方法概述》、第二章《教育研究的一般过程与设计》、第十一章《教育行动研究》、第十四章《教育研究成果的表达》的部分内容有密切联系。

应用 >

体验练习

一、名词解释

1. 实验研究

2. 教育实验研究

二、简答题

1. 简述教育实验研究在教育研究中的作用。

2. 简述教育实验研究的特点。

3. 简述如何有效开展教育实验研究。

三、拓展题

1. 结合自己的学习经历和体会，试着选择一个教育问题，按照教育实验研究的要求设计一项教育实验，并拟定实验研究的方案。

2. 从教育专业杂志上选择一篇教育实验研究报告，仔细阅读这篇研究报告，然后按照教育实验研究的基本步骤对其进行分析。

拓展 >

补充读物

1　王策三．教学实验论[M]．北京：人民教育出版社，1998.

这是一本教学实验研究的理论专著。该书由教学实验的历史发展、教学实验的基本理论和方法，教学实验与教学理论，教学实践与哲学的关系三部分构成，是进一步深入学习教学实验理论和方法的读物。

2　靳玉乐，和学新．教育实验论[M]．重庆：西南师范大学出版社，1994.

这是一本教育实验研究的理论专著。该书重点探讨了教育实验的历史发展、本质、特征、功能、假设、设计、控制、归因、评价及其科学化等基本理论问题，既是教育实验理论研究的参考书，又是教育实验操作的实践指南。

在线学习资源

1．万卷方法与学术规范，http：//q.blog.sina.com.cn/fafang/.

2．国家精品课程资源网，http：//www.jingpinke.com，《教育研究概论》，第六章《干预性研究方式》，首都师范大学，宁虹。

第十一章

教育行动研究

本章概述

本章主要介绍了教育行动研究的内涵和作用、类型和特点、步骤和具体方法，以及基本规范。教育行动研究是以教育实践工作者为主体，为提高其对自己所从事的教育实践的理性认识、加深对实践活动及其依赖的背景的理解、实现以对教育实践改进为目的，在教育实践中进行研究的一种研究方法。通过教育行动研究，有助于沟通教育理论与教育实践的联系；促进教师专业发展；推进并深化教育改革，提升教育质量。教育行动研究类型多样，有不同的分类。教育行动研究的特点主要表现在：教育实践工作者成为研究的真正主体；改进行动质量是研究的首要目的；研究的问题来源于教育教学实践；研究情境具有自然性；方法具有广泛的包容性。教育行动研究的基本步骤是：确定研究问题；制订研究计划；采取行动；系统考察，反思改进；公开研究的成果。教育行动研究的基本规范有四个方面：一是切实保障教育实践工作者的研究主体地位；二是正确处理“行动”与“研究”的关系；三是充分发挥反思在研究中的作用；四是关注研究中的伦理问题。

结构图

1 教育行动研究的内涵和作用

- a 教育行动研究的内涵
- b 教育行动研究的作用

2 教育行动研究的类型和特点

- a 教育行动研究的类型
- b 教育行动研究的特点

3 教育行动研究的步骤

- a 确定研究问题
- b 制订研究计划
- c 采取行动
- d 系统考察，反思改进
- e 公开研究的成果

4 教育行动研究的规范

- a 切实保障教育实践工作者的研究主体地位
- b 正确处理“行动”与“研究”的关系
- c 充分发挥反思在研究中的作用
- d 关注研究中的伦理问题

学习目标

学完本章，你应该做到：

1. 理解教育行动研究的内涵和作用；
2. 了解教育行动研究的类型与特点；
3. 掌握教育行动研究的步骤和具体方法；
4. 把握教育行动研究的基本规范。

读前反思

怎么认识教育行动研究？教育行动研究在教育研究中有什么作用？它有哪些类型和特点？开展教育行动研究应遵循哪些规范？

“没有行动的研究，是空的理想；没有研究的行动，是盲的活动。”[1]“行动”与“研究”理应紧密结合。然而，在现实中，“行动”和“研究”却常常被用以指称不同的人及其从事的不同性质的活动。“行动”主要指实践者、实际工作者的实践活动和实际工作，“研究”则主要指受过专门训练的专业工作者、学者专家对人的社会活动和社会科学的探索。[2]由此可见，“学术研究”与“实际工作”之间明显存在着距离。为弥合“行动”与“研究”之间的距离，行动研究应运而生，并已成为社会科学领域中十分重要的一种研究方法。将行动研究的理念应用于教育领域，即为教育行动研究，它现已成为教育研究方法体系中不可或缺的一员。

第一节
教育行动研究的内涵和作用

一、教育行动研究的内涵

学习目标

认识和了解教育行动研究的内涵和作用。

行动研究，英文是action research，从英文构词就能够看出其缘起的初衷，即将行动（action）和研究（research）有机结合。

在对行动研究的众多认识中，艾略特和凯米斯的定义影响较大。艾略特认为：“行动研究是对社会情境的研究，是以改善社会情境中行动质量的角度来进行研究的一种研究取向。”[3]需要说明的是，艾略特的定义指向社会科学的各个领域，特别是组织研究、社区研究、医务护理与教育，因此，它也经常被作为教育行动研究的定义。《国际教育百科全书》中“行动研究”词条的撰写者凯米斯认为：“行动研究是由社会情境（包括教育情境）的参与者为提高对自己所从事的社会或教育实践的理性认识、为加深实践活动及其依赖的背景的理解，所进行的反思研究。”[4]后来，凯米斯在《行动研究法》一文中提出：“行动研究法是由社会情境（包括教育情境）的参加者进行的一

1　蔡清田．教育行动研究[M]．台北：五南图书出版公司，2000：5.
2　郑金洲．行动研究：一种日益受到关注的研究方法[J]．上海高教研究，1997（1）：23-27.
3　Elliot, J. *Action Research for Education Change*. Milton Keynes & Phikadekphia：Open University Press，1991，p. 69.
4　Husen T. *The international encyclopedia of education*, 1985（1），p. 35.

种自我反思的研究方式”，“是实际工作者为研究自己的实践所进行的一种研究方式”。[1]

我国学者在引介教育行动研究时，也对教育行动研究进行了界定，如有人认为：“行动研究是对实践活动所采取的小规模的干预，以及对这一干预结果所做的反思或检查”[2]；还有人提出：“行动研究法，是指情境的参与者（如教师）基于解决实际问题的需要，与专家学者或组织中的成员合作，将问题发展成研究主题，进行有系统的研究，以讲求实际问题解决的一种研究方法”[3]；等等。

以上所述国内外学者对教育行动研究的界定，有助于我们多视角地理解教育行动研究，但学者们对教育行动研究的归属，在认识上极不统一，甚至有些混乱。如艾略特将行动研究归结为一种研究取向，而《国际教育百科全书》则将其总结为一种反思研究，凯米斯在《行动研究法》一文中又将其归结为一种研究方式。

毫无疑问，教育行动研究是教育研究方法体系中的一员。有学者高屋建瓴地对教育研究方法体系进行了构建[4]，但随着国际交流和学科互动的加强，各种新的研究理念、研究方法纷纷进入教育领域，教育研究方法体系有必要进行调整。

从方法论角度讲，行动研究毫无疑问是一种研究方法，但它不处于与个案、调查、实验等具体研究方法并列的层次，它应该高于这些具体的研究方法。首先，行动研究体现的是一种独特的研究理念，是针对研究主客体分离而导致的理论与实践相脱节问题而提出的一种解决策略、思路。它关心的是如何将行动和研究结合起来、如何有效地解放实践工作者的智慧，充分彰显了研究的实践取向。它是在一个更高的层次回答“如何做研究”的问题，而不是具体解决如何去研究的问题。其次，行动研究不是一种可以单独使用的研究方法，它更多体现的是对各种研究方法的综合使用。根本就不会存在只使用行动研究法的研究，而只要使用行动研究，必然会有其他研究方法的相伴相随。最后，行动研究已经形成了一套相对成熟的操作程序。虽然学者们对操作程序的具体表述不尽相同，但其实质都是相同的。与行动研究的实践取向相契合，行动研究的操作自然是对行动程序的一种提升，它本质上依然是行动，但却是更高质量的行动。[5]

结合学者们对教育行动研究的界定，以及对行动研究归属的新认识，我们认为，所谓**教育行动研究**，即以教育实践工作

> **教育行动研究**
>
> 教育行动研究，即以教育实践工作者为主体，为提高对自己所从事的教育实践的理性认识、加深对实践活动及其依赖的背景的理解、实现改进教育实践的目的，在教育实践中进行研究的一种研究方法。

1　S. 凯米斯. 行动研究法[J]. 张先怡，译. 教育科学研究，1994（4）：32-36.

2　邹芳. 行动研究——一项值得推广的教育研究方法[J]. 外国中小学教育，1994（2）：12-15.

3　宋虎平. 行动研究[M]. 北京：教育科学出版社，2003：6.

4　董树梅. 行动研究是研究方法吗——基于方法论视角的思考[J]. 教育理论与实践，2014（1）：9-13.

5　同上。

者为主体，为提高对自己所从事的教育实践的理性认识、加深对实践活动及其依赖的背景的理解、实现改进教育实践的目的，在教育实践中进行研究的一种研究方法。

二、教育行动研究的作用

（一）有助于沟通教育理论与教育实践的联系

传统的自上而下的研究模式，研究的主体是理论研究工作者，而不是教育实践工作者。研究的目的是描述和解释教育现象，而不是改进教育实践。研究基本上游离于教育实践之外，是一种旁观者的研究，往往不为广大教师所了解、掌握和应用，对教育实践的直接指导作用也不大。这一现象，不仅影响了教育研究对实践的指导作用，而且阻碍了教育理论的发展。而教育行动研究却能够较好地解决这些问题。一方面，它的实践性是非常明显的。无论是研究的出发点、研究的目的，还是研究的整体过程，都离不开实践。另一方面，行动研究并没有走到另一个极端，也十分重视理论的作用。它强调理论工作者与实际工作者的结合，使两者合作互相、平等地对话、共同促进和提高。教师可以从专家那里获得必要的专业理论知识和研究技能，理论工作者也可以从真实的教育实践中获得第一手材料，发现新问题和新课题，甚至发现和创造新的理论，使研究成果更容易为广大中小学教师所接受。因此，教育行动研究是沟通教育理论与实践十分有效的途径。

（二）有利于促进教师专业发展

皮亚杰极力倡导教师参与教育研究，他认为中小学教师正是由于脱离了科学研究才使他们失去了应有的学术声誉和专业地位，不能像医生、律师、科学家和大学教师等职业一样享有受人尊敬的专业地位。他主张通过参加教育学研究使教师获得应有的尊严，使教育学成为“既是科学的又是生动的学问”。[1]但现实中，教师专业活动的内容，多被理解为围绕教学内容而展开的“传道、授业、解惑”，教师的专业发展明显受到阻碍，专业地位也受到影响。其实，教育本身以及教育所处情境的复杂多样性，要求教师能够对其有真正的理解，在为什么教、教什么、怎么教等问题上做出明智而审慎的分析与决断。而这种对教育教学活动意义及方式建构的主体只能是教师自身，别人无法代替，这意味着教师除了理解教学内容、掌握必要的教学技能外，还必须拥有一种“扩展的专业特性”，从而实现专业上的自我发展。[2]教育行动研究很好地回应了教师专业发展的需求。通过行动研究，教师对自己的思想、信念、知识及其实践进行有目的、有系统、批判性的反思，从而建立了新的教学理念，改善了教学行

1　宁虹．“教师成为研究者”的理解与可行途径[J]．比较教育研究，2002（1）：48-52.
2　王铁军．中小学教育科学研究与应用[M]．南京：南京师范大学出版社，2004：131-132.

为，提高了自身的专业技能以及教育实践理性，拓展了专业自主，并最终实现了专业上的自我发展。当研究成为教师主导性的生活方式和工作方式时，教师的专业地位才会得到保障。同时，在行动研究中，教师不仅获得了专业发展，而且还能感受到创新的乐趣，提高生命质量。

（三）有助于推进并深化教育改革，提升教育质量

行动研究的基本取向是批判性和建构性的，其知识论基础是把知识看作情境性的、暂时的、发展的，因而对实践持有不断的改革和改良态度是行动研究的基本表征。[1]因此，教育行动研究与教育改革有着十分密切的关系。一方面，通过行动研究，教育改革的思想、理念能够更好地贯彻到教育实践者的行动中，并在与具体情境的互动中，不断地被创新和发展；另一方面，作为研究者的教育实践工作者，在行动研究的过程中，专业水平不断得到提升，这又反过来促进教育实践工作者依据经济、社会、科技等与人的发展需要和教育实践中的问题和不足，自觉寻求变革，从而推动教育自下而上的变革，进而有效提升教育质量。

第二节 教育行动研究的类型和特点

一、教育行动研究的类型

学习目标

熟悉和把握教育行动研究的类型和特点。

教育行动研究内部有比较丰富的内容层次和类型，根据不同的分类标准，教育行动研究有不同的划分结果。

（一）科学的行动研究、解决实践问题的行动研究和批判性行动研究

按照研究的侧重点可将教育行动研究分为科学的行动研究、解决实践问题的行动研究和批判性行动研究。[2]

1. 科学的行动研究

即行动者用科学的方法对自己的行动所进行的研究。持这类观点的人特别强调用测量、统

1 梁永平，等. 教育研究方法[M]. 济南：山东人民出版社，2008：215.
2 郑金洲. 行动研究：一种日益受到关注的研究方法[J]. 上海高教研究，1997（1）：23-27.

计等科学的方法来验证假设。例如，在柯立尔看来，行动研究者就是实际工作者用科学的方法来解决实践中的问题。不少人认为，行动研究是一种小规模的实验研究，它用统计的方法来验证假设，用科学的方法来解决教室里的实际问题。正如英国课程论专家斯腾豪斯所言："教育科学的理想是，每一个课堂都是实验室，每一名教师都是科学共同体的成员。"[1]

2. 解决实践问题的行动研究

即行动者为解决自己实践中的问题而进行的研究。此类观点的代表人物有斯腾豪斯等人。他们关心的不仅仅是统计数据，还重视教师和学生的日记、磁带、照片等所有对以后的回忆和评价都有帮助的材料。在他们看来，课程的编制和研究在本质上只能是一个实践问题，而不是理论问题；理论的正确性并不依赖于"科学"的测试，而在于是否从实践中产生。他们对行动研究的典型看法是，行动研究就是由教师或其他实际工作者针对实际问题进行研究的一种方法。

3. 批判性行动研究

即行动者对自己的实践进行批判性思考，以"理论的批判""意识的启蒙"来引起和改进行动。此类观点的代表人物有凯米斯等人。他们认为行动研究是追求自由、自主和解放的，从而把行动研究看作教师和其他教育实际工作者所进行的一种自我反思的研究，倡导教师等对自己的实践进行批判性思考。

上述三种类型分别强调行动研究的不同侧面：第一种类型强调行动研究的"科学性"；第二种类型更关注行动研究对教育实践的"改进"功能；第三种类型突出了行动研究的"批判性"。虽然这些类型强调的方面各有侧重，但在实际研究中，研究者是有可能同时把这三种类型研究的特征结合在一起的。

（二）试验型、组织型、职业型和赋加权力型行动研究

根据每一个行动研究内部的发展历程可将教育行动研究分为试验型、组织型、职业型和赋加权力型行动研究。[2]

1. 试验型行动研究

以科学的方法探讨社会问题，由研究引发的行动改变被认为是理性的活动，可以被规划和被控制。这种类型与上面的第一种类型十分相似，都追求研究的科学性和理性特征。

2. 组织型行动研究

将行动研究应用于对组织问题的解决，其核心在于创造富有生产力的工作关系。研究者与参与者共同确定问题，寻找可能导致问题的原因以及可行的改变措施，研究是一个相

1　罗华陶，韩兵兵．研究型教师的定位及其培养重构[J]．现代教育科学，2013（1）：67-69.
2　陈向明．质的研究方法与社会科学研究[M]．北京：教育科学出版社，2000：450.

互合作的过程。这个类型与上面的第二种类型也有相似之处，它们都强调研究对社会现实的改造功能。

3. 职业型行动研究

研究植根于实际的社会机构之中，目的是促进和形成新的职业，如护理、社会工作、教育等。研究的内容反映的是这些职业人员的抱负，通过研究提高这些职业的社会地位，与那些被社会认为重要的职业（如法律、医学等）相媲美。同时，通过行动研究发展这些职业人员以研究为基础的社会实践活动。在这种研究中，发展与创新被认为是职业实践的一个重要部分。除非实践者对自己的价值观念进行反思，并且寻求办法来改变自己早已熟悉的行为实践，否则任何改变都是不现实的。

4. 赋加权力型行动研究

这种研究与社区发展紧密相关，是以反压迫的姿态为社会中的弱势团体摇旗呐喊。研究的目的是结合理论解决社区的具体问题，研究者协助参与者确认研究的问题，提高彼此相互合作的共识。这个类型与上面的第三种有相似之处，它们都强调研究的批判功能。

这四个类型有如一个光谱的连续体，从左端的实验性研究到右端的赋加权力型研究，由理性的社会管理到结构的改变，然后向社会的冲突逐步演进。一个研究项目可能随着阶段的不同而从某一个形态转移到另外一个形态，也可能如同一个螺旋体，在不同的形态中循环往返。

（三）内隐式“行动中获知”“行动中反思”和“对行动进行反思”

根据参与者对自己的行动所做的反思可将行动研究分为内隐式“行动获知”“行动中反思”和“对行动进行反思”。[1]

1. 内隐式“行动中获知”

通常实践者对自己的实践知识及其来源缺乏意识，无法清楚地用语言说出来。他们也无法将自己的思考和行动分开，“我们知道的比我们能说的要多”。例如，布鲁姆发现，在例行式实践行动中，一个专业的“行家”（如成功的教师）比“非行家”（如不成功的教师）在界定和解决问题时所运用的语词来得精练。因此，他认为，例行式行动不是“知识不足”的表现，而是代表了一种组织知识的方式，一种与工作任务紧密相关的知识的浓缩。“行家”在例行式行动中所表现的隐含性知识，是他们日益积累的实践性知识的一种精练的展现。“行动中获知”的研究便是对实践者日常的例行式行动进行的研究，通过观察和反思了解实践者的内隐性知识。

2. “行动中反思”

西雄的研究发现，当一个人在行动中进行反思时，他就成了实践中的一位研究者。这种

1 陈向明. 质的研究方法与社会科学研究[M]. 北京：教育科学出版社，2000：450-451.

研究者不是依靠现存的理论或技巧来处理问题，而是针对一个独特的个案来建构一个新的理论。他将目标和手段视为相互建构的关系，根据彼此之间的需要进行相互调整。这种研究者的思考不会脱离实践事物，所有的决定都一定会转化为行动，在行动中推进自己对事物的探究。这种研究无须借助语言，是以一种非口语的形式进行的，针对特定情境而进行的反思式交谈。它促使参与者将自己的思考转换为行动，比较不同的策略，将相同的因素提出来，排除不恰当的做法。这种研究还可以提高参与者将知识由一个情境转移到另外一个情境的能力，运用类比法来评估知识，并在此基础上发展知识。这种方法通常发生在比较复杂的环境中，特别是当参与者的例行式做法不足以应付当前的问题时。

3. “对行动进行反思”

在这种类型的研究中，参与者明白地用口语建构或形成知识，把自己抽离出行动，对自己的行动进行反思。虽然这么做减缓了参与者行动的速度，干扰了他们例行式行为的流畅性，但催化了他们对自己行动的细微分析，有利于他们规划变革。同时，将参与者的内隐知识明朗化（特别是口语化）可以增加他们知识的可沟通性，是他们所属专业发展的必然要求。将自己的实践性知识语言化，不仅可以帮助参与者应付更加复杂的社会问题，而且还可以帮助他们与其他人以及自己的学生进行沟通，从而使知识得以传承。

（四）合作模式、支持模式和独立模式行动研究

根据参与行动研究的主体与主体之间的关系可将行动研究分为合作模式、支持模式和独立模式行动研究。[1]

1. 合作模式行动研究

在这种研究中，专家（或传统意义上的“研究者”）与实际工作者一起合作，共同进行研究。研究的问题是由专家和实际工作者一起协商提出的，双方一起制订研究计划，共同商定评价研究结果的标准和方法。

2. 支持模式行动研究

在这种类型中，研究的动力来自实际工作者，他们自己提出并选择需要研究的问题，自己决定行动的方案。专家则作为咨询者帮助实际工作者形成理论假设，计划具体的行动以及评价行动的过程和结果。

3. 独立模式行动研究

在这种类型中，实际工作者独立进行研究，不需要专家的帮助和指导。他们摆脱了传统的研究理论和实践规范的限制，对自己的研究进行批判性思考，并且采取相应的行动对社会现实进行改造。

---

1 陈向明．质的研究方法与社会科学研究[M]．北京：教育科学出版社，2000：451.

（五）技术的、慎思的和解放的行动研究

根据行动者在研究中自主性的获得程度，可以把教育行动研究分为技术的、慎思的和解放的行动研究。[1]

1. 技术的行动研究

所谓技术的行动研究，即行动者在掌握由教育理论工作者生产的理论和知识后，在实践中认真地实施。行动者扮演操作员的角色，其功能是把专家生产的知识忠实地落实到实践中去。他们希望通过理论知识的运用改善实践。技术的行动研究者相信：知识可以独立于求知者而存在，教育中存在普适的理论，而且教育实践可以通过外在的推力而强制性地加以改造。例如，在大规模的由国家发起的课程改革中，许多教师所做的工作就类似于技术的行动研究。

2. 慎思的行动研究

慎思的行动研究从“问题的”和“辩证的”理念出发，强调教师在行动中的理解与判断。慎思的行动研究认为，教师的每次行动都是在具有价值承诺的诠释性框架中进行的；是在历史、政治和社会脉络中互为主体地进行的；教师是积极的知识创造者。教师需要对自己的实践进行深入的理解和诠释，挖掘在特定背景中的意义。在慎思的行动研究中，知识的作用在于促进教学生活的转化。教师通过对行动情境，对自己作为教师的意象和对习以为常的教学假设的重建来进行经验的重建。慎思的行动研究是许多专家型教师在实践探索中从新手走向能手的日常方式。

3. 解放的行动研究

解放的行动研究认为教育实践不仅负载着价值，而且这些价值由于社会、政治、文化和历史的原因而被扭曲，具有压迫性。主张行动研究在检视和解释所依据的价值系统和公平概念基础上，必须批判意识形态，寻求揭示具有压迫性和支配性的事物，并且要把批判性的意识付诸行动，教育目的不能仅仅依赖于外在的权威，实践者具有自我决定性。教师作为专业人员，负载着道德的、伦理的和政治上的价值，需要认识到教学与教育过程中存在的不公平，甚至教学背后所存在的不公平的社会结构，通过批判来揭示和修正不公平的现象。

从技术的到慎思的，再到解放的行动研究，层次越来越高，后者在前者的基础上，行动者的主体性得到进一步提升。

二、教育行动研究的特点

（一）教育实践工作者成为研究的真正主体

行动研究倡导被研究者参与研究过程，它的实质是解放那些传统意义上被研究的“他

1 赵明仁，王嘉毅. 教育行动研究的类型分析[J]. 高等教育研究，2009（2）：49-54.

人”，让他们接受训练，自己对自己进行研究。在行动研究中，被研究者不再是研究的客体或对象，而成为研究的主体，通过“研究”和“行动”这一双重活动，参与者将研究的发现直接应用于社会实践，进而提高自己改造社会现实的能力。

教育行动研究注重教育实践工作者的参与，主张将教育研究过程与实践工作者的行动过程相结合。无论是教育实践工作者独立进行研究，还是与专业研究人员合作，教育实践工作者都是研究的主体，而传统意义上的研究者只是一个触媒的角色。正如斯腾豪斯所言：“教师是教室的负责人，而从实验主义者的角度来看，教室正好是检验教育理论的理想的实验室。对那些钟情于自然观察的研究者而言，教师是当之无愧的有效的实际观察者。无论从何种角度来理解教育研究，都不得不承认教师充满了丰富的研究机会。”[1]

然而，在现实中，教育实践工作者（如中小学教师）虽然成为某项教育行动研究课题组的成员，但他们在研究过程中表现出的等、靠之类的情绪或态度，却全然没有主体之感，研究并没有成为他们主动要做的事，而是研究者（高校教师或专家）或校领导指派的任务。这与行动研究的初衷和优势的发挥渐行渐远，可见，只有教育实践工作者具备了参与研究的热情，能够积极主动地参与研究，这样的研究才是当之无愧的教育行动研究。

主体可以被简单解析为“主动的个体”，那么要成为主体，主动精神就必不可少。而且从行动研究的缘起也可以看到，它是对实践智慧的回归，关注实践者缄默知识的解放和价值。如果研究过程缺失了实践研究者的主动参与，所谓实践智慧、缄默知识都不能得以释放，实践者又回到了被动的执行者的地位，行动研究也就不能称为行动研究了。因此，在行动研究中，实践者研究主体地位的获得，关键在于其对所从事的科研活动具备积极主动的态度和反思精神，它是行动研究之魂。另外，在行动研究中，作为研究主体的实践者，还能把自己这个主体当作客体来进行解剖，以加强自我认识、自我发现、自我塑造，从而达到自我完善。这种把主体当作客体的自我解剖精神，从某种意义上来说，既是人的主体性的高度发挥，也是行动研究价值观的最完美体现。

（二）改进行动质量是研究的首要目的

从研究目的的角度看，教育行动研究以解决教育教学实际问题，提高教育质量为首要目的。其主旨不在于建构理论体系、归纳规律，而是主动容纳和利用各种有利于解决实际问题与提高行动质量的经验、知识、方法、技术和理论，特别重视实际工作者对实践问题的认识、感受和经验，解决教师在特定工作场景中遇到的真实问题，研究的目的指向教育行动的优化和行动者的理性直觉，旨在不断革新和改善教育行动。任何脱离自己工作场景的、为了研究而进行的研究，都不是真正意义上的行动研究。有学者认为，学校场域中教育行动研究

1　宁虹．“教师成为研究者”的理解与可行途径[J]．比较教育研究，2002（1）：48-52.

的效果可以从以下三方面衡量：一是改进学校生活实际状况的程度；二是促进学生发展的程度；三是提升教师智慧的水平。[1]这便是教育行动研究关注改进实践的最有力的证据。

虽然教育行动研究把改进行动质量放在第一位，并不等于它无助于也不关心“一般知识”和“理论”的发现、生产。它只是更强调从具体、特殊到一般和普遍；更强调已有的理论和知识体现在从抽象到具体的过程中；更强调渗透在行动计划的经验和理论都须受实践的检验、修正、补充甚至证伪；更强调知识和理论说到底还是来源于实践，并在实践中体现其有效性和真理性。教育行动研究在一定范围内，同样会做出自己的理论贡献。如20世纪80年代后期，上海闸北八中校长刘京海开展的“成功教育”的研究，就是一项十分成功的教育行动研究，它不仅实现了实践层面的成功，令该校学生在不同层次上实现了自己的成功目标，学生的素质普遍提高，而且在实践经验的基础上，对成功教育的内涵、特点、实质和实施进行了研究，构建了具有本土特色的成功教育理论。[2]

（三）研究的问题来源于教育教学实践

由于行动研究的目的是解放实践者，提高他们的行动能力和行动质量，改变他们所处的现实处境，因此研究的问题应该、也必须是起源于实践者的日常生活和工作。那么，教育行动研究的问题，就应该直接来源于教师自己的教育教学实践，是教师自己的直接经历、困惑或感受。这样产生的研究问题，对教育实践工作者而言，才是“真问题”，才能够有效地解放他们的实践智慧，充分发挥他们所具有的实践性知识对研究的价值，并彰显教育行动研究的本质和优势。也只有这样，在教育行动研究中，教育实践工作者才不会沦为“执行者”，不会成为专家、学者、领导的“附庸”，教育实践工作者的研究主体地位才可以得到有效的保障。因此，教育实践工作者在行动研究中，要有问题意识，能够积极主动地发现教育教学实践中日常问题的研究价值，并将其转化为研究问题，进行研究。另外，由于教育行动研究的问题或对象通常仅限于本校或本校的某个教学班，属于某个学校的校情或班情问题，表现出较多的某地区的某所学校或教学班的特征，不具有普遍性，这就要求在评价研究效果时多加分析，谨慎外推。

（四）研究情境具有自然性

在实践取向引领下，行动研究的研究场域回归到实践者的日常工作及生活之中，充分体现了研究情境的自然性。教育行动研究扎根于日常的学校生活和真实的课堂教学环境中，教育实践工作者在行动的过程中研究，在研究中不断改善行动的质量，达到研究和行动的完美

1　郑金洲，等. 行动研究指导[M]. 北京：教育科学出版社，2004：229-246.
2　蔡笑岳. 教师专业发展与教育研究[M]. 广州：暨南大学出版社，2007：64-65.

结合。教育行动研究在研究情境上自然性的回归，能够使研究在更加真实、客观的环境中进行，从而保证研究结果的真实、可靠，这也正是教育行动研究之所以能够有效弥合理论与实践脱节的关键。但是，研究情境的自然性也会对研究产生一些不利的影响，如自然的研究情境中存在诸多不可控因素，它们会对研究活动产生影响，并最终影响到研究结果及对研究结果的理解与解释。

（五）研究方法具有广泛的包容性

如前文所述，教育行动研究并不是一种可以独立使用的具体研究方法，而是主张多种研究方法综合使用。在研究中，根据研究问题的性质、研究的目的、研究者的能力，从已有的各种研究方法中灵活选择有关方法来研究具体问题，因此，观察法、访谈法，甚至问卷调查、实验法等，都可以在教育行动研究中发挥作用，这种多元化的研究方法充分展现了教育行动研究在研究方法上的包容性。

第三节
教育行动研究的步骤

学习目标

掌握教育行动研究的步骤。

行动研究的提出，在一定程度上抹平了本体论和认识论之间的区别，在解放实践工作者的缄默知识的同时，有效地推动着实践的改进。但如何使行动研究能够真正为实践工作者所用且用得好，已经成为很多学者关切的问题，他们纷纷为实践工作者提供直观的操作程序。[1]其中，凯米斯在勒温理论基础上提出的四环节说认为，行动研究是一个螺旋式上升的发展过程，每一个螺旋发展圈包括相互联系、相互依赖的四个环节，即计划、行动、考察与反思。[2]一个循环结束，新的循环又开始上路，这与实践工作者周而复始的工作相契合，但这种循环绝对不是在封闭的圆圈之中进行，正是它螺旋式上升的特质，推动着实践不断的改进。阿特莱奇特等人也认为行动研究可以由四个环节组成，依次是寻找起点、理清情境、发展行动策略并付诸实施、公开实践者的知识，其运作过程也是一个不断螺旋上

1　勒温、考瑞、艾略特、凯米斯、埃巴特、麦克南等都提出了各自的看法，具体内容详见郑金洲等. 行动研究指导[M]. 北京：教育科学出版社，2004：30-47.

2　陈向明. 质的研究方法与社会科学研究[M]. 北京：教育科学出版社，2000：455.

升的循环，所有的步骤完成之后，马上又进入新的一轮循环。[1]

虽然教育行动研究强调关注每一个具体研究的情境，在研究实施过程中进行灵活、开放的处理。但整体而言，教育行动研究的实施依然遵循着一个大致的线索。借鉴学者们的观点，我们将教育行动研究的步骤总结为以下几个阶段。

一、确定研究问题

问题是研究的起点，因此，教育行动研究起始于确定研究的问题。教育行动研究在确定研究问题时，须关注如下几个方面。

第一，教育行动研究者必须明确，研究问题应该来源于教育教学实践，是能够真正发挥教育实践工作者的优势、实现其研究主体地位的问题。

第二，须明确教育行动研究问题的具体来源。如上所述，教育行动研究的问题应该来源于教育教学实践。具体而言，问题的来源主要有以下几个方面[2]：① 从疑难中寻找问题。每个教师在工作中都会遇到这样那样的疑难，如教师的设想、计划与实际效果之间存在差距、教育教学情境中教师与学生、学生与学生等目标或价值取向之间存在冲突与对立、教育教学中的“两难”情境、不同的人或群体对待同一个教育教学行为的不同看法等，教师就可以将其转化为研究问题，在行动中寻找这些疑难的对策。② 在具体场景中捕捉问题。真实的教育场景既是研究进行的主要依托，更是发现问题的重要所在。只要具备发现问题的“眼睛”，就能将教育场景中蕴含的大量，甚至无穷尽的待研究的问题挖掘出来。如师生交往中，学生一个哀怨或欣喜的眼神，可能就蕴含着一个十分有价值的研究问题。③ 从阅读中发现问题。行动研究虽然指向实践，但并没有放弃理论对研究的指导作用，为了更好地进行研究，教育实践工作者同样需要进行广泛的阅读。在阅读的过程中，教育实践工作者要时时注意结合自己的工作实际进行有针对性的思考，要注意使理论的论述转化为对自己工作中相关问题的解读与说明，要注意将自身已有的经验与阅读材料中的分析相联系。问题有时就是在这样的转化、联系、解读中逐渐呈现并变得清晰起来的。如一位教师看到一份中美数学课堂教学的研究报告，引发了思考，从而将自己的研究聚焦于“如何在课堂教学中关注学生的个别差异”。④ 从学校或学科发展中确定问题。教师个人的发展与学校、学科的发展密切相关，结合学校的发展情况或学科发展的最新趋势确定研究的问题，也是教育行动研究确定问题的一种重要方式。如一所学校把“幸福教育”确定为本校的办学特色，该校的教师就可以结合自己的工作，研究如何有效落实“幸福教育”：教

1　陈向明．质的研究方法与社会科学研究[M]．北京：教育科学出版社，2000：455-457.

2　郑金洲，等．行动研究指导[M]．北京：教育科学出版社，2004：49-59.

师研究如何在课堂上实现师生的幸福，领导研究如何通过有效的管理以实现师生，甚至家长的幸福，等等。

第三，须对确定的研究问题进行理论提升。一个有价值的研究问题，必须既有坚实的实践基础，也有科学的理论基础，二者缺一不可。因此，在初步确定研究问题后，就需要进一步思考与研究问题相关的理论，在理论指导下，对研究问题进行理论提升，这是保证教育行动研究选题科学性的重要一环。

案例11.1

姜老师的困惑

姜老师任教高一两个班的数学课，其中一个班的中考数学平均分在全年级五个班中排名第五名。姜老师决心改变这个班数学差的现状。他一方面改进课堂教学，另一方面加大作业量，除了课本上的习题一律全做外，还要做区里发的大练习本。一学期结束后，这个班的数学期末考试成绩平均分仍排在年级第五名。他深感这个成绩与学生所付出的心力相比，相差甚远。于是他决定用行动研究来提高班上学生的数学学习效果。为此，他打算在现有的条件下对作业加以改进。

他阅读有关学习理论及有关数学作业改革试验的文献资料，请市教科所研究人员指导，经认真研究，确定“以改进数学作业的量和质，提高练习效果”作为研究主题。[1]

二、制订研究计划

在确定了研究问题后，就需要在搜集相关资料的基础上，审慎地制订整个行动研究的计划。研究计划不仅能够为行动研究者提供比较详尽的研究步骤，指导研究的有序开展，而且也可以为行动研究过程和结果的评价提供参考框架。同时，制订计划的过程也是进一步分析和论证问题解决的可行性。

首先，要理清研究问题的情境。这是制订研究计划的前提。在确定问题后，研究者必须通过对话、访谈、观察、记录、收集实物、录音录像、书面调查等方法搜集有关资料，然后对资料进行分析，以理清研究问题的情境，形成对研究问题的清晰理解。

其次，要阅读相关文献资料。这是制订研究计划的基础。理清问题的情境后，研究者需要阅读与本研究问题相关的文献资料，以了解他人对此问题的已有认识和研究状况，从中获得研究策略或研究方法上的启示。就文献资料的搜集与阅读而言，研究者可以通过考

1　宋虎平．行动研究[M]．北京：教育科学出版社，2003：8.

虑如下问题促进阅读：是否已经充分阅读与研究问题有关的文献？是否已经充分阅读相关方法和方法论的文献？是否已经明确还有哪些书籍或文章报告仍然有待阅读，并明确知道何处可以得到这些文献？是否已经明确可以从哪些资料或人物获得相关的咨询建议？这些文献有什么共同处，又有什么差异，对本研究意味着什么？是否还有其他事情没有考虑到？等等。[1]通过对这些资料的阅读与分析，研究者要善于建立自己的资料库，以满足研究的不同需要。

最后，制订研究计划。要制订研究计划，首先需要明确研究计划的内容。一份较为完整的行动研究计划大体包括如下内容：课题名称、研究目的与意义、研究问题与假设、研究对象与变量、研究方法、研究进度、研究人员及其分工、成果形式。[2]制订的研究计划，应具有可行性与可操作性，能够切实地指导行动研究的展开；且研究计划还应具有一定的灵活性与开放性。

案例11.2

一份初中物理教师的行动研究计划

有一位初中物理教师，对八年级物理的教学效果感觉不满，拟以行动研究加以改进，制订如下研究计划。

1．问题：对初中物理数学的效果感到不满。

2．重点：怎样才能激发学生对物理学习产生更大的兴趣。

3．诊断：问题的诊断与结果分析如表11.1所示。

表11.1　行动研究结果分析表

1	2		3		4
学生对物理缺乏兴趣的原因	这一原因是		是否能够改进		能够改进的原因
	事实？	揣测？	能	不能	
1. 缺乏物理实验	×		×		×
2. 学生缺乏讨论		×	×		×
3. 没有现代的演示设备	×			×	
4. 有趣的物理书刊太少				×	
5. 物理基本知识不够		×		×	

注：X表示没有对应的事项。

1　侯怀银．教育研究方法[M]．北京：高等教育出版社，2009：233.
2　郑金洲，等．行动研究指导[M]．北京：教育科学出版社，2004：60−62.

为获得第二项原因的证据，计划约若干学生个别谈话，借以明了学生是否时常谈论物理学的问题。

4．行动假设：假如安排每周两节课做物理实验，每周一节课讨论，学生对这一学科的兴趣将会增加。

5．研究进度

（1）（至××年1月1日）编制“实验班”的物理兴趣量表并实施测验。这项兴趣测量包括两个方面：一种是要每个学生就所学的科目依照自己的兴趣高低排列，以显示学生对物理学的兴趣在各科中的地位。另一种是以五点计分的物理兴趣量表，要学生评定自己对物理兴趣的程度，用同一量表，再请学生评定自己认为一般同学对物理兴趣的程度。物理兴趣的平均等第与各科兴趣相比较的结果便可作为准则。同样地，五点量表的平均数与认为一般同学对物理兴趣的平均数间的差异，一定具有意义。

（2）（2—4月）每周两节课上物理实验。依照教具设备的情况，全班分成两组。很多教具可能需要自制。如有必要，应收集有关制作简易科学教具的书刊，并请其他教师协助。每两周一次讨论，可能需要收集些有关讨论方法的书，并在学生中训练几位小组讨论领导者。

（3）（5月1日）实施3个月的物理实验教学和小组讨论之后，再应用上述两种测量工具实施测量。

（4）（至5月15日）比较前后两次测量所获得的证据，并归纳结论，评鉴整个研究。[1]

三、采取行动

行动研究是“为行动而研究”“在行动中研究”“由行动者研究”，因此，采取行动是行动研究中最为关键的环节，离开了实践工作者的行动（或实践），行动研究也就失去了存在的基础。从教育行动研究的整个过程来看，实践者的行动（或实践）具有实质性意义，它既是问题解决的实际操作过程，是研究计划付诸实施的过程，也是后续观察和反思的实践基础。在采取行动的过程中，教育行动研究者须关注以下几方面问题。

首先，行动必须以研究计划为指导。在行动研究中，教师的行动不是漫无目的的，而是根据已经制订好的计划展开教育教学实践的过程，因此具有鲜明的目的性和计划性。切忌一到实践场域，就进入习惯性工作的轨道，将前期的研究计划完全抛之脑后，计划是一套，行动又是一套。

其次，在行动过程中，随着教育情境的变化可以对计划进行合理的调整。按照研究计划一步一步地采取行动，这至少为问题的解决提供了基本的保证。但是，合理的行动，不是预

1　郑金洲．行动研究指导[M]．北京：教育科学出版社，2004：75-76.

先设定的或不容变更的。行动总是和行动的情境结合在一起的，随着教育情境的变化和教师认识的加深，行动也是在不断调整的。亚里士多德曾说，合理的行动即恰当的人在恰当的时间和地点，以恰当的方式做恰当的事。[1]要想达到这样的合理性，教师需要事先对当下的教育情境做出理智的判断。行动研究的计划常常需要根据研究的进程加以调整，而且，教师在不断的反思和积累当中，难免会形成对问题的新认识，在研究的过程中，也难免会有新的因素介入研究，从而影响原有计划的达成，在这些情况下，研究中计划有调整、行为有变动，都是情理之中的事情。

最后，合理使用各种方法，搜集研究资料。在实施计划的行动中，还要注意收集每一步行动的反馈信息。获得可行的信息才可以进入下一步计划和行动；否则，总体计划甚至基本设想都有可能需要做出调整或修改。搜集研究资料的方法多种多样，在教育行动研究中，最常用的有观察法、访谈法、产品分析等。[2]另外，值得一提的是，在行动研究中，撰写研究日志是一种十分重要的方法。撰写研究日志，即研究者每天将自己的研究实践记录下来，并且进行反思。这是一个伴随着研究全过程的重要方法，它不仅仅是一个收集和分析资料的工具，而且可以记录多方面的资料，包括那些可以通过参与观察、访谈和对话等方式搜集到的资料，也可以随时记下自己的灵感和偶发事件，反省每天的研究结果，提供对原始资料的解释性评论，还可以对自己的研究方法和自身身份进行反思，增加对自我的了解，并且研究日志中记录的思想还可以发展为理论架构，凭借这个架构可以进一步搜集资料和分析已经搜集到的资料。[3]

四、系统考察，反思改进

当行动告一段落时，研究者就需要对行动的过程、结果、背景和行动者的特点进行系统的考察，理清研究的脉络，为反思改进奠定基础。

反思既是行动研究第一个循环的结束，也意味着新的行动研究循环的开始。反思的目的就在于寻求教师行动或实践的合理性。这种反思大体涉及两个方面：一是对整个行动研究过程的系统描述，即勾勒出从确定问题到制订计划、从采取行动到实施考察的整体图景；二是对行动研究的过程和结果进行判断和评价，并对有关现象和原因做出分析和解释，找出计划与结果的不一致性，进而确定原有的研究问题、研究计划和下一步的计划是否需要做出修正，以及需要做出哪些修正。

反思过程中，应该注意以下几方面的问题：一是以研究问题为基点；二是以研究计划

1　郑金洲，等．行动研究指导[M]．北京：教育科学出版社，2004：91.
2　这些研究方法在本书其他章节有详细介绍，此处不再赘述。
3　陈向明．质的研究方法与社会科学研究[M]．北京：教育科学出版社，2000：457-458.

为参照；三是以教师行动为对象；四是以改进实践为归宿。[1]正是通过反思，教育实践工作者又重新站在了一个新的起点上，因此，行动研究不是一个事件，而是多个“计划—执行—反思—总结”不断循环往复的动态过程。在不同的研究周期，研究的重点可以有所不同。这也要求教师要正确认识行动研究中所谓的“失败”。行动研究的过程是不断调整自己行动的过程，因此，每一个“失败”其实都是研究的起点，在这个意义上，行动研究其实没有失败，只是教师要注意总结经验教训，及时调整研究方向与行动。

案例11.3

我为什么这样改

课本上的原题是求多项式$2x^2-5x+x^2+4x-3x^2-2$的值，其中$x=1/2$。在一（五）班上课时我将$x=1/2$变成了$x=-2$。为什么呢？我感到增加了学生计算的难度，没有突出本节课合并同类项这个教学的重点。这次在一（六）班上课时我又将其变成了$x=2$。我感到将$x=-2$变成$x=2$有两个好处，一是降低计算的难度，突出合并同类项这个教学重点，二是变成$x=2$后多项式的值正好是0。这样学生可能更感兴趣，给学生留下更深的印象。[2]

五、公开研究成果

所有研究都需要采用一定的形式将成果呈现出来，如“教师即研究者”理念的创始人斯腾豪斯所言：“私下的研究在我们看来简直称不上研究，部分原因在于未公开发表的研究得不到公众批评的滋养，部分原因在于我们将研究视为一种共同体活动，而未发表的研究对他人几乎没有用处。”[3]行动研究专家埃布特（D.Ebbutt）则进一步指出：“如果行动研究指望成为一种合法的‘研究’形式，那么研究的参与者就必须提出他们活动的书面报告。而且，这些书面报告应该以适当的形式公开发表以便接受公众的批评。”[4]因此，虽然教育行动研究重在实践的改进，但研究成果的公开也是必需的。

通过公开行动研究的成果，实践者的收获与洞察得以开放地在批判性讨论中得到检验。另外，公开研究成果对于实践者也具有非常重要的意义，不仅可以强化他们的自信心，提高他们的自尊，而且可以增加他们的反思能力，提高他们所属专业的责任要求和社会地位，有利于他们的专业成长。此外，公开实践者的知识还可以使他们的知识免于被遗忘或被忽略，

1　郑金洲，等．行动研究指导[M]．北京：教育科学出版社，2004：118-122.
2　刘良华．校本行动研究[M]．成都：四川教育出版社，2002：186.
3　Stenhouse L. “What Counts as Research?” . *BritishJournal of Educational Studies*，1981，29（2），pp. 103-114.
4　Ebbutt D. “Educational Action Research：Some General Concerns and Specific Quibbles”. Burgess R G. Issues in *Educational Research：Qualitative Methods*，London：the Falmer Press，1985，p. 157.

让他们的知识参与到社会公共决策的过程之中。[1]

行动研究成果的方式可以多种多样，如口头报告或书面报告、图表、影视媒体手段、电脑网络、展览、开始行动，还可以研究日志、教育叙事、教育案例、教学课例和教学反思的形式进行表达。

第四节 教育行动研究的规范

学习目标

把握教育行动研究的规范。

教育行动研究，作为一种独特的研究方法，在教育理论与教育实践之间架起了一座桥梁，而且它在解放教育实践工作者的实践性知识方面具备得天独厚的优势，能够有效促进教师的专业发展，深化教育改革，最终实现对教育的促进作用。为使教育行动研究真正发挥它的作用，在研究的过程中，研究者必须遵循一定的规范。

一、切实保障教育实践工作者的研究主体地位

教育行动研究的根本旨趣是消融理论与实践的对立，让教师真正成为“研究者”，这也是教育行动研究最为本质的特点，是教育行动研究的质的规定性，离开了教育实践工作者积极、主动参与的行动研究，就不能称为“行动研究”。然而，由于行动研究长期以来深陷实证主义哲学的窠臼，教师对研究仍然充满畏惧感、陌生感，正如行动研究的领军人物艾略特所言：“总是有一种危险的倾向，即把教师仅仅看作帮助其他人搜集资料的工具。”[2]因此，必须切实保障教育实践工作者的研究主体地位。

首先，从教育实践工作者的角度看，必须转变看待“研究”的传统观念，提升能力，掌握相应的研究方法。传统的“R–D–D”研究模式，将教育实践工作者长期排除在研究之外，研究被披上了一层神秘的面纱，成为专家、学者的“专利”，教育实践工作者充其量只是研究结果的执行者。在教育行动研究中，研究必须与教育实践工作结合，因此，教育实践工作者必须改变对研究的传统认识，将高高在上的“研究”与自己的日常教育教学联系起来。而观

1 陈向明．质的研究方法与社会科学研究[M]．北京：教育科学出版社，2000：457.
2 苏鸿．实践哲学视域中的行动研究[J]．课程・教材・教法，2012（6）：15−20.

念的改变必须有能力和方法的支撑，才能转化为现实。通过培训、自学等多种途径提升教师素质，普及研究方法方面的相关知识，是保障教育实践工作者的研究主体地位的有效方法。

其次，从研究问题的角度看，教育行动研究所选择的研究问题，必须来源于教育教学实践，是参与研究的教育实践工作者熟悉的，且是他们感兴趣并能够对他们的教育教学产生积极影响的问题，只有这样，主动、积极的参与才能够成为可能。

最后，从理论工作者发挥作用的角度看，他们只需起到“触媒”的作用，而不能喧宾夺主。众所周知，很多行动研究倾向于理论工作者与实践工作者合作进行，双方各有优势，互为补充。但在现实中，很多实践者和理论工作者的合作却是貌合神离。一方面，在研究过程中，理论工作者遭遇尴尬：“我们”遇到了漠然的教师群体、学校支持的消退，结果，“我们”成了尴尬的研究者[1]；另一方面，理论工作者的善意“指导”与“辅导”，又常常对实践者构成知识霸权或话语霸权之类的压抑，实践者往往会选择退回自己的阵营。面对此种尴尬，由于行动研究本身带有一定的“反理论倾向”，因此，教育理论工作者就必须时刻提醒自己，在行动研究中，他们的职责就是为教育实践工作者提供服务和帮助，他们必须认同“教师的知识”，拒绝承认或主动消减对相关理论话语的使用[2]，切实扮演理论工作者“触媒”的角色，让实践工作者在行动研究中发挥主要作用。

二、正确处理“行动”与“研究”的关系

行动研究要求将“行动”和“研究”进行有机结合，偏废任何一方，都有悖于行动研究的理念，因此，必须正确处理“行动”和“研究”的关系。

在行动研究中，“行动”与“研究”的结合常常面临两种尴尬：一是由于人们固守传统的研究观念，过分强调研究的规范、研究结果的可推广性，或者由于专家、学者的强势介入，使得研究虽然进入了实践场域，但无法与实践结合，依然高架于行动之上；二是实践工作者在行动研究的过程中，往往会出现关注行动而淡化研究的倾向，出现课题研究的工作化倾向，从而降低研究的质量。有鉴于此，行动研究要求，既要从研究的视角去设计行动，又要在研究的框架下去实施行动；既不能离开行动去做研究，又不能用行动去替代研究。这就需要研究者关注以下三方面问题。[3]

首先，行动研究要聚焦问题。行动研究的主要目的就是要解决问题，因此在开展研究之前，必须明确要解决什么问题、针对什么问题来设计行动。譬如，一项培养青年教师的课

1　刘良华. 校本行动研究 [M]. 成都：四川教育出版社，2002：607.
2　牛瑞雪. 行动研究为什么搁浅了——大学与中小学合作研究的困境与出路[J]. 课程·教材·教法，2006（2）：69-75.
3　吴为民. 学校科研：如何把握“行动”与“研究”的关系[J]. 上海教育科研，2012（11）：12-13.

题，在设计培养举措时，就要明确本校的青年教师队伍中存在什么突出的问题，是专业态度上的问题，还是专业能力上的问题，出现问题的原因是什么，然后针对这些问题采取相应的措施，这样设计的行动就会有明确的问题针对性，行动后就可以从解决问题的角度去分析行动的有效性。如果学校只是在培养青年教师方面采取一些举措，开展很多培训活动，而对所要解决的问题、要达到怎样的目标不明确，那么这样的行动只能说是一般的校本培训工作，而不是行动研究。

其次，要注重行动方案的设计。这里要注意两个层面的问题：一方面，作为一项学校行动研究的大课题，要围绕课题目标，对各类行动有一个整体的设计。各类行动与课题的总目标之间以及各类行动之间应该有内在的关联性，形成一个清晰的行动研究总体框架。行动研究不能离开学校的实际教育教学工作，但作为一项课题来说，不可能囊括学校的所有工作，整体设计的意义在于给课题设置一个明晰的框架，在这个框架下再去架构各种具体的“行动”。有了这个清晰的框架后，研究者就清楚什么样的行动是与研究目标密切相关的，什么样的行动与研究目标关系不大，这样研究者就可以对行动有所选择，防止出现把所有的行动都往篮子里扔的现象。另一方面，对每一项行动方案要进行具体的设计。譬如，活动是如何开展的，采取什么活动形式，整个活动有哪些环节，对整个行动都要有明确的安排。不仅要有具体过程的设计，还要有行动细节的设计，最好有一定的创意，有学校自己的特点。同时，行动设计应能体现研究者的研究意图。在整个行动中，研究者要观察什么问题，采取什么手段搜集有关活动资料，以及考察活动的效果等，都要带有明确的研究目的，这是行动研究方案与一般活动的区别所在。

最后，要注意行动研究的过程性。行动研究强调对实践行为的反思，并在反思的基础上对实践行为不断地进行改进和完善，所以，行动研究要经历计划、实施、反思、改进、再实施的过程。无论是开发某门课程、建立某项制度，还是实施某项管理举措等，往往都不能一步到位，需要有反思和改进的过程。在这个过程中不断地寻找问题和分析问题，并不断地调整解决问题的方法。由此看来，在学校开展行动研究的过程中，要特别注意两点：一是要注重反思和改进的环节。要避免那种行动计划实施后就急于总结成果的做法，防止出现急于求成的心态。二是要分阶段进行实践操作。在设计行动研究的过程时，可以先在小范围内做一些初步尝试，在有了一定的方法或经验后，再在大范围内推开，这样才能取得比较好的效果。

三、充分发挥反思在研究中的作用

“反思理性”是行动研究的基本理论基础，它表达的是实践者的“实践理论”。西雄提出的“反思理性”有三个与“技术理性”不同的假设：一是复杂的实际问题需要特定的解决办法；二是这些解决办法只能在特定的情境中发展出来，因为问题是在该情境中发生和形成的，实际工作者是其中关键的、起决定性作用的因素；三是这些解决办法不能任意地使用到其他的情境之中，但是可以被其他实际工作者视为工作假设，并在他们自己的工作环境中进行检验。[1]因此，行动研究中，实践者将实践知识整合到行动之中，必须对自己的行动进行反思，以揭示和发展那些蕴含在他们身上的实践理论，而这些理论的发展将导致他们产生行动的意念，然后产生相应的行动。

但是，在行动研究过程中，我们往往看到教育实践者的反思流于形式、失之肤浅。其中最重要的原因是，反思并没有真正抵达实践者的内心深处，因而不能够有效地消融知识与行动的对立。行动科学的创始人阿吉瑞斯（Argyris）认为，我们大脑中的许多知识之所以没有产生行动的力量，是因为我们每个人都有两种不同的理论，即信奉理论（espoused theory）与使用理论（theory-in-use）。信奉理论是当事人声称遵行的理论；而使用理论则是指人们实际运用的行动理论，这种行动理论只有通过观察人们的实际行动才能推断出来。阿吉瑞斯和舍恩发现，人们所持有的信奉理论与使用理论之间并不是一致的，且有时会存在着很大的差距，但人们一般很难意识到这种差距的存在。

例如，一位教师在教学设计时反复强调启发式教学的重要性，但是他的课堂实际却可能是灌输式的。阿吉瑞斯的理论启发我们，行动研究只有深化反思的深度，聚焦和揭示教师隐性的“使用理论”，并且彰显信奉理论与使用理论的差距，才有可能创生出有行动力的知识。阿吉瑞斯用单路径学习（single-loop learning）与双路径学习（double-loop learning）来描述反思的两种不同的水平与深度。在“单路径学习”中，教师在采取一个行动后，如果发现行动的效果不尽如人意，通常只调整行动本身；而在“双路径学习”中，教师不仅回环到行动策略，而且回环到自己行动背后的潜在信念，即“使用理论”。正是这种向更深层次的潜在信念的反思，才会使行动的改变更加彻底、深刻和持久。[2]因此，教育行动研究不仅离不开反思，而且更提倡使用“双路径学习”的反思形式。

四、关注研究中的伦理问题

“伦理”是指人与人之间应有的关系，研究伦理主要涉及研究者与被研究者之间、协同研究者之间以及研究者与其他相关者之间的交互关系。[3]教育行动研究所涉及的伦理问题甚为复杂，限制也较为严格。

首先，教育活动本身是价值高度涉入的特殊活动，任何行动的尝试都不容许对学生的

1　陈向明．质的研究方法与社会科学研究[M]．北京：教育科学出版社，2000：454.
2　苏鸿．基于实践理性的行动研究[J]．当代教育科学，2013（2）：6-9.
3　侯怀银．教育研究方法[M]．北京：高等教育出版社，2009：235.

学习与成长造成损害。因此，在行动研究中，任何失败的行动或偏见不只危害教育实际的改进，同时也违反教育活动的内在规范与价值，而成为“非教育”甚至“反教育”。其次，与传统研究不同，教育行动研究与教育实践者的工作紧密结合，成为他们工作的一部分，教师既是研究者，也是被研究者，这种角色的融合对研究伦理也提出新的要求。最后，在行动研究中，作为“触媒”的专家、学者与教育实践工作者之间的关系，在前文多有论述，他们之间也存在着错综复杂的伦理问题。因此，在进行教育行动研究时，必须关注研究中可能涉及的各种伦理问题，以确保研究中所涉及人员的权益，并推动研究顺利展开。

麦克南（McKernan，J.）将行动研究的伦理准则总结为13条：① 受行动研究影响的所有人员都有权获得研究的相关信息、接受咨询和建议；② 除非获得学生家长、管理人员以及其他相关人员的认可，否则不能实施行动研究；③ 参与者个人无权单方面否决研究报告的内容；④ 所有文献资料，如档案、通信材料等未经官方许可不得检阅；⑤ 必须遵守版权法；⑥ 研究者必须对资料的保密性负责；⑦ 研究者有责任对研究做有效的记录并便于参与者和权威人士查阅；⑧ 研究者必须对那些与研究相关的群体，如教师、家长和学生负责；⑨ 研究者在研究中期必须报告研究的进展；⑩ 研究不能有害被试者的身心健康；⑪ 研究者有权公平地报告研究结果；⑫ 研究者必须向所有参与者公布相关的研究伦理合同标准；⑬ 研究者有权在公开发表的研究成果上署名。[1]

总之，由于教育行动研究将教育研究与教育实践有机结合，在进行研究的过程中，我们有必要将从事教育教学工作的专业伦理延续至教育行动研究之中，使教育行动与探究符合教育的内在规范与价值。

本章小结

1. 教育行动研究的内涵：以教育实践工作者为主体，为提高对自己所从事的教育实践的理性认识、加深对实践活动及其依赖的背景的理解、实现对教育实践的改进为目的，在教育实践中进行研究的一种研究方法。

2. 教育行动研究的作用可以总结为三个方面：一是有助于沟通教育理论与教育实践的联系；二是有利于促进教师专业发展；三是有助于推进并深化教育改革，提升教育质量。

3. 从不同的角度，根据不同的分类标准，教育行动研究可以分成不同的类型。按照研究的侧重点不同，可以划分为科学的行动研究、解决实践问题的行动研究和批判性行动研究；从每一个行动研究内部的发展历程，可以分为试验型、组织型、职业型和赋加权力型行

1 刘良华. 论行动研究的“合作”伦理问题[J]. 教育科学，2002（2）：1-4.

动研究；从参与者对自己的行动所做的反思来划分，可以分为内隐式“行动中获知”“行动中反思”和“对行动进行反思”；根据参与行动研究的主体与主体之间关系的不同，可以分为合作模式、支持模式和独立模式行动研究；根据行动者在教育行动研究中自主性的获得程度，可以分为技术的、慎思的和解放的行动研究。

4. 教育行动研究的特点主要体现在：教育实践工作者成为研究的真正主体；改进行动质量是研究的首要目的；问题来源于教育教学实践；研究情境具有自然性；研究方法具有广泛的包容性。

5. 教育行动研究的基本步骤是：确定研究问题；制订研究计划；采取行动；系统考察，反思改进；公开研究成果。

6. 教育行动研究应遵循的基本规范是：切实保障教育实践工作者的研究主体地位；正确处理“行动”与“研究”的关系；充分发挥反思在研究中的作用；关注研究的伦理问题。

总结 >

关键术语

教育行动研究

educational action research

章节链接

本章内容与第一章《教育研究方法概述》、第二章《教育研究的一般过程与设计》、第十章《教育实验研究》、第十四章《教育研究成果的表达》的部分内容有密切联系。

应用 >

体验练习

一、名词解释

教育行动研究

二、简答

1. 简述教育行动研究的作用。

2. 简述教育行动研究的特点。

3. 简述教育行动研究的基本规范。

三、拓展题

1. 请根据教育行动研究的操作程序，设计一个教育行动研究的研究计划。

2. 从教育专业杂志上挑选一篇教育行动研究的文章，仔细阅读这篇文章，然后评价这项教育行动研究在“行动”和“研究”的结合上做得如何。

拓展>

补充读物

陈桂生，等．到中小学去研究教育[M]．上海：华东师范大学出版社，2003.

本书以当代教育行动研究的理念为参照，同两所小学的教师进行合作研究，谋求教育行动的改善，并在这个过程中探索适合中国国情与实验学校情境的教育行动研究之道。

在线学习资源

1．国家精品课程资源网Http：//www.jingpinke.com。《教育研究概论》，第六章《干预性研究方式》，首都师范大学，宁虹。

2．国家精品课程资源网Http：//www.jingpinke.com。《教育科学研究方法》，第十二章《行动研究》，北京师范大学，马健生。

第十二章

教育经验总结

本章概述

本章介绍了教育经验总结的内涵和作用、特点和类型、基本步骤和规范。教育经验总结是依据教育实践提供的经验事实，通过对教育经验的发生过程进行追因研究，从而使教育经验从感性认识上升到理性认识的教育研究活动。教育经验总结有助于了解教育实践情况，有助于提升教育经验的理论价值，有助于提高教师的专业水平，有助于为教育决策提供依据，有助于优化教育理论与实践之间的沟通机制。教育经验总结具有情境性、循环性、开放性等特点。按照不同的分类标准，教育经验总结存在多种类型。教育经验总结既要遵循研究的规范，又要遵循表达的规范和立场的规范。

结构图

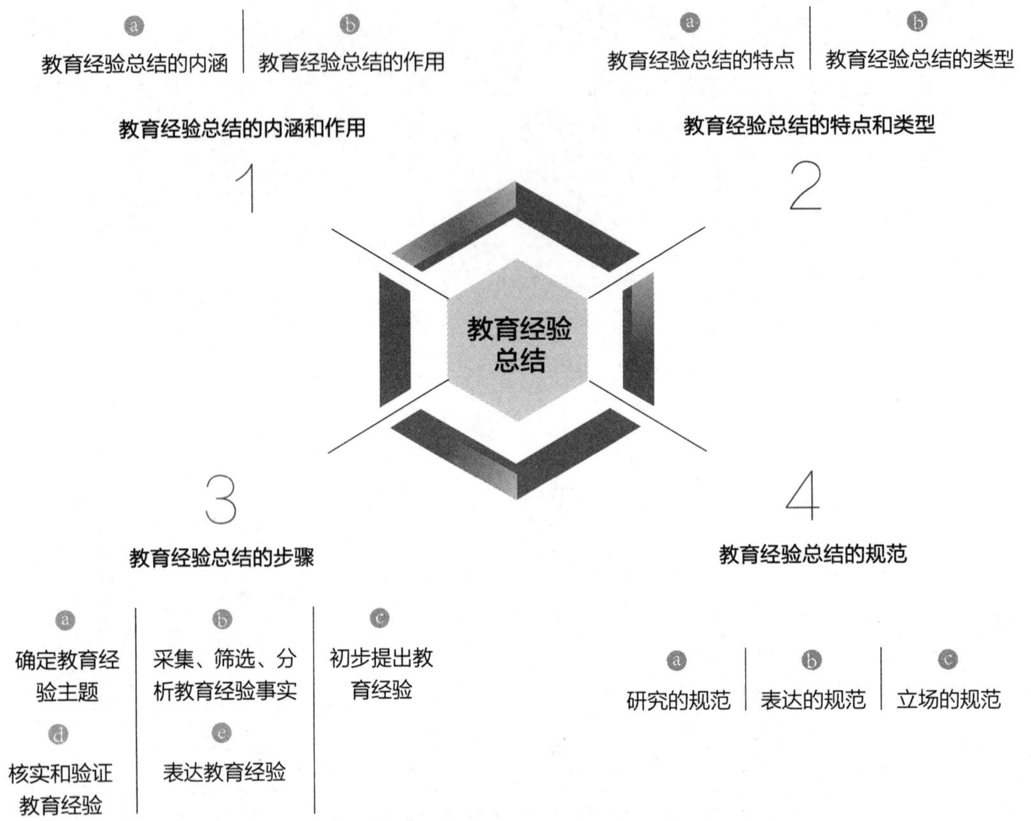

学习目标

学完本章，你应该做到：

1. 了解教育经验总结的内涵和作用；
2. 熟悉教育经验总结的基本特点和类型；
3. 掌握教育经验总结的基本步骤和规范。

读前反思

什么是教育经验总结？教育经验总结在教育研究中有什么作用？它有哪些特点和类型？研究过程中需要遵循哪些规范？

"教育是在经验中、由于经验和为着经验的一种发展过程"，[1]教育经验对于教育工作，乃至教育研究工作来说，具有重要价值。就教育研究而言，如果研究者没有一定的教育经验作为基础，就难以把握所研究的教育现象与问题，研究工作就无法深入进行下去。经验与教育息息相关。在教育史上，教育经验总结曾经为教育的进步与发展留下了华美篇章，比如我国古代的《学记》和古罗马的《雄辩术原理》，苏霍姆林斯基的大量著作等都是教育经验总结的典范。

第一节
教育经验总结的内涵和作用

一、教育经验总结的内涵

（一）经验

学习目标

认识和了解教育经验总结的内涵和作用。

经验

经验指人们的经历和体验，一般是指人在生活、工作、学习中所获得的知识与技能，也即对客观事物的感性认识。

作为日常用语，经验指人们的经历和体验，一般是指人在生活、工作、学习中所获得的知识与技能，也即对客观事物的感性认识。

现代哲学家们进一步发展了"经验"的概念，比如，美国实用主义哲学家约翰·杜威就以连续性和交互作用原则（又称情境性原则），对"经验"的内涵予以里程碑式的整合与发展。连续性原则是指"每种经验既从过去经验中采纳了某些东西，同时又以某种方式改变未来经验的性质"。[2]交互作用原则是指经验产生过程中做（doing）和遭受（suffering）或经受（undergoing）的密切关系：有机体以某种方式作用于环境，作为结果，环境中所产生的变化又反作用于这个有机体及其活动。[3]在杜威的经验概念中，经验与思想并不是对立的术语，有意识的经验充满了推理，经验也并不首先是一种知识的事情，而是生命与环境之间的交互作用。可见，经验不单单是对事物的感性认识，也具有一定的理性成分。

---

1 约翰·杜威. 我们怎样思维：经验与教育[M]. 姜文闵，译. 北京：人民教育出版社，2004：250.
2 约翰·杜威. 我们怎样思维：经验与教育[M]. 姜文闵，译. 北京：人民教育出版社，2004：261.
3 约翰·杜威. 民主主义与教育[M]. 王承绪，译. 北京：人民教育出版社，1990：153.

（二）经验总结

> **经验总结**
> 经验总结指分析研究一个阶段内学习、工作的情况和经验教训，做出有指导性的结论。

一般而言，经验总结指分析研究一个阶段内学习、工作的情况和经验教训，做出有指导性的结论。[1]从总结的概念内涵来看，总结内在地包含了对经验的分析和研究。因而经验总结是一种研究活动。从总结的对象——经验来说，这里的经验不同于一般所指的感性认识，不是一般所指的自然存在的事物或文献资料，而是被实践者改造了的客观事物，或是实践者具有的一定感性认识的理性认识。“把被改造的客观事实，实践者的活动和认识，以及它们间相互关系和相互作用的过程作为研究对象，是经验总结的本质特点”。[2]进一步而言，经验总结是在实践已经显示出了一定的效果之后才进行的，是对取得效果的经验事实进行分析、概括、判断，是一种“回溯”研究，试图找到获得效果的原因。经验总结离不开分析、综合、归纳、演绎、概括、判断等思维加工活动。经验总结最后要获得一个确切的结论或认识。所以说，经验总结是一种研究活动。

（三）教育经验总结

教育经验是人在教育实践中获得的关于教育活动的知识、技能以及相应的情绪体验等，通常指人们有关教育的感性认识。因其具有具体、局部和较零散的特点，往往需要经过总结研究以提高其理性水平，才能更好地为教育服务。依据杜威关于经验的连续性和交互作用原则，教育经验包含了经验事实和能够经验的过程。教育经验因其与“过去”经验事实的关联，造就了“现在”的经验样态，并指向“未来”经验发展的多样可能性。

教育经历是与教育经验既密切相关又相互区别的一个概念，是指人所经历的教育实践及其过程。教育经验产生于有着特定经验主体和教育情境的教育经历之中，但教育经验一旦形成，就可以相对独立于该教育经历，可以被不同的经验主体应用于类似的教育情境，从而产生不同的教育经历。从杜威关于经验的交互作用原则来看，只有教育经历中有意识的“做”与“经受”相统一时，才会有经验产生，不相关的做和不相关的经受都不能成为经验。因此，并非所有的教育经历都是教育经验。杜威曾举例说，在一个人睡着时，假如火烧到他，他身体的一部分被烧着了，这个烧伤不是以清醒的知觉从其行为中产生出来的，没有做和经受的统一，不能叫作经验。但假如一个顽皮小孩把手指头放进火里去被烧伤，他把伸手（做）和烧伤（经受）关联起来，进而学习到躲避火，这就是经验了。[3]

---

1 商务印书馆辞书研究中心．新华词典[K]．北京：商务印书馆，2001：1318.
2 钱在森．试论教育经验科学性总结的思路[J]．上海教育科研，1991（3）：1-6；
3 刘放桐．杜威的经验概念重释[J]．江海学刊．2013（1）：14-22.

人们开展教育经验总结，是为了降低教育经验的不确定性、零散性、偶然性等风险，增加其稳定性和可靠性。依据杜威的经验发展阶段论，经验分为原始经验和反省经验两个发展阶段，所谓原始经验指未加反省而由人直接感知或领悟到的经验，是“粗糙的、宏观的和未经加工提炼的经验”；反省经验是从原始经验中产生和发展起来的，它对原始经验加以提炼、改造、推演、探究，使其内容具有选择性、确定性、可靠性，并与相关事物建立起密切的联系，从而能够充当人们行动的工具，或者说为人们的行动找到适当的道路。[1]

教育经验总结的过程，实际上就是促使教育经验由原始经验阶段向反省经验阶段上升的过程。因此，**教育经验总结**是在教育实践发生的自然状态下开展的研究，是依据教育实践提供的经验事实，通过对教育经验的发生过程进行追因研究，从而使教育经验从感性认识上升到理性认识的教育研究活动。

教育经验总结

教育经验总结是在教育实践发生的自然状态下开展的研究，是依据教育实践提供的经验事实，通过对教育经验的发生过程进行追因研究，从而使教育经验从感性认识上升到理性认识的教育研究活动。

教育经验总结，既不同于具体的教育研究方法和思维方法，又同这些方法密切相连，观察、问卷调查、访谈、实验、文献分析、比较等具体的教育研究方法，以及归纳、演绎、类比、抽象、定义、判断、推理、分析、综合等逻辑思维方法都可以供教育经验总结所使用。

二、教育经验总结的作用

（一）有助于深入了解教育实际情况

无论是教育教学工作，还是管理工作，抑或是教育决策，要做到具体、富有实效，首先必须了解实际。要了解实际情况，就必须搞调查研究，深入实际。通过深入实际，发现问题，总结经验，才能制定出恰当的政策、措施和解决问题的有效办法。有时，一项教育活动的开展，一项教育政策的实施，经过一段时间的执行，需要了解具体运行情况，就要开展调查，及时总结政策和行动的经验，发现存在的问题，以便适时调整相应对策。这里经验总结对深入了解实际就发挥了很好的作用。

（二）有助于提升教育经验的理论价值

在人们日常的教育教学工作中，在教育管理和决策的过程中，存在着大量丰富的教育经验。教育经验是教育实践的结果，也是教育实践进一步发展的基础。教育经验是教育理论的重要素材与资源。它们对教育实践的发展、教育理论的进步具有重要作用。政策的推

1　刘放桐．杜威的经验概念重释[J]．江海学刊．2013（1）：14–22.

行，理论的运用，往往要依靠经验的检阅。所以，挖掘教育经验，提升经验的价值是具有重要意义的。

我国自古以来就有丰富多彩的教育教学经验，可谓汗牛充栋，但很少有经验能够站得住，而是大都成为过眼烟云，原因就在于没有用科学的方法去总结经验，致使有的经验停留在故纸堆中，有的流逝在历史的长河中，有的则随着时间的推移而迷失，难以在教育实践中发挥作用。有学者认为，“教育科学对我国教育实际中的十分丰富的经验没有认真总结，没有把群众的经验上升为理论”，这是我国教育科学落后的重要原因之一。[1]

（三）有助于提高教师的专业水平

开展教育经验总结，能够促使教师主动关注教育经验，及时地将具有重要价值的教育经验筛选出来，并且由于研究过程中选用了科学的研究方法，遵循了严谨的研究程序和规范，使得总结出的教育经验的科学水平更高，生命力更强，研究成果更容易被同行认可、借鉴和传播，可以发挥更大的教育价值。

无论何种类型的教育经验总结，对于教师来说都具有专业发展的意义。持续的教师专业发展，需要教师在发展过程中保持较高水平的主动性、积极性和自主性，这就需要教师具有专业自觉意识。善于并经常开展教育经验总结的教师，其专业发展的自觉意识就会得到有效的提升，也更容易形成专业发展动机和水平之间相互促进的良性循环。这样的教师，往往能更多地理解他人教育经验产生的情境，因而更容易基于自身教育经验，去吸取他人教育经验的可取之处，以进一步拓展或提升自身的水平。反之，缺乏教育经验反思的教师，往往专业发展的动机水平比较低，在专业发展过程中因循守旧、机械模仿的缺陷比较突出。

（四）有助于为教育决策提供依据

教育经验是对教育实践真实和有效的反映，教育经验总结能够将教育实践中的问题和需要有效地表达出来。先进的教育经验总结，有利于及时概括、提炼有效改善教育实践的做法和理念，能够促使教育行政部门在制定教育政策时，恰当地找准改善实践的起点、查明实践的问题所在。事实上，教育行政部门在出台政策前，常常要深入实践进行调研，教育经验总结的成果，可以直接为行政部门提供决策咨询。

（五）有助于优化教育理论与实践之间的沟通机制

教育领域由于长期以来存在着理论与实践不能有效沟通与合作的问题而遭受诟病，但教育质量的提升，显然既需要理论深入实践，也需要从实践中创新理论。无论理论界还是实践

1　苏忱．如何进行经验总结[J]．上海教育．1994（12）：7-9.

界都迫切需要更多、更好的创新理论，但从理论到理论的研究，无法满足教育实践的需要，也很难引起一线教师的兴趣。历史上经验科学的发展，正是对单纯依靠逻辑推理的思辨研究的扬弃。越来越多的研究者已经深入到教育实践中，与一线教师合作开展教育经验总结，这对于理论创新和实践改善都是大有裨益的。对于教育实践者来说，坚持开展教育经验总结，提升理论素养，提高自己的教育水平非常重要。

第二节
教育经验总结的特点和类型

一、教育经验总结的特点

学习目标

熟悉教育经验总结的特点和类型。

教育经验总结的特点与教育经验本身有着密切的关系，总的说来，当前教育经验总结主要呈现出以下几种特点。

（一）情境性

教育经验产生于具体的教育情境之中，教育情境既包含人，也包含相应的环境及其相互作用，这些因素及其相互作用的过程都具有可感性，这正是教育经验何以能够为我们所感知并带有独特情境性的原因。离开了特定的情境，教育经验就不会发生，已经产生的教育经验，如果脱离了情境性，其具体、生动的经验事实就会被掩盖，教育经验也就丧失了其应有的教育意义。教育经验的情境性，使得其中的个人经验往往会烙上经验主体——人的烙印。

比如，由某位教师总结研究出来的教学法，其主要特征、操作要义、实施流程等都会与这位教师的教学风格、人格特征等有比较密切的关联；而对于区域性教育经验来说，除了会受到经验主体的影响之外，还会带有一定程度的地域特征。因此，很多教育工作者在学习或研究某项教育经验时，非常注重到经验发生的现场去观摩，实地感受经验发生的情境。这样的举措常常能够提高对教育经验的理解和感受程度，使经验的学习达到形质兼备的效果。教育经验总结的过程与成果表达，一定不能脱离情境性，否则，就会使总结出来的教育经验令人费解，也会降低教育经验的可迁移性。

（二）循环性

教育经验产生于已经发生的教育实践活动当中，教育经验总结需要以某种方式并借助于特定的研究和思维方法，来“回顾”这些过往的经验事实，因此，很多研究者都倾向于将“回溯性”作为教育经验总结的特点。[1]但依据教育经验的产生及其发挥作用的机制和过程，可以发现“回溯性”并非此机制和过程的完整体现。因为，教育经验总结在回溯“过去”时，必须要立于“当下”，并指向“未来”，这种“过去—现在—未来”的过程并非是一次性的，而是循环往复的，以不断验证、修正经验，使经验得以继续提升。所以，与“回溯性”相比，循环性更能体现教育经验总结的特点，这种循环性包含了面向过去的回溯和面向未来的生长。

（三）开放性

如果说生长性是教育经验与生俱来的属性之一的话，那么相应地，要想保证教育经验能够面向未来不断生长，就需要为教育经验提供足够的生长空间。教育经验是不能脱离教育实践而单独存在的，但教育实践丰富多样，这就迫使我们不能将教育经验置于封闭的空间，教育经验总结必须向孕育经验事实的多样性教育实践开放，才能保持教育经验的实践生命力，否则，就会使总结出来的教育经验因毫无生气而难以应用到相应的教育情境当中，沦落为过眼云烟。很多教育理论尽管做到了理论内部的逻辑自洽，似乎顺畅、完美，但却输于理论的可证伪性[2]，堵塞了理论继续发展、开放的路径，一段时间过后，这种理论对实践的解释力就会开始下降乃至消失。

二、教育经验总结的类型

按照教育经验主体的多寡，可以将教育经验总结划分为个体教育经验总结和群体教育经验总结。前者指的是由个人在教育活动中的独特想法、做法产生的教育经验，这类经验带有一定的个人色彩，常常伴随着个性化的人格魅力、教育风格、性格特征等，因此，个人教育经验总结在关注经验本身的同时，还要考察个人因素。后者是对由多个经验主体共同占有的教育经验的研究，比如，区域性的教育经验、某学校的教育经验，或者某个特定教师群体的教育经验等，这类教育经验的特点是经验在成员间共享。

按照教育经验来源的不同，教育经验总结可以划分为直接教育经验总结和间接教育经验

1 钱在森．试论教育经验科学性总结的思路[J]．上海教育科研，1991（3）：1-6；吉昌福．浅谈教育经验总结的特点和功能[J]．基础教育研究，1994（1）：33-34；杨小微．教育研究的原理与方法[M]．上海：华东师范大学出版社，2010：208.

2 指卡尔·波普尔的可证伪性概念，即从一个理论推导出来的结论（解释、预见）在逻辑上或原则上要有与一个或一组观察陈述发生冲突或抵触的可能。

总结。前者是指对教育实践中处于原始经验水平的教育经验的总结，包括对自身或他人个体教育经验的研究，也包括对区域、学校等群体教育经验的研究；后者的研究对象是通过学习所获得的教育经验，即对向其他人或单位学习，或在文献学习中所获得的教育经验的研究。

按照教育经验在教育实践中产生的作用和意义的不同，教育经验总结可以划分为成功教育经验总结和失败教育经验总结。前者是对在教育实践中产生积极作用和意义、推动教育实践向前发展的教育经验的总结，成功的教育经验可以指导人们在教育实践中少走弯路、取得更好的教育效果；后者是对教育实践中未能产生积极、合理的教育效果的教育经验的总结，失败的教育经验可以警示人们吸取教训，避免重蹈覆辙。

第三节
教育经验总结的步骤

学习目标

把握教育经验总结的步骤。

了解教育经验总结的基本构成，遵循其基本的研究步骤，有利于提高研究的质量，更好地达成研究目标。具体而言，教育经验总结主要包括以下几个步骤。

一、确定教育经验主题

解决教育问题、提高教育质量是教育研究的基本指向，教育经验总结也不例外。我们总结某项教育经验，自然是试图应用此经验以解决某类教育问题、改善某教育困境，因此，在开展教育经验总结的具体过程之前，首先要明晰需要总结的教育经验适用于哪类问题、以怎样的主题展开总结。实际上，从教育困惑、教育问题到教育经验主题，并不是必然的，其间需要研究者根据研究实际和目的反复斟酌、调整、选择。

案例12.1

李吉林教育经验主题的确立和扩展

20世纪70年代末，李吉林老师为了弄清楚整个小学阶段儿童学习语文的内在规律，她从一年级教起。当时的语文教学是抽象的、单调的、符号化的，从形式到内容都不能满足儿童的需求。在这样的背景下，李吉林决心进行教学改革。在困惑和迷茫中，她受到了英语情境教学以及我国古代文论“意境说”的启发，开始了情境教学的探索。在探索初期，她就感悟到：语文教学必须与生活相通，通过艺术的直观与语言的描绘创设情境，能够激起儿童的情感，儿童的认知活动有情感伴随必然会获得意想不到的效果。

在情境教学向前发展的过程中，李老师不断地进行摸索，也不断地确立和扩展着自己的教育经验主题。如第一阶段运用情境，进行片断语言训练；第二阶段带入情境，提供作文题材；第三阶段创设情境，渗透审美教育；第四阶段凭借情境，促进整体发展。[1]

对于大型的教育经验总结来说，有时还需要将经验主题分解成若干分主题，以利于开展具体、深入的经验总结。

案例12.2

李吉林对情境课程经验的总结

李吉林老师经过18年的情境课程开发，直到1996年才提出了“情境课程”的主张，总结了自己“情境课程”的理念。对于这样一种大型的课程开发实践经验，她从学科情境课程、大单元情境课程、野外情境课程、专项训练情境课程、过渡情境课程五个方面进行了具体深入的总结。[2]

教育问题是复杂多变的，教育问题中凝聚的影响因素也是非常庞杂的，如果不能清晰地把握经验的主题，就无法卓有成效地搜集、筛选经验素材，就不能从整体观照、从多维视角观察、揭示经验中所蕴含的科学认识、有效做法和事实性依据，教育经验的价值就得不到有效挖掘和实现。

二、采集、筛选、分析教育经验事实

教育实践活动中蕴含着大量鲜活的经验事实，确定教育经验主题之后，研究者就可以依据该项经验总结的目的、围绕经验主题采集经验事实。在采集经验事实时，要注意从多种维度采集足够的经验事实，包括整体经验事实和局部经验事实、一般经验事实和典型经验事实、数量化经验事实和过程性经验事实、支撑性经验事实和验证性经验事实、确定性经验事实和模糊性经验事实等。判断经验事实是否足够的依据是，所采集的经验事实能否充分地反映该教育实践的发展变化过程。

在教育经验事实的采集过程中，记录经验事实并对其进行分类、存档是非常必要的，

1　李吉林．28年蹚出一条小路——教育创新需要持久地下功夫[J]．中国教育学刊，2006,（7）：1-5；李吉林．为全面提高儿童素质探索一条有效途径——从情境教学到情境教育的探索与思考（上）[J]．教育研究，1997,（3）：33-41.

2　李吉林．28年蹚出一条小路——教育创新需要持久地下功夫[J]．中国教育学刊，2006,（7）：1-5；李吉林．为全面提高儿童素质探索一条有效途径——从情境教学到情境教育的探索与思考（下）[J]．教育研究，1997,（4）：55-63.

这将会使之后剔除无关经验事实、精选并进一步挖掘与经验主题密切相关的经验事实变得更加有条不紊。

我们分析教育经验事实，是为了使筛选出的经验事实结构化或进一步结构化，以使该教育经验能清晰地揭示某教育实践活动的发展变化过程和产生如此这般变化的依据。因此，在分析教育经验事实时，需要建构分析框架、揭示经验事实间的内在机制，避免记“流水账”。

案例12.3

李吉林创设情境的六种方法

经过长期的探索，李吉林老师在创设情境进行阅读教学、渗透审美教育方面积累了丰富的经验。经过对这些经验的采集、筛选和分析，她总结出了六种创设情境的基本方法，即“以生活展现情境”“以实物演示情境”“以图画再现情境”“以音乐渲染情境”“以表演体会情境”“以语言描绘情境”。这些举措生动、形象、富有美感，而且贴近学生的生活世界，激发了学生的情感和兴趣，从而使教学成为学习者主动和乐于参与的活动。[1]

三、初步提出教育经验

采集和筛选教育事实之后，就要运用归纳、演绎、类比、抽象、定义、推理、综合等思维方法来分析教育经验事实，建构起经验事实的结构和逻辑关系，这样可以提升教育经验的理性水平，增加教育经验的稳定性和可靠性，便于以文字、符号等形式呈现经验成果。

初步提出的教育经验，应包含教育经验的基本功用、经验应用的基本条件和环境、经验的作用原理和依据等，以便于将初级状态的教育经验重新置于相应的教育情境中，以做进一步的核实和验证，确保教育经验的稳定性和可靠性。

案例12.4

李吉林情境教学基本理论的提出

为了切实改变传统教学枯燥、呆板、低效的问题，激发学生内在的学习积极性、促进学生发展，李吉林老师在实践探索的基础上，借鉴有关大脑两半球的理论、暗示原理、场论等心理科学以及儿童学习语言规律的学说，总结了情境教学的理论框架。主要包括：情境教学“四特点”和情境教学促进儿童发展“五要素”。“四特点”即“形真”“情切”“意远”“理

1　李吉林．为儿童学习探索30年[J]．全球教育展望，2008，(6)：17-21.

寓其中”。“五要素”即以培养兴趣为前提，诱发主动性；以指导观察为基础，强化感受性；以发展思维为核心，着眼创造性；以激发情感为动因，渗透教育性；以训练语言为手段，贯穿实践性。情境教学基本理论的提出，标志着情境教学经验走向理性、稳定和成熟。[1]

四、核实、验证教育经验

初步提出的教育经验必须要经历相应的教育情境检验和验证过程，在教育经验的教育效果得到明确证明之后，才能作为正式教育经验呈现出来。教育经验的核实与验证之间既有区别又有联系，核实指的是把经验提供的方法和效果与实际情况进行比较，看经验提供的方法和效果是否相符。它主要包括三方面内容：核实经验中所提供的方法措施的具体内容和形式、核实方法措施的实施过程（包括时间、地点、人员、环境、背景、过程的阶段步骤等）、核实效果。验证采用的是实验方法，依据经验提供的方法和结果设计一项或几项实验，以验证该方法是否真实有效，或鉴定这一方法是否是导致结果的真正原因。验证可分为实验室实验的验证和自然实验的验证两种。[2]

案例12.5

李吉林情境教学的效果检验

李吉林情境教学的第一轮实验进行了整整五年。五年中，学生已经从刚入学时六七岁的幼童长成了少年。他们的知识多了，视野宽了，情感、智慧的幼芽自由而幸福地生长着。无论是教师还是家长都能够直观地看出孩子们的成长。而实验班在全市统考中也取得了异常突出的成绩。与此同时，教育局为了全面考查实验班学生的语文教学质量，还进行了各项语文能力的测试。优异的测试成绩再一次从侧面证实了实验的成功，证实了情境教学的有效性。[3]

在教育经验的核实和验证过程中，如果经验的假设、经验的效果、经验提供的方法措施和操作步骤、相应的依据和作用原理等在相应的教育实践或实验中得不到充分证明，或是被证明有所偏差，就需要对教育经验事实做更进一步的分析，或是采集新的教育经验事实，在此基础上重新调整、改善教育经验的内容和形式等，并再次进行核实和验证，直到此经验得到证明为止。

---

1 李吉林．为全面提高儿童素质探索一条有效途径——从情境教学到情境教育的探索与思考（上）[J]．教育研究，1997,（3）：33-41.

2 华国栋．教育研究方法[M]．南京：南京大学出版社，2005：150.

3 李吉林．我的情境教育探索之路[J]．基础教育，2005,（Z1）：105-111.

五、表达教育经验

教育经验的表达水平，对其在教育实践中的推广或应用有重要影响。有很多教育经验本身很有价值，但由于经验的表达不够科学、规范、准确，致使其不能得到相关研究者的有效关注，未能在教育实践中发挥应有的价值。因此，教育经验的表达应注意以下两个问题。

（一）教育经验的表达要有完整的结构

完整的教育经验，一般应包括以下几部分：对具体教育实践的描述与说明，以说明此经验发生的具体环境、条件以及对人员等的要求；经验的理论观点、模型、模式等，用以说明此经验的基本概念、假设、原理、依据等；经验所提供的具体方法、措施、策略以及相应的操作事项，解释如何在具体教育实践中应用该经验；经验所能达到的效果。

（二）切忌堆积材料或记流水账

当教育经验总结停留于感性阶段水平，缺乏理性思考或者理论抽象程度不够时，研究者往往倾向于堆积事实材料，以记流水账的方式表达教育经验。处于这种表达水平的教育经验，其研究重心仍在对具体教育实践活动的描述上，对于教育实践中具体想法、行为、方法、措施等与相应教育效果间的关系则未能加以恰当揭示，对经验中应呈现的原则、规律、理论等的认识也还比较模糊。

第四节
教育经验总结的规范

学习目标

熟悉教育经验总结的规范。

教育经验总结应遵循以下三个方面的基本规范。

一、研究的规范

（一）依据主题搜集、筛选、分析经验事实

在进行教育经验总结时，常常要和大量的经验事实打交道，这些经验事实大多都是非结构性的。这就需要研究者先制定研究的基本框架，并依据框架确定要搜集哪些主题的经验事实，以便于选用恰当的研究和思维方法来搜集、筛选、分析经验事实，使经验事实呈现一定

的结构性。否则，就容易陷入经验事实的重重包围，找不到所需的支撑性经验事实。有些教育经验总结成果遭受反思性和理性不足或是可迁移性不高的批评，就是由于对经验事实的主题挖掘不够、体悟不深，难以在大量经验事实之间建构或抽象出结构性的关联。

（二）必须对总结出的教育经验进行核实和验证

降低教育经验的不确定性、零散性、偶然性等风险，增加其稳定性和可靠性，是人们开展教育经验总结的目的，而核实和验证恰恰是促使这一研究目的得以达成的关键环节和步骤，因此，核实和验证是教育经验总结决不能遗漏或减省的研究程序，研究者应对此负起应有的责任，否则，就会造成教育经验的随意和泛滥。

二、表达的规范

规范、科学的表达，有利于教育经验的传播和应用，更好地发挥教育经验在教育实践中的作用和功能。因此，正式表达的教育经验应该结构完整、逻辑清晰、具有可操作性。教育经验总结的结构一般由背景与问题（为什么做）、过程与措施（怎样做）、效果与反思（做得怎么样）等几部分组成，但没有固定的程式。“文似观山不喜平”，教育经验总结也忌平铺直叙，记流水账。[1]

三、立场的规范

教育经验总结有两种陋习值得警惕，一是包打天下的自大情结，即试图总结出普适性的理论形态或实践模式，将某教育经验当成放之四海而皆准的真理；二是沉醉于自我营造的封闭性经验空间，容不得任何批评和建议，将某教育经验视为终极完美的形态。前者在丰富多样的教育实践中必然会到处碰壁，在具体和鲜活的情境面前步履维艰；后者则无异于将教育经验置于僵化不前的境地，往往落得孤芳自赏的下场。教育经验必须要适应具体的情境和人，而不是相反，因此很多善于开展经验总结的研究者，喜欢在研究告一段落时，主动征集对此经验应用和检验的反馈意见，以进一步提升经验的质量和水平，从而使此经验在教育实践中保持旺盛的生命力。

因此，在教育经验的研究、表达和应用过程中，研究者应当始终秉持开放性研究立场，保持教育经验的生长性，以使教育经验总结的成果获得其他研究者的理解和认同，帮助教育实践工作者全面把握、理解教育经验生成的环境、过程和方法等，以促使其在实践中更加灵

1　邱德乐．教师个人教育经验总结的策略[J]．教育科学研究，2008，（10）：60-62.

活、有效地借鉴、应用研究所得的教育经验。

本章小结

1. 教育经验总结的内涵和作用：教育经验总结是依据教育实践提供的经验事实，通过对教育经验的发生过程进行追因研究，从而使教育经验从感性认识上升到理性认识的教育研究活动。教育经验总结有助于了解教育实践情况，有助于提升教育经验的理论价值，有助于提高教师的专业水平，有助于为教育决策提供依据，有助于优化教育理论与实践之间的沟通机制。

2. 教育经验总结的特点和类型：教育经验总结具有情境性、循环性和开放性等特点。按照主体多寡，教育经验总结分为个体教育经验总结与群体教育经验总结；按照来源不同，教育经验总结分为直接教育经验总结和间接教育经验总结；按照作用和意义不同，教育经验总结分为成功教育经验总结和失败教育经验总结。

3. 教育经验总结的基本步骤：① 确定教育经验主题；② 采集、筛选、分析教育经验事实；③ 初步提出教育经验；④ 核实、验证教育经验；⑤ 表达教育经验.

4. 教育经验总结的基本规范：（1）研究的规范：① 依据主题搜集、筛选、分析经验事实，② 必须对总结出的教育经验进行核实和验证；（2）表达的规范：正式表达的教育经验应该结构完整、逻辑清晰、具有可操作性；（3）立场的规范：研究者应当始终秉持开放性研究立场，保持教育经验的生长性。

总结 >

关键术语

经验	经验总结	教育经验总结
experience	sum up one's experience	sum up one's educational experience

章节链接

本章内容与第一章《教育研究方法概述》、第二章《教育研究的一般过程与设计》、第十三章《教育理论研究》、第十四章《教育研究成果的表达》的部分内容有密切联系。

应用 >

体验练习

一、名词解释

1. 经验

2. 经验总结

3. 教育经验总结

二、简答题

1. 简述教育经验总结的作用。

2. 简述教育经验总结的类型。

3. 简述教育经验总结的特点。

三、拓展题

1. 试比较个体教育经验总结和群体教育经验总结的差异。

2. 试着独立开展一项个体教育经验总结。

3. 参与一项群体教育经验总结，承担并完成其中一项研究任务。

拓展 >

补充读物

1 邱学华. 尝试教学论[M]. 北京：教育科学出版社，2005.

本书是邱学华对尝试教学理论与实践的全面总结，书中构建了完整的尝试教学理论体系，概括了二十多年来全国各地实验研究的经验，收录了各地实验教师的优秀案例。

2 （美）帕克·帕尔默. 吴国珍、余巍，译. 教学勇气——漫步教师心灵[M]. 上海：华东师范大学出版社，2005.

本书是一部探索教师生涯的书，同时也是一部关于教师专业成长的教育经验总结的书，美国人帕克·帕尔默结合自己在大学和成人学习计划，以及在研修班、教师工作坊和进修班中的教学体验，探讨了教师的内心世界。

在线学习资源

邱学华尝试教学在线，http://www.try-qxh.cn/qxh/.

第十三章
教育理论研究

本章概述

本章主要介绍了教育理论研究的内涵、特点、作用、研究过程、基本方法以及基本规范。教育理论研究是研究者在已有的客观事实材料及思想理论材料基础上，借助于概念、判断、推理等逻辑方法，发展和完善教育理论的一种研究方式。它具有抽象概括性与间接性、多样性与不确定性、层次性、超前性与继承性等特点。通过教育理论研究，可以深化教育认识，揭示教育规律；构建、完善和发展教育理论体系；检验教育观念，证明研究成果。逻辑方法、发生学方法以及系统科学方法是教育理论研究的基本方法。与此同时，教育理论研究也拥有自己的研究过程和基本规范。

结构图

1 教育理论研究的内涵和作用

- a 教育理论研究的内涵
- b 教育理论研究的特点
- b 教育理论研究的功能

2 教育理论研究的过程

- a 确定教育理论研究的问题
- b 搜集和分析文献资料
- c 明确理论分析的框架，构建理论体系

3 教育理论研究的方法

- a 逻辑方法
- b 发生学方法
- b 系统科学方法

4 教育理论研究的规范

- a 关注教育理论研究的创新性
- b 教育理论研究必须立足于实践
- c 研究者应具有崇尚真理，勇于探索、勇于批判的勇气

学习目标

学完本章，你应该做到：

1. 理解教育理论研究的概念、特点和作用；
2. 把握教育理论研究的基本过程，并能初步运用；
3. 掌握教育理论研究中常用的几种方法；
4. 把握教育理论研究的基本规范。

读前反思

如何认识教育理论研究？它在教育研究中有什么作用？具体过程和方法是怎样的？需要遵循哪些规范？

恩格斯曾说，一个民族要站在世界的最高峰，就一刻也不能停止理论思维。理论具有强大的功能。任何一门学科，为充分发挥理论的功能和价值，必须加强理论的完善与建构，理论研究必不可少。教育学科的发展同样离不开理论研究，教育理论研究在教育科学的发展中起着重要作用。

第一节
教育理论研究的内涵和作用

一、教育理论研究的内涵

（一）理论

学习目标

认识和把握教育理论研究的内涵和作用。

《现代汉语词典》对于“理论”一词的解释是：人们由实践概括出来的关于自然界和社会的知识的有系统的结论。[1]理论由实践概括出来，是人类理性思维的产物。理性思维是人类最富有能动性、构造性和创造性的思维活动，通过这样的思维活动，人们达到对事物的深层模式的认识，并以不同于事物本身存在的形式表达出来，这就是所谓的理论。[2]理论以经验性认识为基础，却又比经验性认识更抽象、更普遍。在形式上，理论由一系列具有逻辑联系的概念、命题和推论构成，带有抽象、概括和结构化等特征；在内容上，理论要揭示事物的内在本质及其结构化特征，是对事物更为深刻、系统、全面、准确的认识。[3]

理论

《现代汉语词典》对于“理论”一词的解释是：人们由实践概括出来的关于自然界和社会的知识的有系统的结论。理论由实践概括出来，是人类理性思维的产物。

理论具备强大的功能。第一，理论可以从发生学的角度来解释事物和现象，揭示事物和现象的产生、形成、变化、发展的过程，即理论的解释功能。它是理论的基础性功能，因此，理论如果缺乏解释功能，就不可能有其他的功能，反之，它的解释功能越广泛、全面、深刻，其他的功能也会越强。第二，理论具有指导实践的功能。一方面，当理论揭示了事物

1　现代汉语词典[Z]．北京：商务印书馆，2012：795.
2　叶澜．教育研究及其方法[M]．北京：中国科学技术出版社，1990：200.
3　杨小微．教育研究的理论与方法[M]．北京：北京师范大学出版社，2008：323.

的本质、结构、内部的和外部的规律性联系后，就能减少人们的盲目性行为，提高主体的能动性，使实践更富理性和成效；另一方面，理论由于它的抽象性与普遍性，能成为人们分析实践的重要思维工具。第三，理论具有预测功能。理论的预测功能具有不同的表现形式，第一类是作为未来发展趋势预测的依据，第二类是为事物未来的认识提供模式，第三类是从对已有的现象、事实做解释的理论中，引出对将来必然会出现的具体事物、事件或现象的更为具体的推测。第四，理论还具有研究方法功能。理论由于在向人们提供一系列命题的同时，也向人们提供形成命题及命题系列的思想方法，因此，具有作为研究方法的工具性功能。理论的工具性功能主要表现在两方面，一是一种理论成为构筑另一种理论的方法论工具，如哲学成为构筑其他科学理论的普遍的方法工具；二是一种理论所包含的思想影响另一种理论的思维方式，如达尔文的进化论思想，无论对当时的哲学思潮还是人文科学、社会科学（包括教育学）的发展都产生了强烈而深远的影响。[1]

理论的形成以经验性认识为基础，但经验性认识并不会自动产生理论，它们存在层次上的差异。要实现从经验性认识到理论性认识的转化，研究人员不仅需要相应的对事实的科学认识，而且需要了解从经验性认识到理论性认识转化的过程与实质，提高自身的认识能力，努力掌握并善于使用理性思维的工具和方法。

（二）理论研究

一般而言，理论研究与应用研究、实证研究是相对的。依据研究目的的不同，可以将研究划分为“理论研究”和“应用研究”；依据研究方式方法的不同，又可以将研究划分为“理论研究”和“实证研究”。对这两组概念的辨析，有助于深化对理论研究的认识。

1. 理论研究与应用研究

理论研究的主要目的在于发展和完善理论。通过理论研究，寻找新的事实，阐明新的理论或重新评价原有理论，它主要回答“是什么”的问题，与建立教育科学的一般原理有关。如对教育本质、教育目的等的探讨，就是为了通过对教育本质、教育目的的理论探讨和建构，使我们能够更加深刻地认识教育的相关概念和理论。

应用研究主要用于应用或检验理论，评价它在解决教育实际问题中的作用。应用研究具有直接的实际应用价值，解决某些特定的实际问题或提供直接有用的知识，回答的是“怎么做”的问题。如当前教育领域的热点话题——如何促进教育均衡发展、如何有效落实中小学生减负等，都属于典型的应用研究。

虽然理论研究和应用研究从研究目的上看，是两种不同性质的研究，但二者又是相辅相成且不宜截然分割的。

---

1 叶澜．教育研究及其方法[M]．北京：中国科学技术出版社，1990：201-205.

首先，应用研究总是在一定的理论研究基础上展开的，而应用研究又可以反过来检验和促进理论研究。在一定的条件下，理论研究和应用研究可以分别进行，特别是在某一门学科的发展初期，理论研究还不成熟，无法为应用研究提供必要的理论基础时；或者是这门学科的实用价值在社会生活和生产方面一时还不十分清楚时。在另一种情况下，某一门传统学科已经很成熟，基础理论已经相当完备，而且又跟社会生活和生产活动密切相关，那么应用研究就迫切地提到了议事日程上来，而且也完全可以成为一门相对独立的应用学科。[1]

其次，理论研究和应用研究之间又可以相互转化。毫无疑问，理论研究最终的目的指向依然是实践，因此理论研究的成果有时需要应用研究进一步加以具体化、操作化；而当一些应用研究相当成熟之时，其研究成果上升为理论就理所当然，这时研究性质自然就转化为理论研究，二者密不可分。

2. 理论研究与实证研究

孔德在其《论实证精神》中，将人类的思辨发展分为三个阶段，他说："我们所有的思辨，无论是个人的还是群体的，都不可避免地先后经历了三个不同的理论阶段，通常称之为神学阶段、形而上学阶段和实证阶段"。[2]在其基础上，刘良华认为，在人文社会科学领域，其正常的顺序可能是：神学阶段（虚构的叙事研究）——实证研究阶段（质的研究和量的研究，其中质的研究也是叙事研究，它是真实的而非虚构的叙事研究）——理论研究阶段（即形而上学阶段）——变革研究阶段。[3]这对于我们理解理论研究和实证研究大有裨益。

在研究领域，理论研究和实证研究的分类标准是其使用的方式方法。实证研究主要使用质的研究方法和量的研究方法，如观察、访谈、测验、实验、问卷等；而理论研究则指向形而上学，所谓形而上学，在哲学史上指哲学中探究宇宙根本原理的部分。[4]毫无疑问，对原理的探讨离不开逻辑方法，在这个意义上，理论研究又被称为"逻辑研究"。[5]而所谓逻辑的方法，即借助于概念、判断、推理反映现实的方法，它以抽象性为特征，撇开具体形象，揭示事物的本质属性。理论研究的巨大魅力，也正在于它超越了具体的细节，直接绕到现象的背后，给各种现象提供鸟瞰式的、先验式的超越。因此，区别于实证研究，理论研究在其直接意义上是以严密的理论体系再现和阐释事物的现象及过程，是以一种带有总结概括性和普遍性的方法论原则和理论框架作为形式系统，更为深刻地、合理地说明事物的本质和规律的理性研究的方法。理论研究的成果是形成具有一定逻辑结构，并经过一定实践检验的科学理论，研究所追求的目标同样是获得对事物的现象及过程的客观认识。[6]

1 胡明扬．理论研究和应用研究[J]．语言文字应用，1998（3）：111-112.
2 [法]孔德．论实证精神[M]．黄建华，译．北京：商务印书馆，1996：1.
3 刘良华．教育研究方法专题与案例[M]．上海：华东师范大学出版社，2007：279.
4 现代汉语词典[Z]．北京：商务印书馆，2012：1458.
5 刘良华．教育研究方法专题与案例[M]．上海：华东师范大学出版社，2007：279.
6 裴娣娜．教育研究方法导论[M]．合肥：安徽教育出版社，2000：313-314.

综上所述，所谓理论研究，即研究者在已有的经验性认识的基础上，借助于概念、判断、推理等逻辑方法，发展和完善理论的研究方式。

理论研究

所谓理论研究，即研究者在已有的经验性认识的基础上，借助于概念、判断、推理等逻辑方法，发展和完善理论的研究方式。

（三）教育理论研究

毫无疑问，“教育理论研究”是一个复合概念，它的分解主要有两种：一是将其分解为“教育—理论研究”，二是将其分解为“教育理论—研究”。要清晰界定“教育理论研究”，需要对这二者的关系进行辨析。

很显然，这二者之间最大的共同点体现在研究目的上，即发展和完善教育理论。因此，教育理论的繁荣与发展，离不开这两类研究。另外，二者在研究对象、研究方法上也存在相同之处。

但它们之间的差异也是十分明显的。首先，二者在研究范围上存在差异。“教育—理论研究”指向“教育”，其涵盖面相对较广，它既可以研究教育理论问题，也可以关注教育实践问题。而“教育理论—研究”直接聚焦于“教育理论”的研究，研究范围明显要小于前者。其次，二者关涉的侧重点存在显著差异。“教育—理论研究”侧重于研究的方法，关注“如何研究”，具体指用理论研究的范式研究教育，是一个方法论层面的范畴；而“教育理论—研究”，其侧重点在“研究什么”上，即侧重研究的内容。最后，二者在研究方法上存在一定的差异。“教育—理论研究”主要使用理论研究的方法；而“教育理论—研究”虽然也使用理论研究法，但它更主张多种研究方法的综合使用，可以说，“教育—理论研究”仅仅局限于理论研究的方式方法，而“教育理论—研究”却超越了理论研究。

由于我们是从研究方法的角度关注“教育理论研究”，因此对其理解毫无疑问应该遵循对“教育—理论研究”的分析。基于此，我们认为，**教育理论研究**就是研究者在已有的客观现实材料及思想理论材料基础上，借助于概念、判断、推理等逻辑方法，发展和完善教育理论的一种研究方法。

教育理论研究

教育理论研究就是研究者在已有的客观现实材料及思想理论材料基础上，借助于概念、判断、推理等逻辑方法，发展和完善教育理论的一种研究方法。

二、教育理论研究的特点

（一）抽象概括性与间接性

教育理论研究带有很强的思辨色彩，是在纯理性的、超越感性经验的水平上通过抽象思维活动来间接地把握教育问题，因此，教育理论具有抽象概括性和间接性的特点。

首先，教育理论研究是以已经获得的各种客观的事实材料、已有的思想理论材料作为研究起点的，它不是直接研究客体的事实、具体的材料，而具有间接性。其次，教育理论研究是对已有的客观现实材料和思想理论材料进行加工制作，再将形成的理性认识进行必要的整理使之条理化、系统化，因此是以抽象的、逻辑上前后一贯的形式对教育问题进行概括总结的。最后，从教育理论研究成果的角度看，研究者在表达成果时，总是力求达到符号化和形式化，使之成为严密的理论体系，这也充分体现了教育理论研究的抽象概括性。

（二）多样性与不确定性

任何事物的发展，都是多因素共同作用的结果，教育的发展也同样受多种因素的制约。因此，对于教育问题和现象的考察必须从多方面、多视角、全方位进行。人们在研究时，也总是根据不同的哲学观建构起一定的理论模型，从一个特定的角度去解释和说明教育现象，从而形成了众多的研究学派和对同一个问题的不同观点，这充分体现了教育理论研究的多样性和不确定性。如教学过程中教与学、教师与学生的关系问题，就是一个理论性很强的问题。改革开放以来，对于这一理论问题的探讨一直没有停止，大致可以梳理为两个阶段：第一阶段（1978—1993年）为师生主客体论争时期，这场论争涌现出的观点主要有单主体论（教师主体或学生主体）、双主体论和主导主体论（教师主导学生主体）；第二阶段（1994年至今）为师生关系多维视角透视时期，学者们以各种视角构建新型师生关系。[1]由此可见，师生关系的理论建构观点纷呈，充分体现了理论研究多样性和不确定性的特点。另外，教育界对教育本质问题的探讨，也是此特点一个很好的例证。

教育理论研究的多样性和不确定性，带来了教育理论的繁荣和争鸣，对于促进教育理论的完善和发展起到了很好的推动作用。但我们还需注意，多样性和不确定性，一定是建立在科学认识的基础之上的，而不能是个别研究者的主观臆断，它们必须能够经受住实践的检验。

（三）层次性

理论研究具有结构体系的层次性，根据概括程度的不同可区分为经验性和理论性两个层次。[2]

第一是经验性层次，它是各种事物和现象的单纯排列与分类，进行各种事实的积累过程，通过对这些事实进行分析综合、抽象和概括，形成经验概念（经验定律）。经验层次的研究，可以发现事物间的某种较为普遍的联系，但不探究这些普遍联系的原因，属于理论研究中的低层结构，与人们的观察、实验有较为直接的联系。

1　李长吉，陶丽．师生关系研究三十年[J]．浙江师范大学学报（社会科学版），2013（1）：86-91.
2　裴娣娜．教育研究方法导论[M]．合肥：安徽教育出版社，2000：313-315.

第二是理论性层次，指通过分析性、批判性思维，将教育现象中隐含的本质性因素外化和明确地表述出来，解释出经验中的“普遍性和必然性”，使处在较低概括层次的各种经验概念成为理论原理，从现象深入到本质，从而获得对事物的比较全面的了解。这是理论的、实质性的概括和抽象，属于理论研究的高层结构。

很显然，这两个层次的划分是相对的，它们并不是静止的。经验性层次为理论性层次提供了很好的研究基础，经验性层次进一步发展可以成为更高层次的理论性层次；而成熟的理论性层次的研究成果也可以有效地指导经验性层次成果的再升华，二者交叉互动共同发展。

（四）超前性与继承性

从与已有理论的关系的角度看，教育理论研究成果的形式可大致区分为以下三种：一是进一步发展和完善了原有理论，二是对原有理论中的不足或错误进行修订，三是填补了理论界的某个空白。无论是哪一种形式的理论研究成果，都是对原有理论的超越、突破，体现了理论研究的超前性。但所有的理论研究成果，即使是填补空白式的，也绝不会是平地建起的高楼大厦，其中定然有以往理论的痕迹和功劳，其继承性是不容否认的。

教育理论研究的批判性和继承性，也说明理论研究不可能一次到位，一次研究可能只解决某一个问题。构成一个相对完整的体系，则需要不断地以新理论代替前一个理论，既保留原有理论的合理成分，又不断剔除其中不合理的成分，将其推向前进。

三、教育理论研究的功能

（一）深化教育认识，揭示教育规律

理论研究最根本的作用就在于透过现象揭示事物的内在本质。教育理论研究的首要功能就是深化人们关于教育的已有的认识水平，从而揭示教育规律。教育理论研究正是运用一系列抽象逻辑思维的方法，使得人们在实证研究基础上获得的教育认识进一步得到深化和发展，教育理论研究是揭示教育现象内在规律的最重要的方法。我国中小学普遍开展各类学校仪式，如升旗仪式、开学典礼、毕业典礼、上下课仪式等，但这些仪式却因实效性差而广为人们诟病，很多学者基于某类仪式的开展进行了分析，指出学校仪式教育价值之所以不能很好地实现，关键在于学校仪式教育价值的理论缺失。因此，可以通过对学校仪式教育价值的理论研究，抽象出学校仪式究竟具备哪些教育价值、它们实现的路径和机制是什么，也只有在理论上澄清了上述问题，人们的认识才可能更加深刻，才能更有效地指导实践的开展。

（二）构建、完善和发展教育理论体系

教育理论研究最为显性的目标就是指向理论。由于所研究问题的前期理论基础不尽相

同，因此，通过教育理论研究，可以以抽象的理论框架来解释研究对象的结构与功能，从而或者构建某种新的教育理论体系，或者完善和发展已有的理论体系。对已有理论体系的完善和发展，主要表现在清理和更新教育科学理论原有范畴和原理的科学含义上。如教育界对教育研究方法体系的理论构建过程，就充分体现了教育理论研究对教育理论体系构建和完善的价值。

随着现代科学的发展，学者们通过理论研究，构建了教育研究方法的理论体系，并相应地发展成更为复杂的方法体系，最终使教育研究方法独立成为一门学科。但由于当前研究方法领域的国际交流和学科间的相互借鉴异常活跃，如质的研究方法、行动研究、田野研究、人种志等新鲜词语纷纷进入研究领域，教育研究方法体系也需要进一步调整。在前人研究成果的基础上，通过深入的理论研究，有学者对已有教育研究方法体系进行了合理的调整，将其构建为自上而下的四层，分别为哲学方法、一般科学方法、研究范式和具体研究方法。[1]可见教育理论研究在构建、发展、完善教育理论体系中的作用。

（三）检验教育观念，证明研究成果

教育理论研究不仅具有检验教育观念合理性的作用，而且理论本身对研究成果具有逻辑证明的作用。教育理论研究对于教育观念、教育思想以及教育研究的成果都具有逻辑证明的功能。通常，教育研究成果在没有进行扎实的理论研究并加以逻辑证明前，不应急于应用与推广。如通过对师生关系理论的系统的理论研究，就可以检验人们对师生关系的认识和看法是否合理，并且可以对学者们提出的各种师生关系理论进行逻辑证明。教育理论研究的逻辑证明功能，在一定程度上可以检验理论的合理性和正确性。

第二节
教育理论研究的过程

学习目标

熟悉和掌握教育理论研究的过程。

整体上，教育理论研究的过程与其他研究方法大致相同，循着确定问题—搜集资料—解决问题—得出结论的一般过程。但作为一种特定的教育研究方法，它在具体操作上又存在一些独特之处。

1 董树梅．行动研究是研究方法吗——基于方法论视角的思考[J]．教育理论与实践，2014（1）：9-13.

一、确定教育理论研究的问题

首先，从理论来源看，教育理论研究的问题可以从以下三方面入手：一是从已有理论的不完善处寻找理论研究的问题；二是从某些理论的空白处挖掘有价值的问题；三是从国外先进教育理论中寻找理论研究的问题，包括对世界教育科学发展潮流及趋势的分析以及对某学派理论的系统研究，对西方教育理论、伦理学理论、社会学理论等不同观点及研究方法的评价分析，都可以成为教育理论研究问题的来源。

其次，教育理论研究的问题往往也可以直接来源于教育实践。从教育实践出发，可以提出具有普遍性、全面性、时代性的重要研究问题，可以突破原有理论旧的格局，重新构造学科新的体系。这具体表现为两种形式：第一种是当人们对教育实践的认识达到一定的高度时，对其进行理论提升就成为促进教育发展的必由之路，这就是教育理论研究问题的重要生长点。第二种是对教育实践中的一些新生事物，或者人们认识上存在模糊的方面，充分发挥理论的解释、指导功能，进行理论研究和建构，这也是教育理论研究问题的重要来源。

最后，教育理论研究的问题可以从国家或地方教育领导机关制定的课题指南或规划中选取。由于这些专业的教育研究机构，能够较为权威地捕捉当年或近期教育理论研究的热点和难点问题，因此这也是教育理论研究问题十分重要的来源。

为保证教育理论研究问题的质量，必须对其研究价值进行评价。对于教育理论研究的价值评价，可以主要从其理论价值和实践价值的角度衡量。当然，理论价值应该是教育理论研究的本体价值，即任何教育理论研究，首先应该关注相关教育理论的构建、完善和发展，这是教育理论研究的本质所在。但由于理论构建的最终目的是解释、评价和指导实践，教育实践是教育理论研究的最终归属，因此，也需要对所选问题是否对改善教育实践具有重要的指导意义予以评价。

二、搜集和分析文献资料

由于理论研究是一种非接触性研究，其研究对象是以各种形式存在的已有研究成果或资料，因此，已有研究成果或资料搜集的完善与否，将直接影响到理论研究成果的合理性高低。所以，在理论研究过程中，必须审慎地对待资料搜集环节。

广泛的阅读，是充分地占有相关研究课题文献资料的十分重要而有效的方法，阅读时，应将精读和泛读进行结合。在阅读过程中，要使用引文查找法，不断扩大所需资料的线索。所谓引文查找法，又称跟踪法，是以已掌握的文献中所列的引用文献、附录的参考文献作为线索，查找有关主题的文献。[1]引文查找法最大的优点在于文献涉及范围比较集中，获取文献资料方便迅速，并可不断扩大线索。这种方式往往会找到有关研究领域中重要的原始资料。由于引文的选取深受原作者阅读范围和对文献取舍等主观因素的影响，引文查找法应该与其他方法结合使用。

当资料搜集相对完备时，就需要对其进行初步分析，以把握前人已经做过哪些研究、提出了哪些观点、运用了哪些研究方法、解决了哪些问题、还存在哪些疑问等，为确定理论研究的出发点奠定坚实的基础。

三、明确理论分析的框架，构建理论体系

明确理论分析框架，是指以一定的理论为基础，确定理论研究所涉及、构建的概念、命题，以及构成一个相对完整的体系的逻辑进程。[2]这是教育理论研究最为重要的一个环节，它充分体现了理论研究的独特性，也是形成理论研究成果的重要阶段。具体而言，这一环节又可以细化为以下几个方面。

（一）确定概念范畴，形成概念体系

进行理论研究，概念必须准确，尤其是必须对核心概念的内涵和外延进行清晰界定，否则将会直接导致对事物本质认识的自相矛盾和随意性，并为某些空洞、抽象的议论和无休止的争论创造条件。在教育领域，存在的很多争论，都是由于彼此对基本概念的不同理解造成的。

为了保证教育理论研究核心概念的概括度和清晰度，要明确界定相关概念的内涵，删除错误的、表述不清的术语。对那些从其他领域借用的概念术语，不能简单照搬和滥用，必须进行加工，使其符合教育领域的需要。对教育实践中的新术语及概念范畴，则要通过实践不断检验和完善。

在对核心概念进行清晰界定的基础上，就需要对与本研究相关的若干概念之间的关系进行合理阐述，揭示其内在联系，形成本研究的概念体系。科学理论的形成，必须依赖概念体系的完善，那种单独抽出一些概念进行研究的做法，是无法形成科学理论的。

（二）选择教育理论研究的具体方法，构建理论体系

教育理论研究因其具有较为独特的研究目的，有一些与之相匹配的具体方法，如逻辑思

1　裴娣娜. 教育研究方法导论[M]. 合肥：安徽教育出版社，2000：99.
2　杨小微. 教育研究的理论与方法 [M]. 北京：北京师范大学出版社，2008：335.

维的方法、发生学方法等。在对教育理论研究目的进行科学分析的基础上，要选择具体的研究方法，进行理论体系的构建。

理论体系构建要注重的是：第一，对所研究领域的科学理论，要进行深入和广泛的概括和总结；第二，要把握理论要素间的内在联系、层次结构；第三，要恰当地运用逻辑方法，寻求事物间的逻辑与非逻辑的互补而又互斥的关系，使体系的逻辑符合客观事物结构的合理性。[1]另外，由于研究者不同的哲学基础和方法论，以及构建理论体系的逻辑起点的不同，所形成的研究者主体性差异，也会影响理论体系的客观程度。因此，要对理论体系进行实践检验或逻辑检验。

案例13.1

“基础教育改革与中国教育学理论重建”研究设计

2004年年底经教育部批准，叶澜教授主持承担了以“基础教育改革与中国教育学理论重建”为题的哲学社会科学重大攻关项目的研究。在设计阶段，课题组将总课题分解为当代国际基础教育改革、我国不同地区基础教育改革状态评析、我国中小学生发展阶段性特征与学校教育研析、我国基础教育改革与若干教育基本问题及其概念演化和中国教育学理论重建性研究五个子课题。在研究方法选取方面，前三项子课题以资料采集、评析、实地研究、现场考察和问卷调查、专题座谈与个别访谈等为主要方法，旨在形成有事实和研究经验、实践支撑的，与研究主题相关的相对深入的认识。第四个子课题旨在审视当前我国基础教育改革中的一些主要问题，从概念演化的角度为当代中国教育研究提供历史研究的新路径。第五个子课题包括两大部分，一部分是基于“新基础教育”成型性研究而开展的一系列学校教育问题的理论研究；另一部分是对中国教育学科发展史及其他一些重要的基础性、发展性问题的研究。[2]

（三）表达教育理论研究的成果

教育理论研究的成果往往表现为论文或研究报告。无论是论文还是研究报告，都旨在表达教育理论研究的成果，为清晰表达研究成果，问题的提出、论点、论据和结论是其必不可少的构成要素。因此，研究者在表达研究成果时，一定要注意如下问题。首先，要确保研究结论概括的准确性；其次，明确论点与论点之间的相互关系；再次，关注论据的选择，使其能够有效证明论点；最后，论证要合乎逻辑。

---

1 裴娣娜．教育研究方法导论[M]．合肥：安徽教育出版社，2000：322-323.
2 详见叶澜．基础教育改革与中国教育学理论重建研究[M]．北京：经济科学出版社，2009.

第三节
教育理论研究的方法

学习目标

掌握教育理论研究的方法和步骤。

教育理论研究的方法，不是一个方法而是一组方法的集合，它不仅包括逻辑思维的方法，而且包括非逻辑思维方法，不仅有历史—逻辑方法，还有系统科学方法，在逻辑思维方法中，既包括归纳、演绎、类比等推理方法，又有分析、综合、分类、比较等具体的思维方法，它们实际上已经形成了一个方法体系。这里，我们就其中较具代表性、常用的方法进行详述。

一、逻辑方法

所谓逻辑方法，指人们在逻辑思维过程中，遵循和运用逻辑思维的规律、规则以形成概念与命题，进行推理的方法。[1]它包括形式逻辑方法和辩证逻辑方法，其中形式逻辑方法包括普通（传统）逻辑方法（如综合、抽象、概括、定义、划分等）和形式逻辑方法（如形式化方法、公理化方法）；辩证逻辑方法包括归纳与演绎结合、分析与综合结合、逻辑的与历史的结合、抽象上升到具体等方法。

（一）下定义

任何一门科学都会有一些基本概念。这些概念都有确定的内涵和外延，为了不致由于自然语言的多义性造成概念的混乱，人们就要对这些概念进行规范，而对概念最普遍有效的规范就是下定义的逻辑方法。

定义是揭示概念内涵的逻辑方法。它的特点是用精练的语言揭示概念所反映的对象的特有属性。它一般由被定义项、定义项和联项三部分组成。[2]

给概念下定义，首先必须掌握概念所反映的事物的特有属性。在此前提下，形式逻辑提供了以下两种下定义的方法。[3]

1. 属加种差定义法

属加种差定义法就是下定义项是由种差和邻近的属概念组成的定义方法。可以用公式来表示：被定义的概念=种差+邻近属概念。具体而言，这种定义方法一般要经过以下几个步

---

1 何向东. 逻辑学教程[M]. 北京：高等教育出版社，1999：6.
2 朱成全，徐祥运. 形式逻辑学概论[M]. 大连：东北财经大学出版社，2012：32.
3 朱成全，徐祥运. 形式逻辑学概论[M]. 大连：东北财经大学出版社，2012：32-35.

骤。第一步，找出被定义项的邻近属概念。即找出比被定义项范围更大、外延更广泛、包含它的外延的概念。需要注意的是，包含被定义项外延的属概念常常有几个，研究者需要具体问题具体分析，做出合理地取舍。第二步，找出种差。所谓种差，是指被定义项所指的对象在该属概念中与其他种概念所反映对象之间的根本差别。找出种差实质上也就找出被定义项所指对象的特有属性。第三步，将种差和属概念结合构成定义项，进而使用定义联项把被定义项和定义项联结成完整的定义。如给“文物”下定义，第一步要找到包含“文物”的邻近的属概念——遗存物。第二步找到文物和其他遗存物的种差——有历史意义或艺术价值。第三步用定义联项把二者联系起来，即“文物”是指有历史意义或艺术价值的遗存物。

2. 类似定义的方法

有时被定义概念外延极广（如哲学范畴的外延），用一般方法找不到比它更大的属概念；有时即使能找到，它的属概念也非常抽象，不易被人理解，就无法使用属加种差定义法，这时，就可以使用类似定义的方法。

类似定义的方法主要有两种。第一种是语词解释。语词解释不解释概念的内涵，而是说明或规定语词的定义。所谓说明语词的定义，是指对一个已有确定词意的词语做出说明（或解说），如犊是小牛。而规定语词定义，是对一个新语词规定一个确定的意义，或对一个旧语词规定一个新意义，或对一个语词在特定的语境中的意义给以规定。规定语词定义的意义在于：它可以确定一个新出现的语词的含义；它可以随着实践的发展，给已有的语词赋予新的含义；可以给一个有歧义的多义词或含义模糊的语词确定含义。第二种是用公式表示定义。用公式表示定义，通常出现在自然科学中，如“勾股定理”就可以用下面的公式表示：勾^2+股^2=弦^2。

另外，在下定义时，要遵循一定的规则，如外延相称、不能循环、不能含混、不宜否定。[1]

（二）归纳与演绎结合

归纳与演绎是两种基本的逻辑推理模式。归纳是从个别性的前提推论出一般性结论的方法，先摆事实，后求结论，这是从个别到一般，寻求事物普遍特征的认识方法。归纳法侧重于对经验事实的概括，从经验升华为结论，从个别的、表面化的、缺乏普遍性的经验中抽象出一般原理，把握个性中的共性，这是一种或然性推理。演绎则是从一般性的前提推论出个别性结论的方法，先假说，后求证，这是从一般到个别，推论和判断个别事例的认识方法。它是对一般性原理的应用，前提和结论间存在必然联系，是一种必然性联系。归纳和演绎虽然在思维的方向上是相反的，但二者常常互相补充，结合使用。

在教育理论研究中，归纳和演绎不仅能扩展和深化知识，检验一般原理的可靠性程度，

1 朱成全，徐祥运. 形式逻辑学概论[M]. 大连：东北财经大学出版社，2012：35-36.

进行科学预见，而且是发展理论的重要方法。其基本做法是：从丰富的教育实践中通过一次次的抽象，形成一个具有许多规定和关系的、丰富的总体，起点是经验，形成的思维过程就是归纳；从一种科学理论假设出发，推演出一种教育理论，然后用严密的实验加以证实，它的起点是科学理论假设，形成的思维过程就是演绎。当然，在具体研究中，一定要结合具体课题进行设计，合理使用归纳和演绎。

（三）分析与综合的结合

分析与综合是一对相互联系的思维的基本过程和方法。所谓分析，是将事物的整体分解为部分和要素，分别抽取其个别属性加以考察，从而把握事物的内部结构，确定事物不同特征的思维方法。分析的目的是得出抽象规定。综合是一个从理性的抽象上升到理性的具体的过程，目的是取同舍异，概括为一般。作为一对相互联系的思维方法，分析与综合同时进行，在分析基础上同时伴随着再次合成的综合，将各构成要素综合为整体，而人们的认识总是在分析—综合—再分析—再综合的过程中不断发展的。

在教育理论研究中，作为科学抽象方法的分析与综合，既是加工和整理资料与事实，探索新现象的基本方法，也是形成和发展科学理论体系的基本方法。借助这一方法组合，能揭示事物的本质和内在联系，获得关于事物多样性统一的具体知识。要充分发挥分析与综合在理论研究中的作用，首先要坚持客观性，即从客观实际出发，反映客观事物固有的规定性；同时要坚持全面性，即从事物的矛盾总体和矛盾各方面的特点做深入细致的分析和综合。

（四）逻辑与历史的结合

逻辑是指历史发展过程在思维中概括的反映，是抽象的思维过程和辩证的思维过程中认识形式的转化[1]；历史是指自然界和人类社会的发展过程，也指某种事物的发展过程和个人的经历。[2]将历史与逻辑进行结合，就是忽略事物发生、发展过程中非本质的联系和次要的细节，以理想化的状态来揭示历史发展的规律，从而建立起科学理论体系。

当前，在教育理论研究中存在着种种历史与逻辑相脱离的现象：史与论分离，有史无论，或有论无史，反映出一种“非历史”的倾向；将历史与逻辑对立起来，甚至有这样的做法，当教育研究中“历史的东西”与“逻辑的东西”发生矛盾时，把“历史的东西”加工成“逻辑的东西”。

在教育理论研究中，将历史与逻辑进行结合，需要遵循以下要求：第一，要深入研究对

1　裴娣娜．教育研究方法导论[M]．合肥：安徽教育出版社，2000：332.
2　现代汉语词典[Z]．北京：商务印书馆，2012：797.

象的形态和结构，要通过个属性、成分因素在空间上的分布看到内在的本质联系。第二，要揭示对象发展过程与认识发展过程的历史规律性，既要反映对象的历史发展过程，又要反映人们认识这一对象的历史发展过程。第三，要使历史的研究和逻辑的研究结合，用逻辑的说明方法时，必须以历史的叙述方法补充；在叙述历史时，必须用逻辑的方法理清线索，把握本质和规律。在安排理论体系各个概念、范畴的逻辑顺序时，要使理论的逻辑进程与客观现实的历史进程、关于对象认识发展的历史进程相一致。

（五）抽象上升到具体

具体和抽象是理性认识中两种既相互区别又相互联系的思维方法。抽象是指从许多事物中，舍弃个别的、非本质的属性，抽出共同的、本质的属性的过程或方法。[1]抽象的作用主要体现在深入事物的本质，它是形成概念的必要手段和方法。具体指思维对事物各方面本质规定的完整反映，是思维再现的具体，它具有复杂性、全面性和深刻性的特点。

从抽象上升到具体，正是人们通过把握事物各个方面的本质规定及其相互间的内在联系，把各种抽象规定性按一定的逻辑顺序联系起来，从理论上完整地再现事物的多样性的方法。从抽象上升到具体，是理论研究的合理途径，这一过程包括逻辑起点、逻辑中介、逻辑顺序和逻辑终点四个环节，体现了辩证思维的逻辑过程。

首先，确定逻辑起点。这是形成理论的起点。所谓起点，是某体系中最抽象、最一般、最简单的思维规定，是整个体系的基础和依据，也是其所在系统中的一个基本核心要素。逻辑起点的确定，可以发展和引导出全部概念和范畴、规则和原理。因此，在确定逻辑起点时，一定要对整个体系展开多方面、多层次的综合论证，尽可能地去揭示出概念所反映的客观对象中存在的多方面的性质，找准逻辑起点。

其次，逻辑中介，它是由一系列联结起点和终点的概念、范畴的联系和转化所组成的中间环节。这是从事物的不同方面寻找共同点，确定将不同方面统一起来的中间环节，具有抽象和具体的两重性。

再次，逻辑顺序，即概念、范畴间前后相继或相互隶属的关系。要通过进一步的综合，将认识过程中所涉及的一系列概念排列成一种前后相接的逻辑顺序。

最后，逻辑终点，即最后思维的具体，形成理论并将理论具体化。

从抽象上升到具体，既是科学研究的方法，又是建构理论体系的方法。按照客观事物从简单到复杂，从低级到高级的发展顺序及内在联系，展现理论体系各个概念、范畴之间的关系。从最简单、最抽象的概念、范畴阐发，一步一步到达更复杂、更具体的概念范畴，总体体现事物的丰富多样性。

1　现代汉语词典[Z]．北京：商务印书馆，2012：184.

二、发生学方法

从词源学上看，“发生学”源自生物学领域的“遗传学”，英文为genetics，它本来是指由英国生物学家W．贝特逊（W．Bateson）于1906年根据希腊语“繁殖”一词正式命名的一门学科。[1]目前，发生学已经成为一种十分重要的、具有普遍意义的研究方法，从自然科学领域逐渐被应用到人文社会科学研究领域[2]，进入到教育领域。所谓发生学方法（genetic methodology），即反映和揭示自然界、人类社会和人类思维形式发展、演化的历史阶段、形态和规律的方法，其主要特征是把研究对象作为发展的过程，注重历史过程中主要的、本质的、必然的因素。[3]如哲学界、心理学界对人的意识发生发展规律的探讨，就是发生学方法使用的一个典范。经验论认为意识的发生是由外界刺激引起的体外的反映（白板说），这是机械的反映论；唯理论则认为意识是先天决定的，是肌体内部遗传继承下来的素质的特征（天赋说），双方观点针锋相对。瑞士心理学家皮亚杰使用发生学的方法研究个体认识的起源和机制，并创建了发生认识论，将关于这一问题的研究大大向前推进了一步。[4]

由此可见，发生学方法在本质上是对现实的历史性解释和说明，它从现实的人及其社会实践出发，而不是从过去作为“某种残渣的实证的事物”出发，把现实社会生活理解为能动的过程。这种理解就是对现存事物的历史性理解，是在肯定的理解中包含着否定的理解，即一切事物都处于不断变化的生成和消亡过程中。

在教育理论研究中，合理使用发生学方法，能够将教育发展的历史过程与结构有机结合起来，把逻辑与历史、规范与实证辩证统一起来，这十分有利于正确认识和全面把握教育现象赖以生成和发展的历史前提，以及不同历史形态下教育现象的演变阶段和内在规律，深入理解教育现象的本质，并科学预见其未来发展的趋势。

在使用发生学方法进行教育理论研究时，一定要注意：首先，现实是研究的出发点和归宿，研究是为了现实的人和当下的教育发展服务的，因此要防止过度迷失于历史过程的研究；其次，要防止以任何形式的目的论或必然决定论裁剪教育发展的历史，使其附会于研究者的研究设计或假设。总之，发生学方法是对现实及其发生群体和发生过程进行研究的方法，有学者将其概括为“两点加过程”的研究方法[5]，它实质上就是一个纵向研究，一定要注意避免在研究过程中做简单化和教条化的处理。

1　张乃和．发生学方法与历史研究[J]．史学集刊，2007（5）：43-50.
2　Kai Jensen．“Genetic Method”．*Review of Educational Research*，1939（5），p. 491.
3　张乃和．发生学方法与历史研究[J]．史学集刊，2007（5）：43-50.
4　裴娣娜．教育研究方法导论[M]．合肥：安徽教育出版社，2000：326.
5　张乃和．发生学方法与历史研究[J]．史学集刊，2007（5）：43-50.

三、系统科学方法

系统科学是20世纪40年代诞生的一组边缘学科，它是一种具有元科学、横断学科性质的科学群，是由一批学科构成的，包括一般系统论、控制论、信息论等基础理论学科，系统工程学、系统分析等应用学科以及系统自组织理论、泛系统理论等更一般的系统理论在内。系统科学的核心是系统论，它旨在确立适用于系统的一般原则，探索适用于一切综合系统或子系统结构——功能优化的模式、原则和系统运动规律。因此，它是一组强烈的、具有一般科学方法论特征的科学。[1]在教育理论研究中，系统科学方法也发挥着巨大的作用。由于系统科学方法包含甚广，因此，结合教育理论研究，这里仅就两种最常用的方法予以介绍。

（一）系统方法与教育理论研究

所谓系统方法，是指根据客观事物的一般系统特性去认识和改造客观事物的方法。具体来说，就是从整体出发，始终着眼于整体与部分、整体与层次、整体与结构、整体与环境的相互联系、相互作用，综合地处理问题的一种方法。[2]

从自然到社会，从无机界到有机界，从微观事物到宏观事物，从物质到精神，布满了形形色色的系统。人类社会是自然界发展的最高阶段，社会就是一个大系统，教育是这个大系统中的一个子系统，对其研究，必须合理运用系统方法。

运用系统方法进行教育理论研究，需要遵循一些基本的原则。

1. 整体性原则

整体性原则是系统方法的核心。所谓整体性原则就是要求人们在认识或改造系统对象时，从整体出发，始终注意认识、掌握和改造系统的整体特性和功能。由于整体是由部分构成的，部分对整体有着重要影响和作用，因而系统方法的整体性原则并不排斥对部分的认识和改造，而是要求给部分以充分的重视。但是，认识部分、改造部分并不是目的，而是认识整体、改造整体的手段。系统方法是为了认识整体而去认识部分，为了改造整体而去改造部分，亦即要使部分服从整体，尤其在部分与整体发生矛盾时，更要服从整体目标。同时，还需认识到整体是相对的，不是绝对的。

2. 层次性原则

系统的层次性是由于整体与部分对立的相对性决定的，任何系统都是由一定部分组成的整体，而这一整体中的各个部分又是由更小的部分组成的整体，如此下去，以至无穷；反过来说，任何一个系统整体又往往是更大系统整体的组成部分，如此上去，以至无穷，这就使

1　冯花朴．系统科学对教育研究的方法论启示[J]．教育理论与实践，1995（6）：26-28.

2　常绍舜．谈谈系统方法[J]．社会科学辑刊，1984（2）：38-42.

系统均具有层次特点。因此，所谓层次性原则，就是要求人们在认识和改造系统对象时，一定要遵循其层次特性，注意整体与层次，以及层次与层次之间的相互制约关系。它对于深化人们的认识起到十分重要的作用。

3. 结构原则

结构是系统内部各个要素的组织形式，结构决定系统的功能，不同的结构可以产生不同的功能。结构普遍存在于事物之中，人们要正确地认识事物的属性和功能，就必须认识其结构；事物的发展，除了通过量的变化达到一定的关节点会发生质变外，由于事物内部结构的不同而引起质变，也是一种合乎规律的现象。因此，在研究中对系统结构的关注也是不容忽视的。

4. 动态原则

任何系统都不是绝对的、封闭的和静止的，它总是存在于特定的环境之中，与外界进行能量、物质、信息的交换。系统具有开放性，随环境的变化而发生变化。

5. 最优化原则

这是系统方法的出发点和最终目的，人们对系统进行研究和改造的最终目的，就是为了使系统发挥最优化的功能。一个系统可能有多种组成方案，要选择最优的方案，使系统具有最优功能。

在教育理论研究中使用系统方法，就要将这些原则贯彻于研究过程之中。首先，必须认识到教育系统是社会系统中的一个子系统，教育系统内部又存在许多子系统，因此，在教育理论研究中，要树立全局观念，从整体上考察教育，并努力实现对教育的整体性认识。其次，在教育研究中树立的整体观，必须辅之以对整体中部分的合理认识，这会有效引导我们在研究中加深对各相关因素的认识，这对于揭示教育规律是极有价值的。最后，社会在发展，教育在变化，因此，教育理论研究必须用发展的眼光研究教育。

（二）信息方法与教育理论研究

信息方法是用信息概念和理论考察研究系统的行为功能结构，从信息的获取、转换、传输和储存过程来研究控制系统的运动规律的方法。[1]它是由信息输入、信息加工处理、信息输出和信息反馈等步骤构成的一个有秩序的科学研究过程的信息流程，正是通过对信息系统的分析和处理来揭示研究对象的性质和规律。

运用信息方法研究教育问题，其最主要的特点是完全撇开对象具体的结构和运用形式，把系统的、有目的性的运动抽象为一个信息交换的过程。教育研究的过程就是一个信息传递和转换的过程，一般可分为三个阶段：第一，教育研究中的信息输入，即搜集资料阶段；第二，信息加工，即加工资料提出结论阶段；第三，教育研究中信息的输出和反馈，即指导实践阶段。这三个阶段相互联系，彼此交织。

1　裴娣娜. 教育研究方法导论[M]. 合肥：安徽教育出版社，2000：334.

信息方法的特点与教育理论研究的特点十分契合，对于它的使用，可以有效提升教育理论研究的成果质量。其中，由于信息方法具有形式化的特点，完全撇开了研究对象的物质、能量和具体形态而把研究对象抽象为信息及其变换的过程。在与社会系统的信息交换过程中，注意结合考察社会系统，研究整体与要素、要素与要素、系统与环境的联系。它不只是在系统内部研究个别因果对应关系，而且是研究整个系统的所有因果关系，因此，当我们将教育系统所包含的要素作为信息而联系起来时，就可以通过信息的变换处理，全面地研究问题，并给予形式化的表述。

第四节
教育理论研究的规范

学习目标

熟悉教育理论研究的规范。

教育理论研究，作为教育研究中一种非常重要的研究方法，要想发挥它对理论和实践的巨大功能，研究者在研究过程中就应该以教育理论研究的规范要求自己。一般而言，规范并不强制研究者遵循，而是用自己的价值体系影响研究者的价值观念，使研究者自愿遵循。我们认为，教育理论研究者应遵守如下几方面的规范。

一、关注教育理论研究的创新性

创新是一个外来词，它是从英文innovate（动词）或innovation（名词）翻译过来的。《韦氏词典》对创新的解释有两点：引入新概念、新东西和革新，也就是说，“革故鼎新”（前所未有）与“引入”（并非前所未有）都属于创新。“现代创新之父”熊彼德认为，创新是“新的或重新组合的或再次发现的知识被引入经济系统的过程”。[1]综上，所谓创新，既指对原有的重新组合，也指再次发现。教育理论研究必须具备创新性，没有创新性的教育理论研究将不能够被称为“研究”活动。

教育理论研究中缺乏创新性大致有两种情况。第一种情况是由于对所研究问题的研究基础，尤其是对已有理论未能全面掌握，而将一个已经形成理论成果的问题作为课题进行研

1　叶平．“创新教育”解析[J]．教育研究，1999（12）：3-8.

究。曾有专家估计，我国有40%的科研项目在国外已经出了成果[1]，这不仅造成了人力、物力和财力的巨大浪费，也直接导致我国科研长期处于低水平状态。再加之还有很多研究，是对国内学者已经形成结论的问题的再研究。由此推断，由于前期研究准备不足而引起的教育理论研究创新性不足的现象，就十分值得我们关注。第二种情况是研究者已经掌握了已有理论研究成果，但由于种种原因，自己的研究依然只是对原有研究的“模仿”与“裁剪”。这类理论研究只能是整理、综合、复述别人的研究成果，而不是创新。理论一旦始终跟在别人后面，便失掉了生存的价值，一味地模仿最终只能导致理论走向死亡。这是理论的悲哀，也是理论研究者的耻辱。[2]

针对上述情况，为保证教育理论研究的创新性，研究者应该从如下方面规范自己的研究行为。首先，在选题阶段，必须广泛地查阅国内外文献资料，尽可能全面地掌握已有理论，并在已有理论基础上进一步提出理论研究的问题，实现在巨人肩膀上的再进步，推动理论的再发展。其次，要杜绝出于功利的目的，简单模仿或对已有理论进行修修剪剪式的研究。最后，除创新教育理论研究的选题外，研究所形成的理论也应该具有创新性，研究者必须认识到，能称之为理论的至少应该具备如下特征：总结出一定的规律、能解释同一领域的大量问题、为人们提供解决问题的思路并开拓人们的视野。[3]总之，教育理论研究应该从选题到研究方法，再到研究形成的理论，都不能跟在别人后面亦步亦趋。

二、教育理论研究必须立足于实践

教育理论研究虽然旨在构建、完善和发展理论，但其根本价值依然在于解决实际问题。因此，教育理论研究只有密切联系实际，不断从实践中吸取营养，才能起到应有的作用，才能谈得上发展和创造。一切理论问题的研究都属于科学研究，科学研究要求人们从实际出发，而不是从概念出发；要求详细地占有材料，科学地、客观地进行分析，切忌主观随意性。[4]

因此，教育理论研究也必须立足于实践。首先，教育理论研究者必须认识到实践对于理论研究的重大作用，调整心态，积极地从实践中吸取养分，理论联系实际，不断充实、提升理论研究，不断生成有现实的“根”的教育理论；其次，如前文所言，理论研究必须能总结出一定的规律，能解释某一领域的大量问题，为人们提供解决问题的思路，开拓人们的视野。理论的高度依赖于对实践的整体把握和理解。因此，一定要避免对教育实践做线形、简单、功利的抽取，科学的、有价值的教育理论研究成果，不仅需要建立在坚实的实践基础之

1　裴娣娜．教育研究方法导论[M]．合肥：安徽教育出版社，2000：90.
2　李醒东．论教育理论的“高原”现象[J]．教育探索，2005（4）：40-42.
3　吴洪伟，许广敏．“教育理论原创”：标准、问题及对策[J]．教育理论与实践，2005（11）：1-5.
4　江澄．理论研究要适应新的形势[J]．学习与探索，1982（4）：4-8.

上，而且还需要研究者具备对其进行系统、整体抽象的能力，让最终形成的理论能够统摄、引领实践的发展。

三、研究者应具有崇尚真理，勇于探索、勇于批判的勇气

毫无疑问，教育理论研究决不可孤立地存在，它既依赖于坚实的理论基础，也需从实践中汲取养分；它既需要以教育的眼光构建理论，也需要关注教育理论与政治、经济等领域之间千丝万缕的联系。但教育理论研究，必须是以理论的方式去关注与之有密切联系的事物、领域，教育理论研究必须保持自身的相对独立性。

理论研究作为一种人类活动，按其本性来说，它只能服从真理，因为理论研究的直接目的就是探寻真理，如果要求理论研究还去服从另外一些东西，那么理论就会失去自己的独立性，就将无法称其为理论，也就谈不上理论研究为实践服务，为改革提供新思路。[1]有学者将其称为“理论的真诚”[2]，其实际就是我们一贯强调的实事求是的原则在理论研究中的体现，它要求研究者正视理论研究的现状和问题，要求研究者按照理论的本性和内在逻辑进行思考、怀疑、论证和批判，一切唯真理是从，不向真理之外的任何力量妥协与屈服，包括不向自己的名利心、庸俗和惰性让步。只有如此，理论研究方能成为马克思所称道的“自由的精神生产”。

正如马克思曾说，在理论的入口处正如在地狱的入口处，不能有任何的犹豫和怯懦。[3]这是因为在理论研究中，很多问题都是探索性的，也就是说，还没有结论，不仅前人没有结论，而且现在也没有结论。对这些问题进行研究，提出不成熟见解，发表一些错误的观点，是难免的。为了发展科学理论，应当鼓励人们勇敢地探索新领域，大胆地去研究新问题，敢于提出新的见解。[4]研究者的探索精神对于教育理论研究至关重要。

同时，在教育理论研究中，还应该倡导批判精神。教育理论研究要从根本上实现重大层次跃迁，理论研究工作者就必须保持理性自由的精神，要不断超越既有理论层次，否认有不可批判的终极真理，敢于向现有理论不断提出挑战，进行批判，在批判基础上构建、改善、发展理论。

另外，还应鼓励不同学术观点的争鸣，形成立足国情、尊重事实、服从真理、平等讨论的良好风气；对于不同学术观点的是非，要尊重实践，在实践面前接受检验，在实践中求得一致，努力创造解放思想和勇于探索的社会环境。

1　纪荣荣．理论研究应为改革开放提供新思路[J]．安徽省委党校学报，1992（4）：75–78.
2　张曙光．理论的真诚与自觉——论马克思主义研究与创新的一个前提性问题[J]．哲学动态，2007（8）：3–9.
3　同上。
4　江澄．理论研究要适应新的形势[J]．学习与探索，1982（4）：4–8.

本章小结

1. 教育理论研究的内涵：研究者在已有的客观现实材料及思想理论材料基础上，借助于概念、判断、推理等逻辑方法，发展和完善教育理论的一种研究方式。

2. 教育理论研究的特点：抽象概括性与间接性、多样性与不确定性、层次性、超前性与继承性。

3. 教育理论研究的作用主要体现在以下三个方面：深化教育认识，揭示教育规律；构建、完善和发展教育理论体系；检验教育观念，证明研究成果。

4. 教育理论研究的过程是：确定教育理论研究的问题；搜集和分析文献资料；明确理论分析的框架，构建理论体系。

5. 教育理论研究过程中，要关注逻辑方法、发生学方法和系统科学方法的使用。

6. 教育理论研究应遵守如下研究规范：关注教育理论研究的创新性、教育理论研究必须立足于实践；研究者应具有崇尚真理，勇于探索、勇于批判的勇气。

总结 >

关键术语

理论研究 logical research	教育理论研究 logical research of education

章节链接

本章内容与第一章《教育研究方法概述》、第二章《教育研究的一般过程与设计》、第十二章《教育经验总结》、第十四章《教育研究成果的表达》的部分内容有密切联系。

应用 >

体验练习

一、名词解释

1. 理论研究

2. 教育理论研究

二、简答题

1. 简述教育理论研究的特点和功能。

2. 简述教育理论研究的基本过程。

三、拓展题

1. 结合你的个人情况，你认为教育理论研究的难点主要体现在哪些方面?

2. 从教育专业杂志上挑选一篇教育理论研究的文章，仔细阅读这篇文章，重点思考如下问题：

（1）作者使用了哪些研究方法？

（2）作者的研究程序是否符合规范？如果不符合，分析不符合的原因。

（3）对于这个研究进行评价。

拓展 >

补充读物

1 刘良华．教育研究方法专题与案例[M]．上海：华东师范大学出版社，2007．

本书专题7“怎样做理论研究”，从介绍中西方理论研究、教育理论研究的著名个案出发，总结出教育理论研究的操作策略：一是类比研究，二是比较研究，三是批判研究。该专题后还附了三个拓展阅读材料，可以帮助我们理论联系实际，加深对教育理论研究的理解。

2 叶澜．教育研究及其方法[M]．北京：中国科学技术出版社，1990．

本书第八章讲述了教育理论及其形成的思维路线，第九章讲述了形成教育理论的思维方法与工具，可以作为学习教育理论研究的基本方法时的参考文献。

在线学习资源

系统方法．http://baike.baidu.com/link?url=01yGd8UZeSMG686HoP018xYeVzuN3nGzLcWZEWOWwahZj1g0qWapvzkluvK6u4bw.

第十四章
教育研究成果的表达

本章概述

本章首先从总体上介绍了教育研究成果表达的意义与作用；然后具体介绍了教育研究报告、学术论文、学位论文、教育记事作品等教育研究成果表达的类型及其具体撰写体例；最后介绍了教育研究成果表达的基本要求，教育研究成果撰写的具体技巧，教育研究成果投稿的具体策略。

结构图

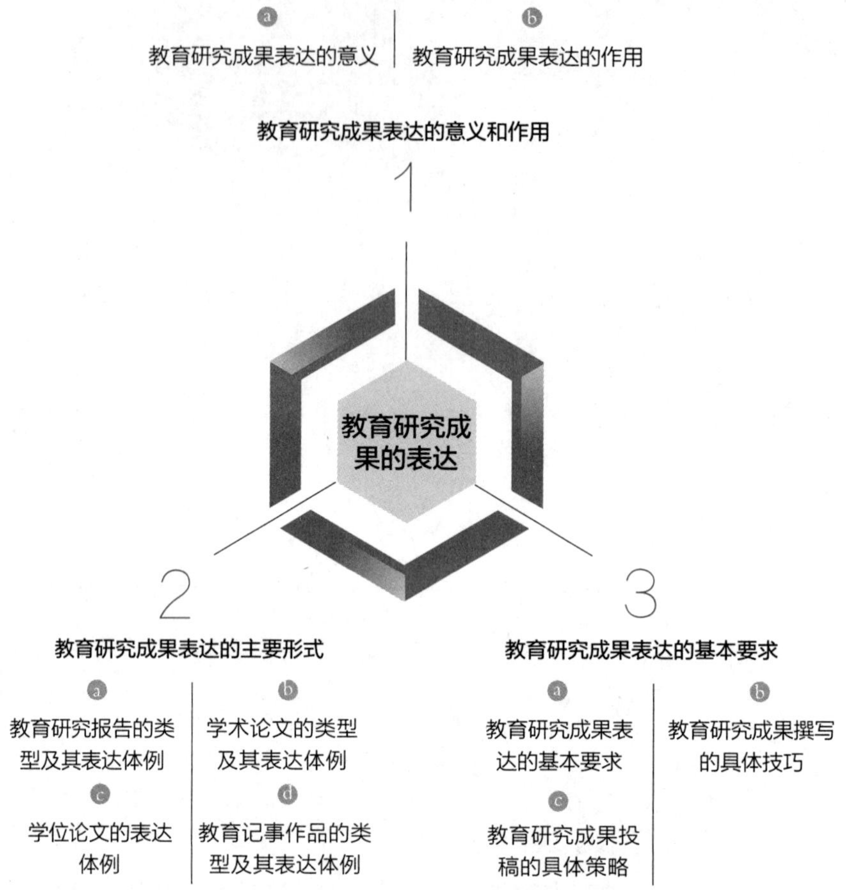

学习目标

学完本章，你应该做到:

1. 认识教育研究成果表达的意义和作用;
2. 了解四种教育研究成果表达的主要形式;
3. 掌握教育研究成果表达的基本要求与具体技巧。

读前反思

教育研究成果的表达的具体含义指什么？它对教育研究有什么意义和作用？有哪些形式？有哪些基本要求？

一个完整的教育研究过程的最后一个环节是将研究的整个过程和结论用恰当的形式表述出来，这就是教育研究成果的表达。它在教育研究中起着画龙点睛的作用。只有运用恰当的形式，遵循一定的规范，把教育研究的结果呈现出来，才能实现人们对教育研究成果的分享、交流、理解、认同和应用，从而发挥出教育研究的价值。

第一节
教育研究成果表达的意义和作用

学习目标

认识和把握教育研究成果表达的意义和作用。

教育研究成果的表达是教育研究者对研究活动及其结论的最终概括和总结，在整个教育研究过程中具有重要的意义。通过表达，可以实现研究成果的呈现、交流、分享，进而发挥贡献理论、指导实践的价值。

一、教育研究成果表达的意义

（一）总结与呈现研究工作

教育研究成果的表达，首先是对一项研究工作的总结。一项研究工作完成后，要以适当的形式把它表述出来，将研究的方法、研究的过程、研究的内容、研究的收获、研究中产生的问题或疑惑等用恰当的文本形式概括出来，或以学术论文的形式，或以研究报告的形式，或以学位论文的形式，或以教育记事作品的形式，等等。经过此环节，一项研究才算大功告成。通过研究工作的呈现和总结，才能将自己的研究工作以恰当的形式展示给同行或需要了解自己研究工作的人们，让人知道自己的认识和结论，便于旁人学习、掌握与传播。没有研究成果的表达，一项研究就不算完整。在有关机构或基金资助的课题研究中，不仅要求总结研究成果，还要求以一定的形式发表或出版。

（二）获得社会承认，实现社会价值

教育研究是实践性很强的研究活动，目的在于服务现实的教育教学活动。教育研究成果的理论创见与实践智慧只有被掌握和应用，才能成为推动教育现实变革的有用利器，才能有助于处理现实教育教学问题，解决教育教学中的困难，促成教育教学的变革，改善教育实

践。只有通过表达，一项教育研究成果才有可能被认识、认同，进而实现社会应用价值。一般而言，教育研究成果经过总结会以适当的方式进行发表和出版，得以公开表达。经由这种表达，研究结果能够得到更多人的关注，可以吸引越来越多的人对研究本身和结果展开评价、鉴定，进而使研究结果获得认可。无论对于一个人、一个学术团体还是一个国家，研究成果数量的多寡与质量的优劣，都是衡量学术水平与科研地位高低的主要标志。只有通过公开表达，才能得到同行或社会的认可，研究的理论或实践成果也才可能取得一定的社会效益，被更多的人进行理论引证或实践应用，最终实现其社会价值。

（三）深化认识，发展理论

一项研究工作的价值与意义就在于其创造了新认识、新观点、新思想、新方法，使人类共同的知识和理论实现了增值与发展。而结果的表达，则使这部分全新的、具有创造性的知识以一种固定的、可传承的方式定型并得以传播，从而成为知识海洋中的新鲜成分，转化为人类共同的知识财富与智慧。无论它们将来是作为理论的基点获得延伸，还是随着时代的发展与进步被推翻和颠覆，都为后人进一步深化认识、加深思考，发现新的问题域并寻求新的解决方案奠定了基础。没有研究成果的表达，深化认识、发展理论都将失去依托。

二、教育研究成果表达的作用

（一）有助于同行评议及交流，促进研究的深化发展

同行之间的交流和评价，既是研究成果的价值确认的重要环节，也是其社会价值和实践意义得以发扬光大的重要通道。没有成果的表达，整个研究的完整过程很难完整地、便利地传达给其他的研究个体或研究团体，必然会影响到研究者之间，特别是分处于不同时间和空间的研究者的学术交流和思维碰撞。教育研究结果的表达，使研究的结论或成果通过文字或图表等形式永久保存和呈现，简练又便于交流，为同行之间的相互学习和评议交流创造了便利条件。

教育研究成果凝聚着教育研究劳动的智慧，是研究者对教育领域具体问题的探询与答案的求解。教育研究成果的发表，能够为人们提供有关研究过程的实际资料及对研究结果的评价分析，能够提供问题解决的具体思路与科学方法。这样就可以引起相同或类似问题研究者的关注，激发他们进行证伪或求真的兴趣，有利于学术交流和合作，客观上也就推动了同类及相关研究的深化、新问题的发现及研究水平的提高。

（二）有助于教育学术的繁荣与进步

教育研究成果的表达，是对研究工作的科学总结，必然依从一定的学理，持有一定的哲学认识和思想观念，秉持一定的研究思路和科学方法。教育研究成果的表达及围绕它的分享

与探讨，既有助于推广交流教育科研成果，丰富学术文献，又有助于深化和发展研究成果，并在此基础上形成具有共性倾向的学术共同体，建立科学规范，推动研究的扩展深入，促进学术繁荣与教育进步。

（三）有助于研究者研究能力和素质的提高

教育研究成果的表达，一般以发表或出版为基本形式，需要研究者在研究结果的基础上，进行必要的分析综合和文字加工。这个必要的过程必然有助于研究者分析综合能力、逻辑思维能力和文字表达能力的提升，从而从根本上改善研究者的综合素质。研究成果的表达同时也是提高教育研究水平的重要实践，不仅能够直接促进研究者的理论与实践水平，还可以间接地促进学习者认识的提高、视野的开阔和思维的深化，使他们的研究一开始就能站在前人的肩膀上，从而可以提高研究者群体的能力和水平，实现研究的教育价值。

第二节 教育研究成果表达的主要形式

学习目标

熟悉教育研究成果表达的主要形式。

教育研究的最终成果，要想获得更广泛的认同与更大范围的传播，一般要借助文字等形式进行表述。因为研究的目的、任务不同，研究的方法、手段各异，研究成果的文字表述形式与体例也不尽相同。总的来看，教育研究结果表达的主要形式大致可以划分为四种：教育研究报告、学术论文、学位论文与教育记事作品（来自一线教师实践研究的成果）。

一、教育研究报告的类型及其表达体例

（一）教育研究报告及其分类

研究报告

研究报告是报告情况、建议、新发现和新成果的文献，是按照规范呈现研究的目的、方法、结果等项目的成果表达形式。

教育研究报告是描述教育研究工作的结果或进展的文件，是如实地描述和记录研究成果后所形成的书面报告。**研究报告**是报告情况、建议、新发现和新成果的文献，是按照规范呈现研究的目的、方法、结果等项目的成果表达形式。与学术论文相比，研究报告突出的是研究的过程性，它一般

会在报告中呈现整个研究工作的过程、方法和环节。

由于每一项研究的对象、内容与具体所使用的方法不同，教育研究报告又具有多种类型。主要有调查报告、实验报告、经验总结报告、个案研究报告、文献研究报告等。

调查报告。指对某种教育现象、某个教育问题进行调查研究后，经过资料的整理分析，对教育的现状做出科学的分析认识并提出具体工作建议的报告。

实验报告。指按照研究目的，通过合理控制或创设一定条件，对某种教育现象进行科学实验后，对教育实验过程及其结果进行客观反映的报告。

经验总结报告。指对在教育教学实践中的事实经验，经过去粗取精、去伪存真的总结、提炼和概括的系统化、理论化的报告。

个案研究报告。指对具有某种代表意义及特定范围的具体对象（这个对象既可以是一个人、一种课程、一个机构，也可以是一个事件或一个过程等）进行深入研究后撰写的报告。

文献研究报告。指对围绕着研究问题而搜集到的相关教育文献进行分析、比较、综合，并展示文献的检索和考证过程，说明文献来源和学术价值的报告。

（二）教育研究报告的一般表达体例

国家标准CB/T7713.3-2014科技报告的编写规则明确规定了研究报告的撰写格式与构成元素。一般来说，一份科技报告主要由前置部分、主体部分和结尾部分三大部分组成，每一部分又由一些基本成分构成。

表14.1科技报告构成元素表[1]

	组成	状态	功能
前置部分	封面	必备	提供题名、作者等描述元数据及密级，使用范围等管理元数据信息
	封二	可选	可提供权限等管理元数据信息
	题名页	可选	提供描述元数据信息
	辑要页	必备	提供描述和管理元数据信息
	序和前言	可选	描述元数据
	致谢	可选	内容
	摘要页	可选	提供关键词等描述元数据信息
	目次	必备	结构元数据
	插图和附表清单	可选，图表较多时使用	结构元数据
	符号和缩略语说明	可选，符号等较多时使用	结构元数据

1　来源于中华人民共和国国家标准GB/T7713.3-2009 200科技报告的编写规则。

续表

	组成	状态	功能
主体部分	引言部分	可选	内容
	主体部分	必备	内容
	结论部分	必备	内容
	建议部分	可选	内容
	参考文献	有则必备	结构元数据
后尾部分	附录	有则必备	结构元数据
	索引	可选	结构元数据
	发行列表	可选，进行发行控制时使用	管理元数据
	封底	可选	可提供描述元数据等信息

在参阅以上国家标准的基础上，舍去一些基本的编排格式规范，我们可以进一步将研究报告的基本构成精练为图14.1所示的结构图，从而对其基本的体例有较明晰的认识。简而言之，前置部分主要有题名、署名、摘要和关键词；主体部分有引言、研究方法、研究结果、讨论与分析、结论与建议、注释与参考文献。结尾部分如有必要可有附录与索引。图中所列仅是构成教育研究报告的基本构成成分，在具体的写作过程中，可以在此基础上，根据不同的读者、内容和体裁灵活掌握，只要能够达到结构完整、层次分明、逻辑缜密、条理清楚的要求即可。

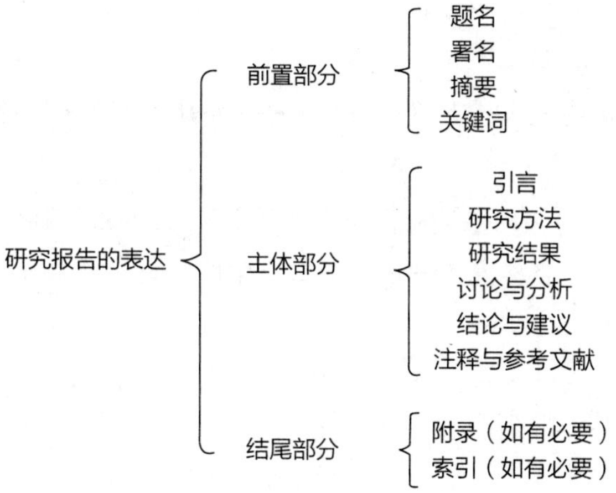

图14.1 研究报告的一般体例结构

1. 题名

题名即研究报告的题目。题目用词首先应该能反映研究报告的主要内容，让读者能够明了所研究的主要问题。一般可直接采用研究课题、调查现象、实验名称为题目，文字需简练、概括、确切、鲜明，或点明研究范围，或反映出研究的对象、领域、方法和问题。为免题目冗长，可加副标题，使主标题简练。下面以发表在教育类刊物上的一些报告题目予以示例。

调查研究报告：

《“90后”小学教育专业本科生教师职业认同感调查研究》(《教育研究》，2013年第3期）

《中小学教师课程价值取向调查研究》(《教育研究》，2013年第4期）

《高中数学骨干教师专业发展情况调查研究——来自国培计划（2011）中小学骨干教师研修项目人大附中高中数学班的报告》(《教育研究》，2012年第2期）

实验研究报告：

《职前幼儿教师科学教学效能感培养的实验研究》(《教育研究与实验》，2013年第1期）

《探究性教学对发展初中生数学能力的实验研究》(《教育研究与实验》，2013年第2期）

《小比大好，还是大比小好——班级规模与教学效果的实验研究》(《教育研究与实验》，1995年第4期）

经验总结报告：

《让学生发挥自学潜能 让课堂焕发生命活力——福建省中小学“指导—自主学习”教改实验研究总结》(《教育研究》，1999年第3期）

《总结军训经验 探索自训之路》(《高等教育研究》，1994年第3期）

《办出党校特色 培养合格人才——四川工业学院党校工作经验总结》(《高等教育研究》，1998年第4期）

个案研究报告：

《初中数学教师学科教学知识形成的个案研究》(《江苏教育研究》，2014年第1期）

《凤凰为何不还巢?——“少数民族高层次骨干人才计划”毕业生违约个案研究》(《清华大学教育研究》，2013年第1期）

文献研究报告:

《院校研究的历史发展及若干理论问期探讨——基于国外文献的分析》(《比较教育研》2004年第2期)

《我国教育技术学知识结构与关键节点文献研究——基于学科知识图谱的分析》(《开放教育育研究》，2011年第4期)

《美国教育电视研究现状与特点——基于ERIC近15年的文献研究》(《电化教育研究》2010年第10期)

2. 署名

署名人是参加了全部或主要研究工作的研究者；应写明研究者的工作单位和真实姓名。如果研究者有多人，可商定署名的先后次序，逐一写清，或按照其对研究成果贡献的大小依次排列。

3. 摘要与关键词

摘要也称内容提要，可以说是研究报告的“迷你”版，是对整个报告的简要概括。公开发表于期刊的研究报告，由于受篇幅限制，般100~300字。摘要需简洁精练地说清楚研究的问题、研究方法、研究对象的特征、研究结果、所获结论等信息内容。

关键词是一项研究报告中可以表示全文主要信息内容的主题词或术语。关键词的使用方便了研究报告的检索，它既是一篇研究报告的重要信息点也是检索点。关键词一般以3~5个为宜。

以《“90后”小学教育专业本科生教师职业认同感调查研究》为例。

摘要：教师职业认同感的强弱不仅影响教师队伍的稳定发展，而且关系到国家的教育事业。从教师职业认同感所涵盖的教师职业认知、职业情感、职业意识、职业期望、职业价值观和职业行为倾向六个维度，对“90后”小学教育专业本科生进行问卷调查，统计结果显示：“90后”小学教育专业本科生教师职业认同感总体水平比其他师范生高；不同年级、性别、地区教师职业认同感存在显著差异：教师家庭对“90后”小学教育专业本科生教师职业认同感里负相关。完善小学教育专业的人才培养模式应着力于提高教师待遇，营造有利于“90后”小学教育专业本科生的环境；注重人文关怀，推进小学教育专业课程改革；共同参与“90后”小学教育专业本科生培养，实现互惠互利。

关键词：小学教育专业:“90后”；本科生；教师职业认同感

该摘要简要概述了研究的主要内容，让读者明了了该研究的意义、方法、主要结果与建议。关键词也提炼得比较精当。

4. 引言

引言也称绪论、序言，属于研究报告主体的第一部分内容。根据全文长度可长可短，一般字数不宜太多，没有固定的表达方式，好的引言大多以凝练简洁的语言，简要阐述研究的理由或背景，陈述研究的问题，表明研究的目的和意义。此部分明确提出研究的现象和问题，研究的个人目的和公众目的、研究的理论意义与现实意义。此外，也可适当回顾与该研究主题有关的国内外文献，报告主要研究内容在国内外同类研究中所处的地位。

对于调查研究而言，还需点明调查时间、地点、对象、范围等，交代调查的方法，报告主要调查的内容，使读者对调查报告获得总体认识；或提出社会、师生所关注和迫切需要调查了解的问题，以引起关注。对于实验研究而言，还需简明扼要地说明实验进展情况，实验对象和规模，实验所依循的原理以及对实验结果的预测等。对于个案研究而言，重在说明选择的个案是什么，为什么要对个案进行研究，研究个案是为了达到什么样的目的。总之，要使读者一目了然，使读者对研究获得总体认识，为读者接受该项研究成果准备良好的心理上与认识上的基础。

5. 研究方法

研究方法部分是本研究所采用的科学研究方法的具体交代和说明，以便读者了解和评价整个研究在方法论和教育理论上的科学性和客观性，让读者据此决定是否承认和接受该项研究所得出的结果。方法要尽可能细致地交代研究对象选取的具体情况和研究的详细步骤。如参与的人数、参与者的性别、年龄、职称、民族等基本特征；研究工具及其研究工具的设计过程、基本内容；研究时间、周期等。

个案研究报告包括抽样的标准，即个案是如何选定的；进入现场以及与被研究者建立和保持关系的方式；采用什么方法搜集资料和分析资料；关于研究伦理的考虑；研究实施过程，即研究持续时间的长短，访谈、观察的时间表及频率等。

实验研究报告要详写方法与步骤。被试的选择方法、分组方法与数量；自变量的构造、安排及呈现方式；无关变量控制的措施与程序；实验的组织类型及采用这种组织类型的依据；阶段性实验目标达成的评价标准和方法以及终极目标达成的评价标准和方法，即因变量的指标及测定方法；实验的具体步骤以及实验数据的处理方法；等等。

文献研究报告一般要说清文献来源、种类以及文献的统计年限，如使用了何种权威检索工具进行文献检索，检索了几年，检索到了多少有效文献，这些文献是怎么分布的（刊物级别、时间、作者状况、文章类型等）。说清自己取样与选文的标准，以及如何确定类目进行分析的。

此部分的叙述要足够详细，使读者能够通过文章透彻地了解研究过程。

6. 研究结果

研究结果是研究报告的核心内容，是研究中的事实数据和材料的客观呈现，在本部分一般不对结果的含义做进一步的讨论分析。总体来说，结果呈现的数据资料必须客观准确、信息全面，但并不意味着在写作中要把原始数据一一罗列，结果呈现和展示的是数据和资料处理后的统计分析结果。

对于调查研究报告而言，这部分要把调查获得的大量材料，经过分析整理，归纳出若干项目，条分缕析地叙述，观点一定要明确，同时做到数据确凿、事例典型、材料可靠。除了语言描述形式以外，为了使人一目了然，对一些统计数据尽可能用图表表示，以增强表达的直观性与形象性。

对于经验总结研究报告而言，主要是要呈现具体的经验究竟是什么。要围绕经验总结主题所选取的典型事例，经过分析整理，归纳概括，细致地对于成绩和经验予以叙述介绍。

对于实验研究报告而言，主要是呈现实验中得出的数据和典型事例。数据要严格核实，要注意图表的正确格式。典型事例要能使人更好地理解实验结果，使实验更有说服力。要用统计检验来描述实验因子与实验结果之间的关系。对非单因单果的关系，要经过适当的设计与统计分析，判断影响实验结果的原因，并做出实验假说的验证。

7. 讨论与分析

研究报告的总结部分，是针对研究结果进行的进一步客观严谨的分析论证与深入评价。讨论研究的结果是支持还是否定原有的研究假设，如果否定，新的研究假设是否被提出；研究的理论价值与实践价值是否实现；当前研究的局限性怎样等，都要做出交代。它要求研究者从理论的高度，用科学的概念、严密的逻辑，从大量具体事实中找出规律性东西，反映出研究者的独到见解。

对于实验研究报告而言，主要是运用教育教学理论来分析和讨论与实验结果有关的问题。其主要内容有：第一，由实验结果来回答篇首提出的问题；第二，对实验结果进行理论上的分析与论证；第三，把实验结果与同类研究结果相比较，找出其优劣；第四，提出可供深入研究的问题及本实验存在的问题。

对于经验研究报告而言，更多地以“存在的问题和原因分析”的方式来呈现。在总结经验的基础上，找出问题与不足，分析原因，以便下一步的工作更好地开展。同时，要以事实材料为依据进行科学分析，找出规律性的东西，要透过现象看本质。可以对结果做理论上的进一步阐述，深入地讨论一些问题，亮出自己的观点，提出建设性的意见和建议。

8. 结论与建议

本部分是研究者对研究结果分析讨论后得出的理性认识，根据研究得出的客观事实和结论，回答篇首提出的研究问题，对决策部门提出自己具有科学性和可行性的认识、建议和设想。此外，还常常对该项研究的方法、设计进行必要的反省，提出可供深入研究的问题及本研究存在的问题，讨论改进、变换研究方法可能对研究结果带来的影响和变化等。

9. 注释与参考文献

在研究成果表达的正文中，有时一些内容不适于展开论述，在研究中也常常会用到前人或他人的研究成果，这时就需要注释和参考文献了。对于正文中的文字内容必须加以说明，但又不适于做正文来叙述，可使用脚注或尾注等形式来进行注释。脚注放在所注释正文所在页面的底部，尾注放在所注释正文所在章节的末尾。当研究报告篇幅较长时，一般采用脚注的方式。

参考文献应置于研究报告主体的最后部分。对于在研究报告中参考和引用别人的材料和论述，应一一注明，以便他人查阅。一般须按文献引用出现的顺序列全，编排于文末或各章末。各类参考文献编排格式须符合国家标准GB/T 7714–2015《文后参考文献著录规则》。

10. 附录和索引

附录和索引部分是对正文主体必要的补充项目，但不是论文的必备部分。附录收录的一般是原始资料，是指内容太多、篇幅太长，不便于写入研究报告又必须向读者交代的一些重要材料，如测试试题、原始数据、调查问卷、访谈提纲、研究日志、实验记录、重复性数据和图表、论文使用的主要符号的意义和单位编写等内容。它对研究报告的内容起补充说明或提供参考资料的作用。索引是揭示文献内容出处、提供文献查考线索的项目。

二、学术论文的类型及其表达体例

（一）学术论文及其分类

学术论文，是教育研究工作者对特定教育现象、教育问题、文献或理论进行比较系统、专门的理论研究和探讨，提出新观点、得出新结论，或站在新的角度做出新的解释和论证的一种理论性文章。它用深刻的哲理和严密的逻辑论证来说明问题，既是探讨问题、进行教育研究的一种手段，同时也是描述研究成果，进行学术交流的种工具。

学术论文按照内容形式或研究层次与特点的不同有不同的分类方法。

学术论文

学术论文，是教育研究工作者对特定教育现象、教育问题、文献或理论进行比较系统、专门的理论研究和探讨，提出新观点、得出新结论，或站在新的角度做出新的解释和论证的一种理论性文章。

根据论文内容形式的不同，可分为三类。第一类是基于文献整理的说明性论文，这类论文主要是通过分析丰富的教育文献与材料，梳理史料，表达作者针对具体教育理论或实践问题的新观点、新看法。第二类是基于逻辑推演的论说性论文，这类论文主要是结合作者自身的理论储备，通过周密的逻辑推理，提出新颖独特的真知灼见，深化拓展理论。第三类是基于争鸣商榷的争辩性论文，这类论文主要是针对其他作者的相关论文或著作，展开问题商榷和观点争鸣，表达不同的学术见解。

根据教育研究的特点和层次不同，学术论文还可分为四类。一类是经验梳理型论文，这类论文主要是在教育、教学实践中直接获得的丰富的感性材料基础上总结、升华和优化组合而来的理性认识。一类是问题研讨型论文，这类论文主要是针对当前教育实践中存在的主要问题、突出问题进行分析、探讨，进行专题总结、研究，从理论和实际的结合上提出解决意见和办法、方案和措施。一类是现象评述型论文，这类文章主要是针对教育、教学领域在一定时限里的活动、情况、现象、论争、做法、特点、流派、问题等进行专项综述和评析。一类是学术探究型论文，这类论文主要是对教育理论问题进行专门、系统的研究，总结规律，揭示本质，进行论证和证明，表达和阐述学术观点。

（二）学术论文的一般表达体例

期刊发表的学术论文一般有由前置部分、主体部分和结尾部分三个部分组成。体例如图14.2所示。

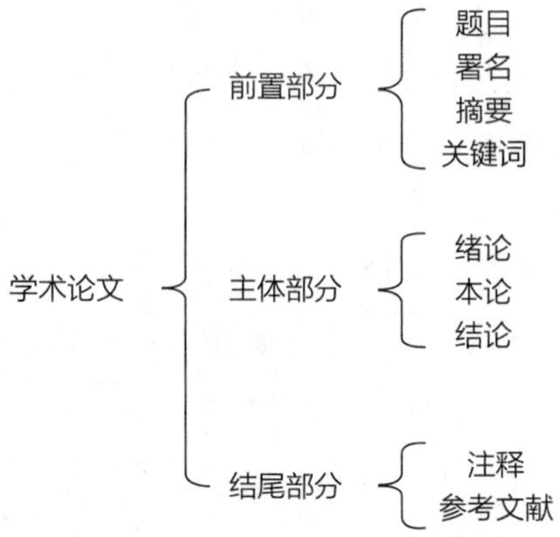

图14.2　学术论文的一般体例结构

1. 前置部分

题目。题目是论文的窗口，是论文内容的高度概括。好的论文题目能反映出作者研究的方向、成果、内容、意义，揭示出论文的中心论点，说明论文的内容范围，概括论文所要回答的主要问题，显示出全篇论文的格调、色彩等。因此，论文题目一般要求既能表达论文的基本精神，又要简洁、精练，便于分类。有的文章，除了主标题外，还有副标题，副标题一般比较具体，它对主标题（正标题）起到补充、交代、解释或限制的作用。

不同类型的题目示例：

《对“适合学生的教学”的思考》(《课程·教材·教法》2012年第8期，刘庆昌）

《20世纪下半叶苏联教育学在中国引进的回顾与反思》(《教育学报》2013年第8期，侯

怀银、史慧敏）

《论高等教育外部关系规律理论的科学性——与<理性的视角：走出高等教育“适应论”的历史误区>商榷》(《教育研究》2013年第11期，刘志文、邹晓平）

署名。署名是作者文责自负和拥有版权的标志。

摘要。论文一般需要有摘要，以便读者能迅速了解论文的概貌，以确定有无阅读价值。写作时需要注意：一是文字要简练，一般以二三百字为宜；二是内容要全面，重点要突出，使读者对论文的主要结构、主要论点一目了然。

摘要示例 1：

20世纪下半叶苏联教育学各学科在中国的引进有着不同的启动时间。20世纪下半叶苏联教育学在中国的引进经历了以下四个阶段：以模仿为目标的引进；以教育学“中国化”为目标的引进；以批判为目标的引进；以学术研究为目标的引进。20世纪下半叶苏联教育学在中国的引进，不仅确立了马列主义在中国教育学中的指导地位，影响了中国教育学学科体系的构建，而且提供了编写教育学教材的参考模式，拓宽了中国教育学研究者的视野。20世纪下半叶苏联教育学在中国的引进给我们提供了以下重要启示：引进要处理好政治、意识形态与学术的关系；引进要与研究外国教育学的产生和发展相结合；引进要与继承本国传统相结合；引进要与建设中国教育学相结合。(《20世纪下半叶苏联教育学在中国引进的回顾与反思》,《教育学报》2013年第4期，侯怀银、史慧敏）

摘要示例 2：

课堂空间是具有一定的文化意义，富有生命气息，具有历史感、现实性和理想意义的人文构造，既包含客观的物质环境，也包含由精神物构成的，并与精神活动同在的非物质场域。课堂空间的精神性是客观存在的。课堂空间的精神性来源于构成教学整体的教学主体、教学内容、教学关系和教学追求。而课堂空间的精神性就体现在发生着教学活动的课堂自身，显现于课堂空间的结构层次中；具体而言，课堂空间的精神性就体现在课堂教学活动中始终在场的教育目的和实际生发课堂空间精神性的教育过程中。(《课堂空间精神性探寻》,《西北师大学报·社会科学版》2013年第2期，徐冰鸥）

关键词。关键词属于主题词一类，它是反映论文主要内容的名词性术语。每篇论文一般标写3～8个，关键词可在标题中选择，也可以在论文中选择具有代表性的词，但要用规范词或术语。如上述两篇论文的关键词分别是“20世纪下半叶，苏联教育学、引进”和“空间、课堂空间、精神性”。

2. 主体部分

绪论。即引论，这一部分一般简要概述三个方面，也可择其一而述。第一，提出课题，说明研究这一课题的理由、意义。第二，交代研究背景，提出需要论证的问题。第三，说明作者论证的方法和手段。其中，提出需要论证的问题，是绪论的核心部分，体现着全文的基本价值。

本论。即正文，是展开论题、表达作者个人研究成果的部分，这部分占论文的绝大部分篇幅，处于极其重要的地位。要特别详细地阐明作者提出的新的独创的东西，这是论文有无学术价值、学术水平高低的具体表现。该部分的论证要遵循一定的逻辑顺序，论述的先后次序、结构层次均需遵循思维的内在规律。在论证结构上有平列式、递进式和平列递进结合式。基于逻辑推演的论说性论文的结构，可以刘庆昌的《对“适合学生的教学”的思考》做一说明。该文主体部分围绕四个问题展开：为什么我们今天呼唤适合学生的教学？适合学生的教学需要什么样的前提？我们如何知道教学适合了学生?适合学生的教学是最好的教学吗？问题环环紧扣、层层递进，摆脱了以往文章对适合学生的教学是什么、为什么要提倡适合学生的教学、适合学生的教学怎么样的传统套路，该文的思想性及分析问题的视角、思路、逻辑的连贯与严密均值得借鉴。

结论。这部分要对正文中分析论证的问题加以综合，概括出基本点。结论是研究结果和理论分析的逻辑发展，是课题解决的答案，是全篇论文的归宿。结论的语言要严谨、明确、简洁。

3. 结尾部分

注释和参考文献。凡是引用了他人的材料或研究成果，都必须加以说明，注明出处。写上这部分，反映了作者的科学态度和求实精神，也表示作者对别人研究成果的尊重，避免抄袭之嫌，同时，还反映了研究水平，可以给他人一些启发。

三、学位论文的表达体例

学位论文是为申请一定的学位而提交的论文。在学位论文的写作中既有学术性的理论文章。也有基于调查、实验而写的研究报告。由于其有特定的质量规格和写作格式要求，所以将它与其他形式分开说明。

> **学位论文**
>
> 学位论文是为申请一定的学位而提交的论文。

国家标准GB/T7713.1—2006学位论文编写规则规定，学位论文一般由前置部分、主体部分、参考文献、附录和结尾五部分构成。结合专业要求，教育学学位论文的体例构成如图14.3所示。

1. 前置部分

封面。内容一般包括：①学校代码；②学号；③中图分类号查阅《中国图书馆图书分类法》；④密级（密级划分为公开、内部、秘密、机密、绝密共五级）；⑤学校徽标；⑥学校名称；⑦论文题目（一般不超过20个汉字）；⑧院系（学校规范的）名称；⑨专业学位类别；⑩研究方向；⑪年级；⑫学生姓名；⑬ 指导教师姓名；⑭完成日期（涉密论文需注明论文密级和保密年限）。同等学力人员，必须在论文封面右上角注明："同等学力申请××学位"字样。论文书脊上印以下内容：××大学硕（学）士学位论文、论文题目、作者姓名。

扉页。内容包括：①论文题目；②专业名称；③学生姓名；④指导教师姓名；⑤答辩委员会主席、委员（签名）。

摘要和关键词。摘要主要说明论文的目的、研究方法、研究成果和结论，要突出说明本论文的创造性成果及新发现、新成果、新方法、新见解，以便读者能迅速了解论文的概貌。语言力求简练、准确。在摘要的最下方另起一行，注明本文的关键词（3~5个）。关键词是反映论文主要内容的名词性术语，可在标题中选择，也可以在论文中选择具有代表性的词，但要用规范词或术语。相互之间用分号或用空格隔开，按照重要程度依次排列。论文摘要及关键词要有中英文对照。学位论文英文摘要和关键词要另起一页，内容应与中文摘要对应。

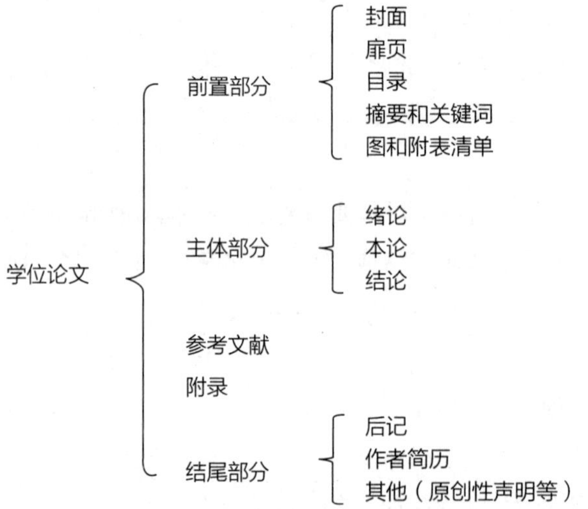

图14.3 教育学学位论文的一般体例结构

2. 主体部分

绪论。也称引言、序言，学位论文的绪论部分相对来说有着较为固定的内容与格式。这一部分主要涵盖了以下内容：问题的提出、研究的目的与意义、核心概念界定、相关领域的国内外研究动态、研究的内容、研究的思路与方法、研究的重点、难点和创新之处。

本论。即正文，包括学习、研究和调查过程中所获得的材料，以及经过加工整理、分析研究而成的论点，是展开论题、表达作者个人研究成果的部分，这部分占全文的绝大部分篇幅，是论文的核心部分。论据应力求准确、完备、清晰、通顺，论述过程要有条有理、逻辑严密、实事求是。特别详细地阐明作者提出的独创的东西，是学位论文具备学术价值和较高学术水平的具体表现。

结论。这部分要对正文中分析论证的问题加以综合，概括出基本点，结论是研究结果和理论分析的逻辑发展，是课题解决的答案，是全篇论文的归宿。结论必须和本论有内在联系，又要注意避免简单重复。语言要严谨、明确、简洁、精练、完整、准确。

3. 注释与参考文献

注释。对论文写作过程中引用的相关文献或别人的研究成果和观点的说明。一般本科学位论文采用篇尾注，硕士与博士论文均采用脚注。

参考文献。写在正文或注释后面，主要列出论文撰写过程中参考了哪些著作、期刊、报纸等文献资料，须按文献引用出现的顺序列全。

4. 附录

附录是对正文主体必要的补充项目，但不是论文的必备部分。

5. 结尾部分

后记（致谢）。对提供帮助、指导或提供研究条件协助完成研究工作的单位或个人表示感谢。

声明。包括论文独创性声明和论文使用授权声明。

四、教育记事作品的类型及其表达体例

教育记事性作品可分为教育叙事与反思、教育教学案例两大类。

教育叙事与反思。叙事不仅是一种记事的方式，也是一种研究方法。**教育叙事与反思**指研究者以自我叙述的方式来讲述亲身经历的教育事件，通过“讲教育故事”唤起读者的体验与共鸣，在此基础上，通过对事件的分析和阐释，在教育事实基础上进行更深刻的思考和评判，将由此产生的批判性思维活动记录下来，借此总结经验教训，反思自己的教育教学活动，从而改进行动，提升素质，进一步提高教育教学水平。

教育教学案例。案例，是指包含有典型性意义的问题或疑难情境在内的、真实发生的、典型性的事件。教育教学案例一

教育叙事与反思

教育叙事与反思指研究者以自我叙述的方式来讲述亲身经历的教育事件，通过“讲教育故事”唤起读者的体验与共鸣，在此基础上，通过对事件的分析和阐释，在教育事实基础上进行更深刻的思考和评判，将由此产生的批判性思维活动记录下来，借此总结经验教训，反思自己的教育教学活动，从而改进行动，提升素质，进一步提高教育教学水平。

般以第一人称撰写，叙述的是发生在教师身边的典型性故事，教师自身就是故事中的角色。所记录的故事需要包含教师在行动过程中的思考，解决疑难问题所采用的方法，以及疑难问题被解决的程度。

教育叙事与反思、教育教学案例有共同点，也有不同。

共同点主要表现在：第一，它们都包含一个情节鲜明清楚的故事；第二，故事中有明显的矛盾冲突，但又有较好的解决矛盾的方法；第三，在故事的讲述后有对解决方法的反思与评价；第四，它们都是作者以第一人称的视角叙述的，不排除作者的主观立场，但注重对其做出反思；第五，两者都可能包含描述性记录与解释性记录，即前者侧重事件细节的精确描述，后者侧重对事件的解说、反思与推测。

不同点主要表现在：教育叙事与反思虽不排除作者的主观感受，但对事件及背景力争做出客观而全面的描述，而教育教学案例则对事件进行编辑、删减和加工，使主题更突出、矛盾更集中；教育叙事与反思须对整个事件及背景，乃至对作者的立场与所持有的研究方法都要做出反思与追问，而教育教学案例主要是对案例本身的主题事件进行反思；教育叙事与反思不主张持有先在的观念和立场，它所得出的结论和反思是在研究中逐步显现并慢慢明晰的，最终得出的结论甚至可能与作者最先的立场或理念相反，而教育教学案例则追求能透过现象看到事物的本质和内在的规律，能从事件中领悟到所蕴含的作者首肯并强调的教育教学原理和规律；教育教学案例要求撰写者具备一定的实践知识和专业理论水平，教育叙事与反思则对撰写者提出了更高的要求。

教育记事作品的写作没有一个固定的模式，但从所包含的内容来说，一个相对完整的教育记事作品大致会涉及标题、引言、背景、问题、问题的解决、反思与讨论、附录等方面。

不见得每篇教育记事作品都按上述几部分确定，只要在相关内容的叙述上，考虑到以上几方面并按照一定的逻辑结构加以组合就可以了。

第三节
教育研究成果表达的基本要求

学习目标

掌握教育研究成果表达的基本要求。

教育研究成果无论以论文、研究报告还是学位论文、专著的形式呈现，都必须逻辑科学、论点鲜明、论证严密、材料充分，同时论证过程及论述结构要客观、科学，特别是要求研究成果内容上必须具备创新点，能体现出作者自身的独立思考和真知灼见。一项教育研究成果是否有意义，是否有价值，具不具备长久的生命力，根本取决于它的质量。但不可忽视的是，教育研究成果的质量，在一定程度上也取决于研究者的语言文字表达能力。成果的表达对于教育研究最终成果的形成和升华，起着重要作用。为了保证教育科研成果表达的质量，研究者除了努力提高自身的理论修养和语言文字使用的基本功外，还必须遵循一些基本的写作技巧与要求。

一、教育研究成果表达的基本要求

（一）研究过程、观点及结论的表述须真实、客观、科学

科学性是教育研究成果的生命所在。科学性除了指所使用的概念定义符合科学理论的正确阐释外，还强调客观性与真实性。相关研究成果应建立在实际研究工作的基础上，必须忠于事实和原始材料，客观地反映研究过程和研究结果，并且所列举的例子和数据都是真实的。成果的撰写要以事实为依据，在论述过程中，要求概念准确，数据处理方法与结果恰当、正确，讨论、推理和判断都要以事实为依据，合乎逻辑。对他人的或自己的研究的评价应实事求是。结论是论文所必须阐明的内容，表述要具有全面性和客观性，要如实地反映研究过程和结论，不能有丝毫的夸大和缩小，必须是科学、正确的，并经得起实践的检验。

（二）对研究方法的表述应重点突出有效性和可靠性

研究结果的价值是以方法的科学性和结果的可靠性为条件的，而这两者又有内在的联系。在研究成果的表达和传播过程中，读者最关心也最想了解的是该项研究成果解决了哪些问题，以及如何解决的。在研究过程中，必须高度注重研究方法的选择，确保方法的科学性、有效性和可靠性。在结果的表达中，应该把主要精力花在方法和结果部分，在写作过程中认真总结，表述完整正确。研究方法的科学，在一定程度上是研究结果可靠的保证。因而首先需要把研究方法浓墨重笔交代清楚，表述时既要深入又要有条理，重点凸显其有效性和可靠性，使人感到该项研究在方法上无懈可击，从而承认结果的可靠性。

（三）理论观点的内容及结论表述应突出创新性

教育研究成果质量水平高低的首要依据就是看其有无创新性，因而教育研究成果的表达比一般论说文更强调新意（即新见解、新成果、新思想）。在教育研究成果的表达时，要特别重视和强调这一点，必须重点阐明或指出本研究的特色与创新之处。别人没有提出过的理论、概念、教育教学新方案，新的实验方法，别人没有观察到的现象，在实验和调查中第一次获得的新的数据等，都是创造性的研究成果，在观点和表述结论时要注意强调这一点。但在充分表述创新性的同时，要不夸大，不缩小，不绝对化，更不要以偏概全，在下结论时要

注意前提和条件。

（四）事例的列举与论述需具备典型性和代表性

教育实践是教育研究成果的土壤与来源。虽然它也需要上升到规律，但必须将实践本身作为坚实的基础。因此，撰写这类作品必须要有典型事例。而作为学术性论文，尤其是采用质的研究方法进行研究的论文成果，同样无法脱离开典型事例的列举。所以在研究成果的表达中，需要注意所列举事例的典型性和代表性，换言之，就是要看事例本身所提供的主要内容是否突出，是否具有广泛的群众基础、具有公认的实践效果，是否能让人有所借鉴；或者要看事例能否起到典型示范的作用，在教育教学改革中的现实意义是否突出，以便发挥以点带面，推动全局的作用，以启迪思考，迁移运用。

（五）写作结构的安排要遵循严密的规范性

教育研究成果的表述虽无定法，但有常规可循，要根据研究的结构特点和逻辑顺序、研究课题的任务和内容，来考虑表达的形式和表述的方式。无论是研究报告还是论文，它们在写作结构的安排上都有着明确的规范格式。研究报告要能反映出研究从准备到结束的全过程和研究过程的逻辑性。学术论文按照一定的程序，层次分明，上下联系紧密，有一定的结构形式和要素要求。在撰写教育研究成果时，不能忽视最基本的规范要求，要素要完整，结构要严谨，思路要清晰，框架要合理。

（六）遣词行文要注重准确性与可读性的高度统一

教育研究成果的表达，是为确证和传递教育理论的新发展、新思路、新方法，必须具备一定的认识深度与理论高度，在语言文字的要求上，也有着较高的标准。研究成果的表述要正确运用相关概念，语言的阐述必须精确，不可把日常概念当作科学概念，所用概念的含义要符合科学的要求，不要故弄玄虚。语言阐述必须精确、通俗，在不违背规范性的前提下，尽可能使用简洁的语言。成果表达中的一切引述、引用与推论都必须恰如其分，用词力求准确，以免产生歧义。文字切忌带个人色彩，一般不采用比喻、拟人、夸张等修辞手法。为了便于传播和交流，教育研究成果的表述还必须追求可读性，一篇高质量的论文，不仅要有创见，还要讲究辞章，达到准确性与可读性的最佳结合与高度统一。

二、教育研究成果撰写的具体技巧

（一）题目须求精

确定了写作的选题或角度，接下来就要拟定一个吸引眼球的标题。俗话说：题好一半文。主题与标题是紧密相连的，好的标题能够揭示主题或者在全文中起到画龙点睛的作用。一篇论文的题目可以是明确点明题意的，也可以是不明确点出题意的，还可以是问题式的。无论采用哪种形式，题目都应该能确切地反映所要研究的问题，反映所要论述的内容。题目必须新颖、生动、活泼、新鲜，既能抓住最新出现的问题，设置具有开创性的题目，又能在原有的问题之外，提出新的问题，或提出了一个新的研究思路。否则，会影响阅读者的阅读心理，减弱阅读兴趣。作者的视野要开阔，要看到别人所不常注意的问题。但视野开阔并不代表要选大题目，恰恰相反，定题的口子要小一点。有些大题目，容易写得空泛，可以分成几个小题目来写，使论点更明确、内容更集中、论述更深刻。否则，头绪太多，则蜻蜓点水；铺排太广，则把握无力。题目要简短明了，标题的简洁不仅不会影响内容的表述，而且正是深刻、准确、有力表述内容所需要的。一般情况下，标题不超过20字。

（二）角度须求新

经研究取得初步的教育研究结果后，撰写成果就提上了议事日程。撰写的第一步，就是确定研究报告或论文的写作角度。正如确定研究选题要做到创新一样，写作切入同样需要创新，在选题切入时，不妨多方面考虑，多方位审视，特别要反思自己的实际工作，发现、提炼问题，选定有价值的论题作为写作切入口。对于同一个选题，从不同角度考察，会提出不同的解决策略与方案，所以，必须选择最能打动读者的切入点。

（三）布局须求稳

题目确定之后，就要根据题意，拟定写作提纲，对论文的基本框架和总体布局进行设计、安排。研究报告或论文的成功，离不开动笔前的框架设计和整体布局。首先，要对全文的结构做好整体安排，特别是要使全文按照研究的逻辑顺序合理排列，使论文各部分结构严密，条理清晰，推论合乎逻辑。其次，要使材料的选择取用清楚合理。要使研究过程中搜集和积累下来的大量材料组成一个层次清楚的有机结合的整体，提供具有充分说服力的论据和事实。最后，安排好篇幅，如全文大约多少字，各部分大约多少字。有了这个安排，写作就可以更有计划。论文的篇幅应该根据题目的大小，掌握资料的多少而定。过短难以说透问题，过长又不容易驾驭，甚至为凑字数而注水。一般而言，学术刊物刊出的论文或研究报告以8000~12000字为宜。

（四）论证须分明

教育研究结果的撰写中，论证过程是其主要部分，必须注意以下几点。首先，立论要注重科学性。科学性是指文章的基本观点和内容能够反映事物发展的客观规律。文章的基本观点必须从对具体材料的分析研究中产生出来，而不是主观臆想出来的。在写作中，提出论点，运用概念，进行推论时都应该充分注意是否科学、严谨。其次，论证要突出逻辑性。有了科学的立论后，论述要依据合理的逻辑顺序来进行。要使论证严密，富有逻辑性，必须做到：概念使用准确，判断科学合理，这是逻辑推理的前提；要有层次、有条理地阐明对客观事物的认识过程；要以论为纲，虚实结合，反映出从“实”到“虚”，从“事”到“理”，即由感性认识上升到理性认识的飞跃过程。论证过程需做到论点明确，论据确凿，论述严密，论证充分，结构严谨，条理清楚，观点和材料相统一。再次，数据等素材的引用与文字的表述做到有机统一，在论证过程中，应该有选择地提供具有代表性的数据，同时，也应该重视对数据的逐层分析，展开充分论述，才能使论文具有较高的可信度和理论深度。最后，重视典型分析与一般论述相结合，使典型分析的生动丰富与一般论述的普遍意义相得益彰，从而突出论证的说服力。

（五）结论须持中

结论是教育研究结果的核心部分，是研究结果和理论分析的逻辑发展，是问题解决的答案，是按照科学方法开展研究的必然发展结果。结论切忌主观武断，不能片面偏激，更不能随意引申和发挥，须持中平和。特别是对作为自己研究基础和出发点的前人研究成果不能简单全盘否定，对其给予自己研究的启发和帮助要做出客观和恰当的合理评价。对自己在研究中的不足要有认真地反思，最好还能还指出本研究所存在的不足，提出研究工作中的遗留问题，以及尚需进一步探讨的问题和可能解决的途径等。

（六）修改须求勤

研究成果的撰写，并非一气呵成就大功告成了，而是需要多次的修改和深入加工。写作结束后，应该先搁置一段时间，等到头脑冷静，思路清晰开阔后，再拿出来修改，这样可能更容易发现问题与不足。对于研究成果的打磨，是一个反复多次的过程，也是一个螺旋式上升的过程。在成果的修改过程中，除了自己勤动手，还要勤求助，诚恳而虚心地请周围的同学、老师或同行审阅，多听取他人的修改意见，从而找到最好的修改策略。

三、教育研究成果投稿的具体策略

（一）要了解和研究刊物，关注刊物动态

选对期刊，选对栏目，写好文章，是发表文章的先决条件。如果不注意对刊物本身的认识和了解，发表的努力很有可能前功尽弃、功亏一篑。对于作者来说，了解和研究刊物，非常重要。一般来说，如果作者对所要投稿的刊物不甚了解，那么投稿的成功率也不会高。即使文章的确写得不错，也许在同行中还会获得赞同和好评，但和刊物的风格、要

求不对路，可能在编辑初审的第一关就被卡住了。所以，了解和研究刊物的栏目和内容，投稿才能做到有的放矢，特别要及时并长期关注某种或某些期刊的动态，研究其栏目安排和内容需要。

（二）做好刊物文章的纵向比较，做到有的放矢

投稿前，要认真翻阅目标期刊近年来刊登的同类文章，与自己的文章进行纵向对比。首先，重点要关注该刊近期发表的文章里有没有与自己的文章在选题上基本一致的。如果没有，说明自己的文章有些新意，在编辑选稿时有竞争力；如果有，就要考虑自己的文章是否另有创新之处或深入研究，如在研究对象、研究方法、研究材料、研究结论等方面别出新意。其次，对照检查自己文章的体例格式与该刊同类文章的体例格式是否一致，不一致的，最好改为一致。再次，看自己的文章是否有一个吸引眼球的标题，因为有经验的编辑，往往只要看一眼题目，就可以大概地判断出文章是否具有发表价值了。当然，必须有能和标题相符的内容作支撑。最后，冷静判断自己的文章是否有原创性，也就是说确实是自己思维的结晶、思考的成果。尽量避免简单的复制甚至抄袭。

（三）了解审稿的基本流程和用稿的时间安排

学术期刊比较重要的共同点是坚持“三审制”和实行“同行评审”。“三审制”，是指编辑初审、同行复审、主编终审。是否严格执行三审制是行业内评价期刊好坏的依据之一，也是政府部门的基本要求，它保障的是期刊编辑的程序规范。“同行评审”是国际学术期刊通用的审稿制度，是指作者的稿件要经过专家审阅，同行评审往往会给出“可用”“改后可用”“不可用”三种意见。

此外，要注意刊物的用稿有时间限定。一般情况下，刊物在收到稿件后三个月内会给出是否用稿的通知。大多期刊都有约定，如果作者三个月内收不到用稿通知，可以自行处理。

（四）学会合理沟通和换位思考，注重细节

在稿件投出一周之后，作者可以主动给编辑部打电话询问稿件的相关情况。一般来说，不管稿件能否被采用，编辑都愿意和作者进行沟通。通过合理沟通，编辑更能明了作者的研究思路和创新价值。

编辑的工作主要是杜绝差错和硬伤，润色和校对文章，而不是对作者文章进行结构和内容的重建和大修。作者要站在编辑的角度关注自己文章的细节，比如，注意研究刊物的用稿格式，统一自己的投稿格式，认真仔细地进行文字校对。目前投稿基本采用网站在线投稿和电子信箱投稿，电子邮箱投稿的，一定要在电子邮件主题一栏里注明文章题目、作者、投给

哪个专栏，这样可节省编辑的时间，便于编辑快速选稿。

（五）重视和把握好修改机会，按时交稿

在与编辑沟通时或接到编辑部回复后，如果编辑提出文章还需修改，一定要虚心听取编辑的修改建议。作者一定要抓住修改机会，按照编辑提出的要求按时改好交稿，千万不能马虎大意、应付了事，一定要认真对待、仔细修改。还有一点就是按时交稿，约定的交稿时间不能拖，不然会影响文章刊登的时间。

（六）写好作者简介，详细填写联系方式

作者简介是作者向编辑所做的自我简介，目的是方便编辑了解作者，为其编选文章提供辅助参考。因此，写好作者简介对提高文章投稿命中率也有一定的帮助。投稿时，作者一定要把自己的联系方式详细地提供给编辑。需要提供的联系方式主要包括：通信详细地址、邮政编码、手机号码、固定电话、电子信箱、QQ号码等。提供联系方式时，一是要准确，保证提供的联系方式准确无误；二是要齐全，不要有什么遗漏。特别是通信地址一定要详细，单位名称不要简写，固定电话不要忘记加上区号。总之，要让编辑能够及时联系到你，否则就很有可能错失文章发表的机会。

本章小结

1. 教育研究成果的表达是对研究工作的总结与完善；是获得社会承认，实现社会效益的前提；也是深化认识、发展理论之所需。

2. 教育研究成果的表达便于同行评议及交流，促进研究的深化发展；有助于教育学术的繁荣与教育进步；有助于增进研究者研究能力与素质的提高。

3. 教育研究结果表达的主要形式可以大致分为四种：教育研究报告、学术论文、学位论文与教育记事作品。

4. 教育研究成果表达的基本要求：研究过程、理论观点及研究结论的表述须真实、客观、科学；对研究方法的表述应重点突出有效性和可靠性；理论观点的内容及结论表述应突出创新性；事例的列举与论述需具备典型性和代表性；写作结构的安排要遵循严密的规范性；遣词行文要注重可读性与准确性的高度统一。

5. 教育研究成果撰写的具体技巧：角度须求新；题目须求精；布局须求稳；论证须分明；结论须持中，修改须求勤。

6. 教育研究成果投稿的具体策略：要了解和研究刊物，长期关注刊物动态，特别要研

究栏目和内容；做好刊物文章的纵向比较，有的放矢地投稿；了解审稿的基本流程和用稿的时间安排；学会合理沟通和换位思考，注重细节；重视和把握好修改机会，按时交稿；写好作者简介，详细填写联系方式。

总结 >

关键术语

研究报告 research report	学术论文 academic papers	学位论文 academic dissertation
教育叙事与反思 education narration and reflection		教育教学案例 education teaching case

章节链接

本章内容与第三章《教育文献研究》、第四章《教育历史研究》、第五章《教育比较研究》、第六章《教育叙事研究》、第七章《教育个案研究》、第八章《教育内容分析研究》、第九章《教育调查研究》、第十章《教育实验研究》、第十一章《教育行动研究》、第十二章《教育经验总结》、第十三章《教育理论研究》的部分内容有密切联系。

应用 >

体验练习

一、简答题

1. 教育研究成果的表达有什么意义？

2. 教育研究成果有哪些表达形式？

3. 教育研究成果表达有哪些规范性要求？

二、拓展题

1. 请在教育学术刊物中找若干篇调查报告、实验报告、学术论文等，分别归纳、分析其构成。

2. 选择一个自己感兴趣的问题，分别采用文献分析、内容分析、调查研究、理论研究等方法开展研究，最后写出研究报告。

拓展 >

补充读物

1 Robert K. Yin. 尚荣安,译. 个案研究[M]. 中国台北：弘智文化事业有限公司，2001.

该书较详细完整地介绍了个案研究的设计、执行、资料分析、报告撰写等方面的内容。该书非常重视个案研究的设计和分析，而不像一般传统书籍更多强调的是个案研究的资料搜集的问题。该书的最大优势是提供了各个学术领域的许多典范个案研究。

2 D.简克兰迪宁，F.迈克尔·康纳利.叙事探究——质的研究中的经验和故事[M]. 北京：北京大学出版社，2008.

该书在介绍“三维叙事探究空间”的框架基础上，从置身现场到现场文本、撰写现场文本、现场文本到研究文本、撰写研究文本、研究中需注意的问题等方面，对叙事研究进行了系统介绍。该书可以引导读者对叙事研究方法达到一定程度的理解，即什么是叙事研究，叙事研究如何进行。

3 郑也夫.科场现形记[M].北京：中信出版社，2014.

该书是郑也夫教授在北京大学开设的“批判的教育社会学”课程，指导选修该课的学生撰写的教育现状调查报告选辑。共收录43篇调查报告：“竞赛班”学生的高中生涯、高考移民自述、示范高中的进入、中考招生博弈、乡村学校迎检、寄宿教师家庭、台湾高校与北大的比较、北大自主招生、留学中介机构，等等。这些调查涉及教育领域中我们能想到的方方面面，是对中国教育的写实性描写。无论是选题、方法还是报告的成文，都值得阅读与学习。

参考文献 （按照作者姓名拼音排序）

中文文献：

1. 阿诺德·汤因比．历史研究[M]．刘北成，郭小凌，译．上海：上海人民出版社，2005．
2. [英]爱德华·霍列特·卡尔．历史是什么？[M]．陈恒，译．北京：商务印书馆，1981．
3. [苏] B．A．什托夫．科学认识的方法论问题[M]．柳延延，等译．北京：知识出版社，1981．
4. [俄]鲍·里·伍尔夫松．比较教育学——历史与现代问题[M]．肖甦，姜晓燕，译．北京：教育科学出版社，2007．
5. 蔡清田．教育行动研究[M]．台北：五南图书出版公司，2000．
6. 蔡笑岳．教师专业发展与教育研究[M]．广州：暨南大学出版社，2007．
7. 曹孚．外国教育史[M]．北京：人民教育出版社，1979．
8. 陈波．逻辑学是什么？[M]．北京：北京大学出版社，2002．
9. 陈波，等．社会科学方法论[M]．北京：中国人民大学出版社，1989．
10. 陈昌曙．自然科学的发展与认识论[M]．北京：人民出版社，1983．
11. 陈惠邦．教育行动研究[M]．台北：师大书苑有限公司，1998．
12. 陈伙平，王东宇，丁革民，等．教育科学研究方法[M]．福州：福建教育出版社，2008．
13. 陈启能，倪为国．书写历史[M]．上海：上海三联书店，2003．
14. [美]C．M．Charles．教育研究导论[M]．张莉莉，等译．北京：中国轻工业出版社，2003．
15. 陈氢，陈梅花．信息检索与利用[M]．北京：清华大学出版社，2012．
16. 陈时见．教育研究方法[M]．北京：高等教育出版社，2007．
17. 陈向明．质的研究方法与社会科学研究[M]．北京：教育科学出版社，2000．
18. 丁钢．声音与经验：教育叙事探究[M]．北京：教育科学出版社，2008．
19. 董奇．心理与教育研究方法[M]．广州：广东教育出版社，1992．
20. 杜成宪，邓明言．教育史学[M]．北京：人民教育出版社，2004．
21. 傅敏，田慧生．课堂教学叙事研究：理论与实践[M]．北京：教育科学出版社，2009．
22. [德]赫尔巴特．普通教育学·教育学教授纲要[M]．李其龙，译．北京：人民教育出版社，1989．
23. 和学新，吴杰．课程实验论[M]．桂林：广西师范大学出版社，2008．
24. 何向东．逻辑学教程[M]．北京：高等教育出版社，1999．
25. 侯怀银．教育研究方法[M]．北京：高等教育出版社，2009．
26. 胡中锋．教育科学研究方法[M]．北京：清华大学出版社，2011．
27. 华国栋．教育研究方法[M]．南京：南京大学出版社，2005．
28. 黄光雄，简茂发．教育研究法[M]．台北：

师大书苑有限公司，2003.
29. 姜义华，等．史学导论[M]．西安：陕西人民教育出版社，1989.
30. 教育部师范教育司．教师专业化的理论与实践[M]．北京：人民教育出版社，2001.
31. [美]杰克·R．弗林克尔，诺曼·E．瓦伦．教育研究的设计与评估[M]．蔡永红，等译．北京：华夏出版社，2004.
32. 金哲华，俞爱宗．教育科学研究方法[M]．北京：科学出版社，2011.
33. 靳玉乐，和学新．教育实验论[M]．重庆：西南师范大学出版社，1994.
34. [美]J．希利斯·米勒．解读叙事[M]．申丹，译．北京：北京大学出版社，2002.
35. [捷]夸美纽斯．大教学论[M]．任钟印，译．北京：人民教育出版社，1984.
36. [法]孔德．论实证精神[M]．黄建华，译．北京：商务印书馆，1996.
37. 李秉德，檀仁梅．教育科学研究方法[M]．北京：人民教育出版社，1986.
38. 李春萍．教育研究方法[M]．长春：东北师范大学出版社，2001.
39. 李方．现代教育科学研究方法[M]．广州：广东高等教育出版社，1997.
40. [美]李欧·李奥尼．鱼就是鱼[M]．阿甲，译．海口：南海出版社，2011.
41. [美]理查德·普林．教育研究的哲学[M]．李伟，译．北京：北京师范大学出版社，2008.
42. [美]理查德·沙沃森，丽萨·汤．教育的科学研究[M]．曹晓楠，等译．北京：教育科学出版社，2007.
43. 梁永平，等．教育研究方法[M]．济南：山东人民出版社，2008.
44. 梁启超．中国历史研究法[M]．北京：中华书局，2009.
45. 林定夷．科学研究方法论概论[M]．杭州：浙江人民出版社，1986.
46. 林耀华．金翼——中国家族制度的社会学研究[M]．北京：生活·读书·新知三联书店，1989.
47. 刘良华．校本行动研究[M]．成都：四川教育出版社，2002.
48. 刘良华．教育研究方法：专题与案例[M]．上海：华东师范大学出版社，2008.
49. 刘小枫．沉重的肉身[M]．北京：华夏出版社，2004.
50. 栾传大，赵刚．教育科研手册[M]．大连：大连出版社，1991.
51. [加]马克思·范梅南．生活体验研究——人文科学视野中的教育学[M]．宋广文，等译．北京：教育科学出版社，2003.
52. 马云鹏．教育科学研究方法导论[M]．长春：东北师范大学出版社，2002.
53. 马云鹏，孔凡哲．教育研究方法[M]．长春：东北师范大学出版社，2006.
54. [美]迈克尔·W．阿普尔，等．教科书政治学[M]．侯定凯，译．上海：华东师范大学出版社，2005.
55. 毛泽东．毛泽东选集（第一卷）[M]．北京：人民出版社，1991.
56. [美]梅雷迪斯·D．高尔，沃尔特·R．博格，乔伊斯·P．高尔．教育研究方法导论（第六版）[M]．许庆豫，等译．南京：江苏教育出版社，2002.
57. 潘慧玲．教育研究的取径：概念与应用[M]．上海：华东师范大学出版社，2005.
58. 裴娣娜．教育研究方法导论[M]．合肥：安徽教育出版社，2000.
59. [美]乔伊斯·P．高尔，M．D．高尔，沃尔特·R．博格．教育研究方法：实用指南（第5版）[M]．屈书杰，等译．北京：北京大学出版社，2007.
60. 瞿葆奎．教育学文集·教育研究方法[C]．北京：人民教育出版社，1988.
61. 全国十二所重点师范大学．教育学原理[M]．北京：教育科学出版社，2002.
62. [美]S．E佛罗斯特．西方教育的历史和哲学基础[M]．吴元训，等译．北京：华夏出版社，1987．
63. 邵光华，张振新．教育研究方法[M]．北京：高等教育出版社，2012．
64. 宋虎平．行动研究[M]．北京：教育科学出版社，2003．
65. 孙菊如，周新雅．学校教育科研[M]．北京：北京大学出版社，2007．
66. 孙培青，任钟印．中外教育比较史纲[M]．济南：山东教育出版社，1997．
67. 孙振东．教育研究方法论探索[M]．重庆：重庆大学出版社，2008．
68. 陶保平．研究设计指导[M]．北京：教育科学出版社，2004．
69. 王策三．教学实验论[M]．北京：人民教育出版社，1998．
70. 王道俊，郭文安．教育学[M]．北京：人民教育出版社，2011．
71. 王嘉毅．教学研究方法论[M]．兰州：甘肃文化出版社，1997．
72. 王汉澜．教育实验学[M]．开封：河南大学出版社，2000．
73. 王立诚．社会科学文献检索与利用(第2版)[M]．南京：东南大学出版社，2007．
74. 王攀峰．行动研究的理论与方法[M]．北京：首都师范大学出版，2013．
75. 王铁军．中小学教育科学研究与应用[M]．南京：南京师范大学出版社，2004．
76. 王彦坤．文史文献检索教程(修订本)[M]．北京：商务印书馆，2010．
77. [英]维克托·迈尔·舍恩伯格，肯尼斯·库克耶．大数据时代[M]．周涛，译．杭州：浙江人民出版社，2013．
78. [美]威廉·维尔斯马，斯蒂芬·G．于尔斯．教育研究方法导论(第9版)[M]．袁振国，主译．北京：教育科学出版社，2010．
79. 文军，蒋逸民．质性研究概论[M]．北京：北京大学出版社，2010．
80. 吴岱明．科学研究方法学[M]．长沙：湖南人民出版社，1989．
81. 徐红．教育科学研究方法[M]．武汉：华中科技大学出版社，2013．
82. 徐子沛．大数据[M]．桂林：广西师范大学出版社，2012．
83. 杨晓萍．教育科学研究方法[M]．重庆：西南师范大学出版社，2006．
84. 杨小微．教育研究的理论与方法[M]．北京：北京师范大学出版社，2008．
85. 杨义．中国叙事学[M]．北京：人民出版社，1997．
86. 叶澜．教育学原理[M]．北京：人民教育出版社，2007．
87. 叶澜．教育研究及其方法[M]．北京：中国科学技术出版社，1990．
88. 叶澜．教育研究方法论初探[M]．上海：上海教育出版社，1999．
89. 喻文森．教育科学研究通论[M]．福州：福建教育出版社，2001．
90. 袁方．社会调查原理与方法[M]．北京：高等教育出版社，1990．
91. 袁振国．教育研究方法[M]．北京：高等教育出版社，2000．
92. [美]约翰·杜威．民主主义与教育[M]．王承绪，译．北京：人民教育出版社，1990．
93. [美]约翰·杜威．我们怎样思维·经验与教育[M]．姜文闵，译．北京：人民教育出版社，2004．
94. [美]詹姆斯·费伦．作为修辞的叙事[M]．陈永国，译．北京：北京大学出版社，2002．
95. 张胜勇．反思与建构——20世纪的教育科学研究方法论[M]．济南：山东教育出版社，1995．
96. 张湘洛．教育科学研究方法[M]．北京：国家行政学院出版社，2013．
97. 张性秀，常艳娥．调查研究理论与方法[M]．长沙：国防科技大学出版社，2001．
98. 赵汀阳．知识、命运和幸福[A]．没有世界观的世界[C]．北京：中国人民大学出版社，2003.
99. 钟海青．教育研究方法概论[M]．桂林：广西师范大学出版社，2011.
100. 邹进．现代德国文化教育学[M]．太原：山西教育出版社，1992.
101. 朱成全，徐祥运．形式逻辑学概论[M]．大连：东北财经大学出版社，2012.

英文部分：

1. Allan C. Ornstein & Francis P. *Hunkins, Curriculum—Foundations, Principles, and Issues, Fourth Edition*. Pearson Education, Inc, 2004.
2. Avalos, B. "School-based teachers development: the experience of teacher professional groups in secondary school in Chile". *Teaching and teacher education*, 1998 (3).
3. Berg, Bruce L. *Qualitative Research Methods*. Boston: Allyn & Bacon, 1998.
4. B Devi Prasad. *Content Analysis A method in Social Science Research*. From: Lal Das, D. K and Bhaskaran, V (eds.). Research methods for Social Work, New Delhi: Rawat, 2008.
5. Cohen, L., Manion, L. and Morrison. *Research Methods in Education* (6th ed.). London: : Routledge Falmer, 2007.
6. Czaja, Ronald, and Bob Blair. *Survey Research*. Newbury Park, CA: Pine Forge Press, 1995.
7. Denzin, N. K., and Y. S. Lincoln, eds. *Handbook of Qualitative Research*. Beverly Hills, CA: Sage, 1994.
8. Donald M. Medley and Harold E. Mitzel, "Measuring Classroom Behavior by Systematic Observation", *Handbook of Research on Teaching, ed*. Nathaniel L Gage, 1968.
9. Elliot, J. *Action Research for Education Change*. Milton Keynes & Phikadekphia: Open University Press, 1991.
10. Ebbutt D. "Educational Action Research: Some General Concerns and Specific Quibbles". Burgess R G. Issues in *Educational Research: Qualitative Methods, London*: the Falmer Press, 1985.
11. Fowler, Floyd J. *Improving Survey Questions: Design & Evolution*. Newbury Park, CA: Sage, 1995.
12. Holsti, O. R., *Content Analysis for the Social Sciences and Humanities*. Reading, Mass: Addison-Wesley, 1969.
13. Husen T. *The international encyclopedia of education*, 1985(1): 35.
14. John Dewey. *Experience and Nature*. Illinois, Chicago and LaSalle, 1994.
15. Joyce Appleby. "The Power of History". *The American Historical Review*, vol. 103, no. 1, 1998.
16. Krippendorff, K. *Content analysis. An Introduction to its Methodology*. Beverly Hills: Sage, 1980.
17. Raymond L Gorden. *Interviewing: Strategy, Techniques, and Tactics*, 3ed. Homewood, IL: Dorsey, 1980.
18. Stenhouse L. "What counts as research?". *BritishJournal of Educational Studies*, 1981, 29 (2) .
19. Strauss, Anslem, and Juliet Corbin. *Basics*

of Qualitative Research: Grounded Theory, Procedures, and Techniques. Newbery Park CA: Sage, 1990.

20. Swanson, Guy. *Frameworks for Comparative Research: Structural Anthropology and the Theory of Action*. Ixan Vallier(ed). Comparative Methods in Sociology: Essays on Trends and Applications. Berkeley, CA: University of California, 1971.

21. Weber, R. P. *Basic Content Analysis*. Newbury Park, CA: Sage Publications, 1990.

22. *Webster's Third New International Dictionary*. G. C. Mcrrian Company, 1968.

23. White, Marilyn Domas; Marsh, Emily E. "Content Analysis: A Flexible Methodology". *Library Trends* 55 (1) Summer 2006.

关键术语表

比较研究	comparative study	遵循一定的标准，把彼此有某些联系的两个或两个以上事物放在一起进行考察，通过辨别其异同，以揭示事物的真相、性质、规律等的一种研究方法。
定量研究	quantitative research	对事物量的方面进行分析和研究所采用的方法。
定性研究	qualitative research	对事物质的方面的分析和研究所采用的方法。
方法	method	为完成某项任务、达成某种目标所采取的程序、技术、手段、途径、操作、规则等的综合。
访谈	interview	调查者通过与被调查者面对面地交谈，以口头形式了解某人、某事、某种行为和某种态度的调查方式。
观察	observation	人们有目的、有计划地通过感官和辅助仪器，对处于自然状态下的客观事物进行系统考察，从而获得经验事实的一种调查方式。
教育比较研究	comparative study of education	教育研究者遵循一定的标准，把彼此有某些联系的两种或两种以上的教育问题或教育现象放在一起进行考察，通过辨别其异同，以揭示教育真相、性质和规律的一种研究方法。
教育调查研究	educational survey research	在教育理论指导下，通过运用观察、问卷、访谈等方式搜集资料，从而对教育现状做出科学分析与认识，并提出具体工作建议的研究活动。
教育定量内容分析研究	content analysis study of education in quantitative	对教育文本内容的明显内容进行客观、系统和数量分析的研究方法。
教育个案研究	educational case study	对单一的研究对象进行深入细致研究的方法。
教育教学案例	education teaching case	包含有典型意义的教育问题或疑难情境在内的、真实发生的、典型性的教育事件。

续表

教育经验总结	sum up one's educational experience	依据教育实践提供的经验事实，通过对教育经验的发生过程进行追因研究，使教育经验从感性认识上升到理性认识的教育研究活动。
教育理论研究	logical research of education	研究者在已有的客观现实材料及思想理论材料基础上，借助概念、判断、推理等逻辑方法，发展和完善教育理论的一种研究方式。
教育历史研究	historical research of education	研究者通过对教育问题或教育现象的史料进行系统、周密的搜集、鉴别、分析和评价，探求教育发展的历史过程，揭示其发展规律，指导现在、预测未来的一种研究方法。
教育内容分析研究	content analysis study of education	综合运用定性、定量研究方法对教育文本内容进行客观系统的描述，获得教育事实并结合文本和解读者的背景来推断教育价值意图的科学研究方法。
教育实验研究	educational experiment research	针对一定的研究假设，主动操纵研究变量，干预研究对象的变化，进而揭示研究变量之间因果关系的教育研究活动。
教育史料	the historical data of education	反映教育科学研究对象发生、发展过程及其规律性的一切文字和非文字的资料。
教育研究方法	educational research method	人们在开展教育研究时所采取的程序、技术、手段、途径、操作、规则等，是一个综合的研究方法体系。
教育研究过程	process of educational research	教育研究从选题立项、开题论证、组织实施到总结鉴定的一般过程，是一个有目的、有计划的系统过程。
教育研究设计	design of educational research	是指对整个教育研究工作的目标、内容、方法、过程和结果等进行规划，制订出具体研究方案的过程。
教育文献	educational literature	记录有关教育的知识的载体，主要包括专著、研究论文、研究报告等。
教育文献研究	research of educational literature	研究者通过系统全面地搜集、查阅、分析与研究问题相关的教育文献资料，明晰研究现状、问题和发展趋势的一种研究方法。

续表

教育行动研究	educational action research	以教育实践工作者为主体，为提高对自己所从事的教育实践的理性认识、加深对实践活动及其依赖的背景的理解、实现改进教育实践目的，在教育实践中进行研究的一种研究范式。
教育叙事研究	narrative research of education	教育叙事研究既是一种研究形式，也是一种理论范式。作为一种研究形式，教育叙事研究就是把叙事研究方法应用于教育问题的研究之中，对教育叙事文本进行分析的新型的研究方法；作为一种理论形式，教育叙事研究就是研究者以故事的形式描述个体或集体的教育生活，在反思教育经验的过程中发掘潜藏于人的日常生活之中的思想意义，在此基础上对个体的教育生活和教育实践获取一种解释性理解。
教育叙事与反思	education narration and reflection	教师在研究过程中以自我叙述的方式来讲述叙事者亲身经历的教育事件，通过“讲教育故事”唤起读者的体验与共鸣，通过反思对教育事实进行深刻的思考和评判。
教育质性内容分析研究	content analysis study of education in qualitative	通过对教育文本内容的系统编码、分类来确认文本内容主题、推断文本意义的研究方法。
经验	experience	人在生活、工作、学习中所获得的知识与技能，包括经验事实和能够经验的过程。
经验总结	sum up one's experience	分析研究一个阶段内学习、工作的情况和经验教训，做出有指导性的结论。
开题	discuss question	相关专家对课题申报者的研究方案进行审核、论证的过程。
理论研究	the theoretical research	运用各种逻辑的和非逻辑方式对已有的客观现实材料及思想理论材料进行加工整理，对事实和资料进行去粗取精、去伪存真的理性分析，对所研究的教育现象获得系统化的理论认识的方法。
历史研究	historical research	研究者通过对史料进行系统、周密的搜集、鉴别、分析和评价，探求研究对象的历史发展过程，揭示其发展规律，指导现在、预测未来的一种研究方法。
临床法	clinical method	通过口头谈话或书面谈话的形式搜集个案资料，从而对个案状况做出判断的研究方法。

续表

实验研究	experimental research	为了实现预期的目的，运用一定的物质手段，在人为控制或模拟自然现象的条件下，使研究现象和过程以纯粹和典型的形式表现出来，以便揭示出事物间因果关系的研究方法。
实证研究	empirical research	从经验入手，采用程序化、操作化和定量分析的手段，使研究达到精细化和准确化的水平。
文献	literature	记录知识的一切载体，即把人类知识用文字、图形、符号、声频和视频等手段记录下来的所有资料。
文献综述	literature review	对某一时期内某一主题的研究进行梳理、分析，以反映该主题的研究现状和发展趋势的学术报告。
问卷	questionnaire	问卷调查中所使用的基本调查工具，是根据研究课题的需要而编制成的一整套问题表格，并由调查对象自己选择或填写回答的调查方式。
现场文本	the scene of the text	由研究者和参与者共同创造的代表现场经验的各个方面的文本。
叙事	narrate	就是“讲故事”，讲述叙事者亲身经历的事件。它不仅是人们讲述或写作事件的记录方式，而且是人类认识和理解世界的基本方式。
叙事研究	narrative research	对叙事作品展开理论研究，阐明叙事作品的文本意义。
选题	choice question	选择一个什么样的问题作为研究课题。
学术论文	academic papers	研究者运用一定的研究方法对特定教育现象、教育问题、文献或理论进行比较系统、专门的理论研究和探讨，提出新观点、得出新结论，或站在新的角度做出新的解释和论证的一种理论性文章。
学位论文	academic dissertation	为申请一定的学位而提交的论文，在学位论文的写作中既有学术性的理论文章，也有基于调查、实验而写的研究报告，有特定的质量规格和写作格式要求。
研究报告	research report	按照规范呈现研究的目的、方法、结果等项目的实证取向或实践取向的研究成果表达形式，是报告情况、建议、新发现和新成果的文献。
研究方法	research method	人们从事科学认识活动的工具、技术、手段，是人们在科学认识活动中采取的一系列程序、步骤、方案、计划、规则、标准、途径等。

续表

研究文本	research text	教育叙事研究的结果呈现形式，主要包括研究的背景和意义、研究对象的选择、研究实施的过程、研究的结果与分析四个部分。
应用研究	application research	指通过主动变革研究对象从而获得研究结果的方法。
追因法	tracing cause method	追寻和探究现象背后的原因的方法。
作品分析法	product analysis method	通过对研究对象的活动产品，如作业、书稿、日志、教案、总结、自传、绘画、工艺作品等的分析，了解研究对象的能力、倾向、技能、熟练程度、情感状态和知识范围，从而对个案状况做出准确判断的研究方法。

后 记

本书是高等师范院校教师教育精品教材系列中“教育研究方法”的教材，是专门为师范生编写的。同时，也可以作为中小学教师继续教育的教材或参考书，以及一般读者学习和掌握教育研究方法原理和技术的读物。

有关教育研究方法的教材已有很多，在内容编排方面各有自己的逻辑。本书在这方面的考虑大体上遵循先总后分再总的原则。首先，从总的方面概述教育研究方法的重要性、教育研究方法的基本概念和类型、教育研究的一般过程与设计，让学生对教育研究方法的概貌有一个总体的认识。然后，大体根据教育研究的过程以及按照定性研究方法和定量研究方法两大类分别叙述常用的教育研究方法，力求让学生掌握常用的教育研究方法。由于理论研究与研究结果的表达两个方面是所有研究都必须具有的内容，所以，本书最后以教育理论研究和教育研究结果的表达来结束。

需要交代的是，本书在各种教育研究方法的名称使用上采用的是教育××研究，而不是教育××法，更没有两种情况混用[1]，这是基于以下几点考虑。教育研究方法发展到现在，已经不是单纯的方法问题，每种方法背后都蕴含着一定的理论或假设，这种情况在定性研究（质性研究）中表现得更为明显，如有关定性研究（质性研究）的论著中都有专章论述研究的理论基础[2]就是对这种认识的认同。另外，每一种研究方法本身也不是纯而又纯的单一方法，往往该方法就是几种方法或多种方法的集合，比如，教育实验研究发展到当代已成为一个复杂的概念，不单指教育研究的一种基本方法——教育实验法，更广泛意义上，还指以实验法为主导的多种研究方法综合运用的教育研究活动。[3]调查研究、行动研究、叙事研究、内容分析研究、理论研究，等等，都是如此。

从方法论的角度来看，研究方法一般从高到低分为紧密联系的三个层次。第一个层次是哲学方法论，是科学研究中最普遍的思想方法。第二个层次是一般科学方法论，即各门科学（自然、社会、人文）共同适用的研究方法，是哲学方法论与多种具体研究方法、技术、手段之间的中介和桥梁。第三个层次是具体的研究方法，即分别适用于特定学科的专门研究方

1　仔细翻阅相关的教育研究方法著作或教材，可以发现这种情况很多。

2　陈向明.质的研究方法与社会科学研究[M]．北京：教育科学出版社，2000．文军，蒋逸民．质性研究概论[M]．北京：北京大学出版社，2010.

3　和学新.教育研究的对象、方法与教育实验[J]．现代教育论丛，1997（6）：42-45.

法和技术。就本书的服务对象而言，本书的内容主要属于第三层次的方法，不可能涉及太多的哲学方法论与一般方法论的内容，但哲学方法论的作用还是很重要的。这就需要在全书的行文过程中有意识地贯穿相关内容，努力把各种教育研究方法的原理阐述出来，而不仅仅局限于操作层面的介绍。这既是我们的想法，也是我们在编写过程中的追求。

本书是由一个来自全国各地的教师组成的编写组共同创作完成的，由和学新教授、博士（天津师范大学），徐文彬教授、博士（南京师范大学）任主编，各章作者分别是：导论、第一章、第十章，和学新；第二章，徐文彬，王爱菊副教授、博士（安庆师范学院）；第三章，高维博士（天津师范大学）；第四章、第五章、第十一章、第十三章，董树梅博士（天津师范大学）；第六章，王攀峰副教授、博士（首都师范大学）；第八章，胡定荣教授、博士（北京师范大学）；第七章、第九章，王爱菊；第十二章，李令永博士（江苏省常州市教育科学研究院）；第十四章，徐冰鸥教授、博士（山西大学）。全书整体框架设计和统稿工作由主编负责。编写组在编写中力求编出精品，但仍难免有疏漏与不当之处，恳请读者多多提出宝贵意见，以帮助我们再版时修订。

本书在编写中参考了国内外学者的大量研究成果，在书中均已做了注明，在此一并表示诚挚的谢意。

和学新　徐文彬

2015年1月